ShiKongZhong De
XuZhou YunHe

时空中的徐州运河

赵凯 著

中国文史出版社

在水一方,不显其光(代序)

壬寅之春,疫情汹汹,赵凯君将其《时空中的徐州运河》书稿从浙江发我,那份欣喜让我有了一丝忘情,却也冲不淡无奈蛰居的冷清与惆怅。

时下"序言",多为"虚言",故受命作"序",是一件让人心生恐惧的活儿。今天为赵凯《时空中的徐州运河》作序,我则不再恐惧。为什么呢? 因为"虚言"无多,"实话"不少,虽不能痛快淋漓,但说实话总归是问心无愧的。

一、临河兴叹

看到"时空中的徐州运河"这一标题,徐州人会感兴趣,江苏人也许能感兴趣;再放大范围,可能都是"局外人"了:徐州运河,流淌于徐州,关我何事呀?

虽为臆想之状,也不是凭空瞎猜。因为考之现实,"运河光荣"人人都愿享受,而"运河命运"本来就不是国人关注的焦点,遑论徐州运河了。

行文至此,不能不作一点插叙:当代国人,凡受过初等的历史、地理教育者,皆知中国历史上有两大宏伟工程,一长城,一运河;并由此教育而固化出那种"长城情结"和"运河情结"。长城今勿论,就说运河;而隋运河亦不说,只说元运河,即那条京杭大运河。教科书说得明白:京杭大运河北起北京,南抵杭州,故得"京杭大运河"之名。信了教科书,国人至今都心存一条从北京而抵达杭州的数千里水道。如果有人告诉他们,京杭大运河北段或湮灭或断流,已经久不通航,因而,京杭大运河业已半身不遂,虚有其名,闻此言,国人中的大多数都会大吃一惊:教科书上怎么没有说到运河断流、断航呢?

这是一个谜。

教科书的无声,还是迟到的无声。在京杭大运河的北段(山东省济宁市区以北)渐次断流、断航、湮灭的过程中,沿运的政府部门、水利机构乃至平民百姓是见证了运河的生灭变迁的;出乎后人、外人意料之外的是:在那个运河走向没落的现场,竟然没有听到一丝预警之声,没有见过一种抢救方案,撒开两手,听之任之,眼睁睁看着那条千帆竞渡的大河没了流水,没了航船,徒留一片大地真干净。最不可理解的是,当运河从自家门口消失之后,原来的运河城市、运河村镇、运河人家竟然连一节怀念运河的文字都没有呈现于世。

于是我才敢于判定:京杭大运河原是生生灵灵一条龙,因为被那些原本与之休戚与共的人所遗弃,它才一缩身,回到南方,与继续关爱它的人一起,演绎着超越历史的百年欢歌。

在京杭大运河盈缩之变的南北节点之上,站立着徐州人。因为徐州人爱运河而护运河,大运河显现了它的时代风华。

也就是在这一宏观背景下,赵凯的《时空中的徐州运河》问世了。

别处运河湮灭,徐州段运河存在;别处运河仅留历史记忆,徐州段运河现实与历史相辉映。因而《时空中的徐州运河》一书除承载着地方志书表述地方历史的任务之外,分明还承载着运河兴衰的教训和全局复兴的梦想。

徐州人阅读此书,将了解徐州运河(水利)的历史和现实;江苏人阅读此书,将了解作为江苏段运河之首的徐州段运河对江苏运河航运及全国运河航运的价值和贡献;他省人阅读此书,则从徐州经验、江苏经验中获得人与运河关系的健康阐释。

除此之外,对一本书,我们还渴求什么呢?

严格说来,"徐州运河"的概念也还是欠准确的。虽然京杭大运河流经许多城市,但所有的城市都无权以城市冠名来称说这一运河总名——因为脱离了运河的流域性覆盖,任何一个"河段"、任何一个"局域"都会失去贯通的价值。

二、水利情缘

本着知人论世的古训,我自然要说说此书作者。

回首间,岁月已苍茫——四十年前,即 1982 年秋,赵凯以徐州市水利局职工的身份,考取江苏电视大学。三年期间,我辅导过他们班三门课程,故得忝列杏坛,以师自居。

毕业后,赵凯回徐州市水利局工作,参与《徐州市志·水利篇》(1985 年)、《徐州市水利志》(2004 年 6 月版)的编纂;其后又曾在河海大学研究生进修班学习,并参编《江苏江河湖泊志》《中国河湖大典·江苏卷》等书。2017 年又曾与我一同参编《徐州黄河》一书,2020 年秋至 2021 年夏复与我参编《沛县旧志五种》。

这么长的岁月,师生之间还有话说,得之于心底的那点水利情结或运河情缘。就我与赵凯君的交往作回顾,几乎没有任何故事性情节,多是对水长歌的玄谈。漫天随意,不动心机,无客套,无禁忌,兴味所在,总也说不尽古泗水、大运河、故黄河、微山湖……近年,赵凯移居富春江畔,夫妻二人与女儿共享天伦之乐。远隔江淮,遥天相望,微信问候,亦不能放胆深谈。还是共同编书的时日,曾经演绎那个无尽的流水主题。

秋水洗去春色,冷霜染红枫叶,不同的年轮,互通的话题,避过滔滔空言,心海斜挂起一轮弦月。弦月之下,潺潺向海的依然是那条发乎荒古,维系至今,并足以荡涤一切流云浮沫的泗水清流。

生活无奇,幸运有水,并幸运可以说水,赵凯的笔下遂有了关于水的著作。《时空中的徐州运河》则是他的又一学术成果。相信此书的问世足以填补"徐州运河史"的空缺。

阅读《时空中的徐州运河》乃一快事。对着荧屏,放大字号,调柔色彩,涵泳其间,亦如穿行于波光激潋的微山湖或悬水如雷的吕梁洪,千帆竞渡,人间一瞬,徐州的水利变迁即呈现着他的历代风华。

如果刻意作"文本"归属,我倾向于将此书视为"徐州运河大纪实"。借着这种纪实性的文字,作者构建了既符合历史存在,又具有独特体认的徐州运河解读。唯其有证,可作史观。

三、运河通览

从标题测知,此书采用了"时空交错"的结构形态。第一编"运河起源"四章,按时间线索梳理;第二编"东西方向的运河"十四章,在按空间面展开的前提下,依然是以时为序;第三编"南北方向的运河"三章,结构模式同第二编;第四编"运河衰落"两章、第五编"运河复兴"十二章,其结构模式同第一编。

这一"时空交错"模式的选择,自然是服务于内容表达的。因为作者要展示徐州市空间之内水利变迁的全貌,因而"空间"意识是他须史不可模糊的;复因所有的水利形态、水利背景(河流、湖泊、闸坝、堤防、码头、渡口、仓储、兵防、衙门、驿站、城垣、乡镇等)又都是与时俱变的,所以,作者自然还要理清先后,辨别早晚,故而"时间线"一刻也不能断裂。构思中,时间如"经",空间如"纬",经纬交织,让徐州运河史乃至徐州水利史呈现了体系结构。

赵凯首引《禹贡》文字作为徐州的"运河开篇"。《禹贡》所谓"淮、沂其乂，蒙、羽其艺"，记述了徐州的山河治理；所谓"浮于淮、泗，达于河"则记述了徐州最早的运河形态。这一引证的意义揭示了徐州运河属于中国最古老的水利文化遗存，其开掘利用与华夏运河文明同步生发，是大禹治水的"工程结晶"。

除了时间的悠长，徐州段运河在中国的运河体系内还是最多样、多名、多向、多用途、多变迁的运河形态。其丰富内涵，全国独有；其水利价值，无可取代。对此，《时空中的徐州运河》一书"前言"即有简论；此后，借着对运河东西走向、南北走向的叙述，进一步向读者一一作出展示。直到今天，即便在"京杭大运河"的体系内，徐州段运河借其上下（微山湖与骆马湖）沟通、多股（湖西航道、不牢河航道与洳运河）衔接，以"双水汇流"的"运河枢纽"形态，促成了综合的水利价值。

总之，展读《时空中的徐州运河》，对徐州段运河的前世今生即可获得一种"通览"的视角。

作为认知对象，徐州空间内的运河不再是拘于一城一地的"运河片段"，而是沟通中国江、河、淮、济这"四渎"的运河辐射集聚区；不再是一时存在、一时水景，而是畅流千百年不息的历史主轴。能够让读者获得这一认识，《时空中的徐州运河》也就完成了它的阐述使命。

四、人文长歌

"运河"不同于一般自然河流的社会特征，就是她的"人为性"。因"人意"而兴工，借"人工"而成河，因"成河"而兴利，为"保利"而立法，唯"立法"而可持。在这一过程中，"运河人"——包括一切参与规划、施工、管理、维护、运行、改造、完善等每一个环节上的所有人等——就成了运河的主人、运河的仆人、运河的力量之源、运河的不竭神韵。总之，一部"运河史"不再是一部"水的变迁史"，而是"人与水彼此作用于对方而造福人类的历史"。

《时空中的徐州运河》在以徐州段运河为背景而推演其文化渊源时，最先注意的是徐州地区的史前文明。第一编第二章"泗水流域的原始文化"有所清晰展示。而在进入三皇五帝时代之后，作者以时为序，罗列出与徐州段运河相关的"人物群像"。对此，本文不作详述。简而言之，则知：

自大禹"导淮东会于泗、沂"，伯益治理"烈山泽"，至徐驹王、徐偃王"舟行上国，导沟陈蔡之间"，吴王夫差开邗沟以助徐州通江、开菏水以助徐州通河，魏惠王开鸿沟而沟通济、濮、涣、颍、汝、丹、睢、泗诸水之后,先秦时代的政治人物即对徐州地区的运河贯通予以高度关注。

秦汉之后,自秦始皇东巡彭城,泗水捞鼎,汉高祖刘邦于沛县泗水之滨举义反秦,历三国、两晋、隋唐、宋元、明清,历代政治人物、水利专家亦都对徐州段的运河治理投入精诚。

元代京杭大运河的开通,徐州段闸漕的修建与治理,明代对徐州段黄运交汇矛盾的化解,吕梁洪的治理,徐州洪的治理,南阳新河的开掘,泇运河的开凿,奎河的开挖等等,让一大批朝廷大吏和水利专家在徐州大显身手。他们的名字已经载入徐州运河的史册。康熙皇帝六次南巡皆过徐州之境,乾隆皇帝六次南巡四幸彭城,直到共和国时代毛泽东视察徐州水利,几乎每一个时段留名的"运河人"都有一个或数个在徐州治理运河的故事。对此,《时空中的徐州运河》皆有著录。

就是借着对"运河人"的一一展示,该书强调着"运河"与"运河人"的相互依存、相互砥砺,最终将对徐州段运河历史的梳理,提升为对运河开掘者、保护者的感恩,对前世运河、当代运河的珍惜,将一曲运河的赞歌,升华为对人的赞歌和家乡的赞歌。

五、复兴之路

此书第五编,以"运河复兴"为题展开,因而是局限于徐州空间的水利叙事。

我的希冀是,应对"运河复兴"作出超越徐州空间的进一步思考——因为"运河复兴"的任务,徐州人、江苏人已经完成且"超额"完成了。

在此,引用全国政协原副主席、中国工程院院士钱正英为《沂沭泗河道志》所作序文中的表述对徐州运河复兴工程加以旁证:"沂沭泗原是淮河下游的三条支流,流域面积不过8万平方公里,但是其河道变化的复杂情况,不但在全国,恐怕在世界上也是少有的。在某种意义上,沂沭泗河道变化的历史也是中国江河治理历史的一个缩影。"

钱正英院士所说的"泗(水)",就是徐州段运河,"沂"和"沭"就是古泗水的支流。因而"沂沭泗"的治理,其实就是"大运河"治理。唯徐州人在江苏省水利厅的领导下,在沂沭泗管理处的统筹下,坚持科学治水,系统治理,徐州段运河乃至苏北段运河才焕发出排洪、航运、灌溉、调水、环境保护和综合利用的勃勃生机;更不用说江苏"江水北调"的实践与经验,为中国的"南水北调"工程提供了成功的范本。

提出超越徐州空间的"运河复兴",京杭大运河全线的所有城市是不是该行动起来,思考一下"运河复兴"的历史责任和现实担当呢!

徐州在水一方,徐州人保护、治理大运河全国独步,这是一点也没有夸张的,所以本文以"丕显其光"来礼赞徐州人和徐州运河,礼赞徐州人在运河复兴征途上的历史功绩和文化影响。

是为序,兼祝此书面世。

田秉锷
2022 年 9 月 19 日于麦香小院

＊ 田秉锷,江苏沛县籍。退休前供职于徐州市政协文史委。坚持独立思考与研究。著有《中国文化走向论》《大国无兵》《彭城文脉》《金瓶梅人性论》《毛泽东诗词鉴赏》等二十余部著作。

目　录

前　言

从原始社会开始,天然河流泗水被人类利用为水上道路,并以今天的徐州为中心连接黄河与江、淮,历经开发形成了东西方向的运河,经历了先秦、两汉、魏晋南北朝以及隋、唐、宋、金时期。元、明、清三代,仍以今天的徐州为中心利用泗水与黄河开发了南北方向的运河。黄河决溢泛滥,泗水改道,使以泗(运)河为中心的沂沭汴泗睢等河流在中下游地区水系紊乱,徐州运河及其两岸的自然环境失去了生态平衡。清朝末年,南北运河开始衰落。中华人民共和国成立后,使徐州境内沟通黄河与江、淮的运河,成为具有航运、防洪、排涝、引水、灌溉、城市供水以及南水北调等综合性功能河道。据此,本书以历史与今天的视角取名为"时空中的徐州运河"。

因《禹贡》记述的徐州境内泗水直接用水道连接各州河流,成为最早的天然水运道路。因此,本书以《禹贡》中的徐州与泗水作为徐州运河开篇;以"运河起源""东西方向的运河""南北方向的运河""运河衰落""运河复兴"等编章叙述徐州运河的变化过程。

《时空中的徐州运河》,既追溯历史又记述当代。

历史时期,徐州运河是连接东西方向运河与南北方向运河的中心,在中国社会发展史上具有重要意义。因此,本书写徐州运河不单就其本身而论,而是通过东西与南北方向的运河,从其联系的地理环境与政治、经济、军事等社会发展方面的活动来展示徐州运河的历史地位。

中华人民共和国成立后,不仅仅对徐州境内运河航道进行治理,而是针对徐州境内的洪、涝、旱、渍灾害,以运河为中心,在沂沭泗流域建成"东调南下"防洪工程体系;以沂沭泗水系及淮河为尾闾形成分区排涝格局;以洪泽湖、骆马湖和南四湖为支撑形成三大灌区;以运河和徐洪河双线输水,建成国家南水北调东线调水大通道。并且,在徐州城区实施水生态建设。

本书写徐州运河的同时,还叙述了春秋开挖邗沟与菏水,西汉在秦岭北麓

1

开漕渠,曹魏开挖中渎水,东晋改道邗沟、引汶通泗和开挖桓公沟,隋朝整理邗沟,唐朝扩大汴渠系统以及开挖伊娄河,明朝蓄清刷黄工程和湖漕治理,清朝中河与新中河的开挖、借清刷黄工程以及淮扬运河治理。这些运河均分布在今山东、陕西、河南和江苏境内的宿迁、连云港、淮安和扬州地区。但是,无论这些运河处于东西方向还是南北方向,都要通过徐州运河而纵横于东西南北。因此,其叙述目的旨在突出徐州运河的重要地位。

虽然徐州的运河是利用天然河流泗水开发出来的,但是她的命运始终与黄河密切相连。为此,本书用大量篇幅叙述运河与黄河的密切关系。

地质时期,若以今天徐州为中心,泗水西经黄河支津(汇入黄河为支流,从黄河分出为支津,即后世所称的菏水、丰水、丹水和睢水)接通渭、洛等河,东连淮水及天然湖泊南通长江,形成了东西一线的天然水道。战国时期(前463)黄河全流改道北徙,干流遂为济水,支津成为泗水支流,即菏水、丰水、丹水、睢水。公元前361年,魏国在荥阳以下开挖鸿沟接通黄河,并使泗水及其支流菏、丹、睢与济、濮、涣、颍、汝诸水通航无阻。从此,黄河作为航道与诸条水道相通,又为其提供济运水源。东汉治理汴渠,曹魏整修汴渠,始终保持黄河与汴、泗相通。

南宋赵构政权决黄河阻止金兵南侵。从此,黄河开始长期由泗入淮。元、明、清三代定都北京,政治中心由西北移,随着政治格局的时空变化,以徐州运河为中心的东西方向的运河随之变为南北方向的运河。

元朝借黄行运,徐州以下泗水既为黄河又兼为运道。明朝前期仍在徐州以下借黄河行运。明隆庆元年到万历三十二年黄河频繁决溢,为避黄河之险开挖泇运河,使泗水改道。虽然运河脱离了黄河,但是河漕(黄河)依然有通航之利。明初到万历年,黄河一直为济运水源。清代的南北运河,仍然是国家运输江南地区漕粮的命脉。这时,黄河仍然维持着明朝末年流经的路线。有清一代,在今徐州境内坚筑黄河堤坝,实施黄河分洪;在今淮安境内整治黄、淮、运交汇合流的咽喉清口,是保障南北运河畅通的重点工程。这时,泇运河济运水源除依赖微山湖和沂河外,还需要黄河补给。

清咸丰五年(1855),黄河在河南开封府兰阳铜瓦厢集决口改道。徐州境内的黄河遂为横亘东西的故道。由于黄河长期在汴、泗两河行水,沉积的黄土高原泥沙,使河堤与堤外平原高差悬殊,两岸支流无法汇入,形成了独立的水系。故道中泓弯曲而堤防残缺不全,水土流失严重,淤积不畅。中泓两岸滩地的粉砂土和沙壤土,由于干旱无雨,飞沙弥漫,降雨后成为板沙,流水时成为淌沙,自

2

然环境受到严重破坏。中华人民共和国成立后,对黄河故道实施水生态修复工程,打造了人水和谐的清水廊道,在大自然中恢复了汴、泗清流的原始面貌。

黄河自南宋开始长期与泗水合流会淮,元明清时期河患频仍,在徐州境内一代甚于一代。然而,三代治理黄河是以保证运河南北畅通为前提,为借黄行运和防止黄河北流冲断运河,筑堤阻挡黄河北流而使之全南流入泗水。黄河与沂沭泗河的水文特征以及泗水能否容纳中国第二条大河的黄河水量;沂沭泗区域的地理与气候特征以及地理环境与黄河之间的相互影响,都会导致运河两岸自然环境的变化。况且,徐州运河是利用天然河流泗水开发出来的,她的自然属性不单纯为运河航道,以泗水为干流的沂沭汴泗睢水系,还有防洪、排涝、灌溉等平衡生态环境的功能。

徐州运河的历史告诉我们,以牺牲她的自然属性为代价,单纯追求航运来维系经济社会发展,只能苟延一时;以天地人之间的平衡为准则,才是永恒的真理!

运河开篇

——徐州与泗水

天排九星，地列山川。本篇通过《禹贡》叙述的徐州与泗水揭示其地理位置的重要，并为其成为连接东西方向和南北方向运河的中心埋下伏笔。

一、徐　州

徐州是《禹贡》叙述的九州之一。九州是《禹贡》根据大禹治水的传说,以嵩山、泰山、衡山、华山、恒山等五座大山和长江、淮水、黄河、济水等四条江河为标志,采取自然分区的方法而划分的区域。

"九州"之名,早先见于《诗经·商颂》:"奄有九有……帝命式于九围……九有有截……""九有""九围"即九州之意。"徐"源于夏时徐国。东汉李巡在《尔雅》注中解释:"淮海间其气宽舒,秉性安徐,故曰徐。徐,舒也。"

徐州在九州中的地理位置,历代《禹贡》注释和疏证者认为,平阳是尧设帝都的地方,处于冀州。因此,九州的排列次序从冀州开始,东南为兖州,再东南为青州;从青州向西南为徐州,徐州向南为扬州,徐州向西为豫州;从扬州向西为荆州;从荆州向西为梁州;从梁州向北为雍州。由此排列而确定的各州方位,兖、青、徐三州处东;冀、豫、扬三州居中;雍、梁、荆三州在西。

这种线向与方位相统一的区划格局,正与《洛书》相似。(《易经·系辞上》)说:"河出图,洛出书。"根据汉代孔安国传和唐代孔颖达《尚书正义·洪范》记载:"天与禹,洛出书,神龟负文而出,列于背,有数至于九,禹遂因而第之,以成九类。"相传大禹治水时,有一神龟从洛水爬出,背上数字排列为戴九履一、左三右七、二四为肩、六八为足、五居中央。大禹便依照《洛书》制定出治理天下的九章大法。

徐州处于黄淮平原中的黄河冲积扇平原和沂沭河洪水冲积平原之中,位于海、岱与淮水之间,范围包括今山东省南部、江苏省北部和皖北部分地区。《禹贡》说:"海、岱及淮惟徐州。"海,即今天的黄海,《山海经》称之为东海。岱,即岱宗,亦即泰山。《禹贡》记述的徐州,东滨黄海,西临黄河与济水,北依泰山,南面淮水,形成了"山泽通气"之势。

《禹贡》还以"淮、沂其乂,蒙、羽其艺,大野既猪,东原底平,厥土赤埴坟,草木渐包"记述了徐州的河流、湖泊、土壤和植被。

徐州北部的蒙山（在今山东省新泰、蒙阴、费县等地）与东部的羽山（在今山东省临沂与江苏省赣榆、东海一带）之间，分布着以沂沭泗水系为干支流的大小河流。根据《禹贡》"淮、沂其乂"，沂水至淮水段泗水是沂、沭、丹、泗、睢等河流的总汇，淮水又是泗水的尾闾；沂水是沂蒙山区汇入泗水的最大的山洪河流。因此，禹贡时期淮水与沂水的治理和安流与否，直接影响以泗水为干流的沂、沭、丹、睢等河流畅通以及两岸的自然环境。

《禹贡》九州示意图

《禹贡》记述："大野既猪，东原底平。"是说在今山东省巨野以北的湖泊，名为大野，水所停或汇聚一起称为猪。大野亦称巨野，其面积，据唐时《元和郡县志》记载，南北三百里，东西百余里，南通泗水，北连济水。在大野泽东北有一片平原洼地被称为东原，位于徐州西北，大致在今山东省东平一带，处于汶水和济水下流之地。古人认为，这是禹为消除下流之患在大野筑圩岸蓄水；然后，疏浚东原田间水沟注入汶、济两河，从而使低洼内涝之地变成易于耕作的广阔平原。

《禹贡》记述的徐州，山泽于天地之间，相依通气，水润草木滋长而丛生，繁茂的植被呵护着肥沃土壤，使自然环境处于生态平衡状态。"厥田惟上中，厥赋中中，厥贡惟土五色，羽畎夏翟，峄阳孤桐，泗滨浮磬，淮夷蚌珠暨鱼；厥篚玄纤、缟。"记述土壤适宜农业种植，山、水之中物产丰富而独具地方特色。

二、泗　水

泗水在《禹贡》中是中国境内唯一全程沟通长江、淮河和黄河的水上交通联系的河道。

《禹贡》所说连接长江与黄河的交通路线,一是从梁州的潜水越过沔水,由渭水入黄河;二是从荆州的江、沱、潜、汉等河流,由洛水进入黄河;三是从扬州顺着江、海到淮水,再由泗水经菏、济两水进入黄河。

由渭水入黄河,亦即"浮于潜、逾于沔,入于渭,乱于河"。梁州境内的潜水,即今四川省境内嘉陵江,为长江水系中最大的支流,上有东、西两源,东源发源于今陕西省凤县秦岭山脉代王山南侧的东峪沟,为嘉陵江正源,西流至凤县东河桥折向西南,流经今甘肃、陕西、四川三省,在重庆合川流向东南,至重庆城区朝天门注入长江。沔水即今汉水,流经梁、荆两州,位于长江中游北岸,干流正源为沮水,源出今陕西省秦岭南麓,东南流经其南部、湖北省西北部和中部,于武汉市龙王庙注入长江。这条起始于梁州的交通路线,是从长江入嘉陵江,过汉水,入渭水,再进入黄河。其间,有位于今陕西、四川、湖北三省交界地区西北东南走向的大巴山,将嘉陵江与汉水阻隔,又有位于今陕西省南部东西走向的秦岭,将汉水与渭水阻隔。因此,只有逾越大巴山和秦岭通过两段陆地交通路线,才能进入渭水后再入黄河。

由洛水入黄河,亦即"浮于江、沱、潜、汉,逾于洛,至于南河"。在荆州境内,长江在今湖北省枝江境内的百里洲分南、北江,北江为沱水(下沱),东流数十里后两江重新汇合。潜水是从汉水分流的南北津渠,自今湖北省潜江市境内南流经监利境注入长江。汉水流经梁州称沔水,流入荆州称汉水。汉水与洛水被位于今河南省西南部西北—东南走向的伏牛山阻隔,只有逾越伏牛山脉通过陆地,才能沟通汉水与洛水的联系,再由洛水进入南河(黄河)。

以上两条交通路线,是通过陆地与水上交通的连接来沟通长江与黄河联系,亦即水陆并用的交通路线。然而,在九州的东方则有一条通过淮水与菏水,沟通长江、黄河连接各州的水上交通路线——这就是徐州境内的泗水。

徐州位于海、岱(泰山)与淮水之间,范围包括今山东省南部、江苏省北部和皖北部分地区。泗水是徐州境内最大的河流,自今山东省蒙山西南流经江苏省徐州市,再继续东南流经泗洪县东至淮泗口(今洪泽湖腹部,当时未形成湖泊)入淮水。泗水在今山东省鱼台与菏水相通,菏水通黄河。淮、泗、菏三水相通,就是《禹贡》所说的徐州"浮于淮、泗,达于河"。

泗水与长江流域的水上交通联系是通过"沿于江、海,达于淮、泗"实现的。早期,长江口起点在今江苏省扬州、镇江附近,古有"广陵观潮"之说。广陵是春秋时楚国的属邑,在今扬州市西北,为蜀冈高阜之地。今扬州以下长江口南北两岸是一个呈喇叭状的开阔海湾。海湾以南的长江与钱塘江之间是以太湖为中心的江浙地区,处于滨海湖沼。北魏郦道元《水经注》称"吴为泽国,其薮具区,其浸五湖,又曰震泽,曰笠泽,即今太湖也"。《禹贡》说:"三江既入,震泽底定。"三江系指古太湖下游三大尾闾的松江、娄江和东江,意为三江之水东泄入海,震泽平定不为水患。海湾以北的淮水,《禹贡》说:"导淮自桐柏,东会于泗、沂,东入于海。"桐柏即今河南省桐柏县桐柏山,淮水自桐柏山向东流经今河南和安徽省入江苏省境内后,自西南横穿洪泽凹陷之地与泗水会流经淮阴至涟水县注入黄海。

泗水与黄河流域的水上交通联系是通过"浮于济、漯,达于河"实现的。

当时的黄河在今内蒙古、陕西省与山西省之间,自北向南流经龙门至华阴,称为西河;在今河南省孟津出峡谷后折向东北,经修武、获嘉、新乡、淇县、浚县、内黄县及河北省邯郸、邢台等地东侧,穿过大陆泽、宁晋泊等洼地,分出支河散入渤海,这条西南东北走向的黄河称为东河;西河与东河之间段的黄河,亦即华阴至孟津段称为南河。

济水自今河南省荥阳东北流经封丘、山东省定陶,出巨野泽,再东北流经郓城、东平、济南、博兴注入渤海。漯水自今河南省内黄东北从黄河分出,东北流经今山东省莘县南,继续东北流至高青县东注入渤海。济水与漯水自西南平行东北均穿流于兖州之境。

"浮于汶,达于济。"汶水是青州境内最大的河流,源于今山东省泰山与鲁山之间,自今莱芜经泰安、肥城、宁阳至东平西南入济水。

"浮于洛,达于河。"洛水是豫州境内的水上交通道路,即今河南省西部的洛水,发源于今陕西省华阴境内华

《禹贡》水上交通路线示意图

6

山南麓向东流至河南省巩县的洛口北入黄河。

"浮于积石,至于龙门西河,会于渭汭。"渭水在雍州境内,发源于今甘肃省境内渭源的乌鼠山,东流穿过陕西关中平原,在潼关注入黄河。这是《禹贡》所记述的雍州水上交通道路。

冀州的水上交通道路,不仅有"夹右碣石入于河",还有一条位于东、西两河(黄河)之间的汾水,自今山西省宁武县的管涔山,向西南流过中部盆地至河津县注入黄河。

《禹贡》记述的长江水上交通,上起潜水下至江海;黄河水上交通,上起积石下至碣石。由泗入淮,沿江海可以通至长江流域的扬州、荆州和梁州。泗、菏、济、漯、汶等河流水系的相通,不仅贯通了徐州与兖、青两州的水上交通,而且沟通了黄河干流与洛、渭、汾等河流水系,使徐、兖、青、豫、雍、冀等州的水上交通连在一起。

参考文献:

[1]《周易正义·系辞》,北京:中华书局,1979年

[2]《尚书正义·禹贡》,北京:中华书局,1979年

[3]《尚书正义·洪范》,北京:中华书局,1979年

[4]东汉·班固《汉书·地理志》,上海:上海古籍出版社,1986年

[5]北魏·郦道元《水经注》,成都:巴蜀书社,1985年

[6]清·胡渭《禹贡锥指》,上海:上海古籍出版社,2006年

[7]谭其骧《中国历史地图集》,北京:中国地图出版社,1982年

[8]王苏民、窦鸿身《中国湖泊志》,北京:科学出版社,1998年

第一编　运河起源

徐州运河起源于黄河与泗水。地质时期,黄河同沂蒙山地的洪水冲积形成了黄淮平原。黄河在黄淮平原以泰沂山脉为界而南北分流。泰沂山脉以南分出的黄河支津(注:汇入黄河为支流,从黄河分出为支津)与泗水相会再汇合沂、沭等沂蒙山地诸水,形成了最早的天然河湖水系,并与淮水合流入海。

　　泗水与黄河、江、淮相通,原始社会泗水流域出现与仰韶、良渚文化相互交融的人类活动。分布于黄河中、下游地区的炎黄和东夷两大族属集团,结成部落联盟,在上、下游同心协力治理洪水。黄河在龙门以下自西向东,从支流汇入到支津分流,形成西聚东散的水系,以黄河沟通汾、涑、渭、洛、沁与泗、沂、沭等自然河流成为水上交通道路,为夏、商、周三代从黄河中、下游向东逐渐扩展到沂沭泗流域创造了条件。

第一章　黄、淮之间的河流

一、黄河冲积扇和沂沭河洪水冲积平原的形成

第四纪更新世末期,黄河出今河南省孟津之后,摆脱了两岸丘陵、阶地的制约,以泰沂山脉为界而南北分流,其冲积物将孟津以东的海湾堆积成冲积扇并逐渐向东扩大范围,淤积形成了泰沂山脉南北的华北平原。如果试画一个三角形,以孟津作为顶点,淮阴、天津为两底角,那就是黄河汇合其他诸流淤淀而形成的三角洲,是我国最广大的华北平原。

黄淮平原位于华北平原的黄河与淮河之间,以今河南省郑州—西华—安徽省阜南为界,又划分为西部淮河平原和东部黄河冲积扇平原以及沂沭河洪水冲积平原。

黄河冲积扇平原的形成,黄河水利专家张含英说:"黄河下游豫、冀、鲁及苏之北部,莫非黄河淤积而成。换言之,几千万年前,黄河曾漫流于此大平原者,不知其几千百次也。故地势平坦,一有冲决,任何处皆可作为河道。……黄河既携此多量泥沙,东出峡谷,骤抵平原,流缓沙沈,逐渐淤淀,遂至海日益退,陆日益增,于是下游之大平原焉。据黄河水利委员会之估计,此大平原为七千四百年所积成,在此以前,泰山不过为海中之一孤岛。……且在下游,凡有黄壤冲积之处,皆曾经黄流所波及,亦皆为黄河之领土。"(引《治河论丛》)

沂沭河洪水冲积平原位于黄河冲积扇平原、黄淮三角洲和徐海低山丘陵之间。从鲁中南沂蒙山地流出的沂、沭、泇等河流,在地质、地形、气候、植被等地理环境中,具有一致性特征,即同在山区、丘陵等地带流动,且并行向南流向下游。在洪水季节,这些河流将上游山地风化的岩屑及其泥沙携带至中、下游,发育着各自的冲积扇。沂河因其源流长、水量大、泛滥范围广,所以,它所携带的泥沙,不仅迭复在苏、鲁两省邳苍地区的武河、涑河,而且波及燕子河,直接和泇

11

河冲积扇连接在一起;泇河又与其他平行河流的冲积扇相互迭复。沂河与平行南流的沭河,由于受郯庐断裂不断缓慢上升影响,携带的泥沙,向西迭复在它们之间的河流中,并将各自冲积扇连接起来,构成了一望无际的沂沭河洪水冲积平原。

二、南北分流的黄河

黄河以泰沂山脉为界而南北分流的情形,清人胡渭在《禹贡锥指》中说:"水未治以前,河(黄河)从何处行? 曰,尧时从大伾山南东出,或决而北,或决而南,泛滥兖、豫、青、徐之域……自有天地即有河,陶唐以前盖不知其几千万年也,其北耶? 南耶? 不可得而知也。"

第四纪初,沂蒙山上游山地的沂、沭、泗等河流顺着沟谷向低处泄水排沙,在中、下游地区,不仅生成了洪水冲积平原而且形成了与沂、沭相通的古河流。此时,黄河冲积扇平原由于受其东侧郯庐断裂不断缓慢上升的影响,形成一个封闭或半封闭的盆地。第四纪更新世末期,黄河自冲积扇的前缘地带(今河南省孟津),以其泄水排沙的强大作用向东推进。由于黄河向东泛滥无法顶冲不断上升的泰沂山脉;因此,以水性就下之势向泰沂山脉南北分流。

黄河东出今河南省孟津流至荥阳东北积成浩瀚的湖泊——荥泽,然后出荥泽继续东流,形成了汉人司马迁在《史记·河渠书》中所说的"荥阳下引河"。

北魏人郦道元在《水经注》中说:"昔大禹塞其淫水(横溢漫流之水),而于荥阳下引河,东南以通淮、泗。济水分河,东南流。"宋人曾巩在《南丰集》中说:"昔禹于荥泽下分大河为阴沟,出之淮、泗,至浚仪西北复分二渠,其后或曰鸿沟,……或曰浪宕(荡)渠,……或曰浚仪渠,……或曰石门渠。"

黄河南北分流示意图(引自明·王圻、王思义《三才图会》)

12

古人把地质时期由黄河冲积而成的荥泽以及黄河的分流归功于大禹所为。其实,远古时代的中国尚处于神话、半神话式的传说阶段。"任何神话都是用想象和借助想象以征服自然力,支配自然力,把自然力加以形象化……"(《马克思〈政治经济学批判〉导言》)大禹则是人格化的神帝,其治水是历史上的传说。

荥泽以下分出的大河均为黄河以其泄水排沙的强大自然力而形成的支津。

蒗荡渠(阴沟)与鸿沟,亦即后世所说的鸿沟水系,自开封向东南为《史记》所称的鸿沟,自今河南省开封东流至徐州市区汇入泗水,战国时期称丹水;从今河南省陈留分出一支至江苏省宿迁市南汇入泗水,春秋时期称为睢水;在今河南省扶沟分出一支,《水经》称泲水,即涡水,东南至今安徽省境内汇入淮水;"鸿沟"再南分出一支为沙水与颖水会于淮阳,东南至今安徽省境内汇入淮水。

黄河在泰沂山脉以北注入渤海,亦即《禹贡》所称的济水。《山海经》说:"济水绝(即流经或穿过)巨野(泽)注渤海。"东晋郭璞在《山海经·注》中认为,"济(水)自荥阳至乐安博昌入海。"博昌,在今山东省博兴县南。注入渤海的黄河(济水)自今河南省荥阳北大致流经今原武、原阳,并在两地之间积成修泽,东北流经封丘、长垣、兰封,流至今山东省境内,在鄄城南积成雷夏泽,在巨野北积成巨野泽,再北流经安山镇(今东平县西南)纳汶水,继续东北,流至博兴入海。黄河(济水)以西还分流一支。公元前656年齐国的管仲对楚国使者说:"赐我先君履(指征伐足迹所到的范围):东至于海,西至于河,南至于穆棱,北至于无棣。"(《左传·僖公四年》)河即黄河,无棣即无棣河,西接黄河,在今山东省无棣北东入于海。

黄河在北注入渤海的过程中,在今河南省封丘南和山东省定陶东北分出两条支津,即《水经注》所称黄水(泡水或丰水)和《禹贡》所说的菏水,分别在今江苏省沛县和山东省鱼台会于泗水。

黄河不仅将黄土高原大量的泥沙挟带至下游或沉积于盆地之中,又因流势未来得及沉积或淤积不到之处,便在黄淮平原形成一些较大的湖泊与沼泽。在孟津以东,形成了荥泽(今河南省荥阳东北)、莆田(今河南省郑州与中牟之间)、修泽(今河南省原阳西)、黄池(今河南省封丘南)、大泽(亦称大荠陂,今河南省兰考以东)等。在今山东省菏泽至河南省商丘一线以东,形成了湖泽(今河南省商丘东北)、孟诸泽(今河南省商丘与山东省单县之间)、蒙泽(今河南省虞城东)、雷夏泽(今山东省鄄城南)、巨野泽(今山东省梁山、郓城、巨野、嘉祥一带)、菏泽(今山东省定陶东北)以及丰西泽(今江苏省丰县境内)和沛泽(今江苏省沛县境内)等湖泊沼泽。

三、沂蒙山地发育的河流

在华北平原还没有大规模发育以前,位于山东省鲁中南的沂蒙山地还孤立于大海之中。第四纪海水波浪夷蚀形成的海蚀平台成为沂、蒙山峰岗岭的基础。以沂山和蒙山为地质坐标的地理区域,形成了泰沂山脉的沂山山脉和蒙山山脉两个支系。海蚀平台形成以后,经过掀升成为和缓的斜面,向着今天的平原下面倾斜,其前端一直伸入现在沉积层之下。这种倾斜状态,发育了沂蒙山地自北而南流向平原的河流——沂、沭、泗等天然河流。

泰沂山脉中段的鲁山,是泰沂山地的分水岭,东西走向,地跨今山东省淄博市博山与沂源之间。绳子岭、辘轳岭和破邱岭为鲁山主脉,是博山与莱芜、沂源、临朐的界山,向南为沂源鲁村断陷盆地河谷平原,并与沂蒙低山丘陵相衔接。

沂山为泰沂山脉向东延伸的一部分,又名东泰山,西起沂源,横跨今山东省临朐、沂水,东至安丘,逶迤百余公里。山势中间高,向东、西两侧逐渐降低,主峰玉皇顶位于临朐县境内。沂水县城西南的仙姑顶,是北西—南东走向山脉的主峰,为沂水发源地之一。沂水县沂水镇北处的泰薄顶属沂山主体南延部分,呈北—北西走向,是沭水的主要发源地。沂、沭两河北、东、西三面环山,上游北缘横亘着沂山和鲁山。两河在向下游平原流动过程中,山区与平原的坡度比降、上游对平原的冲积、来水量大小以及流速等,均影响并决定着沂、沭两河在平原的形成。

蒙山发脉于泰山,位于泰沂鲁山地之南,自西北而东南延伸,跨山东省平邑、费县、蒙阴、沂南等县境。蒙山山脉与其北面的泰沂山脉共同组成鲁中南低山丘陵区的脊骨。龟蒙顶为蒙山主峰,因峰顶形似卧龟而得名,位于平邑县城东北处;挂心橛子,地处平邑、蒙阴、费县交界处,山势笔立陡峭,南麓水入浚河,北麓水入东汶河;玉皇顶,位于费县城北,山势峻拔陡峭,东西两侧水流分别入祊、浚两河。太平顶,位于平邑县武台镇和新泰市放城镇交界处,西麓为泗水发源地。

由于地层沿着断层组的上下错动,在沂蒙山地形成无数地垒式断块山,经过风化剥蚀,逐步演变为崖壁峭立、山顶平坦的方形山峰。地貌学称之为"方山",当地习称为"崮"。宛如古城堡式的崮群,遍及沂蒙山地。其中,位于山东省沂南县城西北处的石崇崮,集水注入沂水;窦家崮,山势呈西北—东南走向,

14

山水流向:西与南入东汶河,东注沂水。抱犊崮,位于山东省苍山、费县、枣庄三县市交界处,山势呈南—北走向,北麓为泇水发源地。

四、黄河支津会流泗水

在冲积扇平原形成之时,黄河自今河南省孟津向东过荥阳后分流,泰沂山脉以北的黄河注入渤海,泰沂山脉以南的黄河分出多股支津,即后世所称的菏水、泡水、丹水和睢水,将泗水作为会淮通道而注入黄海。

黄河(黄河改道后称济水)在注入渤海的流程中,在今河南省封丘南和山东省定陶东北分别积成黄池与菏泽两处湖泊,并且冲出两条支津:一是自黄池冲出称黄水,东流经今河南省杞县东、兰考与民权两县之间、山东省成武东南,至单县东与自孟诸泽冲出的一支泡水合流,向东称丰水,流至今江苏省沛县故城南注入泗水。二是自菏泽冲出,即《禹贡》所称的菏水,经今山东省金乡、鱼台等地注入泗水。

黄河在荥泽以下分河东南流的浪荡渠(阴沟)行至今河南省开封分河。

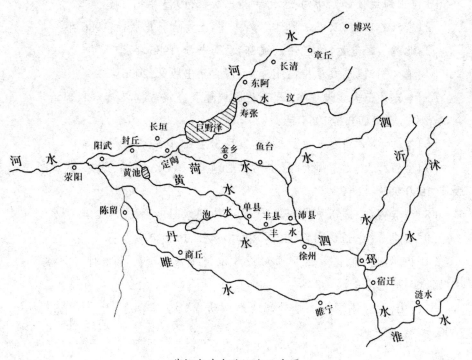

黄河支津会流泗水示意图

15

从今河南省开封至江苏省徐州市区与泗水会流的黄河支津,在战国时期全程称丹水。西汉以后分段名为甾获渠、获水和谷水,后来分段为汳(汴)水和获水,即自今河南省开封至商丘市北段,《水经》称汳(汴)水;继续东流经今河南省虞城东、安徽省砀山、萧县北至江苏省徐州市区与泗水会流段,《水经》称为获水。

从今河南省陈留分流为睢水,东流经今河南省杞县、睢县北、宁陵、商丘南、永城、安徽省濉溪南、宿州、灵璧、江苏省睢宁县、宿迁市南注于泗水。

黄水(泡水或丰水)、菏水、丹水,为何东流入泗而不直接南折入淮,大抵有两种可能:一是为南部的山丘所阻挡;二是有学者提出一种设想,即在古黄河与古淮河之间有一分水岭存在,并推断这一分水岭可能存在于今河南省通许、民权至江苏省徐州附近,其延伸方向大体应以东西的构造方向。后来,这道分水岭受到黄河泥沙的不断淤积被逐渐掩埋而完全消失。

参考文献:

[1]《山海经校译》,上海:上海古籍出版社,1985 年

[2]东汉·班固《汉书·地理志》,上海:上海古籍出版社,1986 年

[3]北魏·郦道元《水经注》,成都:巴蜀书社,1985 年

[4]清·胡渭《禹贡锥指》,上海:上海古籍出版社,2006 年

[5]华东师范大学地理系《邳苍兰区地理调查报告摘要》,水利部治淮委员会:《治淮丛刊第四辑》,1954 年

[6]岑仲勉《黄河变迁史》,北京:人民出版社,1957 年

[7]上海师大、北京师大等《中国自然地理·华北地区》,北京:人民教育出版社,1980 年

[8]谭其骧《中国历史地图集》,北京:中国地图出版社,1982 年

[9]白寿彝《中国通史》,上海:人民出版社,1989 年

[10]曹厚增《试论黄淮平原形成和淮河水系演变》,水电部治淮委员会:《淮河水利史论文集》,1987 年

[11]张修桂《中国历史地貌与古地图研究》,北京:社会科学文献出版社,2006 年

第二章　泗水流域的原始文化

一、泗水文化区

新石器时期,在《禹贡》区划的徐州出现了最早的农业文化——北辛文化。

北辛文化得名于今山东滕州市官桥镇北辛村发掘的文化遗址。公元前5875 年,在泗水支流的薛河南岸,远古人开始了定居生活,从事着农耕、畜养、渔猎以及手工业。遗址出土的农业遗迹和遗物证明原始农业已经在这里出现。农业的发展与文明的产生息息相关。"黄河下游地区从北辛文化开始,就已经成为一个相对独立的亲族文化区。自此以后的相当长的一段时期,尤其是山东及苏北地区一直保持着与黄河中上游相区别的相对稳定的历史文化传统。"(白寿彝主编《中国通史》)

北辛文化是徐州文明的渊源;相对独立的亲族文化区的形成,重要因素就是依赖于泗水这条重要的交通水道。

"刳木为舟,剡木为楫,舟楫之利,以济不通,致远以利天下。"(《周易·系辞传下》)泗水向西北连接菏水(黄河支津)、济水(当时的黄河)和汶水;向东南与泇水(一名武原水,南合武水至古下邳城西乾沟入泗水)、沂水和沭水相连,再向东南与淮水相通。淮水在今江苏省涟水县西向北分河为游水,经今连云港市入海。这些河流以泗水为中心,相会通流,构成了远古时代的水上交通道路。从考古发掘看,这些河流两岸分布着今山东省滕州北辛、泰安大汶口、汶上东贾柏村、邹平苑城、兖州王因和西桑园、兰陵于官庄和江苏省邳州市大墩子、连云港市二涧村、淮安青莲岗等北辛文化,并成为大汶口文化的源头。

大汶口文化因发现于今山东省泰安大汶口而得名,主要分布在今山东省及江苏省淮河以北的汶、泗、沂等河流域。今江苏省邳州市和新沂市境内的刘林、梁王城和花厅等文化遗址,均属于大汶口前、后期文化。

17

二、黄河沟通仰韶与大汶口文化

在黄河中游老官台文化和下游北辛文化之后，黄河中、下游地区又出现了仰韶和大汶口文化前、后两期。

仰韶前期，最早见于今河南省渑池仰韶村遗址，后来又大面积发掘出陕县庙底沟遗址，因此以庙底沟而得名。其遗址主要分布于渭河、伊洛等河流域和中条山及崤山两侧。

大汶口文化前期，由于刘林遗址出土的文化颇具代表性，故史学界将其称之为刘林期，年代相当于庙底沟文化前期。刘林期文化遗址在同一条河流（《水经注》称粗水，亦即泇水），两岸有刘林、大墩子和良王城等。刘林文化遗址，位于今江苏省邳州市戴庄镇刘庄村西南，西滨今京杭大运河，南面陶沟河，面积约24万平方米左右，中心区域约10万平方米。遗址出土了500余件陶容器，48件石斧、锛、凿、铲等工具。从发掘的猪牙床、牛、羊和狗等兽骨看，家畜饲养已经成为当时农业的重要组成部分。大墩子文化遗址，位于今江苏省邳州市四户镇北竹园村东，处于今西泇河与汶河之间。遗址出土的生产工具有石质的斧、锛、铲、凿，均采用磨制和钻孔技术。成年男性随葬品有镞、鱼镖、枪头、网坠、弹丸以及鹿角、骨、龟甲和獐牙及其制品，成年女性随葬品有纺轮。良王城文化遗址，位于今江苏省邳州市北部，今京杭大运河傍依而过。遗址除出土了陶制品和石器外，还发掘出墓葬里小孩遗骨和成年男女的遗骨。

庙底沟文化的东迁使"刘林期居民接受并融合了庙底沟文化的先进因素，将自己的生产力及社会关系推进到了一个新的发展时期，并对江淮地区及长江下游和辽东半岛产生了积极影响"（白寿彝《中国通史》）。

仰韶和大汶口文化后期，在黄河中游的仰韶文化类型遗址中发现大汶口文化的鼎、豆的形制以及特有的背水壶；在今河南省仰韶文化的分布范围内还发现有典型的大汶口文化墓葬。从大汶口和仰韶文化区出现的打制石器看，其器型规范，表面修治得比较平整；磨制石器在刃部略加磨光。石器中有铲、刀、镰，木制工具有锛、凿，石斧中数量最多的是器身扁平、平面略成梯形、横剖面为扁椭圆形。锛、凿和石斧等均可以作为制作舟楫的工具。由此可见，山东和苏北的大汶口文化的发展，受仰韶文化的影响日渐缩小，而对仰韶文化的影响则不断扩大。这说明，大汶口文化的发展并不是在自我封闭的情况下实现的，而是通过水上交通与仰韶文化存在着密切的联系；尤其，对于仰韶后期文化的影响是伴随着人口流动以及文化传播而实现的。

人口流动和文化传播完全依靠交通往来实现。传说大禹治水,以"陆行载车,水行载舟"行于黄河中、下游之间。其实,远古时期,黄河在今河南省孟津以下河流、湖泊和沼泽遍布;大汶口文化主要分布在今山东省及江苏省淮河以北的汶、泗、沂等河流域,与地处黄河中游的伊水、洛水和渭水流域的仰韶文化相距千里,并且有崤山、熊耳山和嵩山等高山险阻。无疑,在这样的自然条件下,欲使黄河中、下游交通道路畅通,最便利的交通方式必然是"水行载舟"。

伊(水)、洛(水)和渭水均属黄河中游的主要支流;汶、泗、沂、沭处于黄河下游。黄河及其荥泽以下分河,即《禹贡》以后所称:济水、菏水、泡水、丹水、睢水等黄河分支,将其中、下游河流连接起来,形成了以黄河为中心的水道交通网。大汶口与仰韶人口流动以及文化传播的路线,则由汶水和泗水分别进入济水、菏水、泡水和丹水,通过黄河干流而西行,再进入伊水、洛水和渭水流域。

三、江、淮沟通花厅与良渚文化

如果说,大汶口早、晚期文化凭借汶(水)泗(水)与黄河的交通便利接受并影响了仰韶文化;那么,大汶口晚期文化的花厅居民和山东龙山文化则依傍泗水,行舟江、淮,接受并影响了良渚文化。

花厅文化遗址位于今江苏省新沂市沭河以西马陵山西麓的花厅村北,年代约公元前 3000 年。遗址墓地分南北两区,出土的遗物,南区具有大汶口文化特征;北区相当于大汶口文化后期或良渚文化早期。北区中有 10 座大型墓葬,随葬品,属大汶口文化的陶器有背水壶、大圈足豆和部分罐等器物。相当一部分陶器和玉器具有良渚文化特征,如陶器中的"丁"字形足鼎、宽把杯、双鼻壶、圈足罐等;玉器有钺、琮、琮形管、斧、锛、锥形器、璜、环、珠、管、指环耳坠等。8 座墓葬中有殉人现象,墓主人均为成年男性,殉葬者为儿童和少年,并用猪、狗陪葬。

良渚文化,因最初发现的典型遗址位于今浙江省余杭良渚镇而得名。文化遗址主要分布在今江苏省南部和浙江省北部的太湖流域,即南以钱塘江为界,北至江苏省常州、上海一带。遗址出土的陶器有鼎、豆、圈足盘、双鼻壶单把带流杯和小口领瓮等;石器有斧、锛、凿、长方形和半月形刀等;玉器多为通体磨制,广泛采用切割法和管钻法,种类有钺、琮、璜、环、珠、管等装饰品。

在大汶口文化晚期的花厅出现的良渚文化,从玉器图案上分析,其形态特别像一尊英武的战神,加之良渚文化中石钺非常发达,表明良渚人好勇强悍。

"在花厅出现良渚文化大墓应是良渚贵族入侵和强行占据的结果。"(白寿彝、苏秉琦《中国通史》)

在良渚文化的上海马桥、嘉兴雀墓桥等遗址,出土的文物中有山东龙山文化的黑陶鬶。

山东龙山文化是继承大汶口文化发展起来的,时间大约在公元前 2600 年至前 2000 年,分布于山东省和江苏省北部沭河干、支流两岸的河漫滩上。主要文化特征是轮制黑陶,有细泥、泥质、夹砂三种。黑陶细泥乌黑发亮,被称为"蛋壳黑陶",是山东龙山文化具有代表性的陶器,其中陶鬶是主要器型之一。

大汶口文化后期的花厅和山东龙山文化遗址大都分布在今山东省和江苏省北部的沂沭泗流域,而良渚文化则远在长江下游的太湖地区。两地文化区相距数百公里,要想实现文化传播与人口流动,就得具备便利的交通条件。

远古时期,黄河向东南分流合于泗水汇入淮河,在今江苏省淮安市涟水附近入海。淮河与长江之间,在洪泽湖未形成之前的"洪泽凹陷",分布着富陵湖、麻湖、破釜涧、白水塘、泥墩湖和万家湖等零星湖泽;从这里自西北而东南又有高良涧、白马、宝应、高邮等湖泽洼地。这些淮河与长江之间的湖泽洼地以及彼此相通的港汊,把淮河与长江连在一起,形成了"排淮泗,而注之江"(《孟子·滕文公上》)之势。对于孟子之说,从明代《泗州志》的记载可以得到证实:"淮为黄扼,只得由大涧口、施家湾、周家湾、高良涧、武家沟等处散入射阳湖、白马、草子、宝应、高邮等湖,由湖迤逦入江,孟子所谓排淮泗而注之江者,此也。"

太湖流域地处长江以南,亦即春秋时的吴国之地。《水经注》说:"吴为泽国,其薮具区,其浸五湖,又曰震泽,曰笠泽,即今太湖也。"明代童时明著《三江水利便览》解释说:"宣、歙、嘉、湖、杭诸郡邑诸山源之水冲决震荡,因名震泽,是为东南巨浸,吐纳众流。然又借以滋泄诸郡农田,国赋攸赖,古名具区。"

从沂泗流域到太湖地区,河、湖、泽、薮遍布,江、海相连,为大汶口晚期与良渚文化提供了优越的水上交通条件,花厅与良渚两地居民以"舟楫为车",实现了人口流动与文化的传播。

参考文献:

[1]《周易正义·系辞》,北京:中华书局,1979 年

[2]岑仲勉《黄河变迁史》,北京:人民出版社,1957 年

[4]白寿彝《中国通史》,上海:上海人民出版社,1989 年

第三章　炎黄与东夷联盟

一、炎黄与东夷

在黄河中、下游,从中原向东的汾、涑、渭、伊、洛、沁及沂、沭、泗等自然河流,分布着炎黄和东夷两大族属集团的氏族部落。

炎黄族属集团最早发祥于渭水流域,他们之间世代通婚,"昔少典娶于有蟜氏,生黄帝、炎帝。黄帝以姬水成,炎帝以姜水成……故黄帝为姬,炎帝为姜"(《国语·晋语四》)。炎帝氏族活动区域在渭水上游的姜水,即以姜水为发祥地。黄帝氏族活动区域在姬水,大致在渭水支流的北洛水中部(今陕西省黄陵县),即以此为发祥地。炎帝和黄帝氏族活动区域以及居住地的不同,便形成了各异的姓氏。

姜姓炎帝氏族,被尊之为农业之神,即神农氏。"神农氏作,斫木为耜,揉木为耒,耒耨之利,以教天下。"(《周易·系辞传》)炎帝氏族从最早活动的渭水上游向东,沿着黄河南北两岸在今河南和山东两省境内建立了申、吕、许、厉山、共、齐、州、向等部落。其中,向部落的活动中心在今山东省莒县南,处于沭河沿岸。

姬姓黄帝氏族的最初活动中心在今陕西省北部黄陵,向南有北洛水下游的芮(今陕西省大荔)、再向南有渭水下游的骊戎(今陕西省临潼)等部落,从今陕西省向东沿黄河进入中原地区以后,在以伊、洛河流域为活动中心的有夏后氏。"自黄帝至舜、禹皆同姓而异其国号(部落名号),以章明德。故黄帝为有熊,帝颛顼为高阳,帝喾为高辛,帝尧为陶唐,帝舜为有虞。帝禹为夏后而别氏,姓姒姓。"(《史记·五帝本纪》)黄帝与夏后氏,是史前时代炎黄族属集团中最主要的中坚力量。尤其,夏禹在当时之名最为显赫。

东夷族属集团是在黄河下游以及淮、泗流域活动的太昊、少昊和商族等氏族部落。

太昊氏族部落"以龙纪,故为龙师而龙名。……陈,大皞(太昊)之虚也"。根据《左传》记载,太昊氏即伏羲氏,亦即包牺氏,为风姓之祖,以龙名官,属蛇图腾,其遗虚在今河南省淮阳。《周易·系辞传》说:"古者包牺氏之王天下也,仰则观象于天,俯则观法于地,观鸟兽之文与地之宜,近取诸身,远取诸物,于是始作八卦,以通神明之德,以类万物之情。作结绳而为罔罟,以佃以渔。"伏羲氏(包牺氏)作八卦,可能是根据自然与生物的变化而发明的记事方法。太昊氏族部落的后裔主要分布在济水(当时的黄河)和泗水流域,宿和须句在今山东省东平、有任在今山东省济宁、颛臾在今山东省费县。

少昊氏族,根据"因商奄之民,命以《伯禽》而封于少皞之虚"(《左传·定公四年》)来推断,其居住地在今山东省曲阜。《说文》解释其姓为"赢"。少昊氏族以鸟名官,属鸟图腾,主要部落为郯氏、莒氏、皋陶氏、夷羿以及淮夷。

郯氏,盈姓,其部落在今山东省郯城县西南三十里,地处沂、沭河之间。莒氏,其部落活动范围在今山东省胶县西南一带,《春秋经》隐公二年《正义》说:"《谱》云:莒,盈姓,少昊之后。"皋陶氏,偃姓,活动地点在今曲阜一带的泗水之滨。现代史学家徐旭升在《中国古史的传说时代》中认为:"皋陶与少昊同姓,足证他们属于同一氏族……《帝王世纪》说:'皋陶生于曲阜。'如果它的说法有根据,那曲阜本为'少昊之虚',皋陶氏族出于少昊氏族更可以得到证明了。"夷羿,亦称后羿,夷为族名。徐旭升认为:"皋陶与后羿全是属于少昊氏族的人。"夷羿起初在鉏(读音徐)一带活动,即今河南省滑县东,《左传·襄公四年》有"后羿自鉏迁于穷石"之说,西晋杜预在《春秋左氏经传集解》中认为,"鉏,羿本国名";穷石,即穷谷,在今河南省洛阳南。淮夷,东汉郑玄说:"淮水之夷民也。"根据《禹贡》的说法,淮夷活动范围应在淮、泗水流域,"海岱及淮惟徐州,……泗滨浮磬,淮夷蠙珠暨鱼"。

少昊氏族主要部落的分布地区,是以少昊所居濒临泗水的商奄(今山东省曲阜)为中心,由泗水通过菏水(黄河支津),西溯黄河抵达夷羿起初所居今河南省滑县东的鉏(徐);或溯黄河西行入洛水便能到达今河南省洛阳南的穷石;如果从今山东省曲阜的商奄沿泗水向东南可与沂、沭水相通,再舟行东南,泗水又与淮水相通。这样,少昊氏族的郯氏、莒氏、皋陶氏、夷羿以及淮夷等主要部落的往来,就可以通过水道交通紧密地联系起来。

东夷族属集团中还有一个强大部落——商族,兴起于尧、舜、禹之际。他们的始祖契到汤(天乙)为十四世系,其部落的活动中心屡经迁徙。《水经注》转引《世本》说："契居蕃。"清冯景在《解春集》中认为，契始居商—昭明居砥石—相土和冥離均居商丘—子亥迁殷—孔甲复归商丘—汤自商丘迁亳，又迁景亳。近代王国维则认为，契自亳居蕃，昭明居砥石又迁于商，相土东徙泰山下复归商丘，帝芬二十三年商族迁于殷，孔甲九年复归商丘，汤始居亳从先王居。关于汤以前部落历次迁徙的确切地点，虽然还有不少古今学者各执其说，但是，对商族活动区域主要在黄河下游大都给予肯定。《诗·商颂·长发》颂扬"相土烈烈，海外有截"，说明商族部落在相土（契的孙子）时代，活动中心虽在商丘，而其声威沿着黄河向东南的分支（菏水、泡水、丹水和睢水）向东发展。

冲积土壤的肥沃、水源的充足、植被的茂密等自然环境与人类的和谐，促进了黄河中、下游地区在农牧业经济与文化的发展中，形成了炎黄与东夷两大文化圈。他们又通过交通水道密切接触、相互影响，使两大文化圈呈现出相互交叉与扩张的态势，从而结成了部落联盟。可以说，这种部落联盟通过水道交通超越了政治力量的版图。

二、夏禹与伯益治水

原始社会末期，由于黄河中、下游冲积平原的土地肥沃和水源便利，吸引着氏族部落的人们，离开丘陵来到河流两岸的平原上居住，并从事农业和畜牧生产。然而，每到洪水季节便常受到洪水的侵害。"洪水横流，泛滥于天下"（《孟子·滕文公上》），概括了当时黄河中、下游地区发生洪水时的情景。

为了在黄河中、下游地区河流两岸的平原上生存，保住在生产力低下的农业初级阶段创建的基业，各氏族部落与洪水进行了长期的斗争。

最早治理洪水的共工氏族，根据徐旭升在《中国古史的传说时代》中的说法，他们居住在今河南省辉县一带。这里，北依太行山，南面黄河，无论耕种还是供水条件，都非常适宜农业畜牧和生活居住。但是，由于共工氏族所居之地处于黄河在孟津以下的开阔河段上，每到洪水季节，河水汹涌泛滥。为了保住休养生息之地，他们采取"壅防百川，堕高堙庳"（《国语·周语下》）的方法，将阻塞洪水的高处土石搬运到低处堵塞洪水。显然，用这种防洪措施无法抗拒"汤汤洪水方割，荡荡怀山襄陵，浩浩滔天"（《尚书·尧典》）的黄河洪水。

继共工治水之后，部落联盟会议向帝尧推举鲧主持治水。鲧总结吸取共工氏族治理洪水的经验教训，作"三仞之城"（《淮南子·原道训》）以"障洪水"（《国语·鲁语上》），"仞"，即古时长度单位，周制为八尺，汉制为七尺，东汉末为五尺六寸；"城"，即墙垣。据《尚书·尧典》记载，鲧治水"九载绩用弗成"。"九"是古代泛指多数的意思，是说鲧多年治水没有成功。究其失败原因，可能是农业生产的发展、部落规模的扩大，防洪保护区的范围也在随之扩大，以三仞墙垣阻塞洪水，或许可以对局部小范围居住和农业区起到保护作用，但不能起到大范围的保护作用。

舜继尧位，任命鲧的儿子禹主持治水。《尚书·益稷》说，禹"决九川距海，浚畎浍距川"。"距"，是到的意思；"畎""浍"，是田间的水沟。就是说，导引漫溢出河道的洪水入海，疏浚支河及田间水沟入干河。《国语·周语》说："高高下下，疏川导滞。"禹的治水方法，是利用高水向低流的自然趋势，疏通壅塞的川流，把停滞在平原或洼地的洪水导入大河，而后合通入海。这种方法可以加速洪水和渍涝的排泄，被后世称为疏导法。

当时，黄河在今河南省荥阳以下分流，除泰沂山以北黄河入渤海外，后世所称的菏水、泡水、丹水、睢水等均为黄河支津合泗水经淮水入海。要想"疏川导滞"使黄河洪水合通入海，就必须把以泗水为干流的河流水系疏通，使黄河洪水在下游河道里畅而不阻地经淮水入海。

黄河安流反映了炎黄和东夷两大族属集团在黄河下游有着共同的利益关系。斯时，炎黄和东夷两大族属集团已经结成部落联盟，舜任命东夷族属集团中的部落首领伯益为掌管山林川泽的虞官。禹与伯夷、皋陶在舜面前交谈时说：洪水浊浪滔天，浩浩荡荡围绕山岗冲上丘陵，民众全都从事治理洪水，我和伯益送给民众粮食（稻）和新鲜的肉食，来开通多条河流入海，疏浚田间沟渠入河。可以想象：在禹和伯益带领下，黄河下游掀起了声势浩大的治水浪潮。

伯益带领氏族部落主要在泗水流域治理洪水。因为，伯益氏族为东夷族属集团中的少昊部落，活动于泗水流域。禹和伯益送稻给民众，稻为粮食作物之一，古时泗水流域有种植水稻的记载。《禹贡》说禹"导河积石，至于龙门，南至于华阴，东至于厎柱，又东至于孟津，东过洛汭，至于大伾，北过降水，至于大陆，又北，播为九河，同为逆河，入于海"。黄河自大陆（泽名，在今河北省平乡、巨鹿、任丘之间）向北播为九河入渤海；而禹自己却说"决九川致四海"（《史记·夏本纪》）。所谓"四海"，古人认为中国四境有海环绕，即为四海，这与当时泰沂山以南的黄河支津合泗水经淮水入黄海相符合。"九河"为多条黄河支津，不完全流入渤海，合泗水经淮水就是注入黄海。《禹贡》还说禹"导淮自桐柏，东会于泗、沂，东入于海"。淮水是泗水与黄河合流的尾闾，可谓众壑所归。只有淮水畅通入海，泗水才能安全行洪。所以，伯益氏族与禹密切配合，在黄河下游的泗水流域,负责"烈山泽"以清除河道内的行洪障碍。

由于临近水边之地、河湖(泽)滩地,土壤肥沃且引用水方便,所以大多氏族部落均在此为生。他们圈圩耕种、喂养畜禽、搭建屋舍,不仅影响河道以及沼泽湖洼之地行洪,而且,其生命财产安全也受到洪水的直接威胁。因此,必须把这些部落搬迁到丘陵高岗之处;但这些地方草木繁茂、杂草丛生,只有焚烧这些地方的草木,开辟适宜人类生存的空间,才能使这些搬迁部落安心定居和进行农业生产。又由于新的居住地远离河流,地势相对高亢,"伯益作井"(《吕氏春秋·勿躬》)以解决人畜用水。

河滩、沼泽(行洪区)中的芦苇等水生植物,是阻碍行洪的一大障碍。伯益氏族采用焚烧的办法清除行洪障碍,使河道畅通洪水畅流归海。河湖清障这一防洪措施,至今仍在采用。

禹与伯益共同平治水土,还带领民众种植稻谷,促进了农业的发展。夏、商时期的"其氏",源起伯益氏族,其兴起与治水有着密切的关系。

参考文献:

[1]《尚书正义·禹贡》,北京:中华书局,1979 年

[2]《尚书正义·尧典》,北京:中华书局,1979 年

[3]《左传》,北京:中华书局,2012 年

[4]《国语》,昆明:云南人民出版社,2017 年

[5]《孟子·滕文公上》,厦门:厦门大学出版社,2002 年

[6]西汉·司马迁《史记》,上海:上海古籍出版社,1986 年

[7]徐旭升《中国古史的传说时代》,桂林:广西师范大学出版社,2003 年

第四章　夏、商、周的水上交通

一、夏建都老丘的战略意义

夏,原本是一个部落联盟的名称,亦称夏后氏,后来成为王朝的称号。

禹时,部落联盟组织已经发展到兴盛时期,《左传·哀公七年》记载:"禹合诸侯于涂山,执玉帛者万国。"当时,禹在涂山会合诸侯,携玉帛而来的有上万个国家。"涂山"即今河南省嵩县西南三涂山,处于伊水上游,所谓"国",在禹时就是部落,由"万国"可见当时的部落众多。

禹的儿子启继位后,开始由"公天下"向"家天下"转变,氏族制被国家所代替。由于有扈氏部落不服启继位而进行武装叛乱。于是,启与有扈氏战于甘之野,灭掉了有扈氏。从此,"天下咸朝"(《史记·夏本纪》)黄河中、下游地区的大、小部落均接受了夏王朝的统治。启还将与禹共同治水的伯益的儿子若木封于徐而建立了徐国。清人徐时栋《徐偃王志》记载:"大费(伯益)为舜虞能议百物鸟兽咸若实始锡为嬴姓。生大廉、若木。若木事夏后氏,是始封于徐。"

夏时徐国,有说在今山东省郯城以北一带;有说在今邳(州)郯(城)地区;还有说在今鲁南、苏北以郯城为中心的区域。无论哪一种说法确切,但其所在地都处于沂、沭河中下游之间。当时,沂、沭两河在今山东省临沂以下均可以通行舟楫而入泗水。

夏王朝最早的都城,古本《竹书纪年》说在阳城(今河南省登封东南告城镇),处于伊水支流大狂水之滨。伊水即今河南省西部的伊河,是洛水的一大支流,发源今河南省栾川的伏牛山北麓,向东北流至河南省偃师的杨村附近会流洛水再注入黄河。

夏王朝基于水上交通便利,沿着伊水将夏都迁至洛水北岸的斟寻(今河南省偃师),后来又沿着洛水将夏都迁至黄河以北的原(今河南省济源)。这里处于黄河北岸和北济水上游,有利的地理位置,便利的交通条件,使夏王朝以国都原为政治中心,沿着黄河向东过荥泽,进入济水(当时的黄河)以及菏水、丹水等黄河支津,向东夷族活动的地区进军,将斟灌氏(今山东省寿光县东北)、有鬲氏(今山东省济南以北)、有穷氏(在有鬲氏南)、有仍氏(今山东省济宁)、有缗氏(今山东省金乡)、有虞氏(今河南省虞城)等东夷族属集团的部落,划归为自己的方国。

夏定都原以后,发生了"太康失国"事件:夏启死,子太康即位而不尽其责,沉湎于游乐。他的昏庸无度,激起了一些部落及民众的不满。太康在伊、洛下游的两河之间田猎"十旬弗反"(《夏书·五子歌》)。东夷族有穷氏部落首领后羿以"因民弗忍"而顺乎民意,率部落自鉏(今河南省滑县东),溯黄河向西到达洛汭(洛水入黄河的地方),在黄河北抗拒太康于黄河之南,以致"太康失政,为羿所逐"(《水经注》)。

太康崩,弟仲康立……仲康崩,其子相依同姓斟灌氏即位定都于帝丘后,又被篡夺后羿王位的寒浞所杀。他的妻子后缗方怀孕,从城墙洞逃奔娘家有仍氏,生少康。后来,少康在黄河(济水)以北的有鬲氏帮助下,率夏部族遗民攻杀寒浞。少康在济水(黄河)下游的过(部落名,在今山东省掖县西北)灭掉了寒浞之子浇;他的儿子杼在睢水沿岸的戈(大致在今河南省开封与杞县之间)灭掉了寒浞之子豷。少康和儿子杼共同完成了"中兴"大业,恢复了夏王朝的统治。少康死,儿子杼即位。

此时,中原东方的东夷族属部落,东至海滨,南北分布于淮、泗等流域。夏王朝的政治中心都定于帝丘,位于今河南省濮阳一带,即今河南省濮阳县东南五星乡高城村南的高城遗址。虽然帝丘作为当时夏王朝政治和文化的中心,土地肥沃,气候适宜,农业发达且制陶和冶铜技术也处于领先地位,但是,水上交通只有一条濮水自西向东,在巨野泽一带汇入济水(当时为黄河),再连接黄河中、下游以及汶、泗、淮等流域。如果通过这条水道进入或控制东夷族属部落的活动区域,可谓遥远而迂回曲折。

杼统治时期,国家政权趋于巩固,征伐东夷,向东发展,扩大在黄河中、下游的势力范围,成为夏王朝进一步巩固统治政权的战略目标,并将夏都从帝丘迁往老丘。

老丘位于今河南省陈留北,濒临鸿沟(当时为黄河)。鸿沟与蒗荡渠或阴沟、济水(当时为黄河)以及菏水、泡水、丹水、睢水、涡水、沙水等黄河支津相互贯通,并处于这些河流的中心位置,向下游分别在今山东、江苏和安徽省境内合

27

流于泗水和淮水,构成了黄河中、下游地区与汶、泗、淮流域紧密相连的水上交通网,覆盖着夏王朝的统治地区和东夷族属部落的活动区域。

夏王朝沿着济水(当时为黄河)以及菏水、泡水、丹水、睢水等黄河支津,自西向东,建立了鸣条(今河南省开封附近)、杞氏(今河南省杞县)、有莘氏、(今山东省曹县)、蕃(今山东省滕州市境内)、薛(位于泗水支流漷水,今山东省滕州市南,《汉书·地理志》记载,此地为夏车正奚仲的封国)、缯氏(今山东省枣庄市东)等方国。古本《竹书纪年》说杼"征于东海",反映了杼时期的统治势力更向东发展。

二、商都迁徙为何不离开黄河下游

商早期原是东夷族属集团中的一个强大部落。夏王朝末年,夏桀为政荒淫而失掉民心。处于泗水流域(在今山东省济宁和金乡一带)的有仍和有缗两属国背叛了夏王朝的统治。汤(商十四系子孙)趁夏乱起兵征伐,最终灭夏而建立了商王朝。

自汤建国至盘庚即位,商王朝经历了五次迁都。清代靳辅在《论贾让治河奏》中提到"商已五迁其国都以避河患",胡渭在《禹贡锥指》中说"殷人屡迁,大抵为河圮",近代王国维也在《观堂集林·说耿》中认为,殷商的屡次迁徙都是为了躲避黄河河患。

既然商王朝屡次迁都是为了"避河患",那么,为什么建都还不离开黄河下游呢?

在奴隶社会,都城的作用是王朝用来统治或控制全国疆土。统治者对都城所在地的选择,不仅考虑经济、军事、社会基础和自然环境,而且考虑国都的位置、交通是否便利等地理因素。因此,从汤发动与夏王朝的战争到建立国家,其统治中心始终不离开黄河下游,其中非常重要的地理因素之一,就是考虑到河流与湖泊可以利用为交通道路。

商王朝建国前,汤以商丘(今河南省濮阳一带)作为部落的活动中心。根据《水经注·瓠子河》记载,五帝时期的颛顼从穷桑(今山东省曲阜北)迁于此地,称商丘或帝丘。这里曾经是夏王朝的国都,由于处于濮水之滨,不仅土地肥沃,适宜农业和畜牧,而且濮水作为水上交通道路,自西向东,在巨野泽一带汇入济水(当时的黄河),连接黄河中、下游以及汶、泗、淮等流域。汤将这里作为征伐夏王朝方国的起点,首先消灭了濮水之滨的昆吾(在今河南省濮阳),又先后灭掉了豕韦(在今河南省滑县东南)和顾氏(在今山东省范县东南);在睢水(黄河支津)之滨灭掉了葛氏(在今河南省宁陵);又回师西北沿济水(黄河)与夏桀战于鸣条(在今河南省封丘东),剪灭三嵏(在今山东省定陶北)。

商王朝建国后,其国力逐渐强盛,尤其到武丁统治时期,是商王朝国力的鼎盛时期。其疆域东滨今苏、鲁境内的黄海,西临今陕西省陇县一带的汧、陇,南到今河南省界,北至今河北和山西省北部,东南抵淮河流域,西北达今内蒙古包头。在幅员辽阔的国土上,商王朝在直接统治的地区以外,建立了众多的大小方国。在方国之间及其以外的边远地区,还分散着发展程度不同的部落。因此,商王朝为了维持国家统治,采取"内、外服"的政治手段,管理直接统治的地区和商族以外的方国及少数民族部落,并依靠强大军事威力来维护地区安全。除此之外,商王朝着重考虑的就是国都的地理位置。

在商王朝统治的南北狭而东西长的疆土上,黄河自内蒙古高原的包头折而向南,出龙门,过潼关,再向东进入中原,其间,先后接纳了汾、渭、洛等主要支流;然后,东出孟津,在荥泽以下分出济(当时的黄河)以及菏、泡(上游为黄水)、丹、睢、涡、沙等黄河支津,或直接入海,或合泗入淮,或直接入淮。黄河自西向东,从支流汇入到支津分流,形成了西聚东散的水系网络,成为商王朝屡次迁都的地理依据。

自汤及其以后的外丙、仲壬、太甲、沃丁、太庚、小甲、雍己等商王均将国都定于亳。这里位于现在的山东省曹县南,向西有黄池(位于今河南省封丘南),向东和东南有丰西泽(在今江苏省丰县境内)、沛泽(在今江苏省沛县境内)、孟诸泽(位于今河南省商丘与山东省单县境内)。黄水下游为泡水(丰水)自西向东,将这些湖泊连接起来直抵泗水。在泗水与丹水(当时为黄河支津)交汇处(今徐州市区境内),商王朝建立了彭国,即"彭祖氏,殷之时尝为侯伯"(《史记·楚世家》)。泗水支流漷水南岸的薛(今山东省滕州南)是汤左相仲虺的侯国,《史记·殷本纪》有仲虺为汤作"汤诰"的记载。汤将薛地封与重臣仲虺,足以说明此地对东方管控的重要性。从亳通过黄水进入泗水而经略东方,这是一条最为便捷的水道。

商王仲丁将国都自亳迁于隞,从这里开始的历次迁都均向地势较高的地方搬迁,可能从避开黄河水患考虑,但无论迁到哪里都始终没有离开黄河下游。

隞,亦称嚣,位于今河南省荥阳以北的敖山之南,《水经·济水注》说:"其(敖)山上有城,即殷帝仲丁之所迁也。"敖山以北为济水(当时为黄河),在今河南省封丘南经黄池与黄水相连。河亶甲即位后自隞将国都迁于相(今河南省内

29

黄县）。这里处于洹水之滨，据《水经·洹水注》记载，洹水可以通行舟楫而东注济水（当时为黄河）。祖乙继位自相将国都迁到今河南省温县东的耿，然后又从耿迁到朝歌（今河南省淇县）北的庇。耿处于黄河与沁水的冲积平原上，北依太行山，南面黄河。国都庇处于淇水之滨。淇水向东与洹水合流注入济水（黄河）。南庚即位后，沿着淇水和洹水进入济水（黄河）再转入菏水（黄河支津）进入泗水，将国都自庇迁到今山东省曲阜的奄。到盘庚时期又自奄将国都迁于北蒙，号之曰殷，亦即现在的河南省安阳。

商王朝自盘庚迁殷到纣王覆灭，国都一直设在今河南省安阳。他们以此为政治中心，凭借黄河下游便利的交通水道，统治或控制国家疆土。王武丁时期，发动了与虎方（在今洪泽湖至徐州一带）的战争。帝乙、帝辛之世，对人方发动大规模的战争，人方即徐夷，分布于沂、沭、泗及淮河下游。

商王朝的交通，虽然"相土作乘马""胲作服牛"（《世本·作篇》），开始利用牛马挽车而陆行，但是从迁都至各处的地理位置看，黄河在荥泽以下分出诸条支津，而且湖泊与沼泽分布其间。要想从统治中心，东至淮泗，西抵渭沘，利用牛马挽车，怎么能抵得上一苇之航远较翻山越岭路途艰险更为容易的水上道路。甲骨文出现的"舟"字，进一步说明商代已经有了制造舟楫的手工业。

三、周沿水道东征封国

周族是在渭水流域兴起的一个古老部落，生息于渭水以北支流漆水和沮水一带。始祖姜嫄生后稷（别姓姬氏）。公刘时期，由于遭受戎狄的侵扰而迁居于豳地（今陕西省彬县和旬邑县）。公刘迁豳居住了三百余年，九世而至太王（古公亶父）。由于西北各游牧部落向渭水流域移动，为避开戎狄的压迫，太王率领周族渡过漆水和沮水，翻过梁山（在今陕西省乾县西北），来到岐山之下的周原（今陕西省岐山县）定居。季历（太王古公亶父的少子）时期，屡伐犬戎等来自西北的游牧部落，周族势力逐渐强大。

文王（季历子）时期，自周原向北征伐泾水两岸的犬戎（在今陕西省彬县）和密须（在今甘肃省灵台县西）；自周原向东，沿着渭水征伐依附于商王朝且力量强大的崇（在今陕西省户县东）。文王又利用泾、渭二水越往东越能行船的自然条件建都于丰（今陕西省户县东北沣水西岸）。

武王（文王子）即位迁都于镐（今陕西省西安市长安区沣水东岸），并由沣（水）、渭（水）进入黄河，在盟津（今河南省孟津）举行军事演习，"不期而会盟津者八百诸侯"(《史记·周本纪》)。武王在牧野之战推翻了商王朝后,以镐(京)为统治中心,向东沿渭水入黄河及其支流或支津,封神农后裔于焦(今河南省陕县)、黄帝后裔于祝(今山东省莱芜县东南)、帝舜后裔于陈(今河南省淮阳县)、禹后裔于杞(今河南省杞县)、尚父姜太公于营丘(今山东省昌东东南)等为诸侯国。武王还封他的弟弟周公旦于鲁(今山东省曲阜)、叔鲜于管(今河南省郑州)、叔度于蔡(今河南省上蔡县)、叔振铎于曹(今山东省定陶)、叔武于成(今山东省汶上)等为诸侯国。

由于过去殷商统治的区域远居镐(京),故封商纣王之子武庚于商都(殷,今安阳),利用他管理殷商遗民。又将殷商王畿划分为邶(今河南省朝歌以北)、鄘(朝歌以南)、卫(朝歌)三个区,由武王之弟管叔、蔡叔、霍叔分别进行统治,以监视武庚。

商都处于洹水,朝歌居于淇水。洹、淇两水合流注入黄河(济水)、菏水(黄河)与泗水相通,蒗荡渠或阴沟与泡水、丹水、睢水、涡水、沙水等黄河支津相互贯通,不仅加强了远在渭水流域的镐(京)与东方诸侯国的联系,同时,也为日后管叔、蔡叔鼓动武庚,联合徐(淮夷,今江苏省泗洪一带)、奄(今山东省曲阜东)、薄姑(今山东省博兴)等东方诸部落反叛周王室提供了交通条件。

武王克商后二年死,子成王诵年幼,王叔周公暂时代理政务并主持国家大事,平定了管、蔡与武庚的叛乱。为进一步巩固对东方地区的统治,周王朝把参加武庚叛乱的商顽民,强制迁徙到洛水北岸并兴建成周城(在今河南省洛阳东三十里),"其城方七百二十丈,南系于洛水,北因于郏山(洛阳北邙山),以为天下之凑"(《水经注·洛水》)。洛水是黄河南岸的一大支流,通过黄河东西连接渭水和泗水流域,在南北狭而东西长的黄河中、下游地区,紧滨洛水的成周城是当时天下的中心,是控制整个东方地区最重要的政治军事枢纽。

成周洛邑建成后,周统治者将象征国家政权的九鼎,自商邑迁居于洛邑,凭借黄河及其支流和支津作为交通道路,向东通过齐国、鲁国和宋国藩卫王室。

齐国是佐武王灭商的功臣尚父姜太公的封国,濒临济水(时为黄河),是在消灭商王朝的残余势力蒲姑(今山东省博兴、临淄一带)的废墟上封立的,《汉书·地理志》说:"少昊之世有爽鸠氏,虞夏时有季萴,汤时有逢公柏陵,殷末有蒲姑氏,皆为诸侯国,国此地。至周成王时,蒲姑与四国共作乱,成王灭之,以封师尚父,是为太公。"周王朝之所以把齐国封与此地,其目的就是凭借济水(黄河)要齐国将东方莱夷置于自己的军事控制和政治支配之下。

鲁国建都于濒临泗水的奄(今山东省曲阜),《水经·泗水注》说:"周成王

31

封姬旦于曲阜,曰鲁。"周武王在消灭了商朝的残余势力商奄的废墟上封立给周公,后来长子伯禽为诸侯统领鲁国。地处泗水的鲁国通过菏水(时为黄河支津)、黄河和洛水与成周洛邑遥相呼应,为周王室的安宁,将殷商遗民和淮夷置于自己的军事控制与政治支配之下,统治着民条氏、徐氏、萧氏、索氏、长勺氏、尾勺氏等殷商遗民,并按王室规定:在推行政令时,要考虑殷人的习俗;在改变土地所有制上,要依照周的法制。

宋国是微子启的封国,国都在今河南省商丘。这里濒临黄河支津,据《史记·宋微子世家》记载,周公奉成王之命诛杀联合叛乱的武庚和管叔,流放蔡叔,命微子启代替武庚为殷商的后嗣,供奉其祖先祭祀,作《微子之命》加以申述。

周王朝在宋地建国,不仅把沿丹水和睢水(均为黄河支津)以及向东的殷商遗民交给微子启统治,而且通过"以藩屏周"(《左传·僖公二十四年》)来经略淮夷所处的东南之地。因为,宋国之境是王师由中原挺进东南征伐淮夷的必经之地。当时有丹水和睢水两条黄河支津流经宋国,向东分别与泗水会流注入淮水。周王室的军队长期作战且路途遥远,辎重粮草的运输必然依靠这两条河流作为水上交通道路。

在沂沭泗流域主要还有颛臾、向、薛、郯、邳等封国,说明周王朝已经侵入到古老的东方。从此,相对独立的亲族文化区(今山东和苏北地区)保持的与黄河中、上游相区别而自成系统的文化传统逐渐被华夏文化瓦解。

参考文献:

[1]《尚书正义·尚书序》,北京:中华书局,1979 年

[2]《尚书正义·夏书》,北京:中华书局,1979 年

[3]《毛诗正义》,北京:中华书局,1979 年

[4]《左传》,北京:中华书局,2012 年

[5]《孟子·滕文公章句下》,厦门:厦门大学出版社,2002 年

[6]西汉·司马迁《史记》,上海:上海古籍出版社,1986 年

[7]东汉·班固《汉书·地理志》,上海:上海古籍出版社,1986 年

[8]北魏·郦道元《水经注》,成都:巴蜀书社,1985 年

[9]谭其骧《中国历史地图集》,北京:中国地图出版社,1982 年

第二编
东西方向的运河

从春秋战国到北宋,在黄河中、下游和江、淮地区出现了从国家统一到分裂再到统一的政治局面。在这一社会发展过程中,东西方向的运河应时代要求而产生。

若以今天的徐州市为中心,从南北走向到东西走向的泗水,东连淮水及天然湖泊,南通长江,西由黄河接通渭、洛等河,形成了东西一线的天然水道。

公元前770年,周平王依仗晋、郑等诸侯力量放弃镐京,沿渭水向东迁都洛邑。政治上的重大变局,成为中国历史上一个大动荡时期的开始,各个强国凭借水上道路争做霸主。从此,泗水成为东西往来的交通要道。春秋时的吴国开挖邗沟与菏水,使泗水成为连接东西的运河。

公元前463年黄河在今荥阳一带决口改道后,故道遂为济水。原来的黄河支津菏水、丰水、丹水、睢水成为泗水支流。战国时期,魏国开挖鸿沟,在黄河与淮水之间形成了以鸿沟为骨干的鸿沟水系,连接了中原黄河与淮水的航运,使济、濮、涣、颖、汝、丹、睢、泗诸水通航无阻。四通八达的水上交通,促进了魏、齐、楚、宋、秦等国的经济发展;同时,也使政治格局发生了变化。

公元前221年,秦王嬴政结束了战国以来封建诸侯长期割据的局面,建立了封建皇朝。为加强对中原以东地区的统治,秦始皇将以泗水为中心的东西向运河作为重要的交通道路。秦朝灭亡,泗水流域出现了纷争天下的局面,项羽利用彭城得天独厚的地理位置建都于此。

西汉建都长安,以泗水为干流的菏、甾获谷(西汉以前,全程名为丹水,后来分段名为甾获渠、获水和谷水)、睢等水道通过鸿沟连接黄河,向西溯黄河入渭水,成为崤山东西的水上道路,是西汉政治中心往来于东西的交通命脉。西汉统治时期,黄河两次夺泗,导致濮、济、菏等河流无法通航,只有泗水和甾获谷水成为当时通向长安最重要的运输河道。东汉建都洛阳,以泗水为中心的东西向运河,东通江淮,西由汳(汴)水(即西汉甾获渠、获水和谷水)连接黄河与洛水,成为加强皇权统治的重要支撑。

曹魏和西晋时期,以汴、泗为中心的东西向运河,处于军阀混战之中,为保证西通黄河、东南通于江淮的运道畅通,整修汴渠和开挖中渎水。316年,晋朝在北方的政权垮台,琅琊王司马睿即位,定都建康(今江苏省南京市),史称东晋。黄河中、下游以及泗水流域,成为北方匈奴、羯、氐、羌、鲜卑等民族(史称

"五胡")争夺统治权的战场。在争战过程建立的北方各国混战分割西晋国土的时候,东晋皇朝以泗水为中心利用水上道路趁机北伐。为保证水上道路的畅通,实施欧阳埭与邗沟改道、引汶通泗工程和开挖桓公沟。南北朝对峙时期的泗水,不仅为南北战争发挥了水上运输的重要作用,而且受到北魏发展航运的重视,梁、陈两朝还以泗水代兵攻打彭城。在北魏统治地区,《水经注》作者郦道元曾实地考察泗水,并在《水经注》中记载了泗水文化。

隋、唐时期的汴泗运河,依然处于重要地位。隋开皇八年利用汴、泗两河,作为南征灭陈进击长江下游京口和建康的水运道路;大业元年,营建东都所需物料亦由汴、泗运至洛阳。虽然开挖通济渠,整理邗沟,但汴、泗两河依然通航。唐朝统一全国后,在泗水流域扩大汴渠系统,在长江北岸开挖伊娄河。庞勋率桂州戍卒起义则以彭城为中心,以控制江、淮北进泗水入古汴河的漕运。

北宋时期,通济渠到熙宁年间淤积严重,朝廷不得不把泗水作为畅通江、淮与国都开封的重要运道。太平兴国八年(983)开始,黄河决溢频繁。南宋赵构政权为阻止金军南下决开黄河。从此,黄河开始长期入泗会淮。

第一章　凭借水运争霸

一、周平王迁都洛邑

　　周代兴起于黄河流域,当时国都还在丰、镐的时候,周成王就派召公营建洛邑(今河南省洛阳),顺遂武王遗旨,周公经多次占卜,反复视察,认为这里处于天下正中,最终完成营建工程,并将传国九鼎安放于此。公元前770年,周平王放弃丰、镐迁都洛邑。

　　周王室认为洛邑是"天下之中"(《史记·周本纪》),因为,洛邑除了是当时的政治中心外,还仰仗于以黄河为水上交通的地理条件。

　　这时,黄河(济水)干流东北入海,其支津,即后世所称的菏水、黄沟(下游称泡水或丰水)、丹水、睢水、涡水和颍水,自北而南平行东流,分别流入泗水或流入淮水。国都洛邑(今河南省洛阳)位于洛水北岸。伊、洛两水合流至洛汭进入黄河。在洛汭以西,渭水和汾水是黄河的两大支流,秦、晋两国处于渭水和汾水流域。秦国的都城雍(在今陕西省凤翔县南)处于渭水中游;晋国都城绛(在今山西省翼城县南)在汾水支流的浍水流域,循浍、汾而下可以入黄河。在洛汭以东,黄河及其支津分布着齐、郑、宋、卫、陈、蔡、曹等主要国家;泗水上游有鲁国,下游有徐国;沂水和沭水自北而南,沿岸有莒国、郯国和钟吾国。这些诸侯国均遍布于黄河中、下游以及泗水流域,而周王室的国都洛邑则处于黄河中、下游的中间地带。由黄河作为水上交通道路,东西联系各诸侯国是很方便的;再加之,陆路交通联系南北。因此,周王室认为洛邑是"天下之中"也是符合当时的社会要求。

　　周王室东迁洛邑以后,贫弱近乎小国,不仅不能对各诸侯发号施令,反而在政治和经济上都要依附于强大的诸侯国。春秋初年,晋国有内乱,楚国势力尚未达到中原,洛邑以东地区的诸侯中以宋、卫、齐、鲁、陈、蔡、郑为最强。齐、宋、

37

秦、楚、晋相继欲霸中原。由于这些诸侯国的强大,使政治格局发生变化。

二、郑国沿水道"远交近攻"

"远交近攻",是郑国采取远交齐、鲁,近攻宋、卫,扩张疆土,争霸中原的外交策略。

郑国的开国君主桓公友是周厉王的小儿子,初封郑地。西周末年,幽王昏庸,政局动荡。郑桓公听从周太史伯之谏,把封地百姓迁徙到洛水以东的虢与郐之间(今河南省新郑一带)。郑武公即位,先后攻灭郐和东虢。公元前806年建新都,取名"新郑"(今河南省新郑)。这里位于中原的黄河与洛水之间,土地肥沃,气候温暖湿润,水源充足。优越的自然环境,不仅为郑国农业发展提供了条件,而且为其强国提供了坚实的物质基础。郑武公和庄公相继为周王室卿士,在政治上活跃于周王室各卿士之上。尤其,郑庄公执政使郑国达到鼎盛时期。公元前722年,郑庄公在鄢打败了自己的弟弟共叔段,消除了内乱,稳定了国内形势后,开始对外扩张攻伐。

郑国地处中原腹地,东临齐、鲁、宋,北连卫、晋、燕,西接周(王室)、秦,南通陈、蔡、楚。春秋初期,周王室逐渐衰落,晋国内乱,楚国势力尚未达到中原。齐国虽然位于中原边陲,但由于东毗东莱,有广阔的发展余地,东北临渤海,有鱼盐之利。"通商工之业,便鱼盐之利,而人民多归齐。"(《史记·齐太公世家》)成为当时强大的诸侯国。鲁国始封时疆域不过百里,后来陆续吞并周边的极、项、须句、根牟等小国,并夺占了曹、邾、莒、宋等国部分土地。宋国在宋襄公时期一直想在中原称霸,但由于国力微弱,无力承受霸主的地位。尤其,公元前638年,宋、楚泓水(今河南省柘城)之战,宋国损失惨重,国势一蹶不振。卫国在周平王东迁时,曾出兵助周平戎,强盛一时。公元前660年在今河南省淇县被狄人所破,卫人连夜弃城而逃,在齐桓公的援助下,迁居于楚丘(今河南省滑县),重新建国,从此沦为小国。

郑国以天时地利为契机,以黄河分流之处(鸿沟)为起点,凭借济水(时为黄河)、菏水(时为黄河支津)、泗水以及丹水和睢水(丹、睢时为黄河支津)"远交齐鲁,近攻宋卫"。

郑、宋、卫三国同处中原中心地区,国土资源有限,要想扩张领土必须侵占他国资源。因此,郑国自中原通过济水(时为黄河)与齐国结成盟友关系,由济水(时为黄河)入菏水(时为黄河支津)再入泗水拉拢鲁国,使鲁国弃宋、卫而结交于郑。

宋国地处当时为黄河支津的丹、睢两水之间;卫国北滨黄河。郑国自黄河沿丹(时为黄河支津)、睢(时为黄河支津)两水向东攻打宋国;又沿黄河北征卫国。据《左传》记载,郑国与宋、卫两国发生战争。宋、卫联合陈、蔡敌郑,但多为郑国所败。宋国归服于郑,卫国向郑国讲和。于是,郑国成为春秋初年的霸主。

三、泗上徐国

徐国是夏王朝时期的封国,亦称徐戎或徐夷、徐方。夏启之时,将与禹共同治水的伯益的儿子若木封于今山东省郯城一带。《禹贡》将自北而南的泗水流域概括为"海、岱及淮惟徐州";《吕氏春秋》有"泗上曰徐"之说;东汉李巡解释说:"淮、海间其气宽舒,禀性安徐,故曰徐。徐,舒也"。由此之说,可谓"徐"为国姓的由来。

古郯城处于沂、沭河冲积平原,东侧为沭水,西侧为沂水。沂水在今山东省临沂市区东北处,西岸有支流祊河汇入。溯祊河西北而行,可以抵达徐国势力范围,即今山东省费县和平邑境。沂、沭两河自北而南,分别在今江苏省睢宁县古邳(古下邳城)及其以东汇入泗水。

沂水以西,在今山东省峄县北有一条粗水沟与沂水平行而南,世人称为粗水,亦称武原水或泇水。粗水南流经今江苏省邳州市北部良王城(汉置武原县,濒临今京杭大运河)南合武水,又南流至古下邳城西注入泗水。泗水又南流在今洪泽湖一带(未形成湖泊)与淮河会流东流入海。

徐国境内的泗水及其支流沂水和粗水为其迁都建国提供了水运条件。继若木在郯城建立国都之后,徐国又在今邳州市北部的良王城和泗洪县东南部的半城建立都城。

商统治时期,徐国在商文化的影响下,"走到了历史上文明时代的边缘"(翦伯赞《中国史纲要》),然而,在殷周之际的历史变革中,徐国受到强烈震动。西周初年,"周公为师,东伐淮夷"(《史记·周本纪》),这是因为,徐国参加了以武庚为首的商代残余势力的叛乱。于是,周公率王师自中原沿济水(时为黄河)、菏水(时为黄河支津)、泗水东征淮夷及其徐国。

胜利的周王朝统治者在今山东省境内的曲阜、商丘建立的鲁国和宋国,是想要通过泗水作为交通要道,把淮夷及其徐国置于自己的军事控制和政治支配之下,但是,徐国的反抗并没有停止,"徐夷并兴,东郊不开"(《尚书·费誓》)。

徐戎(国)、淮夷联合在鲁国都东郊费地与鲁国发生激烈战争。伯禽侯率众抵抗,以致不敢打开国都的东门。《礼记·檀弓》中记徐大夫容居之言:"昔我先君驹王西讨,济于河。"徐驹王在位年代,由于史料缺乏无从得知,只能从经书中的只言片语里获知,是他率领徐国军队进行大规模作战的。据此分析徐驹王的"西讨"路线,是从徐国沿泗水进入黄河支津睢、丹、丰、菏等河流向西抵达黄河。"穆王时徐子治国,仁义著闻,欲舟行上国,乃导沟陈蔡之间……"(《中文大辞典》)可见,徐国想以水道交通的优势和开凿运河的技术实力发展国力;可见,它继承了前代在泗水发展水运的经验。

徐偃王执政时期,徐国的疆域扩大到现在的苏北、皖中、鲁南等淮、泗流域。《韩非子》说徐国地域五百里。《徐偃王志》说:"徐国地方五百里,是在今为江苏之徐州,安徽之凤阳与其泗州。泗州之北八十里,有古徐城焉。"

徐国的强盛引起西周王朝的担心,并举兵讨伐。徐偃王行仁义,不忍心杀其民,以武力对抗,便撤退到彭城武原县(汉置,今邳州境内良王城)东山下,随迁百姓数万。武原县东山即在今天邳州西北,东山被后世称为徐山。如果徐偃王与随迁百姓从水路上撤退;那么,便是从当时的都城(今泗洪县半城镇)直接沿着泗水进入祖水,便可抵达彭城武原县的东山下。《水经·泗水注》说:"(武原)水出彭城武原县西北,会注陂南,径其城西,……县东有徐庙山,山因徐徙,即以名之也。山上有石室,徐庙也。"

春秋时期,徐国周边的国家,自北而南,顺时针依次为:鲁国、郯国、钟吾国、吴国、楚国、宋国。泗水自北而南纵穿徐国,向北由泗水直通鲁国,向南通过淮水沟通吴、楚两国,向东由泗水经沂、沭两河进入郯国和钟吾国,向西由泗水进入黄河支津睢水和丹水通往宋国。

四通八达的泗水及其支流沟通了徐国与四面八方的联系,促进了经济发展和文化融合。同时,由于泗水所处的地理位置是各国在东方争霸称雄的重要交通道路,因此在徐国境内频繁发生战争。

公元前668年秋,鲁国会合宋国、齐国攻打徐国。鲁国和齐国沿泗水南下,宋国沿黄河支津睢水向东,三国军队分北、西两路攻打徐国。

公元前645年,楚国讨伐徐国。鲁国在牡丘(今山东省聊城东北)与齐、宋、陈、卫、郑、许、曹等诸侯国会盟。然后,诸侯国军队驻扎于濒临睢水的匡地(宋地,在今河南省睢县西),由鲁国庆父的儿子孟穆伯率领军队同诸侯军共同营救徐国。同年冬,楚国在娄林(今安徽省泗县东北)打败徐国。

公元前601年,楚国在江、淮流域的势力巩固后便北伐中原。公元前595

40

年,楚国围攻宋国长达九个月,从而控制了与泗水会流的淮水和黄河支津睢水以及丹水。不仅打通了通向东方攻打徐国的水上道路,而且欲使陈、郑、宋屈服,直接威胁着徐国以北濒临泗水的鲁国。公元前 584 年,吴国开始进攻徐国。

公元前 536 年,楚国攻打徐国,结果被徐国的盟友吴国在房钟(今安徽省蒙城西南)打败。公元前 530 年,楚灵王在州来(今安徽省凤台)打猎,驻扎在颍水(时为黄河支津)入淮水处,派楚国大夫荡侯、潘子、司马督、嚣尹午、陵尹喜率领军队包围徐国,以此威胁徐国的盟友吴国。

公元前 526 年,齐国由黄河支津菏水进入泗水,南下攻打徐国。为求和平,徐国与郯、莒两国在蒲隧(今江苏省睢宁县西南)同齐景公结盟。

为何结盟的地点要选择在蒲隧呢? 从地理位置看,郯国位于沂、沭两河之间;莒国濒临沭水;蒲隧紧滨睢水(时为黄河支津),北为泗水,而泗水又是沂、沭以及黄河支津菏、睢的总汇。所以,徐、郯、莒三国与齐国在蒲隧会盟,从水道抵达蒲隧极为方便。

公元前 512 年 12 月,徐国被吴国所灭。经历了夏、商、周三代,44 代君王,存世 1600 多年的徐国,曾经是淮夷最强大的国家,却被吴国水军打败而在九州东方的土地上消失。然而,泗水以天地赐予的自然之力承载着东夷文化的历史,依然在时空的长河中日夜奔流。

四、吴国沿泗水北会诸侯

太伯和弟弟仲雍是周太王古公亶父的儿子,避让季历(太王古公亶父的少子)继承王位,出奔荆蛮地区,自称句吴。吴太伯贤德义行,受到荆蛮人的拥戴而成为他们的首领。周武王灭商后,寻找太伯和仲雍的后代。这时,仲雍的后代周章已经在吴国做了君王,因而周王室封周章为诸侯。吴国受封后,始终没有把周王当作"天子"看待,直到春秋前期与中原各国都没有往来。

公元前 585 年,自吴太伯以来第十九位君王寿梦称王,吴国开始崛起,公元前 584 年,吴国军队自长江经淮水溯泗水进入沂水攻打郯国(今山东省郯城西南)之后,又自长江溯淮水攻打楚国和徐国,并攻入州来国(在今安徽省凤台)。

吴国攻取了属于楚国的蛮夷之后,于公元前 563 年春为联合中原诸国制楚国,吴王寿梦在柤地与鲁襄公、晋悼公、宋平公、卫献公、曹成公、莒犁比公、邾宣公、滕成公、薛伯、杞孝公、小邾穆公、齐太子光相会。

柤地位于柤(泇)水与沂水之间的今江苏省邳州市北部泇口。向来以舟楫为车的吴国人,从吴的国都(今苏州市)到郯地所行的水上道路,是沿着长江溯淮水而入泗水,再溯泗水进入沂水或郯水(泇水)。郯(泇)水和沂水均为入泗水支流。泗水南连江、淮,北接沂、沭和郯(泇)水,向西通过黄河支津丹、泡(丰)、菏诸水进入黄河。分布于上述河流水系之间的鲁、晋、宋、卫、曹、莒、郳、滕、薛、杞、小邾、齐诸国,除鲁、莒、郳、滕、薛、小邾诸国处于泗水流域外,晋、宋、卫、曹、杞、齐六国均处于黄河流域。从黄河及其支津顺流而下进入泗水,再从泗水溯郯(泇)水和沂水北至郯地,是最为便利的水上道路。

公元前529年秋,晋国昭公在良地(今江苏省邳州市北部良王城)要和吴王夷末相会。良地大致在郯地一带。当年,吴王寿梦在郯地与中原诸侯相会,就是沿着长江溯淮、泗入沂、郯(泇水)北上到达郯地。此次,晋国昭公之所以在良地约见吴王夷末,也出于水道便利考虑。然而,吴王夷末以水路不通为由而推辞。当时,晋国的国力已经衰落,国君生活奢侈,民力凋敝。然而,吴国的社会经济有了较大发展,军事力量日益增强;并且,有力地打击了意欲凌驾于晋国之上的楚国。在这种诸侯间的国力对比之下,晋国还要在诸侯面前树威称霸,吴国显然不能接受。于是,以水路不通为由而推辞晋国昭公的约会。

公元前512年,吴国灭亡了徐国,为从泗水北进商(宋国)、鲁(鲁国)之地,扫平了水上交通障碍。

五、季札沿泗水出访

季札是吴王寿梦的第四个儿子。历史上有"南季(札)北孔(子)"之说。寿梦因季札贤能而欲立为王,季札却谦让与兄长,封于延陵(今江苏省常州市),称延陵季子。

公元前544年,季札以吴国使臣身份出访鲁、齐、郑、卫、晋五国。

吴国建都于吴,即今江苏省苏州,季札的封地在延陵,即今江苏省常州市。两地均处于长江以南的太湖流域。"吴为泽国,其薮具区,其浸五湖,又曰震泽,曰笠泽……"(《水经注》)吴国"以船为车,以楫为马"(《吴越春秋·卷六》)。季札出访鲁、齐、郑、卫、晋等中原五国,无论从国都还是从其封地延陵出发,都要乘船北上,由长江经淮水入泗水。泗水是江、淮下游进黄河入中原必经的水上交通道路。因此,季札出访鲁、齐、郑、卫、晋五国,其间,只有舟行泗水,才能完成出访任务。

季札北行中原途经濒临泗水的徐国都城,受到徐国国君徐亘的热情招待。

徐亘看到季札佩带的宝剑,虽然嘴上没说,脸上却流露喜爱之情。季札看出徐亘的心思,但因佩带宝剑出访是一种外交礼仪,只好待返回时将宝剑送给徐亘。然而,待他沿泗水返回时徐亘已死,埋葬在徐国都城的郊外。季札为兑现内心的许诺,便将宝剑挂在徐亘墓前的树上。后人诗曰:"季札报徐君,冢树挂剑锋。至今泗水南,高台遗芳踪。"(明杨于臣《咏睢宁》)

季札自徐国沿泗水北行到达鲁国,观赏了鲁国保存的周室礼乐。针对具有现实主义特色的"风、雅、颂"以及音乐、舞蹈,季札以深厚的文艺素养作了精辟的分析和评价;结合当时社会的政治背景,慧眼卓识地透析了礼乐之教的深远蕴涵以及周朝的盛衰之势。

季札离开鲁国,又沿着黄河先后访问了齐、郑、卫、晋等国,同齐国的晏婴、郑国的子产,卫国的蘧瑗、史狗、史䲡、公子荆、公叔发、公子朝,晋国的赵文子、韩宣子、魏献子、叔向等政治上的有识之士评论时政。

荥阳以东的黄河干流(济水)在中原地区由西南向东北流经齐国;黄河支津菏水与泗水、黄河干流东西相连;郑、卫两国处于中原腹地,黄河在荥阳以下分出的支津,东南通郑国和卫国。晋国的都城在今山西省翼城县西南的绛,靠近汾水。晋国通过汾水入黄河作为交通道路,可以进入中原和关中地区。公元前647年,"秦、晋泛舟之役"(《左传·僖公十三年》)就是沿着渭水入黄河再转入汾水。当时,秦的国都在今陕西省凤翔县南的雍,由水路进入晋国,必然要沿着这条水道。

季札的出访,不仅使吴国了解了中原的文化,而且通过季札对各国贵族视为"文明"象征的乐舞与诗歌的点评和对各国政治现状的准确判断,改变了中原各国视吴国为蛮荒之地、视吴人为"文身断发"的"夷人"的旧有印象。同时,季札借出访的行程路线,将江、淮与黄河之间自然河流通航情况,了解得一清二楚,也为日后吴国向北攻伐鲁国和齐国,欲霸中原,深挖邗沟与菏水,埋下了伏笔。

六、吴国争霸的水上道路

当中原各国闹着内政变迁的时候,南方的吴、楚、越发生了激烈的战争。吴国在楚国东、越国北,楚国在吴国和越国西,越国在吴、楚两国东南,形成了三国鼎立的形势。

公元前515年,吴国公子光杀死吴王僚即位,是为吴王阖闾。由于阖闾能真诚地体恤人民,并与民同甘共苦,所以得到人民的拥护。他即位四年,于公元前512年灭亡徐国之后,又对楚、越两国发动战争。

公元前506年,吴国大举进攻楚国,军队溯淮水而上,在淮汭(蔡国附近)舍舟登陆,与楚军夹汉水对峙。吴国军队自攻打楚国以来,五战五捷,一直打到郢都(今湖北省江陵西北),楚昭王逃奔到随(今湖北省随县),后来把国都北迁至郡(今湖北省宜城县东南)。公元前496年,吴伐越,战于檇李(今浙江省嘉兴)。吴国战败,吴王阖闾负伤而死。吴王夫差为报父仇于公元前494年,在夫椒(今江苏省太湖椒山)打败越军。越王勾践率领剩下的五千甲盾,退守会稽山(今浙江省绍兴市)向吴国求和。

吴国打败了楚、越两国便开始北上中原,征陈,伐鲁,攻打齐国。

公元前494年和前489年,吴国入侵陈国。

陈国位于黄、淮之间的黄河支津颍水中游。颍水南入淮水,北接黄河。陈国与蔡国相邻,东北为宋国,西南是楚国,东边的徐国已被吴国所灭。吴国水军溯淮水而上,再向北沿颍水入侵陈国。这条水上通道,通过黄河经郑国可以直抵中原腹地。

吴国征讨陈国之后,又以大国之势恐吓鲁国,要求鲁国向其进献百牢牲品(牛、羊、豕各一为一牢)。公元前489年,鲁国派叔还和吴国人在枏地(今江苏省邳州市北)相会。第二年,鲁哀公又与吴国人在鄫地(今山东省枣庄东)相会。吴国既然恐吓鲁国,肯定要有强大的军队出师。以舟为车的吴国军队由淮水北进泗水至古下邳城(今江苏省睢宁县古邳镇),向北沿武原水直抵枏、鄫两地。公元前487年,吴国进攻鲁国,攻下东阳(今山东省费县西北),吴军开始向鲁国都(今山东省曲阜)逼近,先后驻扎五梧(今山东省平邑西)、蚕室(平邑),在夷地(今山东省泗水县东)交战后,又驻军于庚宗(今山东省泗水县东)和泗上(今山东省泗水县)。

吴国北伐鲁国后,于公元前485年会合鲁、邾、郯三国攻打齐国南部。鲁、邾两国军队沿着泗水向齐国南部边境进发;吴国舟师则由泗水向北转入沂水,然后会合郯国军队,沿沂水继续向北至无法行舟的地方,登陆攻入齐国南部。第二年,吴国舟师横渡长江,沿公元前486年开挖的邗沟,向北经淮水进入泗水,会合鲁国,继续沿泗水进军,在齐国境内艾陵(今山东省莱芜)打败齐国军队。

吴王夫差为同晋国争夺霸主地位,于公元前482年率领庞大的舟师,横渡长江,沿邗沟、淮水、泗水、菏水,最后进入黄河(济水)与晋、鲁、周等国会于黄池

（今河南省封丘南）。

七、邗沟与菏水使泗水成为连接东西的运河

邗沟是吴国在长江与淮水之间利用天然湖泊以工程措施形成的运河。

长江和淮水下游之间原是一段洼地，湖泊纵横。射阳湖是最大的湖泊，西起今江苏省宝应县射阳镇、西安丰镇、太仓一线，东至阜宁喻口，北起今淮安市淮安区境内的泾口、左乡一线，南至高邮境内的官垛荡（射阳湖南边缘）。直到宋代，射阳湖尚"潆洄三百里"（《太平寰宇记·楚州》）。射阳湖南偏西有樊良湖、津湖（两湖为后来的高邮湖）、武广湖（宋代始称邵伯湖）等湖泊。当时，人们往来于江、淮地区，就是在这连缀的湖荡里，驾着一叶扁舟，循着可以通行的水面，舟楫于湖荡，传播着大江南北的文化。当年，吴国公子季札从水乡泽国出使鲁、齐和中原诸国的路线，便是乘船渡过长江，沿着湖荡经淮水进入泗水。

吴国地处水乡泽国，舟师是其军队的优势所在。当它打败越国以后，自以为从此可无后顾之忧，所以一心想到中原和齐、晋两国试比高下。然而，军队北行千里作战，大批军需物资要用较大的船只通过水路运送，长江与淮水之间的天然湖荡，水有深浅，水面宽窄不一，不适合较大的船只航行。于是，公元前486年吴王夫差利用连缀在一起的湖荡，开挖了自长江直通淮水的运河。诚如明中期邱濬（邱庄文公）所说："愚按常镇淮扬金陵俱有邗沟，与江淮原有自通，但由射阳湖屈曲多险，后开扬城下，取其直耳。"

这条运河从今江苏省扬州市引长江东北行至射阳湖（位于今江苏省兴化、建湖、盐城、宝应等市县之间，已埋没），再从射阳湖向西北到末口（在今江苏省淮安市淮安区淮城镇新城村）入淮水。由于吴王夫差在挖河的同时，在引水口处修筑了一座名为邗的城，河水从城的旁边流过，所以称之为邗沟。当时的长江北岸大致在今仪征市西北的胥浦、扬州市东北的湾头和江都市东北的宜陵一线，邗城正好处于这一条线上。

菏水是黄河（济水）分出的支津，东与泗水相连。在泗水与黄河之间有巨野泽、雷夏泽、菏泽等大小湖泽连成一片。

吴国征服了齐、鲁两国之后，沿着黄河（黄河改道后称济水、菏水）直接向西，欲以强国之师胁迫晋国尊其为中原霸主。所以，吴王夫差率领舟师到黄河岸边的黄池（今河南封丘南）会晋国定公，以图争霸。

在泗水与黄河（济水）之间，由齐、鲁通向黄池黄河支津菏水是最直接的道

路。菏水在黄河没有改道之前为黄河支津,从远古到夏、商、周三代,均被利用为水运道路,沟通了中原与东方的联系。吴国将其挖掘为深沟,说明它远不适应通行较大的船只。《国语·吴语》说:吴王夫差"起师北征,阙为深沟,通于商鲁之间,北属之沂,西属之济,以会晋公午于黄池"。

这条在开邗沟后三年被挖掘的深沟就是《禹贡》所称的菏水。《国语·吴语》所说的"商"是指宋国,为商族人后裔,故有此之称,菏水沿线属于宋国境地,其都城在商丘。"鲁"是指鲁国的都城曲阜一带。"沂"指沂水,为泗水的支流,出于今山东省曲阜东南,自曲阜西南流入泗水。"济"为黄河,《禹贡》所称济水是在黄河改道以后。"北属之沂,西属之济",是说由吴国所开的河道,溯泗水而上可达沂水入泗之处。北魏郦道元在《水经·泗水注》中说:"余以水路求之,止有泗川耳。盖北达沂,西北经于商鲁而接于济矣。吴所浚广耳,非谓起自东北受沂,西南注济也。"这话说明,作为天然水道的泗水,无须再阙深沟;而吴国所开挖的深沟只是这一条菏水。

黄河在黄池(今河南封丘南)附近还分出一条支津,《水经·泗水注》称之为黄沟,东经今河南省兰考县东南、山东省成武县和单县东、江苏省丰县至沛县注于泗水。这条上游名为黄水下游称为泡水和丰水的河流,东西沟通泗水和黄河(济水),而且黄河与之分流的地方就在黄池附近。那么,为什么吴王夫差不开辟这一条水道到黄河呢?

根据《水经注》记载,黄河支津菏水分黄河(济水)于今山东省定陶,然后东流至今鱼台县(榖庭城)注入泗水。这条河流大致在东西一条直线上。而黄沟却沿流曲折,中间一段还曾向北绕至今山东省成武和单县等处,流程远较菏水为长。并且,黄沟自沛县西通黄池,其水量不盛,不具备通航条件。如果从今

泗水连接邗沟、菏水示意图

天的徐州市区自泗水溯黄河支津丹水而西,经今河南省商丘、开封,北抵封丘黄池;那么这条水道只穿流于宋(商)国境内而远离鲁国。所以,吴王夫差最终选择"通于商(宋)鲁之间"的菏水,从而形成了由长江入淮、泗经菏水进黄河的运河。

这条运河分为三段:邗沟自江入淮、泗水南连淮水北接菏水、菏水东注泗水北入黄河(济水)。其中,邗沟与菏水采取取直、深挖等工程措施使之成为运河,泗水则利用天然水道,绝非人工雕琢。这说明,泗水的河道特征及其水文条件,完全符合当时人工开挖的运河标准,能够通行较大的船只。可以说,自春秋以来,作为天然河流的泗水是中国东方最早的运河。

八、范蠡为何认为陶丘是"天下之中"

范蠡是春秋楚国宛地三户(今河南省淅川县滔河乡)人,因不满当时楚国政治黑暗、非贵族不得入仕而投奔越国,深谋远虑辅佐越王勾践兴越灭吴。

公元前482年,范蠡建议勾践,趁吴国倾全国之力北上黄池之机兴兵伐吴。公元前473年,吴军全线崩溃,吴王夫差蒙面自杀。范蠡又随勾践率军北渡淮水,沿泗水向北至徐州(今山东省藤州南)与齐、晋两国会盟。

当越国"横行于江、淮东,诸侯毕贺,号称霸王"(《史记·越王勾践世家》)之时,范蠡认为在越国威名之下,很难长期安居;并写信给越国大夫文种:"飞鸟尽,良弓藏;狡兔死,走狗烹。越王为人长颈鸟喙,可与共患难,不可与共乐……"(《史记·越王勾践世家》)于是,范蠡沿海泛舟进入黄河(济水)来到被称为东海之国的齐国,改名换姓,自称鸱夷子皮。他在海边耕作,吃苦耐劳,积聚财产"数十万"。齐国听说范蠡贤能,请其辅助君王掌管国事,而范蠡却喟然秘密离开齐国。他乘舟溯黄河(济水)西行,来到陶丘(今山东省定陶)定居。

司马迁说范蠡"以为此天下之中,交易有之路通,为生可以致富矣"。为何范蠡有如此认为呢?

春秋末年,吴国在江、淮之间取直、挖深了一条邗沟,使江、淮之间的交通更加便利起来。接着,吴国又在泗水与黄河之间深挖了通于商、鲁的菏水。同时,利用泗水南接淮水,北通菏水。

黄河(济水)与其支津菏水分流的地方恰好在陶丘,成了东西和南北两条水路汇聚的中心,菏水连接泗水成为东方运河促进了陶丘商业贸易的繁荣。因为,东西南北的货物,通过发达的水上交通要在这里集中。从陶丘顺黄河(济水)而下,可以通至齐国的临淄;溯黄河(济水)而上,可以到达荥阳,通过黄河支津,可以分别抵达宋、郑、陈、蔡、曹、卫;继续溯黄河而上,再分别进入伊洛水、汾水、渭水,可以通到周王室的洛邑、晋国的国都绛和秦国的国都雍;要是沿着菏水转入泗水,就可以通到鲁国,经薛和逼阳,再沿泗水转入沂水和沭水可以抵至钟吾、郯、莒等国;由泗水经淮水入邗沟,可以到达江淮地区的吴、楚、越三国。

当范蠡来到陶丘的时候,这里已经成为繁华的经济都会。他之所以认为陶丘是经济都会的"天下之中",是因为,这位具有政治、军事和经商头脑的有识之士,不仅看好陶丘具有经贸价值的地理位置,而且,或许更看重南北走向的泗水,串通了东西向的长江、淮水和黄河,起着沟通东南与中原地区联系的重要作用。

参考文献:

[1]《左传》,北京:中华书局,2012 年

[2]西汉·司马迁《史记》,上海:上海古籍出版社,1986 年

[3]东汉·班固《汉书·地理志》,上海:上海古籍出版社,1986 年

[4]南朝·范晔《后汉书·东夷列传》,上海:上海古籍出版社,1986 年

[5]北魏·郦道元《水经注》,成都:巴蜀书社,1985 年

[6]清·徐时栋《徐偃王志》,民国四明张氏约园刻,1940 年

[7]谭其骧《中国历史地图集·春秋时期》,北京:中国地图出版社,1982 年

第二章　黄河改道前的征兆

一、水土流失

黄河下游河道淤积的根源主要来自中游黄土高原的泥沙。黄土高原土质疏松,侵蚀下的泥沙大都汇集到黄河而随水流向下游平原。黄河流经地势平展而一望无际的平原,比降变小,流速减慢,水中所挟带的泥沙便自然而然地随处淤积并抬高河床。

石器时代,黄河中游地区的黄土高原东南部、豫西山地丘陵,秦岭、中条、霍山、吕梁等山地以及泾(水)、渭(水)、汾(水)等河流下游诸平原,存在着大片的森林和草原。

夏、商两代活动区域均在黄河下游地区。夏代大致在今山东、河北、河南三省境内,"自洛汭延于伊汭,居易毋固,其有夏之居"(《逸周书·度邑解》)。《国语·周语》有"昔伊、洛竭而夏亡"之说。"伊、洛"即今河南省境内的伊水和洛水。伊水汇入洛水而后在孟津以下注入黄河,处于黄河下游。商在建国之前于今河南、山东两省境内频繁迁徙。后来,商汤灭夏建立商王朝也屡次迁都,但始终以黄河下游为活动中心。因此,夏、商时期黄河中游的森林和草原没有遭到多大破坏,农业地区也仅限于泾(水)、渭(水)下游及其以东的平原地区,侵蚀并不显著,随黄河流到下游的泥沙不至于影响到下游河床的抬高。

"俟河之清,人寿几何。"(《左传·襄公八年》)从西周开始,黄河里的泥沙逐渐增多。

周人从兴起到王朝兴盛,在长达数百年的时间里,始终以渭水流域为活动中心。

渭水是黄河最大的支流,源于今甘肃省渭源县西南乌鼠山,从西向东,流经甘肃省东部和陕西省中部的二十四个县市,至潼关县港口注入黄河,全长 672

公里,流域面积13.6万平方公里。泾水又是渭水一大支流,源于今宁夏回族自治区泾源县西南六盘山下老龙潭,由西北向东南,流经宁夏、甘肃、陕西三省区的13个县,至高陵县泾渭堡东北入渭河,全长450公里,流域面积4.78万平方公里。

公刘时期,周人在泾(水)、渭(水)之间的漆水和沮水一带生活。由于遭受戎狄的侵扰,周人又迁居于泾水以西今陕西省彬县和旬邑县的豳地居住了三百多年。与此同时,被称为戎狄的西北各游牧部落也向渭水流域移动。太王时,周人迁邑到岐山之下的周原(今陕西省岐山县)。季历王为保卫家园与安居乐业,在渭水一带屡伐犬戎等来自西北的游牧部落。文王时,一方面,从周原向北征伐泾水两岸的犬戎(在今陕西省彬县)和密须(在今甘肃省灵台县西);另一方面,从周原向东,沿着渭水在今陕西省户县东征伐崇国。文、武王时期先后在沣水两岸兴建国都丰与镐。镐京作为国都一直到周平王才东迁洛邑(今河南省洛阳)。

从渭水流域遍布的文化遗址看,早在新石器时代,渭(水)、泾(水)两岸就出现了长期定居的村落,原始人烧制陶器,从事原始的种植农业。生活和生产需要大量的木材,一些文化遗址都曾发现木炭。由于草木茂盛,五谷不能种植,古人对原始时期有焚烧山泽之说。西周时期,战争的烧杀抢掠,使大片森林、城郭及其房屋遭到破坏。战后重建和生产以及屡次迁徙并营建新的房舍和城郭,使人们不得不大力砍伐森林。当时,在黄土高原建筑的房屋,除砖木结构和土木结构外,在陇山以西、渭河上游地区,建筑的房屋均完全使用木料。"在其板屋"(《诗经·秦风·小戎》),就是说用木板代替砖瓦而称为板屋。同时,《诗经·大雅·文王之什·皇矣》也反映了当时砍伐各种林木的情况:"修之平之,其灌其栵。启之辟之,其柽(chēng)其椐。攘之剔之,其檿(yǎn)其柘。"周厉王统治时期,乱砍滥伐山林现象非常严重。因此,王室将奴隶主贵族和平民共同享用的山林收归国有。

泾水和渭水贯穿于黄土高原,流域内除少数崇山峻岭外均可垦为农田。周人从后稷开始种植麻菽,播时百谷。"千耦其耘"(《诗·周颂·载芟》)说明周时农业的繁荣。周人兴起后,沿渭水向东直到黄河之滨,其势力所及或封国所在,都在农耕地区。即使有些地方或本来不是农耕地区,但是有人居住经营,也逐渐成为农耕地区。北洛水(渭水支流)和汾(水)、涑(水)流域存在不少西周到春秋时期的诸侯国,他们的领地均为农耕地区。"薄言采芑,于彼新田,于此菑亩。"(《诗·小雅·采芑》)"如何新畲。"(《诗·周颂·臣工》)《诗经》所说

"菑""畲""新",是指耕种年数不同的田地:第一年开种的田称为菑,第二年耕种的田称为畲,第三年耕种的田称为新。第三年耕种以后,地力已衰竭,就用抛荒的办法恢复地力,数年之后,再次开种。

森林过度砍伐,农业地区的扩大,荒地无植被覆盖,削弱了对降水的持蓄能力和对雨洪的再分配功能,使地表径流速度加快,洪水相对集中,大量的泥沙聚入渭水和汾水,然后注入黄河。黄河挟带着泥沙,由潼关向东,在河流落差 231 米(当代数据,上古时期落差更高)、平均比降千分之六(当代数据,上古时期比降更大)的河道内,流经三门峡,穿行于中条山与崤山之间,过孟津至桃花峪进入广阔的下游平原,河水流速变缓,泥沙随着缓慢的水流沉积在黄河下游的河道之中。

二、曲防壅水

"防民之口,甚于防川,川壅而溃,伤人必多。"(《国语·周语上》)由此推之,西周之年在黄河下游出现了防御洪水的堤防。

春秋时期,黄河下游堤防的布局完全取决于各诸侯国。他们各自筑堤,壅防百川,各以自立。公元前 657 年,齐桓公在阳谷之会上提出:"无障谷。"(《公羊传·僖公三年》)

当时,鲁国处于泗水流域,宋国位于黄河支津睢水与黄河支津丹水之间,郑国处于黄河(黄河改道后为济水)之南,卫国处于黄河之北,曹国濒临黄河,齐国则在曹国的下游。黄河从西向东穿流卫、郑两国之间,然后流经曹国之地。如果卫、郑、曹三国在上游障谷,那么,地处下游的齐国便要断绝水源。

齐国在齐桓公继襄公之位后,任用管仲整顿内政,经济获得了发展;开展外交,拉拢争取宋、鲁、郑三国;联合华夏各国,击退了戎狄的进攻,把一些小国从戎狄的蹂躏下拯救出来,从而提高了自己在中原的威信。公元前 651 年秋,齐国在葵丘(今河南省民权县北)召集鲁、宋、卫、郑、曹等诸侯开会。周王室也派人参加盟会。会上规定,凡同盟之国,互不侵伐,共同对付外敌;并提出"无曲防"(《孟子·告子下》)禁令,不允许建筑有利自己而损害邻国的堤防。通过这次盟会,齐桓公成为中原霸主。然而,葵丘盟会后八年,齐桓公去世,诸子争立,齐国从此之后失去了在中原的霸主地位,"无曲防"禁令,不仅没有起到多大效力,反而筑堤遏水愈演愈烈。

战国初年,齐和赵、魏是以黄河为界。赵、魏两国地势较高,黄河泛滥时齐国受害较重;因而,齐国沿黄河修筑了一条距黄河二十五里长的堤防。自从齐国修筑长堤以后，黄河之水东抵齐国之堤，西泛赵、魏两国。于是，赵、魏两国也沿黄河修筑了一条距黄河二十五里的长堤。齐、赵、魏三国修筑长堤，均以自身的防洪利益出发，而不是统一的防洪工程。所以，不仅出现了"以邻为壑"的弊害，而且改变了河道水流的平面形势及其发展趋势。

三、与水争地

从西周到春秋之时，黄河自孟津向东，依然流经今河南省荥阳，然后向东或偏南、偏北分流，并积成浩瀚的荥泽(在今河南省荥阳东北)、莆田(在今河南省郑州与中牟之间)、修泽(在今河南省原阳西)、黄池(在今河南省封丘南)等湖泊。呈现在以荥阳为中心、商丘为半径的平原之上，是自然河流与湖泊的原始面貌。

在这一平原地区的河湖之间，西周时期分布着重要的卫、宋两国以及祭、管、胙、封父、曹、戎、戴、葛、杞、焦、厉、陈、鄋、桧、华等小国，《荀子·儒效篇》说：周公"兼制天下，立七十一国"。春秋时期，除了郑、宋、卫三个大国外，在一百四十八个诸侯国中还有为数众多的小国，均分布在这一平原的河流与湖泊之间。

西周时期，周王室把土地和人民分封给诸侯，诸侯再把自己封区内的土地和人民封赐给自己的卿大夫。诸侯在被封的土地上建立的"国"，实际上是周王室开拓建立殖民性质的"城"。西周所称的"野"，是在城堡外的广大土田。"野"有边界，在边界上种植树木作为边境林，"不封不树"(《易经·系辞传》)，以堆土种树为标志。春秋时期的诸侯国与西周时期的封国相同，在"邦城"以外还有其势力范围。"制鄙，三十家为邑。"(《国语·齐语》)鄙，即边远的地方；邑，即小于城。《尔雅·释地》说："邑外谓之郊，郊外谓之牧，牧外谓之野，野外谓之林，林外谓之坰。"在邑的四周有耕作的土地和放牧采薪的草地，往外是种植树木作为边境林，林外则是空隙地带。

自西周以来，黄河已经被利用为水上交通道路，因此，城邑不会远离黄河或滨河而建。从西周到春秋的数百年间，分布于黄河与湖泊之间的城邑，不仅数量多，而且规模大，仅以春秋时的小邑为例：郑国在郑庄公执政时，封其弟共叔段于今河南省荥阳东南的京(地名)建都邑。当时都邑的城墙，长三丈高一丈为一雉。按照先王的制度，大的都城，不得超过国都的三分之一；中等的，不得超过五分之一；小的，不得超过九分之一。然而，共叔段所建的都邑规模已经超过了百雉。都邑的工程规模，不仅浩大而且濒临黄河。

城邑距离河湖不远或濒临河湖，意味四周的农田靠近河湖。西周时期，出

52

现了"公田"与"私田"。西周末年,今河南省新郑一带还是一片荒野,处于黄河分流一带。后来,郑国由渭水流域迁到这里,将荒野开垦为农田。春秋时期,由于出现了铁制农具和牛耕技术,所以开荒的很多。其中,有中小贵族领主,也有逃亡的农奴和贫民。因为,垦殖荒地不需要向国家登记,可以隐瞒在私人手中,成为私有财产;所以,大面积的河湖滩地都被利用为耕作田地。

浩浩汤汤的黄河洪水之所以能在下游安流,就是因为它有宽阔的行洪河道和可以调蓄洪水的湖泊。然而,城邑的防洪堤坝、农田四周的围堰、河湖滩地的圈圩以及各国之间种植的边境林,挤占了黄河行洪与湖泊调蓄的空间。最终,为黄河泛滥或改道埋下了隐患。

四、频繁战争

从春秋到战国初期,在天下至中的原野(中原)发生了长达三百多年的诸侯混战。诸侯国之间,强国剪灭弱国而争雄称霸的战争,几乎连年发生,甚至在一年内发生数次(详见《春秋至战国初年战争统计表》)。

频繁的战争直接影响甚至危及黄河的安流。早在商、周之际,周人趁商纣王对东夷发动战争之机,联合庸、蜀、羌、髳、微、卢、彭、濮等方国部落渡过黄河,在商都朝歌郊外的牧野(今河南省汲县北),打败了商王朝的军队,建立了西周王朝。商纣王之子武庚勾结武王弟管叔和蔡叔,又联合奄(在今山东省曲阜东)、薄姑(今山东省博兴)等东夷和淮夷,发动了大规模的叛乱。周武王弟周公旦率兵东征,历经三年平定了叛乱。周初到宣王之世,西周王朝在黄河下游、淮水和泗水流域一直不断地与东夷、淮夷诸部落间发生战争。西周初年号称千八百国,到了春秋时期,据《左传》记载仅剩一百四十几国。

公元前 770 年,周王朝将国都从镐京东迁至"南系洛水,北因于郏山,以为天下之大凑(中心)"的洛邑。

春秋初期,楚国势力尚未达到中原,而晋国又有内乱,在洛邑以东地区,郑、宋、卫、齐、鲁、陈、蔡等成为黄河下游比较强大的诸侯国。从公元前 711 年开始,楚国初步登上了中原争霸的政治舞台。公元前 632 年,晋国文公重耳在城濮之战打败楚国,成为霸主。公元前 597 年,晋、楚两国军队在邲地交战,晋国因内部不和而战败,楚国重新称霸。公元前 575 年,晋国军队在鄢陵打败了楚国。晋、楚争霸,晋国处于优势的盟主地位。公元前 499 年之后,鲁国与郑国媾和,秦国支持了楚国,齐、郑、卫、鲁各国之好逐渐形成。诸侯纷争,群龙无首,战争持续进行,据不完全统计,从公元前722年郑庄公(郑国)在鄢打败其弟共叔段以及卫国讨伐郑国占领廪延开始,到公元前468年晋国军队攻打郑国,在二百五十四年中,共发生战争三百零九次。

数百次战争大都发生在中原腹地,不可能不影响黄河的安流。虽然西周时期在黄河下游已经出现了堤防,但是,由于历年来各诸侯国均忙于战争,不但无暇他顾黄河大堤的岁修与保护,反而"以水代兵"利用河流水势攻击或防御对方。春秋时期铁和青铜被用来制造挖渠筑堤的工具,"要宋田,夹塞两川,使水不得东流……"(《管子·霸形》)当时,楚国侵犯宋、郑两国,在河道上筑坝壅水,后来齐桓公出兵干涉,要求楚国拆除水坝。

《墨子·备水篇》是专门对付水攻的著作,记述了如何防备敌方以水攻城的战术方法;《管子·霸形》《春秋·谷梁传》《春秋·公羊传》中提到"勿曲堤""勿雍(壅)泉""无障谷"等,反映了"以水代兵"在黄河下游运用于春秋时期的战争。它不仅破坏了河道堤坝,淤积河床,而且改变了河流水势。

春秋至战国初期(前722—前468)战争统计表

年　　份	交战双方	交战地点
前722年	夏,郑庄公(郑国)在鄢打败其弟共叔段。卫国替共叔段的儿子攻打郑国,占领廪延	鄢:在今河南鄢陵北偏西。卫国:在今河南淇县、滑县、濮阳等地。廪延:在今河南延津境内
前721年	郑国军队进攻卫国,讨伐共叔段儿子叛乱	郑国:在今河南新郑
前719年	夏,宋、陈、蔡、卫四国联合攻打郑国都东门。秋,诸侯国再次进攻郑国	郑国都:在今河南新郑
前718年	秋,卫国军队攻入郕国。邾、郑两国攻打宋国国都。冬,宋国攻打郑国,包围长葛	郕国:在今山东范县。宋国都:在今河南商丘。长葛:在今河南长葛东北
前716年	秋,鲁国攻打邾国。冬,戎国以相当兵力在楚丘攻打周使者凡伯率领的军队	鲁国:在今山东曲阜。邾国:今山东邹县东南二十六里有邾城。楚丘:在今山东成武西南
前714年	秋,郑国以周天子名义讨伐宋国。北戎人侵略郑国,被打败	宋国:在今河南商丘
前713年	夏,鲁、齐、郑三国联合攻打宋国。鲁国在菅地打败宋国军队;先后攻取郜地和防地。秋,宋、卫两国联合攻入郑国。宋、卫、蔡三国联合攻打戴国。郑国攻下戴国,取得戴地。冬,齐、郑两国攻入郕国	宋国:在今河南商丘。菅:宋地名,在今山东单县北。郜:宋邑,在今山东成武东南。防:西防,今山东金乡西南。戴:姬姓诸侯国,在今河南民权稍东北。郕国:在今山东范县

续表

年　份	交战双方	交战地点
前 712 年	秋,鲁、齐、郑三国联合进攻许国。息国攻入郑国境内,被郑国打败。冬,郑国率虢国军队攻打宋国	许国:在今河南许昌东。郑国:今河南新郑。宋国:在今河南商丘
前 710 年	秋,鲁国攻入杞国	杞国:在今河南杞县
前 709 年	秋,秦国军队袭击芮国,因轻敌而战败。冬,周王室的军队和秦国军队打败芮国	芮国:在今陕西大荔
前 707 年	秋,蔡、卫、陈三国军队随周桓王在繻葛讨伐郑国	繻葛:在今河南长葛东北
前 706 年	郑国援助齐国打败了北戎的军队	齐国:在今山东淄博
前 705 年	秋,郑、齐、卫三国军队联合攻打盟邑和向邑	盟邑:在今河南孟津。向邑:在今河南济源南,还有说在尉氏西南
前 704 年	秋,鲁国攻打邾国	邾国:今山东邹县东南二十六里有邾城
前 702 年	春,周王室军队进攻虢国。冬,齐、卫、郑三国攻打郎地	虢国:即西虢,在今陕西宝鸡。郎:鲁国境内,在今山东曲阜
前 700 年	冬,鲁、郑两国在武父结盟,然后与宋国交战	武父:在今山东东明西南
前 699 年	春,鲁、纪、郑三国与齐、宋、卫、燕四国交战而胜	
前 698 年	冬,宋国率齐、蔡、卫、陈四国军队攻打郑国都城	郑国都城:在今河南新郑
前 697 年	冬,鲁国与宋、卫、陈在袤地相会,攻打郑国	袤地:在今安徽宿州西
前 696 年	夏,鲁国与宋、卫、陈、蔡四国会合攻打郑国	
前 695 年	夏,鲁国与齐国军队在奚地交战。秋,鲁国与宋、卫联合攻打邾国	奚地:在今山东滕州南。邾国:今山东邹县东南二十六里有邾城
前 691 年	春,鲁国会合齐国军队攻打卫国	
前 689 年	冬,鲁国会合齐、宋、陈、蔡四国军队攻打卫国	
前 686 年	夏,鲁、齐两国军队围攻郕国	郕国:在今山东范县
前 685 年	夏,鲁国攻打齐国。秋,鲁国与齐国交战,败于乾时	乾时:在今山东临淄

55

续表

年　　份	交战双方	交战地点
前 684 年	春,鲁国在长勺打败齐国军队。鲁国攻打宋国。夏,鲁国在乘丘打败宋国军队。秋,楚国在辛地打败蔡国军队。冬,齐国军队灭亡谭国	长勺:在今山东曲阜。乘丘:在今山东兖州。辛:在今河南汝南。谭国:在今山东济南
前 683 年	夏,鲁国在鄑地打败宋国军队	鄑地:在今山东汶上县南
前 680 年	春,齐、陈、曹三国军队进攻宋国	
前 679 年	秋,宋、齐、邾三国攻打郳国。郑国乘机入侵宋国	郳国:在今山东枣庄,一说在今山东滕州
前 678 年	夏,宋、齐、卫三国军队攻打郑国。秋,楚国攻打郑国。楚国:建都于郢,在今湖北江陵	
前 677 年	夏,齐国歼灭了遂国	遂国:在今山东宁阳北
前 675 年	冬,齐、宋、陈三国攻打鲁国西部边境	
前 670 年	冬,戎国军队攻打曹国	戎国:在今山东曹县东南;曹国,在今山东定陶西南
前 668 年	春,鲁国军队攻打戎国。秋,鲁国会合宋、齐两国攻打徐国	戎国:在今山东曹县东南。徐国:先后在今山东郯城、江苏邳州市北、泗洪县东南建立了都城;一说以今安徽泗县为中心
前 666 年	春,齐国军队攻打卫国。秋,楚国攻打郑国都城。鲁国会合齐、宋两国救援郑国	
前 665 年	夏,郑国军队侵袭许国	
前 660 年	冬,狄人与卫国军队在荥泽交战。卫国战败	狄:民族名,主要居于北方。荥泽,在今河南淇县
前 659 年	秋,楚国军队攻打郑国。鲁国军队在偃打败邾国军队。冬,鲁国军队在郦打败莒国军队	偃:在邾国境内,在今山东费县南。郦:鲁地,在今河南内乡东北
前 658 年	冬,楚国军队攻打郑国	
前 657 年	冬,楚国军队攻打郑国	
前 656 年	春,鲁国会合齐、宋、陈、卫、郑、曹六国军队入侵蔡国;然后,攻打楚国。秋,齐国军队和江、黄两国攻打陈国。冬,鲁国会合齐、宋、卫、郑、许、曹六国军队入侵陈国	
前 655 年	秋,楚国军队灭亡了弦国,弦子逃奔黄国	弦国:姬姓国,在今河南潢川西北。黄国,在今山东淄博南

56

续表

年　份	交战双方	交战地点
前654年	夏,鲁国会合齐、宋、陈、卫、曹五国军队攻打郑国,包围了新城。秋,楚国军队包围了许国。于是,诸侯援救许国	新城:在今河南新密东南。许国:在今河南许昌
前653年	春,齐国军队攻打郑国	
前650年	春,狄人灭亡了温国,温国君逃奔到卫国	温国:在今河南温县
前649年	夏,扬、拒、泉、皋、伊、洛等地戎人联合攻打王城。秦、晋两国军队攻打戎人以救周王。冬,楚国军队攻打黄国	扬、拒、泉、皋等四处皆戎人城邑,在今河南洛阳西南。伊、洛两地戎人,居今伊河、洛河之间。黄国:在今山东淄博南
前648年	夏,楚国灭亡了黄国	
前647年	春,狄人入侵卫国	
前646年	秋,狄人入侵郑国	
前645年	春,楚国军队讨伐徐国。秋,齐、曹两国军队攻打厉国。冬,宋国军队攻打曹国。楚国军队在娄林打败徐国	厉国:在今河南鹿邑。娄林:在今安徽省泗县东北
前643年	夏,鲁国军队灭亡项国	项国:在今河南项城
前642年	春,宋、曹、卫、邾四国军队攻打齐国。夏,宋、齐两国军队在甗(yǎn)交战。冬,邢国和狄人军队攻打卫国,包围了菟(tú)圃	甗:在今山东济南附近。菟圃:在今河南长垣
前641年	秋,宋国军队围攻曹国	
前640年	夏,郑国军队入侵滑国	滑国:在今河南偃师
前639年	春,狄人入侵卫国。秋,楚、陈、蔡、郑、许、曹等国军队在盂攻打宋国。冬,鲁国军队攻打邾国	盂:宋地,在今河南睢县
前638年	春,鲁国军队攻打邾国,夺取须句。夏,宋、卫、许、滕等国军队攻打郑国。秋,鲁、邾两国军队在升陉作战。冬,宋、楚两国战于泓水,宋军战败	须句:邾地。升陉:鲁地。泓水:水名,在今河南柘城北
前637年	春,齐国军队攻打宋国,围攻缗国。秋,楚国军队攻打陈国	缗国:在今山东金乡。陈国:在今河南淮阳
前636年	夏,狄人攻打郑国,夺去了栎	栎:地名,属郑地,在今河南禹县
前635年	秋,楚国军队围攻陈国	陈国:在今河南淮阳

续表

年 份	交战双方	交战地点
前 634 年	夏,齐国军队攻打鲁国北部边境;卫国攻打齐国,以救鲁国。冬,楚国军队攻打宋国,围攻缗。鲁僖公率领楚军攻打齐国	缗:在今山东金乡
前 633 年	秋,鲁国军队攻入杞国。冬,楚、陈、蔡、郑、许等国军队围攻宋国	杞:即雍丘,在今河南杞县
前 632 年	春,晋国军队入侵曹国,攻打卫国。楚国军队营救卫国。夏,晋、齐、宋、秦等国联军在城濮打败楚国军队	曹国:在今山东定陶西北。卫国:在今河南淇县、滑县、濮阳等地。城濮:卫地,在今山东鄄城临濮集
前 630 年	夏,狄人入侵齐国。秋,晋、秦两国军队分别驻扎涵陵和汜南以围攻郑国。介人入侵萧国	涵陵:在今河南新郑北;汜南:在今河南中牟南。萧:宋地,在今安徽省萧县西北
前 629 年	春,鲁国夺取曹国在济水以西的田地。冬,卫国受狄人围攻,被迫迁到帝丘	帝丘:在今河南濮阳西南
前 628 年	春,卫国军队入侵狄国	
前 627 年	春,秦国军队入侵滑国。夏,晋国和姜戎一起在崤地打败秦国军队。秋,鲁国军队攻打邾国。冬,晋、陈、郑三国军队讨伐许国。陈、蔡两国遭楚国军队侵略,于是求和攻打郑国	滑国:在今河南偃师。陈国:在今河南淮阳。蔡国:在今河南上蔡西南
前 626 年	夏,晋国军队讨伐卫国。卫国反转攻打晋国	
前 625 年	冬,晋、宋、陈、郑四国军队讨伐秦国	
前 624 年	春,晋、宋、陈、卫、郑五国军队讨伐沈国。秋,楚国军队围攻江国	沈国:在今安徽阜阳西北。江国:在今河南息县
前 623 年	夏,狄人入侵齐国。秋,楚国灭亡了江国。晋国攻打秦国	
前 620 年	春,鲁国军队攻打邾国,夺取须句,在部地筑城。夏,狄人入侵鲁国西部边境。冬,徐国军队攻打莒国	部地:鲁邑,在今山东泗水县东南。莒国:建都于今山东胶县西南,春秋初年迁于今山东莒县
前 618 年	春,楚国军队讨伐郑国。鲁国会同晋、宋、卫、许四国解救郑国。夏,楚国军队入侵陈国,攻克壶丘。壶丘:陈邑,在今河南新蔡东南	
前 617 年	夏,秦国军队讨伐晋国。冬,狄人入侵宋国	

58

续表

年　　份	交战双方	交战地点
前 616 年	秋,狄人入侵齐国。鲁国军队在咸打败狄人	咸:鲁地,在今山东巨野南
前 615 年	冬,晋、秦两国军队在河曲交战	河曲:晋地,在今山西永济南
前 614 年	冬,狄人入侵卫国	
前 613 年	春,鲁、邾两国发生战争	
前 612 年	夏,晋国军队攻入蔡国。秋,齐国军队入侵鲁国西部边境,并攻入曹国都城的外城	
前 610 年	春,晋、卫、陈、郑四国军队联合讨伐宋国。夏,齐国军队攻打鲁国西部和北部边境	
前 608 年	秋,楚、郑两国军队入侵陈国,接着,入侵宋国。晋国赵盾率师救陈。宋、陈、卫、曹等国军队会师棐林,讨伐郑国。冬,晋、宋两国军队讨伐郑国	棐林:在今河南新郑东
前 607 年	春,郑国公子归生受楚国之命兴兵讨伐宋国。夏,晋、宋、卫、陈四国军队入侵郑国	
前 606 年	夏,楚国军队入侵郑国。秋,赤狄入侵齐国。宋国军队围攻曹国	赤狄:分布在今山西长治一带
前 605 年	秋,赤狄入侵齐国。冬,楚国军队讨伐郑国	
前 604 年	冬,楚国军队讨伐郑国。晋国军队为救郑国攻打陈国	
前 603 年	春,晋、卫两国军队入侵陈国。秋,赤狄讨伐晋国,围攻怀及邢丘	怀:在今河南武陟西南。邢丘:在今河南温县东
前 601 年	冬,楚国军队攻打陈国	
前 600 年	冬,晋国军队攻打陈国。宋国军队包围滕国。楚国军队讨伐郑国	滕国:在今山东滕州
前 599 年	夏,宋国军队攻伐滕国。晋、宋、卫、曹四国军队讨伐郑国。鲁国军队攻打邾国。冬,楚国军队攻打郑国	
前 598 年	冬,楚国军队进攻陈国,入侵宋国	

续表

年　份	交战双方	交战地点
前597年	春,楚国军队围攻郑国。夏,晋、楚两国在邲地交战。冬,楚国灭掉了萧国。宋国军队攻伐陈国	邲:郑地,在今河南郑州西北,荥阳东北
前596年	春,齐国军队攻打莒国。秋,楚国军队攻伐宋国	
前595年	夏,晋国军队攻打郑国。秋,楚国军队围攻宋国	
前591年	春,晋、卫两国军队攻打齐国。鲁国攻打杞国	
前590年	秋,周王室的军队被茅戎打败	茅戎:戎人一支,其地在今河南修武
前589年	春,齐国军队攻打鲁国北部边境。夏,鲁、卫联合晋国在鞌与齐国军队交战。冬,楚、郑两国军队侵袭卫国	鞌:齐地名,在今山东济南
前588年	春,晋、宋、卫、曹四国军队攻打郑国。夏,郑国军队攻打许国	
前587年	冬,郑国军队攻打许国。晋国军队为援救许国攻打郑国。楚国出兵救援郑国	
前585年	春,卫国军队侵袭宋国。秋,鲁国军队侵袭宋国。楚国军队攻打郑国。冬,晋国军队救援郑国	
前584年	秋,楚国军队攻打郑国	
前583年	春,晋国军队侵袭蔡国	
前582年	秋,晋国军队攻打郑国。冬,郑国军队包围许国	
前581年	春,卫国军队侵袭郑国。夏,鲁国会合晋、齐、宋、曹等军队攻打郑国	
前577年	秋,郑国军队攻打许国	
前576年	夏,楚国军队攻打郑国	
前575年	夏,郑、宋两国军队先后在汋陂和汋陵交战。晋国军队与楚、郑两国在鄢陵交战,楚、郑两国军队战败。秋,鲁国会合尹武公(周王卿士)及晋、齐、邾等国军队攻打郑国。卫国军队在鸣雁讨伐郑国	汋陂:宋地名,在今河南商丘。汋陵:地名,在今河南宁陵南。鄢陵:在今河南鄢陵北。鸣雁:地名,在今河南杞县北

年 份	交战双方	交战地点
前 574 年	春,卫国军队侵袭郑国。夏,鲁国会合尹武公(周王卿士)及单、晋、宋、卫、曹、齐、邾等国军队攻打郑国。冬,鲁国会合单、晋、齐、宋、卫、曹、邾等国军队攻打郑国	
前 573 年	夏,楚、郑两国军队攻打宋国。冬,楚、郑两国军队侵袭宋国	
前 572 年	夏,晋国军队攻打郑国。秋,楚国军队入侵宋国。郑国侵入宋国,占领了犬丘	犬丘:在今河南永城西北
前 571 年	春,郑国军队攻打宋国。夏,晋、宋、卫三国军队侵袭郑国	
前 570 年	楚国军队侵袭陈国。冬,晋国军队攻打许国	
前 569 年	冬,陈国军队围攻顿国	顿国:靠近陈国的小国
前 568 年	冬,楚国军队攻打陈国。鲁、晋、宋、卫、郑、曹、齐等国军队,联合援救陈国	
前 566 年	冬,楚国军队围攻陈国	
前 565 年	夏,郑国军队侵袭蔡国。冬,楚国军队攻打郑国	
前 564 年	冬,鲁国会合晋、宋、卫、曹、莒、齐、邾、滕、薛、杞等国军队讨伐郑国。楚国军队攻打郑国	
前 563 年	夏,楚、郑两国军队攻打宋国。秋,鲁国会合晋、宋、卫、曹、莒、齐、邾、滕、薛、杞等国军队攻打郑国	
前 562 年	夏,郑国军队侵略宋国。鲁国会合晋、宋、卫、曹、莒、齐、邾、滕、薛、杞等国军队攻打郑国。秋,楚、郑两国军队联合攻打宋国。鲁国会合晋、宋、卫、曹、莒、齐、邾、滕、薛、杞等国军队攻打郑国	
前 561 年	冬,楚国军队侵略宋国	
前 560 年	夏,鲁国军队夺取邿国	
前 557 年	夏,鲁国会合郑、晋、卫、宋等国军队进攻许国。秋,齐国军队攻打鲁国北部边境	

61

年　份	交战双方	交战地点
前 556 年	春,宋国军队攻打陈国。卫国军队进攻曹国。秋,齐国军队侵犯鲁国北部边境,包围桃城。冬,邾国军队侵犯鲁国南部边境	桃:鲁地名,在今山东汶上北稍东
前 555 年	秋,齐国军队攻打鲁国北部边境。冬,鲁国会合晋、宋、卫、郑、曹、莒、邾、滕、薛、杞等国军队包围了齐国。楚国军队进攻郑国	
前 554 年	春,晋国军队为鲁国夺取了邾国所占的田地,并以漷水划定鲁、邾疆界。夏,卫国军队进攻齐国	
前 553 年	秋,鲁国军队攻打邾国	
前 550 年	秋,齐国军队讨伐卫国,接着攻打晋国	
前 549 年	冬,楚、蔡、陈、许四国军队攻打郑国	
前 548 年	春,齐国军队攻打鲁国北部边境。夏,郑国军队入侵陈国。冬,郑国军队讨伐陈国	
前 547 年	冬,楚、蔡、陈三国军队攻打郑国	
前 534 年	冬,楚国军队灭亡陈国	
前 531 年	夏,楚国军队包围蔡国。冬,楚国军队攻打蔡国	
前 530 年	冬,楚国军队讨伐徐国	
前 526 年	春,齐国军队攻打徐国	
前 523 年	春,宋国军队包围并占领邾国虫邑	虫:邾国邑名,在今山东济宁
前 512 年	冬,吴国军队灭亡徐国	
前 506 年	秋,楚国军队包围蔡国	
前 504 年	春,郑国军队灭亡许国。鲁国军队进攻郑国	
前 503 年	秋,齐国军队侵袭卫国,攻打鲁国西部边境	

续表

年　份	交战双方	交战地点
前502年	春,鲁国军队正月(周历)进攻齐国;二月侵袭齐国。夏,齐国军队攻打鲁国西部边境。秋,晋国军队侵袭郑国,进攻卫国。鲁国军队攻打卫国	
前500年	夏,晋国军队包围了卫国。鲁国军队包围了郈邑	郈:鲁国叔孙氏私邑,在今山东东平
前498年	夏,卫国军队攻打曹国。冬,鲁定公率领军队包围成邑,最终没能取胜	成:鲁国孟孙氏私邑,在今山东宁阳东北
前497年	夏,卫国军队攻打曹国	
前496年	春,楚、陈两国军队联合灭亡顿国。冬,晋国军队在百泉打败了郑国军队	顿:国名,在今河南项城。百泉:古地名,在今河南辉县西北
前495年	夏,郑国军队进攻宋国	
前494年	春,楚、陈、随、许四国军队包围蔡国。冬,鲁国军队进攻邾国。晋国军队攻打朝歌	
前493年	春,鲁国军队攻打邾国,夺取漷东以及沂西的田地。秋,晋、郑两国军队在铁地交战,郑国战败	漷:漷水源出今山东峄城西北,经鱼台东北入泗水。沂:沂水,流经曲阜南的沂水上游。铁:古地名,在今河南濮阳西北
前492年	夏,宋国军队攻打曹国。冬,鲁国军队包围邾国	
前490年	夏,齐国军队攻打宋国。晋国军队攻打卫国	
前489年	冬,鲁国军队攻打邾国。宋国进攻曹国	
前488年	春,宋国军队入侵郑国。晋国军队侵袭卫国。秋,鲁国军队攻打邾国。宋国军队包围曹国。冬,郑国军队救援曹国,并攻打宋国	
前487年	春,吴国为邾国起兵攻打鲁国	
前486年	春,宋国军队在雍丘打败郑国军队。夏,楚国起兵攻打陈国。秋,宋国军队攻打郑国	雍丘:古地名,在今河南杞县
前485年	春,鲁、吴两国军队进攻齐国。夏,宋国军队攻打郑国。冬,楚国军队攻打陈国,吴国起兵救援	

63

续表

年　份	交战双方	交战地点
前484年	春,齐国军队攻打鲁国。夏,鲁国联合吴国在艾陵打败齐国	艾陵:齐国地名,在今山东莱芜
前483年	秋,宋国军队攻打郑国	
前482年	夏,楚国军队攻打陈国。秋,晋国军队侵犯卫国	
前481年	秋,晋国起兵攻打卫国	
前480年	夏,晋国军队进攻卫国。冬,晋国军队攻打郑国	
前478年	夏,晋国包围了卫国,齐国起兵救援	
前468年	夏,晋国军队攻打郑国,驻扎在桐丘	桐丘:古地名,在今河南扶沟西

参考文献:

[1]《毛诗正义》,北京:中华书局,1979年

[2]《吕氏春秋》,北京:中华书局,2011年

[3]《左传》,北京:中华书局,2012年

[4]西汉·司马迁《史记》,上海:上海古籍出版社,1986年

[5]北魏·郦道元《水经注》,成都:巴蜀书社,1985年

[6]顾栋高《春秋大事表五·列国爵姓存灭》,北京:中华书局,1993年

第三章　禹河、济水和泗水

一、禹河与黄河改道

《禹贡》记载的黄河,出今青海省南部或甘肃省临夏西北的积石山,"至于龙门,南至于华阴,东至于砥柱,又东至于孟津,东过洛汭,至于大伾,北过降水,至于大陆,又北播为九河,同为逆河,入于海"。洛汭,即洛水入黄河处。大伾,为山名,在今河南省武陟与获嘉两县之间,有说在今河南省浚县东南,还有说在今河南省荥阳西北的汜水镇。虽说法不同,但都在当时的黄河沿岸。降水,即漳水(今漳河)。大陆,即大陆泽,位于今河北省隆尧、巨鹿、宁晋泊之间,现已淤为平地。九河,为多支。由于海口段受海潮顶托倒灌,河海不分,所以称为"逆河",共同归入渤海。

黄河在龙门以下,南流至华山北,向东到三门峡砥柱山,再向东到孟津与洛水汇流,其流程大体与今河相同;再向下过大伾山北流,穿过漳河,经今河北省周曲县东向北,然后分道入海。这就是所说的"禹河"。

关于"禹河"形成的时间,最早见于《史记·夏本纪》。司马迁认为《禹贡》中的黄河在龙门以下为大禹所疏导,即:"禹抑洪水十三年,过家不入门。陆行载车,水行载舟,泥行蹈橇,山行即桥。以别九州,随山浚川,任土作贡,通九道,陂九泽,度九山,……故道河自积石历龙门,……入于渤海。"(《史记·河渠书》)

黄河在上、中游流经黄土高原和峡谷之间,无论年代多久都不会有很大的变迁,只有在下游平原地区,河水容易改道。

最早记载黄河在下游改道的是东汉人班固的《汉书·沟洫志》。书中说:"大司空掾王横言……禹之行河,水本随西山下东北去。《周谱》云,'定王五年河徙',则今所行非禹之所穿也。"说的是周定王五年(前602年为春秋时期)黄河改道北徙。

周定王五年黄河改道北徙的记载，是王莽时大司空掾王横根据《周谱》提出来的，而《周谱》作为周王室的谱录又说得非常简单。王横认为，"禹河"在未改道以前是随西山下向东北流去，但没有确定西山的具体位置在哪里。西汉哀帝时，贾让在《治河三策》的"上策"中提出，让黄河靠近今河南省浚县西北的善化山北行入海，但没有明确指出山下本是禹河故道。虽然郦道元在《水经·河水注》中提到，在今河南省浚县西南的宿胥口是"旧河水北入处"，《水经·淇水注》说，在宿胥口以北还有一段宿胥故渎，但是，没有把宿胥口是旧河水北入处和周定王五年的黄河改道联系在一起，就是宿胥故渎，也没有说它是禹河旧道。由此看来，郦道元并不认为周定王五年的黄河改道是在宿胥口溃决的。

周定王五年以前的宿胥故渎是淇水，发源于今河南省辉县，流经朝歌（今河南省淇县）。由于自北而南的善化、白祠、同山等三座大山坐落于朝歌，而同山则在朝歌正东方，其南侧地势逐渐平缓，淇水就是由同山南麓折而东流，经今河南省浚县至内黄县境内入黄河。

黄河在未改道北徙之前，主流与支津在荥阳以下分河，水流缓慢，泥沙极易淤积、壅塞河道，随时都可能导致黄河决口。

根据《竹书纪年》的说法，黄河改道北徙是在公元前 463 年（周贞定王五年）。此时，中国历史已经步入了战国时期，黄河在今河南省原阳县（西汉时期卷县）附近的扈亭决口；还有人认为在荥阳以下或孟县和温县一带折向北流。这些地点分别处于今河南省荥阳及其东、西两侧，距离相接近。

黄河在今荥阳一带决口后，向北偏东方向流经今河南省修武、获嘉、新乡、淇县、浚县，再由濮阳县西南，北折经内黄县、河北省临漳、成安，在肥乡和曲周两县间会流漳水，再经平乡、巨鹿等县穿过大陆泽，又经南宫、新河、冀县和束鹿分成东流和东北流入海。

以上黄河流路"恰好经过近代强烈下沉的廊（坊）、济（源）裂谷。谷西为太行隆起（断块）；谷东为清（今河北省青县）、浚（今河南省浚县）隆起（断隆）。两者都是上升带，大河纵贯于两隆起之间的裂谷槽地"（《黄河志·流域综述》）。据此，这正是《禹贡》记载的"禹河"所流经的路线。

虽然黄河改行"禹河"，但是遗留下来的黄河故道，亦即后世所称的济水、菏水、泡水、丹水、睢水等并没有完全断流，除济水外，这些河流均成为泗水支流。

二、济 水

济水在战国以前为黄河正流。《禹贡》说:"导沇水,东流为济,入于河。溢为荥,东出于陶丘北,又东至于菏,又东北会于汶,又东北入于海。"说明公元前463年的黄河改道,将济水分为北济水和南济水。

北济水,发源于今河南省济源市北王屋山。《山海经》说:"王屋之山,联水出焉。"晋郭璞认为:"联(lián)、沇(yǎn)声相近即沇水也。潜行地下,至共山南,复出于东丘。"西汉孔安国认为:"泉源为沇,流去为济。"东丘在原东北。原,在今河南省济源西北。由此可见,水伏流于地下为沇水,伏流至东丘出现在地上为济水。今河南省济源市的"济源"一名,大抵于济水发源此地密切相关。沇水自王屋山东南流经原、温(今河南温县西稍南)北,为济水,又继续东南流,过隤城(在今河南获嘉北)西。原、温、隤三地均为周国名,周朝京畿以内的封国,是周武王时司寇苏忿生的封地。战国诸侯称雄时期,济水又东流经邢丘(在今河南温县东)北,东注黄河。《水经》说济水"南当巩县北,南入于河"。三国时期,魏之巩县在今河南省巩县偏西,则济水入黄河处,附近是三国时期魏之温县,在今河南省温县西。由此看出,战国时期黄河改道至三国时期数百年来,北济水注入黄河地点的变化。

《水经》说:"与河合流,又东过成皋县(今河南省汜水)北,又东过荥阳县北,又东至砾溪南。"实际上就是北济水注入黄河的流程。《水经》接着又说:"东出过荥泽北。"则是黄河改道后遗留下来的故道,亦即南济水。

南济水在荥泽(今荥阳东北)和巨(大)野泽(今山东省梁山、郓城、巨野、嘉祥一带)之间,又分出南、北两条水道流向东北,然后又分别流入巨野泽中。

南流的济水东流进入巨野泽,流程中与蒗荡渠、菏水、汶水等河流交错,自荥泽北东北流经今河南省原阳县东南、封丘县、开封市西和陈留镇东北、兰考县东北和仪封北,流至今山东省境内,经菏泽、定陶东北流,然后向东南分出一支为菏水。《水经注》说:"南为菏水,北为济渎。"渎,即大川。《尔雅·释水》说:"江河淮济为四渎,四渎者,发原注海者也。"《水经》说:"其一水东南流,其一水从县东北流,入巨野泽。"即指东南流为菏水,东北流为济水。

东北流的济水,自今河南省原阳县东,流经封丘县北、长垣县西南、山东省菏泽西、定陶北,流至巨野县西南入于巨野泽。《水经注》说:"东入乘氏县,左会濮水,与济同入巨野。"乘氏县在今巨野县西南,即郓城与巨野两县交界处。

南、北流的济水,流出巨野泽后成为一条水道,由今山东省梁山东,向北流去,经东平县西南纳汶水。《禹贡》说:"浮于汶,达于济。"《汉书·地理志》说:"汶水与淄水俱出原山,西南入济。"《水经》说:"汶水出泰山莱芜县原山。"从地理形势看,汶水源头处于泰山以南、鲁山与蒙山之西。汶水入济水处称为清口。东晋郭缘生在《述征记》中说:"清河首受洪水,北注济,或谓清即济也。"他所说的清河就是汶水,注济水以后,既称清河也称济水。

济水与汶水会流后,经今山东省平阴县西南,折向东北,流经济南市北、章丘北,然后向东入海。

三、泗　水

公元前463年,黄河改道北流,发源沂蒙山地、南流与黄河支津相会的泗水,遂为独立水系,成为淮河流域面积最大、河道最长的支流。在流程中,泗水自北而南,接纳了战国时期称为菏水、丰水、丹水、睢水等原黄河支津以及沂蒙山地南流的洺水、沂水和沭水,整个流域覆盖鲁、齐、宋、魏、楚五国。

泗水源头在今山东省平邑县武台镇和新泰市放城镇交界处的蒙山太平顶西麓,流经卞邑南。卞邑为春秋时鲁国大夫卞庄子的食邑,在今山东省泗水县东五十里。《史记·鲁世家》说,楚考烈王伐灭鲁国,鲁顷公逃亡,徙居卞邑。

泗水西南流经曲阜。阜者,茂也;平地隆踊,故名为曲阜,在今山东省曲阜市,公元前十一世纪周分封诸侯国,为鲁国都。鲁国是武王弟周公旦的封地,其子伯禽为开国君主。泗水曲阜城阙分会,北为洙水,南为泗水。公元前685年冬,鲁庄公疏浚洙水。位于洙、泗二水之间的阙里是孔子居住和教学的地方。

泗水在曲阜西南合沂水。沂水源自曲阜东南的尼丘山西北。颜母在尼丘山祈祷而生孔子。

泗水又西南流入齐国境内,继续西南至任。任为周时封国,在今山东省济宁市,《左传·鲁僖公》说,任为风姓国名,负责主持东夷族首领太昊和济水的祭祀,并服从侍奉中原诸国。

泗水自任向西南流入宋国,与其境内的菏水相会。

菏水是黄河流至广饶入海的过程中,在陶东北向东南分出的支津,东与泗水相连。春秋时期,吴国将这条黄河支津"阙为深沟"。战国时期(前463)黄河改道,菏水成为泗水支流。菏水自陶东北,向东流经缗北,折而东南经方与北,东流至今山东省鱼台县注入泗水。陶为春秋、战国时期的商业城市,称为"天下之中",在今山东省菏泽定陶,相传尧初居此,故称陶唐。缯,即夏时期缯国,舜之后,姚姓,在今山东省金乡。公元前 637 年,由于缯不参加齐国的会盟,齐孝公攻打宋国,包围了缯。方与为春秋时宋方与邑,在今山东鱼台县西。

泗水与菏水相会经湖陵左会漷水。湖陵为战国时宋国邑,在今山东省鱼台县东南六十里。漷水源于今山东省平邑西南,西南流入邾国,周武王封颛顼之后于此,春秋时进爵为子,曹姓,后改称邹,今山东省邹城东南有邾城。公元前 554 年,晋国为鲁国夺回邾国所占漷水以西的田地,并以漷水划定鲁、邾疆界。公元前 493 年,鲁国军队又攻打邾国,夺取了漷水以东及沂水以西田地。漷水流经邹山东南,《左传》称峄山,邾文公在邹山之南,依山傍岩筑邹国城,曹姓。春秋时为孔子之父、鲁国大夫叔梁纥的封邑,孔子生于此地。漷水又西南经薛,夏代车正奚仲居于此地,在今山东省滕州东南,传到仲虺曾做商汤左相。周初分封为诸侯,任姓。战国初期被齐国所灭,成为田文(孟尝君)封地。漷水又西至湖陵入泗水。

泗水自湖陵东南流,左会南梁水。南梁水发源滕国东北平泽,西南流分为二支。北支西经滕城合漷水。滕国在今山东省滕州市西南,姬姓。公元前 712 年(鲁隐公十一年),滕侯和薛侯前来朝见鲁君,争先行礼。薛侯说:我先受封。滕侯说:我是宗周的卜正,薛国是外姓,我不可以排在他的后面。鲁隐公派羽父同薛侯商量说:"周之宗盟,异姓为后……"南梁水西南支,于湖陵东南注入泗水。

泗水南经沛泽,西南为啮桑邑,丰水从西来入泗。沛泽是地质时期黄河在黄淮平原形成的湖泽。啮桑,在今江苏省沛县西南,宋国灭亡后归属楚国。

丰水,是黄河改道前(前 463)分出的支津,上源有黄水和泡水,源自黄池。黄池是黄河在今河南封丘南积成的湖泊。公元前 482 年,吴王夫差同鲁国哀公、晋国定公,为争做中原霸主曾在此地相会。

黄水从黄池向南经今河南省陈留北,向东南经杞县东六十里的外黄县故城南,又折而向东,经兰考以东的葵丘,注入大荠陂(湖泊),然后出大荠陂,东北流经今山东省菏泽定陶南,又东经成武南,在单县以东与泡水相会。泡水源出大荠陂,向东流经今山东省曹县东南,又向东流经位于今河南省商丘与山东省单县之间的孟诸泽,在平乐故城与黄水相会后统称为泡水。《汉书·地理志》说:"平乐,侯国也。泡水所出。又径丰西泽,谓之丰水。"平乐故城,在今山东省单县东四十里。丰西泽,为黄河冲积而成的湖泊,在今江苏省丰县境内。泡水流经丰县境内的丰西泽后称为丰水,东流至今沛县注入泗水。

泗水再向东南经留邑东,春秋时宋邑,在今江苏省沛县东南。公元前572年秋,楚国为解救郑国,出兵入侵留。

泗水南流至彭城与丹水相会。春秋时期,彭城为宋国之地,在今江苏省徐州市。公元前576年,宋国内乱。公元前573年,楚国攻克彭城并让与宋左师鱼石等人占据。为收复彭城,诸侯于公元前572年春讨伐鱼石。后来,宋国为避开魏国的侵凌,又将国都迁至彭城。《水经·泗水注》说:"周显王四十二年(前327),九鼎沦没泗渊。"公元前286年,齐、魏、楚三国趁宋国发生内乱而灭宋,国土被三国瓜分,彭城归属楚国。

丹水是地质时期黄河在衍氏一带分出的支津。公元前463年,黄河改道后故道遂为济水,丹水与济水在衍氏分流。衍氏为战国时期魏国的城邑,位于今河南省郑州北。

丹水自衍氏东流经中牟至大梁。中牟春秋时在郑国境内,时称圃田。大梁在今河南省开封市,是战国时魏国都城。公元前361年,魏惠王将国都从安邑,即今山西省夏县西北,迁至大梁。

丹水又自大梁东南流经戴。此地是春秋时期的诸侯国,姬姓,在今河南省兰考、杞县、封丘之间。公元前713年,因争夺戴国,宋、卫、蔡三国与郑国在戴地发生战争。

丹水自戴蜿蜒东南流入孟诸泽,这是地质时期黄河在黄淮平原形成的湖泽,位于宋国境内,在今河南省商丘与山东省单县之间。丹水出孟诸泽继续东南,流经萧同,亦称萧,在今安徽省萧县北。春秋时期为宋国附庸,子姓,始封之君是萧叔大心。丹水自萧向东流至彭城与泗水相会。

泗水与丹水合流后继续东南流经吕,春秋时宋邑,在今徐州市区东南。公元前572年秋,楚国出兵侵吕。

泗水由吕东至邳,有柤水、沂水和沭水自西向东先后注入。

邳,亦称下邳,在今江苏省睢宁古邳镇。夏代奚仲自邳(即薛,在今山东滕州东南)迁居至此,故称下邳。春秋时,宋襄公伐齐,筑城邑于沂、泗之滨,西距葛峄山(岠山)六里。战国时为齐国境地。

柤水在战国时期位于齐国境内,源于今山东省枣庄峄城区北部山地,《水经·沭水注》说:"今彭城偪阳县西北有柤水沟,去偪阳八十里。"偪阳为春秋时小国,妘姓,在今山东省枣庄峄城区东南。公元前563年春,鲁国会同晋、宋、卫、曹、莒、邾、滕、薛、杞、小邾、齐等国,在柤地与吴国人相会,意在联吴制楚。遂于五月消灭了偪阳国。柤地在今江苏省邳州境内泇口。柤水自源头东南流经偪阳城东北,继续东南流至良(春秋地名,在今江苏省邳州北。公元前529年,晋国昭公准备在良会见吴王夷末,吴王以水路不通而推辞)。良地以西有湖泊,粗水经其南;以东有山,因徐国偃王率百姓徙居山下,故此山得名徐山。粗水与沂水平行南流至下邳注入泗水。

沂水是地质时期形成于沂、鲁山地,流向沂、沭河洪水冲积平原的河流,战国时期位于齐、楚两国境内。《禹贡》说:"淮、沂其义。"《周礼·职方氏》说:"川曰淮、泗,浸曰沂、沭。"义,即治理。浸,即大河,可资灌溉。

沂水自沂山源出二泉,南为柞泉,北为鱼穷泉。两泉水均东南流合成一川,又东南,流经战国时的齐盖邑,在今山东省沂水县西北。沂水又东南经春秋时鲁国郓邑,公元前616年,鲁、莒两国屡次争夺,后属莒国,称东郓,在今山东沂水县北。沂水南流经春秋时阳国东、中丘邑西。阳国在今山东省沂南县城以南沂水西岸孙家和高家黄疃等村庄一带。中丘邑为春秋时鲁邑,于公元前716年夏筑城,在今山东省临沂东北。沂水又南流至郯国,在今山东省临沂市区北郯古城村,西周时立国,妘姓,曾为邾国附庸,公元前524年,被邾国袭破,尽俘其人。翌年,宋国伐邾国,邾国被迫归还郯俘,郯国复存,后被鲁国吞并。

沂水自源头流经山区、丘陵和高地,一直到郯国才进入平原。其间,沂水两岸有桑预水、连绵水、洛预水、螳蛝水、浮来水、小沂水、闾山水、时密水、桑泉水、蒙山水、温水、治水等支流注入。

沂水进入平原后流经襄贲,战国时齐邑,在今山东省临沂西南。沂水又流经周时郯国,在今山东省郯城县西南。高祖少昊氏即位时,凤鸟刚好飞来,所以用鸟记事,各部门官长都用鸟来命名。沂水南过下邳西注入泗水。

沭水是地质时期出现在沂沭河洪水冲积平原的河流,源自今山东沂水县北部沂山南麓,引控众流,积以成川,自北而南,东有焦原山和羽山,又有支流岘水、袁公水、浔水、葛陂水、武阳沟水纳入;西与沂水并流。

春秋时,沭水自莒国北部山麓东南流经西周时莒国。春秋时莒国都城在今山东省莒县,"其城三重,并悉崇峻,惟南开一门。内城方十二里,郭周四十许里"(《水经·沭水注》)。沭水又南经鲁国祝丘,公元前707年修筑城墙,故城在今山东省临沂东南郯城境内。战国时,沭水纵流于楚国,经今马陵山西折向西南流至下邳东南注入泗水。

泗水合沭水后继续东南又与睢水合流。

睢水是地质时期黄河从今河南省开封东分出的支津,《汉书·地理志》称其为睢水。《水经注》说睢水是从陈留县西蒗荡渠分流出来的。陈留县,亦即今河

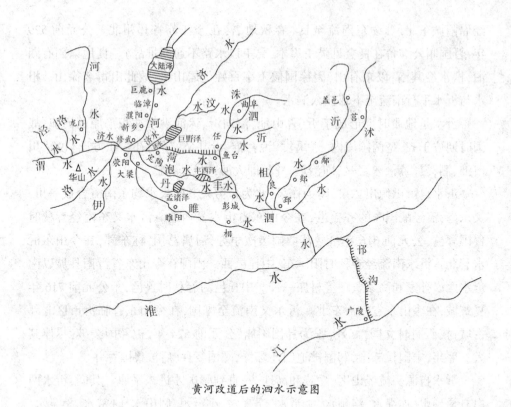

黄河改道后的泗水示意图

南省开封东南的陈留镇。陈留县西的浪荡渠就是地质时期的黄河。公元前463年,黄河改道后,睢水成为泗水支流。

睢水穿流于魏、宋、楚三国境内,自西北向东南,流经雍丘故城,周时分封诸侯为杞国,在今河南省杞县城。睢水又向东南,流经襄陵东北。襄陵为春秋时宋国邑,因宋襄公葬于此地,故称襄陵,即今河南省睢县,战国时为魏国邑。睢水又向东南,流经睢阳南。睢阳是宋国都,周时微子启的封国,在今河南省商丘。睢水又东流,经仪台南。仪台在宋国境内,在今河南省虞城西南,魏惠王六年,魏军讨伐宋国,夺取仪台。睢水继续东南流经相,故城在今安徽省宿州西北,为宋国邑。睢水又东南流经符离塞,《国策·秦策》说:楚南有符离之塞。故城在今安徽省宿州,为楚国邑。

睢水在丹水之南,洛架水在今河南省杞县境内,南北连接睢、丹两河。睢水在整个流程中的支流有白沟水、八丈沟水、乌慈水和潼水;并且,在今河南省杞县城东、商丘南和安徽省萧县与濉溪之间积成了三处湖泊。后来,经过人工整治,这三处湖泊被《水经注》分别称为白羊陂、逢洪陂和郑陂。睢水又向东北流至今江苏省宿迁境内注入泗水。

泗水继续东南流与淮水相会。

战国时期,泗水与淮水相会的位置,《禹贡》说:"导淮自桐柏,东会于泗、沂,东入于海。"《水经》说淮水"东过钟离县北,又东北至下邳淮阴县西,泗水从西北来流注之"。在洪泽湖未形成之前,其东北部及淮阴县西南境属于地质构造上的"洪泽凹陷"地貌。泗水与淮水大致是在这一带相通会流东入于海。

参考文献:

[1]《尚书正义·夏书》,北京:中华书局,1979 年

[2]《山海经校译》,上海:上海古籍出版社,1985 年

[3]《毛诗正义》,北京:中华书局,1979 年

[4]《左传》,北京:中华书局,2012 年

[5]西汉·司马迁《史记》,上海:上海古籍出版社,1986 年

[6]东汉·班固《汉书》,上海:上海古籍出版社,1986 年

[7]北魏·郦道元《水经注》,成都:巴蜀书社,1985 年

[8]岑仲勉《黄河变迁史》,北京:人民出版社,1957 年

[9]黄河水利委员会《黄河志·卷二》,郑州:河南人民出版社,1998 年

[10]谭其骧《中国历史地图集》,北京:中国地图出版社,1982 年

第四章 鸿沟和泗水上的战国之争

一、魏国开挖鸿沟

公元前453年,赵、韩、魏三家卿大夫控制了晋国政权,并瓜分了晋国绝大部分土地。晋侯实际只有绛和曲沃两小块土地。公元前403年,周威烈王承认赵、韩、魏三家为诸侯。公元前377年,晋国被赵、韩、魏灭亡。

战国初年,魏国自魏文侯任用李悝变法开始强盛。文侯、武侯两世连年对外用兵,西伐秦国,南伐郑、楚,东伐宋、齐,北伐赵和中山国。魏惠王即位,秦国开始日益强盛,沿渭水不断向东发展,威胁并侵夺魏国之地。魏惠王为了避开秦东进的锋芒,把主要力量用于经营中原。向西采取守势,筑长城以御秦;向东在中原控制宋、卫、郑、鲁等国。公元前361年,魏国将国都从安邑迁至大梁(今河南省开封市)。

大梁处于中原地区,其东南除今江苏省徐州和安徽省宿州之间有零星较低的山丘外均为广漠的平原。其间,分布着黄河改道后遗留下来的济水、菏水、丰水、丹水、睢水、沙水和涡水等河流。

春秋时期,这些河流,不仅通到宋(都城在今河南省商丘)、郑(都城在今河南省新郑)、陈(都城在今河南省淮阳县)、蔡(都城在今安徽省凤台县)、曹(都城在今山东省定陶县)、卫(都城在今河南省濮阳)各国,而且分别和济、汝、淮、泗等河流相汇合,通到济水流域的齐国(今山东省淄博市临淄区)和泗水流域的鲁国(今山东省曲阜)。

综观大梁的地理环境,魏国欲控制东方诸国,向东扩张势力,选择在大梁定都,可以说是最为明智的举措。然而,黄河于公元前463年改道前,荥阳以下至大梁段(黄河主流)就已渐趋淤积;黄河改道后,虽然没有完全断流,但流量小,水流缓慢,泥沙淤积,河道壅塞。因此,魏国以荥阳以下的黄河故道为基础向东实施鸿沟工程,形成鸿沟水系,以沟通济、汝、淮、泗等河流的水路交通。

鸿沟第一期工程于公元前 360 年实施,由荥阳引黄河或者荥泽水东行入圃田泽(在今河南省中牟县西),然后从圃田泽开大沟东至大梁。公元前 339 年实施第二期工程,从大梁城开挖鸿沟,引圃田水东行,然后折而向南入淮水。

以上两期工程,是魏国开挖鸿沟的主要水道,在黄河与淮水之间形成了以鸿沟为骨干的水上交通网——鸿沟水系。鸿沟自大梁折而南流经颍水入淮,不仅连接了中原黄河与淮水的航运,而且使济、濮、涣、颍、汝、丹、睢、泗诸水通航无阻。这在当时,对魏国政治、军事、经济的发展起了重要作用。

二、宋国的兴亡

宋国是商王朝贵族微子启的封国,建都于今河南省商丘。春秋时期,周王室衰微,诸侯争霸,争相扩展疆域。此时,宋国经过长期战争,成为洛邑以东卫、齐、鲁、陈、蔡、郑等最强诸侯之一。宋襄公在齐国内乱时,帮助齐公子复国,代齐作为盟主,成为春秋五霸之一。虽然宋国在泓水之战国力受创,但是,到了宋景公执政时期,国力渐盛,并且灭掉了曹国。这时,宋国的疆域兼有宿、偪阳、曹、杞、戴、彭城等六国之地,范围跨今苏、鲁、豫、皖四省,兼涉今江苏省徐州市和沛县,山东省金乡、东平、曹县、菏泽、定陶,河南省杞县、封丘、兰封、滑县、西华及安徽省萧县、太和等地。

在宋国境内,以泗水为干流的丹、泗、沂、沭、睢水系,早在春秋以前就有通航之利。鸿沟水系的形成,尤其使丹、泗、睢向黄河中、下游地区通航便利无阻,并且把江、淮流域的水路交通更紧密地连接在一起。战国时期,宋国兴盛与丹、泗、睢航运的发达有着密切的关系。

商业城市的兴盛和军事上威震四方反映了当时宋国的兴盛。

宋国的睢阳(今河南省商丘)、陶丘(今山东省定陶)和彭城(今江苏省徐州市),在鸿沟水系形成以后是极为繁荣的商业都会,《史记·货殖列传》说:"陶、睢阳亦一都会也……彭城……亦江东一都会也。"在战国之前"城虽大,无过三百丈者,人虽众,无过三千家者"。到了战国时期,尤其鸿沟水系形成之后,这三座城市的规模宏大,人口众多,可谓"千丈之城,万家之邑相望也"(《战国策·赵策三》)。

睢阳位于丹水之南,睢水北岸,不仅是宋国的政治中心,也是宋国的商业城市,城北的丹水和城南的睢水,平行向东分别进入泗水。丹水行至当时繁华的商业都会彭城与泗水相会;睢水向东流至今江苏省宿迁市境内注入泗水。丹水和睢水向西抵达魏国都城大梁,再折而东南行,由颍水入于淮水;丹水和睢水自魏国都城大梁沿鸿沟向西经荥阳进入黄河,或自荥阳折向东北与济水相通。由此可见,黄河中下游和江淮地区的货物均可运至睢阳。

陶丘处于济水与菏水交汇的地方,这里河湖相连,最早开发于尧舜时期:"尧作于成阳(今山东省鄄城县东南),舜渔于雷泽(古湖泊,在今山东省菏泽东北)。"(《史记·货殖列传》)春秋时期,这里已经成为繁华的经济都会,范蠡认为这里是经济都会的"天下之中",并在此定居经商。战国时期,虽然鸿沟没有通到陶丘,但是作为鸿沟水系分支的睢水和丹水,东连泗水,西接鸿沟;泗水上承菏水,鸿沟东北连接济水,形成了四通八达水上交通道路,从而使陶丘依然成为各国之间贸易往来的都市。

彭城位于宋都睢阳的东面,地理形势与睢阳既有相似的地方,同时也有自己独特的地理优势。彭城与睢阳都居于丹水和睢水之间,是丹水和泗水会流的地方;并且,彭城又濒于丹、泗交汇之处。泗水自彭城向北连接着菏水。菏水与济水交汇的地方又是被春秋时期称之为天下之中的陶丘。泗水自彭城向西由丹水连接着鸿沟,其间分布着宋国都城睢阳和魏国都城大梁。从彭城所处的地理位置看,不管由陶丘到江、淮,还是由睢阳和大梁到江、淮,都要经过彭城,由泗水通往江、淮。所以《史记·货殖列传》把彭城说成"……江东一都会也",就是因为彭城是江、淮地区的货物集散地。

运河在当时的通航能力,据今安徽省寿州楚墓出土的《鄂君启节》铭记载:"屯三舟为一舿(舸),五十舿。"集三舟合为一舸,以"五十舸"即一百五十舟为限。

泗水作为当时的运河,航运四通八达,不仅繁荣了睢阳、陶丘和彭城三座商业城市,而且使这三座城市形成了内则互补、外则通达、三足鼎立的货物集散格局。由睢阳沿丹水向西,至魏国都城大梁,再折而东南入鸿沟,可以到达陈国、郑国、蔡国以及入于淮水之处的楚国都会寿春(今安徽省寿州)。由陶丘沿济水而东,可以到达齐国的临淄;如果溯济水而上,由济水进入黄河,再由黄河入洛水,可以抵达洛邑(今河南省洛阳)。如果自陶丘向北,沿着濮水可以到达卫国的国都(今河南省濮阳)。

宋国商业城市的繁荣促进了国力的强盛。公元前318年,宋国凭借四通八达的丹、泗运河以及鸿沟、菏水,向东沿着济水讨伐齐国,攻取了五座城邑;向南由丹水和睢水经泗水入淮,或者由鸿沟入淮,攻入楚国,取其地三百里;沿丹水向西打败了魏国军队。宋国不顾与齐、楚、魏三国结怨,又沿泗水攻灭滕国,讨伐薛国。

宋国的强盛受到齐、楚、魏三国的忌恨；加之，宋国境内四通八达的运河水系及其沿岸繁荣的商业城市，早已引起诸侯中的强国觊觎。为避开魏国的侵凌，宋国沿着丹水，将国都迁至丹水与泗水交汇处的彭城。《史记·宋微子世家》说："王偃立四十七年，齐湣王与魏、楚伐宋，杀王偃，遂灭宋而三分其地。"公元前286年，宋国发生内乱，齐国趁机联合魏、楚两国，凭借济水、丹水、泗水和鸿沟作为军运通道攻打宋国。宋国灭亡，国土被三国瓜分，齐国分得陶丘、魏国分得睢阳，而彭城则归属楚国。

三、秦国东进

秦在西周以前，还远在陇山以西的畜牧地区，而陇山以东却是农耕地区，处于渭水流域的关中平原。渭水两岸河谷开阔，地势平坦，适宜农业耕作。于是，秦沿着渭水向东先后在雍（今陕西省凤翔县东南）、泾阳（泾水之北，今陕西省泾阳县附近）和栎阳（今陕西省高陵）建立了国都，并于公元前359年开始变法。

公元前350年，秦又将国都迁至紧滨渭水的咸阳。这时，楚、魏、宋、鲁、齐四国则处于鸿沟与泗水两大水系之间。鸿沟水系以鸿沟为骨干的水上交通网，不仅连接了黄河与淮水的航运，而且使济、濮、涣、颍、汝、睢、丹、泗诸水通航无阻。尤其，睢阳、陶丘和彭城三座商业城市，在泗水与支流菏水、丹水之间形成了三足鼎立之势，联系着函谷关以东当时的大半个中国，形成了商业兴盛的经济网。然而，远在关中地区的秦国，既不在这个水上交通发达的道路上，又不在这个经济网之内。为此，秦国极力向东侵略，目的就是要占据鸿沟与泗水的水上道路及经济网。

公元前325年，秦国开始强大，不断向东进攻。关东魏、赵、韩、燕、中山五国，为了抗拒强秦东进，以"合纵"形式组成了军事联盟。公元前323年，秦国派张仪和齐、楚使臣在泗水西岸的啮桑（在今江苏省沛县西南）相会，目的是拉拢齐、楚两国，以便进攻魏国。这是张仪的"连横"之策。秦在西方，六国皆在其东方。六国中任何一国与秦的结合都是东西的结合，东西为横，故称"连横"；六国共相结合是南北的结合，南北为纵，故称"合纵"。

为扭转关东各国形成不利于秦国东进的合纵形势，秦国于公元前322年派张仪到魏国，劝魏王背弃合纵之约，西亲秦国，并对魏加强军事威胁。同时，大破韩国军队。魏国迫于压力，背弃纵约，与秦连横。魏、韩两国转而屈从于秦，形成了秦、魏、韩三国连横。秦为了孤立齐国，又派张仪至楚，劝说楚怀王如能

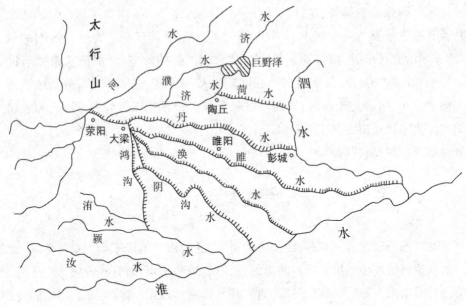

鸿沟与泗水交通示意图

"闭关而绝齐",秦愿归还楚商于(在今河南淅川西南)之地方六百里。怀王信以为真,就与齐国断交,与秦国和解,并派人至秦接收商于之地。可是,张仪说当初许下的只是"广袤六里"。自知上当的楚怀王两次发兵攻秦,均被秦打败。此后,秦又采取"远交近攻"的策略,一面设法拉拢东方的齐国,一面大破韩、魏联军。从此,关东各国合纵形式被彻底破坏。

公元前286年,宋国被齐国联合魏、楚两国所灭。前256年,楚国灭亡鲁国。泗水流域均被魏、楚、齐三国占据。前246年,秦王嬴政即位。前225年,秦派王贲攻打魏国。魏人坚守大梁。秦国军队引黄河水灌城,三月后大梁城坏,魏王出降,魏国遂亡。公元前224年,秦将王翦以六十万大军伐楚。第二年,楚国灭亡。公元前221年,秦兵攻破齐国,俘齐王建,齐灭亡。至此,泗水流域纳入了秦国的版图。

参考文献:

[1]西汉·司马迁《史记》,上海:上海古籍出版社,1986年

[2]北魏·郦道元《水经注》,成都:巴蜀书社,1985年

[3]钱穆《先秦诸子系年·战国时宋都彭城考》,北京:商务印书馆,2001年

第五章　秦朝利用泗水加强对东方统治

一、泗水流域设置郡县

公元前278年到前221年,秦王嬴政沿渭水向东进入黄河,依次灭掉了韩、魏、楚、燕、赵、齐六国,建立了以咸阳为首都的幅员辽阔的国家,并自称"始皇帝"。为确立中央集权制度,秦始皇采纳廷尉李斯"废除分封,推行郡县"的建议。郡是中央政府直接管辖下的地方最高一级的行政建制,完全听命于中央和皇帝,郡以下设县、乡、亭、里等各级行政。在全国设置的四十八郡中,其中薛、砀、泗水、东海四郡全部或部分县、乡均分布于泗水流域。

在泗水上游设置薛郡。泗水自鲁县卞乡(在今山东省泗水县东)向西南,沿岸的鲁县(今山东省曲阜)为薛郡治所。泗水自鲁县向南,两岸分布着瑕丘(今山东省兖州)、平阳(在今山东省邹县南)、亢父(在今山东省济宁南)、滕县(在今山东省滕州西)、胡陵(在今江苏省沛县北)和薛县(在今山东省滕州南)。

泗水在任城乡(在今山东省济宁东南)南、方与县(在今山东省鱼台县北)东与菏水相会。

在菏水、丹水和睢水沿岸设置砀郡。菏水自定陶(春秋战国时期称陶丘)向东,南岸有昌邑(在今山东省金乡县西北)、东缗(在今山东省金乡县东北);北岸有爰戚县(在今山东省嘉祥县西南)。鸿沟自大梁(战国时期的魏国都城)分水:一水为丹水,向东,南岸有蒙县(在今河南省商丘东北)、虞县(在今河南省虞城北)、下邑(在今安徽省砀山县东);北岸有外黄县(在今河南省民权县西北)、菑县(在今河南省民权县东)、单父县(在今山东省单县)和萧县(在今安徽省萧县城北)。一水为睢水,自陈留县(在今河南省开封市东南)向东南,南岸有雍丘(今河南省杞县)、襄邑(在今河南省睢县)、栗邑(今河南省夏邑县)、芒县(在今安徽省砀山县南);北岸的睢阳(在今河南省商丘)是砀郡治所在地。

睢水自睢阳继续东南,经过北岸的砀县(在今河南省夏邑县东)进入泗水郡境内。睢水自北岸泗水郡治所在地相县(在今安徽省萧县西)继续东南,北岸有竹邑县(在今安徽省宿州市北),再向东,南岸有取虑县(在今江苏省睢宁县西南)。睢水向东于下相县(在今江苏省宿迁市西)与泗水相会。

　　丹水自砀郡单父县东流进入泗水郡境内,经萧县至彭城县(今江苏省徐州市区)与泗水相会。

　　泗水郡境内的彭城县坐落于丹、泗交汇处。彭城县以上泗水,东岸有戚县(今山东省微山县夏镇北有戚城)和傅阳县(在今山东省枣庄市峄城区南),西岸有沛县(在今江苏省沛县城东)和留县(在今江苏省沛县东南)。隶属沛县的泗水亭与留县隔泗水相望。彭城县以下泗水,由泗水郡向东南经东海郡下邳县(在今江苏省睢宁县古邳),又至泗水郡下相县与睢水相会。

　　下邳县是沂水与泗水相会的地方。沂水自东北向西南斜贯东海郡,东岸郯县(在今山东省郯城县)是东海郡治所在地,西岸的兰陵(在今山东省苍山县西南)和襄贲县(在今山东省苍山县南)还可以通过武原水作为运道入泗水或沂水。

　　秦皇朝在泗水流域的郡、县,行政中心均设置在能够通航的河流两岸,目的是通过便利的水上道路,加强中央与地方的联系,以利于中央集权的实施。

泗水流域郡县示意图

80

二、敖仓与泗水漕运

秦始皇剪灭韩、魏、楚、燕、赵、齐六国,向东开拓疆域,是通过黄河在中原向东、东南和东北辐射。因为,黄河可以直通韩、赵、燕之地,在荥阳以下分出济水和鸿沟,分别通向齐、魏、楚等地,并通过丹、泗抵达江、淮地区。

辽阔的中原,水道纵横,以条达辐辏(车辐凑集于毂上)著称于天下,又有大梁、睢阳、彭城和陶丘四座商业都会,形成了中原地区四通八达的经济中心。然而,空前强大的秦皇朝却没有在这里建都,而是把秦孝公以来的国都咸阳正式作为全国的首都,并且以此为政治中心来统治天下。

秦始皇把首都放在咸阳,主要基于军事与自然等地理因素考虑。

当时,虽然韩、魏、赵、燕、楚、齐六国已经灭亡,但不少贵族和官僚的反秦意识并没有泯灭,随时待机而起。再者,以头曼单于为代表的匈奴贵族统治者,乘赵、燕北边的防御力量虚弱,占据了自阴山至今内蒙古河套南鄂尔多斯一带的大片区域,并继续南下侵扰,严重地威胁着秦皇朝的北部疆域。而当时兼并六国的战争刚刚结束,对匈奴发动大规模战争的条件还不具备,在军事部署上,秦先是采取积极的防御策略,五六年之后开始发动大规模的反击战。

咸阳地处关中平原,南滨渭水,北据高原,四塞险要,其东边的函谷关(在今河南省灵宝县北),可以阻挡由东而来的武力进攻。由于咸阳处于进可攻、退可守的地理优势,所以最适于作为对付匈奴侵略的指挥中心。虽然关中平原物产富庶,被称为"膏腴之地,天府者也"(《史记·刘敬列传》)。然而,咸阳则处于泾、渭二水的下游,毕竟平原面积狭小,粮食产量有限。

战国末年(前246),秦国在关中开凿一条长三百余里的郑国渠,从中山西瓠口引泾水东注于洛水(渭水以北支流),可以灌溉盐碱地四万余顷(今280万亩),解决了尚未统一天下的秦国的粮食不足问题。

咸阳成为全国的首都之后,城市南临渭水,自雍门东达泾、渭两水汇合处,殿屋、阁道、天桥以及楼阁相连,将城市规模扩大到渭水南岸,兴建先祖陵庙、章台和上林苑。秦皇朝为了实都和防边采取集聚人口的政策,除秦国本身人口外,还大举迁徙天下豪富十二万户于咸阳。

粮食短缺无法满足国都咸阳和供给西北边地戍卒的需要。如果将巴、蜀的粮食运至关中,那么翻越横亘于巴、蜀和关中之间的秦岭、巴山,可谓蜀道之难,难于上青天,可谓转运粮秣何等艰难。仅从泗水流域看,其地东滨海,西临黄河,南到淮水,北界济水和泰沂山脉。这里河湖相连,利于发展灌溉,是比较富庶的农业区。以泗水为干流的菏、丹、睢等水系,与济水、鸿沟和黄河、渭水相连,东西相望,连成一线,为漕运提供了极为便利的条件。

六国的覆灭,使山东(当时崤山以东称山东)的水运通过鸿沟与黄河、渭水畅通无阻。从山东运到咸阳的粮食,分别来自济水、泗水、鸿沟等流域,通过济水、菏水、泗水、丹水、睢水水运汇集到黄河分流的鸿沟处敖(古地名,在今河南省荥阳附近),秦朝便在这里建立了一座规模宏大的粮仓,亦称敖仓。

为何在鸿沟处的敖建立粮仓呢?

如果济水、菏水、泗水、丹水、睢水以及鸿沟水系,合起来的运输能力大于黄河;那么,运至黄河的粮食,就必须在敖仓储存,以待中转。如果上述的这几条运道合起来的运输能力小于黄河,或者与黄河相同;那么,由这几条运道运至黄河的粮食,就用不着在敖仓储存。或者因为,这几条运道的漕运船只不适应行于黄河之中,而必须在黄河中改换船只。因此,将敖仓建在黄河分流鸿沟的地方,正是改换船只中转粮食的适宜之处。

秦朝每年从东方各地转输大量的粮食,被人们称道"河渭漕挽天下",即指东方的粮食由济、菏、泗、丹、睢以及鸿沟水系,通过黄河和渭水,转运到关中咸阳。

三、秦始皇东巡彭城

秦始皇建立了空前强大的皇朝后,曾先后五次大规模巡行各地。巡行的地区主要集中在东方。因为,虽然秦统一了韩、魏、楚、燕、赵、齐六国,但是其贵族地主与秦统治集团之间的冲突并没有结束,有不少贵族和官僚深藏着强烈的反秦意识,随时待机而起。韩国大贵族官僚出身的张良,祖父和父亲做过五代韩王的丞相。秦灭韩,张良变卖全部家产寻求刺客,以刺杀秦始皇为韩国报仇。特别是燕、齐、楚旧地,远距离于首都咸阳,反抗的力量也比较大。据《战国策·齐策六》记载,魏、赵、韩被灭亡后,"三晋大夫,皆不使秦,而在阿(今山东省东阿西南)、鄄(今山东省鄄城东北)之间者百数"。由此可见,秦始皇的巡行,不是简单的游观,而是要炫耀威德、慑服六国的反秦势力。因此,无论从政治上,还是军事上,秦始皇都有一再东巡这些地区的必要。

始皇二十八年(前219),秦始皇把视线投向齐、楚故地,带着侯、相、卿、大夫等文武大臣,浩浩荡荡地开始了第二次巡行。

当时，秦朝以首都咸阳为中心向全国辐射的驰道已经建成。其中，东方驰道，由咸阳沿着渭水南岸，出函谷关，经今河南省洛阳，至濮阳分两路：一路东南至定陶，再到彭城。一路东北经今山东省聊城，至临淄又分两路：一由东北经今山东省黄县、福山县，至成山角；一由东南至琅琊（在今山东省诸城县东南）。

秦始皇本次东巡是从咸阳出发，沿驰道至定陶，由菏水东行经泗水，然后沿泗水支流漷水，至峄山（在今山东省邹县南）。他登于峄山之上，命丞相李斯以大篆勒名山岭，名为昼门。秦始皇登过泰山（在今山东省中部，主峰玉皇顶在泰安市北）之后，又沿着渤海向东，行于驰道，过黄县（在今山东省黄县东南）、腄县（即今山东省福山县），登成山（在今山东省荣成东北）、之罘山（在今山东省福山县东北海中的芝罘半岛），然后南至琅琊山（在今山东省胶南县），停留三个月，修建琅琊台，遣徐市（方士，琅琊人）与童男女数千人入海求仙。秦始皇求仙未得，返回时经过故楚之地彭城。

秦灭楚后，楚地一直潜藏着很大的反秦势力，"楚虽三户，亡秦必楚"反映了当时楚地的反秦情绪，即使楚国剩下三户人家，灭亡秦国的也一定是楚国人。据《史记·高祖本纪》记载，秦始皇经常说东南有象征天子的云气。因此，镇服楚地，是秦始皇此次出巡的重要目的之一。

秦始皇在彭城，使千人入泗水打捞象征天子权力的周鼎。据《左传·宣公三年》记载，公元前606年，楚王率军征伐陆浑之戎，陈兵示威于洛邑（东周都城）郊外，周定王被迫派王孙满举行慰劳欢迎之礼。当时，楚王就曾过问"鼎之大小轻重焉"，暴露了当时楚国对周鼎觊觎的野心。《史记》说秦始皇"斋戒祷祠，欲出周鼎泗水，使千人没水求之……"然而，没有得到。

秦始皇的另一个举动，就是镇压对秦皇朝政权构成威胁的"天子气"。当时，在今江苏省丰县境内城东三十华里处有三座山丘，即华山在前，岚山在后，驼山在岚山的东北，合称华山三峰。于是，秦始皇使人凿岚、驼二山，以断龙脉；在今江苏省丰县东华山北挖秦沟，以泄王气；又"在彭城泗水夹岸，积石一里，高五丈，谓之秦梁"（武同举《淮系年表》）。

《史记》说秦始皇从琅琊返回"过彭城……乃西南渡淮水，之衡山、南郡"。当时，琅琊至彭城是没有驰道的，秦始皇不可能再沿着驰道自琅琊经临淄、聊城返至濮阳，然后绕道向东南经定陶到彭城。沂水从琅琊郡南流至东海郡入泗水，这段流程可以通航。秦始皇完全有可能沿着沂水自琅琊郡向南至东海郡下邳进入泗水，然后溯泗水而上至彭城。

秦始皇自彭城向西南渡过淮水，前往衡山、南郡。从彭城向西南过淮水没有驰道,如果走水路必由丹水经鸿沟入淮,而丹水与泗水恰好又在彭城相会,这在当时是最为便利的水上交通大道。

参考文献:

[1]《战国策》,北京:中华书局,2019 年

[2]西汉·司马迁《史记》,上海:上海古籍出版社,1986 年

[3]北魏·郦道元《水经注》,成都:巴蜀书社,1985 年

[4]谭其骧《中国历史地图集》,北京:中国地图出版社,1982 年

第六章　利用泗水纷争天下

一、张良隐匿下邳

"子房未虎啸,破产不为家。沧海得壮士,椎秦博浪沙。报韩虽不成,天地皆振动。潜匿游下邳,岂曰非志勇……"这是唐代李白经过下邳圯桥时写下的一首怀古诗。诗中子房即指张良,是辅佐刘邦打天下的重要谋臣。张良的祖父和父亲曾相继为韩国宰相。秦灭韩时,张良家里有奴仆三百人,弟死不用厚礼埋葬,变卖家产寻求刺客谋杀秦始皇,以为韩国报仇。张良曾经在淮阳(今河南省淮阳县)学习礼法,并在东方拜访仓海君,后来找到一位大力士,以一百二十斤重的铁锤,待机刺杀秦始皇。

公元前 218 年,秦始皇利用仲春阳和方起之时,再次东巡。当其车驾出函谷关,行至博浪沙(在今河南省中牟县北、原阳县东南)时,突然遭到张良及其刺客的狙击。然而,铁锤没有击中秦始皇,却误中副车。秦始皇大怒,在全国缉拿刺客。张良被迫改名换姓,逃到下邳隐藏起来。

张良刺杀秦始皇前不可能没有一个周密的计划。他首要考虑的就是刺杀成功与否的退路问题。下邳位于故魏、楚之地以东,故齐国之地以南,处于泗水和沂水交汇处,南有睢水,东南与淮水相会,沿泗水与彭城东西相望。魏、楚、齐三地为秦所灭,故反秦情绪高涨。张良选择在下邳暂且栖身,是最为明智的选择。

博浪沙地处鸿沟附近的圃田泽(在今河南省中牟县西),下邳紧濒泗水。从博浪沙沿鸿沟、丹水和泗水,乘舟一直向东,可以直抵下邳。其间,舟行故魏、楚、齐之地,沿途蒙泽(今山东省曹县东南)、空桐泽(在今河南省虞城县境内)与丹水相通。张良乘一叶扁舟,行于河湖兼葭之中,很容易躲避抓捕。

张良隐匿下邳后,在小沂水上的圯桥遇黄石公。沂水于下邳北西流,分为二水:一水于城北流向西南注入泗水;一水经城东,弯曲于城南注入泗水谓之小沂水。二水分流,形成了下邳城四面环水的堪舆格局。

后来,张良在黄石公送给他的《太公兵法》启迪下,成为辅佐刘邦争得天下的汉初三杰之一。

二、反秦战争

秦朝末年,陈胜发动的农民起义形成了燎原大火,多地郡县杀死长吏纷纷响应陈胜。

秦二世元年(前209)七月,出生于沛丰邑(今江苏省丰县)中阳里农民家庭、曾做过泗水亭长的刘邦,带着自己反秦举事的起义队伍,在沛城外将起草于帛书上的反秦檄文,用箭镞射至城上。沛城父老积极响应,并率领子弟攻打县府,共杀县令,打开城门,迎立刘邦为沛公。刘邦在萧何、曹参、樊哙等人的辅助下,聚集沛县子弟扩大起义队伍,从沛县沿泗水北上,攻克泗水沿岸的胡陵(在今江苏省沛县北)、方与(在今山东省金乡)两城后,退守丰邑。

陈胜起义的消息传到吴中地区,震撼着会稽郡(今江苏省苏州市)。流亡在吴的战国末年楚国贵族之后、下相(在今江苏省宿迁西南)人项梁与其兄之子项羽,在会稽斩杀郡守,击杀其门下近百人,又夺取郡府。接着,项梁向往日相交的豪吏表明要起义成就大业。于是,发动并派人率领吴中地区军队,取郡内属县,得精兵八千余人,自立为会稽郡守,项羽为裨将,又选任吴中豪杰为校尉、侯、司马,随即攻城略地,平定了吴中各县。

秦二世二年(前208),秦泗水郡监察官平率军包围丰邑,刘邦率众出城交战,打败秦军,命同乡雍齿守卫丰邑,自己率军攻打薛地。泗水郡守壮战败逃戚县(在今山东省滕州南)后被刘邦左司马曹无伤获诛杀。当刘邦回师泗水西岸的亢父(在今山东省济宁市南),行至方与(在今山东省鱼台县北)时,陈胜命将领周市北略魏地。然而,周市竟至丰、沛一带扩展自己的实力范围,借口历史上魏一度东迁于丰,并派人对雍齿说:"丰,故梁(魏)徙也。"以策动雍齿背叛刘邦,归附于魏。雍齿本来就不愿追随刘邦,经周市威逼利诱,便公开反过来为魏守丰。刘邦又率兵回师丰邑,猛攻背叛起义军的雍齿,没有取胜,只得暂时退守沛城。

这时,陈胜的部将广陵(今江苏省扬州市)人召平奉命攻打广陵。召平在进击过程中,传闻陈胜已经败走,秦将章邯即将率军追击。此时,召平乃渡过长江,假借陈胜王令,拜项梁为张楚政权的上柱国,并命其引兵向西攻秦。项梁受命后,率领江东精兵八千人渡江而西,至东阳(在今江苏省盱眙东南),会合了故东阳令史陈婴起义军两万人,渡过淮水,又会聚英布和蒲将军的部队。

项梁率起义大军沿泗水北上,军屯下邳(今江苏省睢宁古邳)时已拥有重兵七万余人。陈胜的部将秦嘉擅自立故楚贵族出身的景驹为楚王,独占彭城以东,企图阻挡项梁、项羽起义军沿泗水北上。项梁、项羽率领起义军攻打秦嘉,进击至胡陵(在今江苏省沛县北)。秦嘉、景驹战败而死,残部归降于项梁。项梁收降秦嘉余部后与项羽率领数万大军进驻薛城(在今山东省滕州南)。

为了抵御秦军进犯泗水沿岸的留城(在今江苏省沛县南)和沛县,刘邦与东阳宁君率领的陈胜起义军余部,沿丹水向西主动迎战,先战萧(在今安徽省萧县西北)西,不利;再战砀(在今安徽省砀山南),激战三日,夺回砀城;然后攻克下邑(在今安徽省砀山)。这时,刘邦的部众已发展至万人左右,再度还击丰邑而未攻下。在项梁的支持下,刘邦自薛城率领扩充后的军队,第三次还击丰邑。占据丰邑的雍齿被刘邦打败而逃命。

项梁得知陈胜牺牲的消息后,为稳定军心,增强起义军凝聚力,在薛城召集诸位别将共谋反秦大略。刘邦专从沛城赶来参加会议。根据范增建议,扶立楚怀王的孙子熊心,仍称为楚怀王;又以陈婴为上柱国,封五县为食邑,与怀王共居盱台(在今江苏省盱眙东北)。项梁自号武信君,掌握军政大权,成为各路起义军的实际首领。

秦二世二年七月,项梁、刘邦冒着大雨引兵攻打亢父。接着,项梁引兵急速沿济水北上东阿(在今山东省东阿西南),大败秦将章邯,以解救齐田荣被围。刘邦、项羽攻克济水以西城阳(在今山东省鄄城东南),向西至黄河东岸,在濮阳(在今河南省濮阳南)东打败秦军。八月,刘邦、项羽攻打濒临睢水雍丘(在今河南杞县),大破秦军,并斩杀秦丞相李斯之子三川守李由。此时,项梁从东阿沿济水挥戈南下,在定陶(今山东省定陶)大破秦军。

就在刘邦、项羽联合进攻紧濒汴水的陈留(在今河南开封东南)时,秦将章邯以优势兵力对定陶项梁兵营设下埋伏,趁雨夜突然袭击。项梁来不及组织反攻,在混战中被杀身亡。为应对突如其来的变化,刘邦、项羽与将军吕臣主动避开秦军主力,率军沿丹水东至彭城。吕臣军驻彭城东,项羽军守彭城西,刘邦军屯彭城外围,即地处丹、睢两水之间的军事要地砀县城(在今河南省夏邑县东)。三军凭借丹、泗、睢水道设防,构成犄角,互相策应。楚怀王又从盱台自淮入泗徙都彭城。并以吕臣为司徒,以其父吕青为令尹;封项羽为长安侯,号为鲁公;

以刘邦为砀郡长,封为武安侯。

农民起义军确定了入定关中的战略以后,楚怀王以宋义为上将军,项羽为次将,范增为末将,由宋义统领诸别将,负责指挥北上救赵的军事行动;同时,派遣刘邦率军西征,并与各路将领约定:"先入定关中者王之。"

宋义率军北上,行至安阳(在今山东曹县东北),下令全军停止前进,并在此地停留四十六日。项羽提出:"吾闻秦军围赵王巨鹿,疾引兵渡河,楚击其外,赵应其内,破秦军必矣。"宋义拒不接受项羽这一建议,不愿疾引兵攻秦,主张坐视秦、赵先斗,而趁秦军疲惫击之。时值天寒大雨,士卒忍饥受冻。对于宋义贻误战机、毫不怜恤士卒的行为,项羽利用晨朝上将军时机,在其军帐中斩下宋义首级。军中将士一致推举项羽为代理上将军。楚怀王因其已成事实授命项羽为上将军,统领大军救赵。

项羽令当阳君英布和蒲将军率士卒两万人抢渡漳河,直击巨鹿城(在今河北省平乡县西南)。接着,项羽亲率楚军渡过漳河后,以破釜沉舟坚定全军将士拼死奋战的决心,包围了秦将王离的军队,断绝了章邯向王离运送军粮的通道。楚军与秦军遭遇,数次激战,无不以一当十,大破秦军,杀秦将苏角,俘获王离。秦将涉间拒不投降,自焚而死。项羽全歼王离军,又急攻章邯,令蒲将军攻打章邯军于漳河之南,自己又引兵再击章邯军于汙水(漳河支流)之上,大破秦军。章邯深感山穷水尽、进退维谷,被迫向农民起义军投降。

巨鹿之战是秦末农民起义战争中规模最大的战役,全歼王离率领的秦军,迫降章邯,一举消灭秦皇朝镇压农民起义的主力部队,取得了反秦斗争的决定性胜利,为刘邦西入关中,推翻秦皇朝的统治创造了有利条件。

农民起义军北上进击秦军的同时,刘邦收编了陈胜、项梁被秦军打散的士卒,取道砀郡至城阳(在今山东省鄄城东南)以西杠里击败秦军,向东南攻破秦东郡尉于成武(今山东省成武)后,刘邦与彭越领导的农民起义军会合,攻打昌邑(在今山东省金乡西),又向南回军至栗(在今江苏省沛县城西南),遇到刚武侯的军队,夺其士卒四千余人,收编魏将皇欣、魏国申徒武蒲的部队,共同攻打昌邑。接着,刘邦西过高阳(在今河南省杞县西),袭击陈留(今河南省开封东南),与秦将杨熊军首战白马(在今河南省滑县东),又战于曲遇(在今河南省中牟县东),大破秦军。

此时,刘邦开始把战场引向西南的颍川、南阳一带。因为,这一地区物产丰富,兵员充足,既是秦统治中心在东面的屏障,又是进入关中的通道;所以,他南攻颍阳(在今河南省许昌市西南),消灭了守城秦军,又会合张良、韩王成的兵力,下韩故地辕辕(在今河南省登封西)。这里山路盘旋,形势险峻,是有名的要隘。刘邦夺取辕辕后,又北攻平阴(在今河南省孟津县东北),切断黄河渡口;然后,向南战于洛阳(在今河南省洛阳市东北)东,又经阳城(在今河南省登封东南)向南阳挺进。

刘邦率军攻打南阳郡的犨县(今河南省叶县),与秦南阳郡守齮战于城郭东,打败秦军后,包围了南阳郡治所宛县城(在今河南省南阳市),接受南阳郡守齮的投降后,西进丹水(即今丹江,发源于今陕西商县西北,向东南流经河南省,至湖北省均县入汉江)。刘邦兵至濒于丹水北岸的丹水县(今河南省浙川西)时,秦高武侯鳃、襄侯王陵皆率部归附。刘邦又率军沿丹水南行,还攻胡阳(在今河南省唐河西南),会合番君军别将梅铜部队攻打析(今河南省西峡)、郦(在今河南省南召南),迫使秦军投降。

刘邦率领起义军将南阳郡、县占领后,乘胜前进,攻克了秦关中南大门的最后一道防线武关,开始向关中进击。公元前 207 年(秦二世三年)9 月,刘邦率领的十万起义大军攻取了距咸阳不远的峣关(在今陕西省蓝田东南),大破秦军于蓝田(在今陕西省蓝田西南)南,又北至蓝田消灭了秦的最后一支武装力量。至此,秦皇朝只剩下一座摇摇欲坠的咸阳孤城。

公元前 206 年 10 月,刘邦率领起义大军进驻霸上(在今陕西省西安市东南),向秦王子婴发出"约降"通牒。即位仅四十六天的子婴,素车白马,颈系丝带,至枳道亭(在今西安市境内)旁向刘邦投降。

三、项羽建都彭城

项羽在新丰鸿门(在今陕西省临潼县东)设宴招待刘邦后,进入咸阳,焚烧秦宫,斩杀秦降王子婴,收其货宝妇女,又还军戏水以西麾下。对如何分配胜利果实,项羽派人试探楚怀王的态度。楚怀王说:"如约"刘邦应为关中王。

项羽凭借强大的军事力量,背弃楚怀王与诸将谁先入函谷关就在其地封王的约定,改封刘邦为汉王,僻处于汉中郡(今陕西省南部和湖北省西北部)、巴郡(今四川省东北部)、蜀郡(今四川省中部)一隅,以南郑(今陕西省汉中市西南南郑县)为都城,统辖汉中、巴、蜀地区。为截断刘邦日后东进的道路,项羽又三分关中,封秦降将章邯为雍王,以废丘(在今陕西省兴平县东南)为都城,统辖咸阳以西地区;封长史欣为塞王,以栎阳(在今陕西省富平东南)为都城,统辖咸阳以东到黄河的地区;封董翳为翟王,以高奴(在今陕西省延安东北)为都城,统辖上郡(今陕西省北部和内蒙古部分地区)。项羽又把关东地区分封为十四个王国,把齐国划分为三,称三齐,即中为齐、东为胶东、西北为济北。

项羽以诸王盟主自居,建都彭城,统治九郡,相当于当时的梁、楚部分地区,约现在的河南省东部、山东省西南部和江苏和安徽的部分地区,并自立为西楚霸王。

所谓西楚,即原楚国有南楚、东楚和西楚之分,彭城地处西楚。当时有人曾劝导项羽,说关中地区有山河阻塞四方,土地富饶,可以在这里建立都城而称霸天下。项羽则认为,富贵不归故乡,如同穿着锦绣衣裳在夜间行走一样,有谁能知道我的荣华富贵呢。汉代司马迁认为,项羽是心里怀念故土而想归东,因此建都于彭城。

彭城原为秦统治时期泗水郡境内的彭城县,位于丹水与泗水交汇处的南岸。泗水北连丰水、菏水,而菏水又西连济水,而济水又与汶水相连。泗水东南与沂水、沭水、睢水相会,又注入淮水。邗沟处于淮水和江水之间,南北连接江淮。丹水和睢水是从鸿沟分流出来的。鸿沟使济、濮、涣、颍、汝、丹、睢、泗诸水

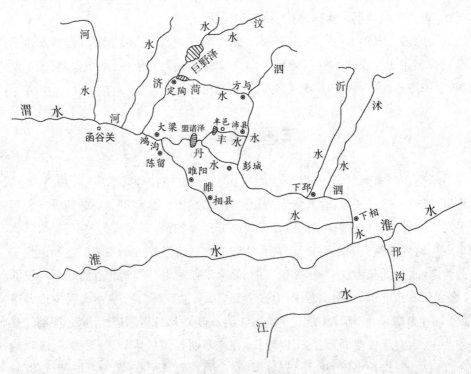

彭城地理位置示意图

90

通航无阻,而且又与黄河相通。溯黄河而西,过函谷关(在今河南省灵宝县东北,是河南通往关中地区的门户)进入渭水,便直抵关中。

彭城的地理位置,不仅处于几条交通水道的交汇处,而且是函谷关以东水上交通的枢纽。处于梁、宋、齐、鲁之地的彭城,河流纵横,湖泽相间,灌溉水源充足,沃野膏壤。农业的有利发展使这里成为富庶的产粮地区。战国时期,彭城凭借泗水同诸条水道相连就已经成为经济都会;并且,通过菏水和丹水与陶、大梁和睢阳等经济都会经贸往来,促进了彭城作为政治中心的繁荣。加之,楚地又是项羽的家乡。

可见,项羽放弃了在山河阻塞四方、土地富饶的关中建都,且不顾有人骂他"沐猴而冠"却在彭城建都,大概是从以泗水为中心而纵横东西南北的泗、菏、丰、丹、沂、沭、睢诸水,悟出彭城所处的地理位置以及在军事、经济和社会基础上的重要意义。

四、楚汉相争

项羽分封诸侯后,又以"古之帝者地方千里,必居上游"为由,将义帝楚怀王迁往长沙郴县(今湖南省郴县),并暗中令衡山王吴芮、临江王共敖杀之于江中。项羽又翻旧账,嫌已经受封的韩王成送张良于刘邦及无军功,将其带到彭城废为侯,继而杀之。

因项羽分封不公,田荣首先起兵,击败齐王田都,击杀胶东王田市和济北王田安,夺取三齐,自立为齐王,赐彭越将军印,令其在梁地反击项羽。为扩大对抗项羽势力,田荣又遣兵助陈馀打击张耳。

项羽的霸局被田荣和陈馀破坏,于是自彭城北上齐国与田荣、田横兄弟的叛楚军队作战。公元前205年,刘邦自临晋(今陕西省大荔县东)渡黄河,经洛阳向东进军,趁彭城空虚之机,率诸侯军队五十六万人大举伐楚。项羽闻讯后命令诸将继续攻打齐国,自己亲率三万精兵,沿泗水从鲁县(今山东省曲阜)经胡陵(在今江苏省沛县北)南下。四月,彭城陷入刘邦率领的汉军之手。项羽军向西,早晨从萧县(在今安徽省萧县城北)沿丹水向东进攻,中午大破汉军于彭城。汉军败退,前后相随入丹水和泗水,被楚军杀死士卒十余万人,全军被迫向南山地退却。楚军乘胜追击汉军至睢水上,十余万士卒坠入睢水,致使睢水不流。

当楚军把汉军层层包围时,大风从西北方而起,折树掀屋,扬沙石,天昏地

91

暗。楚军被大风迎面袭击。刘邦趁楚军大乱率数十骑逃离包围,经下邑(在今安徽省砀山县东),沿途收集逃散士卒,退至荥阳。各路败军汇集于荥阳,萧何又将关中符合服役年龄的庶民作为补充兵员送至荥阳。汉军得以重整旗鼓,并在荥阳之南的京邑、索邑间,打败了从彭城一路追击的楚军。

刘邦和项羽在荥阳、成皋(邑名,又名虎牢,在今河南省荥阳汜水镇)一带相持,展开激烈的争夺战。项羽军队多次把刘邦包围在荥阳、成皋。公元前204年,项羽率军攻下荥阳。刘邦计划放弃成皋以东地区,屯兵驻守巩县(秦置县,故城在今河南省巩县西南三十里)、洛阳(秦置县,县治在今河南省洛阳市东北)以抵抗项羽军队。此时,陈留县高阳乡(在今河南省杞县西南)人郦食其为刘邦献策。他说,统治天下的国君把民众看作天,而民众把粮食看作天,敖仓是全国储运粮食的地方,储藏了很多的粮食,楚军攻占了荥阳,不固守敖仓,却引兵东进,这是天助汉军啊!他建议刘邦再急速反攻,收复荥阳,占据敖仓的粮食。

敖仓作为储藏和转运粮食的地方,其重要性是以鸿沟为前提的。战国时期,魏国以荥阳以下的黄河故道为基础向东实施鸿沟工程,形成了鸿沟水系,不仅连接了中原黄河与淮水的航运,而且使济、濮、涣、颍、汝、睢、泗诸水通航无阻。这对当时魏国政治、军事、经济的发展起了极为重要的作用。秦统一六国后,秦朝在黄河分流鸿沟的敖(古地名,在今河南省荥阳附近)建立了一座规模宏大的粮仓(敖仓),目的是将来自济水、泗水、鸿沟等流域的大批粮食,通过济水、菏水、丹水、睢水、泗水等水道经鸿沟运抵敖仓储运,其重要性远远超过敖仓本身。

刘邦和项羽在荥阳、成皋之间,两军对垒鏖战长达三年,项羽从未发生粮饷恐慌,是因为有鸿沟总绾着济水、丹水、睢水、沙水、涡水等水道,而诸水流域是比较富庶的农业区,战时粮饷可自楚地由泗水经菏、丹和睢水进入鸿沟,以供给楚军争战之需。虽然彭越(曾被刘邦立为梁王)在项羽后方断其粮道,又在下邳(在今江苏省睢宁县古邳)大破楚军,但是项羽凭借泗、丹水和鸿沟水运,回师打败彭越后,又急速回兵攻拔荥阳,再夺成皋。项羽东西往返运兵如此神速,完全得益于鸿沟与丹、泗水运道的畅通无阻。若单运粮食,那就更容易了。然而,刘邦所需的军粮,除了依赖敖仓储藏的粮食外,还要取之于关中,而且更要取之于巴蜀。秦岭的蜀道之难,函谷关的险要,战时粮食运至荥阳、成皋何等困难。因此,刘邦两次与项羽讲和,双方约定以鸿沟为界,"以西为汉,以东为楚"(《汉书·高帝纪》)。

项羽依照楚、汉双方的约定东回楚地。刘邦却采纳张良和陈平之谏,越过鸿沟,追项羽于阳夏(县名,治所在今河南省太康县),并邀韩信、彭越共击项羽。由于韩信、彭越不到,刘邦在固陵(村落)被项羽打败。此后,刘邦以大片封地换得韩信、彭越的支持,联合包围项羽于垓下(在今安徽省灵璧县东南)。项羽不堪重围,兵败逃至乌江(在今安徽省和县境内),深感无颜见江东父老,遂自刎而死。

参考文献:

[1]西汉·司马迁《史记》,上海:上海古籍出版社,1986年

[2]北魏·郦道元《水经注》,成都:巴蜀书社,1985年

[3]谭其骧《中国历史地图集》,北京:中国地图出版社,1982年

第七章 泗水与西汉帝国

一、刘邦称帝建都路线图

刘邦在垓下打败楚军,追杀项羽于乌江,占领并平定了楚地,便率领诸侯军队带着项羽首级,北上占领鲁地,以鲁公名号将项羽葬于谷城(邑名,在今山东省平阴县西南东阿镇,有说在曲阜西北的小谷城)。公元前 202 年,刘邦在定陶称帝,建立了西汉王朝,便把国都建在洛阳,又迁至长安。

定陶,早在春秋时期就已经成为天下的经济中心,为什么刘邦称帝后没有在此建都,却建都洛阳,最终又将国都迁到长安?这位开国帝王的思想路线,大致可以从崤山东西的水上道路找到答案。

公元前 202 年正月,楚王韩信、韩王信、淮南王英布、梁王彭越、衡山王吴芮、赵王张敖、燕王臧荼联合上书,劝刘邦称帝。二月甲午日,刘邦在定陶氾水北岸称帝,建立了西汉王朝。

氾水由济水分出,在今山东省曹县北,流经定陶北注入菏水。《水经·济水注》说:"菏水东北出于定陶县,北屈,左合氾水。氾水西分济渎,……氾水又东,合于菏渎。"氾水流入菏水,菏水注入泗水。氾水居上游,泗水在下游,两岸皆为楚国故地,甾获谷(原称丹水)、泗相会之处的彭城,是经济的中心、项羽的国都,而今成为汉朝的天下。在泗水侧畔有他起事的沛城,丰邑是他的家乡,丰西泽是他拔剑斩蛇的地方。二月甲午日,按天象推算,适逢长生与帝旺之日。泗上往事,历历在目,情牵梦绕。刘邦何尝不想选择这一吉祥的日子,在天地之间率土八方而称帝呢!

刘邦在氾水之阳(阳,为河之北),坐北向南称帝,正是居高临下,南面泗水。东汉末年人张晏说:"氾水在济阴(济水南)界,取其泛爱弘大而润下也。"(《水经·济水注》)其意:泛爱博大能够滋润大地。

刘邦即位后,没有在经济中心的定陶建立都城,而是沿着菏、济,西经鸿沟,再由黄河进入洛水,便以洛水北岸的洛阳作为国都的所在地。

　　刘邦之所以在洛阳建立都城,是因为这里曾经为周王室的都城,成周于中土(中原地区),南临洛水,北接郏山,为天下中枢。洛阳居于济水、泗水、鸿沟等流域和关中之间,刘邦将洛阳作为政治中心,通过洛水、黄河,西入渭水,控制关中地区;由洛水、黄河东入鸿沟,控制济、泗和鸿沟等流经的地区;又有大梁、睢阳、彭城、定陶等经济中心分布于济、菏、菑获谷、泗的运道之间。

　　这时,从齐到陇西(在今甘肃省东部)驻防的挽车戍卒刘敬,途经洛阳,向刘邦进言:洛阳之地"有德则易以王,无德则易以亡!"为什么会易以亡,是因为这里没有险阻,形势弱,自守困难。至于德,刘敬针对刘邦建都洛阳是想要和周王室比强盛。刘敬向刘邦直言:"今陛下起丰沛,收卒三千人,以之径往而卷蜀、汉,定三秦(项羽分封诸侯,把关中地区分为三国),与项羽战荥阳,争成皋之口,大战七十,小战四十,使天下之民肝脑涂地(形容流血惨死),父子暴骨中野,不可胜数,哭泣之声未绝,伤痍者未起,而欲比强盛于成、康之时(周成王、康王时代),臣窃以为不侔(不相等)也。"刘敬又为刘邦进一步分析了关中的形势:秦地依靠华山,濒临黄河,又有四面天险做屏障,如有危急,可以动员百万之众东制诸侯,那里土地肥沃,自然条件优越,形势险固,物产丰富,所谓天府者也。

　　当刘邦问到群臣时,由于他们原籍在山东(崤山以东),希望都城临近家乡。

　　他们认为:秦都关中二世而亡,周都洛阳则延续了几百年。洛阳东西有成皋、崤山之险,南面洛河,北靠黄河,可以据险而守。

　　然而,张良却与刘敬的主张一致,他认为,洛阳虽然有这些险固,但它的中心地区狭小,方圆不过几百里,土地贫瘠,四面受敌,不是用武之地。关中左有崤山和函谷关,右有陇山和蜀地岷山,沃野千里,南有巴蜀的富饶资源,北有利于放牧的草原,可以依靠三面险阻固守。张良还向刘邦进一步分析了黄河与渭水在关中地区的战略地位:"诸侯安定,河渭漕挽天下,而给京师;诸侯有变,顺流而下,足以委输。"(《史记·留侯世家》)黄河自潼关(在今陕西省华阴)东至荥阳分流入鸿沟和济水。鸿沟和济水分别下接菏、菑获谷、睢、泗等水上运道,东到大海,南连江、淮。渭水是黄河最大的支流,自西向东横贯关中地区,流至潼关注入黄河。张良还以黄河、渭水概括了崤山和函谷关以东河流形势对关中地区的作用:"此所谓金城千里,天府之国也。"并肯定了刘敬的主张。

　　于是,刘邦当天起驾,向西定都于关中地区的长安。

95

二、泗水之滨汤沐邑

刘邦为巩固新建立的汉家皇权,开始逐一消灭拥有重兵、专治一方的异姓诸侯。

汉高祖十一年(前196),刘邦以谋反罪名诛杀功臣韩信和彭越,并将彭越的尸体剁成肉酱遍赐王侯。淮南王英(黥)布接到彭越尸体剁成的肉酱,预感杀身之祸即将临头。七月,英布起兵反汉,向东进击刘邦堂兄刘贾的封国荆。荆王刘贾败逃死于富陵(今已没入洪泽湖)。英布率军渡过淮水攻打刘邦弟刘交的封国楚。英布军与楚军在泗水以西、睢水以南的徐(在今江苏省泗洪县南)、僮(在今安徽省泗县东北)之间开战,打败楚军。楚王刘交由楚国彭城败走薛县(在今山东省滕州南)。

汉高祖十二年(前195),刘邦亲自率军会合悼惠王与曹参带领的车骑十二万人,在会甀邑(在今安徽省宿州西南,当时属蕲县)击败英布后,便命其他将领继续追击英布。自己则率军北渡睢水,还定竹邑(在今安徽省宿州北)、相(在今安徽省萧县西南)、萧(在今安徽省萧县西北)、留(在今江苏省沛县东南,与铜山接界,城今陷入微山湖),返回关中,路过沛县,在沛宫摆设酒宴,召来故人父老子弟尽情畅饮,酒酣歌舞,刘邦作歌诗:"大风起兮云飞扬,威加海内兮归故乡,安得猛士兮守四方!"并让环台儿童练习合唱,而他在儿童的唱和中起舞,泣数行下,慷慨伤怀:"吾虽都关中,万岁后,吾魂魄犹乐思沛。"

沛县在泗水之滨,秦时设县,取沛泽为名。刘邦虽生长于丰邑,而沛县是他以沛公身份诛除暴逆开始夺取天下的地方。爱恋之情使他将此地作为汤沐邑。丰邑比照沛县,世代免除百姓赋税徭役。为加强东南一带的统治,刘邦又封其兄刘仲次子刘濞为沛侯,即吴王,统领三郡五十二城。

三、泗水流域设置郡国

西汉皇朝建立后,为加强中央集权统治,刘邦在消灭异姓诸王的同时,对地方行政制度,不仅继承秦朝实行的郡县制度,而且认为秦始皇之所以"孤立之败",是因为不分封子弟作为藩辅。因此,西汉皇朝采用郡县和分封制度,在全国实行"郡国并行制"。其中,在泗水流域设置了十三个郡、国。

泗水源自泰山郡。公元前122年,济北王将其领地内的泰山一带献给汉武帝。武帝以其地置泰山郡,领奉高、盖、梁父、东平阳、蒙阴、宁阳等二十四县,郡治奉高,在今山东省泰安东北。泰山郡境内洙水为泗水支流,自盖县临乐山流经东平阳县(在今山东省新泰西北),于鲁国境内的卞县(在今山东省泗水县东)注入泗水。

泗水在鲁国境内自卞县向东流经鲁县(今山东省曲阜)。刘邦于汉高祖十三年(前194)曾访鲁,并以太牢(即牛、羊、猪三牲全备)祭祀孔子。汉高后元年(前187),吕后封张偃为鲁王,建立汉代诸侯政权,以原属楚国的秦代薛郡十一县设立,后来齐国城阳郡也代为鲁国统治。

泗水自鲁国东南流入山阳郡。其郡秦时属砀郡,楚汉之际属楚国,汉高祖五年属汉,景帝中元六年(前144)分梁国北部置山阳国,封梁王武之子刘定为山阳王,国都昌邑(在今山东省金乡县西北)。武帝建元五年(前136),刘定薨,山阳国除为山阳郡。山阳郡下辖昌邑、南平阳、橐(音 tuó,在今山东邹县西南)、湖陵、东缗、方与、巨野、郜成、单父、平乐、瑕丘等县。

泗水自山阳郡瑕丘(在今山东省济宁市兖州区)南流入东平国,国都无盐(在今山东省东平县东)。景帝中元六年(前144)故梁国地,武帝元鼎元年(前116)置大河郡,宣帝甘露二年(前52)改为东平国,辖无盐、任城、东平陆、富城、章、亢父、樊七县。

泗水自东平国,流经任城(今山东省济宁),又流入山阳郡境内,经橐县,又东南流至湖陵(在今山东省鱼台县东南),秦属薛郡,置湖陵邑。秦二世元年(前209),刘邦起兵攻打湖陵。西汉改属山阳郡,王莽改名湖陆县。漷水在此注入泗水。

漷水自东海郡合乡县西南流经鲁国蕃县(在今山东省滕州),又西南流经沛郡公丘县(在今山东省滕州西),至湖陵入泗水。

泗水在湖陵右有自济阴郡西来的菏水。

济阴郡,因在济水之南而得名济阴。汉高祖五年,刘邦封彭越于梁国,定都定陶。彭越被杀后封刘恢、吕产、刘太、刘揖、刘武为梁王。刘武时期梁国迁都睢阳,景帝中元六年(前144)从梁国分出定陶国,武帝建元三年(前138)改定陶国为济阴郡,宣帝甘露二年(前52)更名为定陶国,哀帝建平二年(前5)又改为济阴郡,治所定陶(在今山东省定陶北),辖定陶、冤句、吕都、葭密、成阳、郓城、句阳、乘氏等县。

菏水自济阴郡东流入山阳郡,东经昌邑县(在今山东省金乡县西北)。汉武帝天汉四年(前97)为昌邑国,封刘髆为昌邑王,其子刘贺为第二位昌邑王,元

97

康三年(前63)被废,昌邑国除,以为山阳郡。菏水又东经东缗(在今山东金乡县北)北、方与县(在今山东省鱼台县)北,又东南至湖陵南注入泗水。

泗水自山阳郡湖陵流入沛郡的沛县境内。汉初将泗水郡故地设楚国,景帝三年(前154)七国之乱后,由楚国南部析置沛郡,治所相县(在今安徽省淮北市西北),辖栗国、敬丘、芒县、相县、竹县、符离、萧县、丰县、沛县、广戚等县。泗水在沛县境内与丰水相会。

丰水上源为泡水,自孟诸泽向东流经山阳郡郜成(在今山东单县西北)南,又东南经单父县城(今山东省单县)南,又东经平乐县(在今山东省单县东),又东南流入沛郡境内,经丰西泽称为丰水。丰西泽,为黄河冲积而成的湖泊,在今江苏丰县境内。丰西泽是刘邦斩蛇的地方。当时,他以泗水亭长身份遣送沛县服劳役的犯人到郦山,途中大部分犯人逃亡,在丰西泽有大蛇挡路,于是拔剑斩之。丰水东经大堰分流,干流东经丰县城南,支流东北流经城北。秦时丰县为沛县丰邑,《史记》说:"高祖,沛丰邑中阳里人,姓刘氏,字季。"高祖,即刘邦死后的庙号,刘邦最初称季,做皇帝之后,取名邦。丰水干流侧丰城东北流,合丰水支流,又东合黄水,又东经沛县城南。秦末农民起义波及沛县时,吏掾萧何、曹参迎刘季于此城,并立为沛公。高祖十一年(前196),封合阳侯刘仲子为侯国。丰水又于城南东注泗水。

泗水东岸的泗水亭,是刘邦曾为泗水亭长的地方。泗水又东南流经广戚县城(在今山东省微山县夏镇)南,武帝元朔元年(前128)为诸侯刘择侯国。

泗水又东南流入楚国境内。高祖五年(前202)封韩信为楚王,都下邳(在今江苏省睢宁古邳镇)。当时,楚国包括泗水、薛、东海、会稽、故鄣、陈郡等一百三十城。高祖六年,刘邦封异母弟刘交为楚王,拆分东海郡、薛郡、彭城郡三十六县置楚国,都彭城(在今江苏省徐州市)。宣帝地节元年(前69),楚国除为彭城郡。甘露三年(前51),徙皇子定陶王刘嚣为楚王,复置楚国。成帝元延元年(前12),楚国辖彭城、留县、梧县、傅阳、吕县、武原、甾丘等县。泗水在楚国境内流经留县、垞城东,至彭城县城与谷水相会。

谷水在西汉以前,全程名为丹水,到西汉,分段为甾获渠、获水和谷水。

甾获渠位于陈留郡与梁国孟诸泽以西,在陈留郡浚仪(在今河南省开封市西北)上接蒗荡渠(鸿沟)。陈留郡,原为济川郡,武帝元狩元年(前122)置陈留郡,治所在今河南省开封东南陈留镇,元帝永光三年(前41)以陈留郡为济阳国,建昭五年(前34)国除为陈留郡。甾获渠自浚仪东流经小黄县(在今河南省陈留东北),又东南流经外黄县(在今河南省杞县东)南,又东南流经山阳郡,继

98

续东流入梁国境内,过孟诸泽称获水。

获水东流经虞县北,再东南流经下邑(在今安徽省砀山)北、杼秋(在今安徽省砀山县东)南,流至沛郡称谷水。

谷水流经萧县城(在今安徽省萧县西北)南,又东北流至楚国彭城注入泗水。

彭城,楚国都。泗水在其境内与谷水汇流后,继续东南流经吕县(在今江苏省徐州市铜山区),又向东流至东海郡下邳(在今江苏省睢宁县古邳),先后有桐水、沂水和沭水汇入。

秦时分薛郡置郯郡,后改称东海郡,治所郯县(在今山东省郯城县西北)。汉高祖五年封韩信为楚王,以东海郡、会稽郡、泗水郡、薛郡、陈郡置楚国。第二年,立刘交为楚王,以彭城郡、东海郡、薛郡置楚国;立刘贾为荆王,以东阳郡、鄣郡、会稽郡置荆国。景帝三年(前154),削楚国东海郡。武帝元鼎三年(前114),分东海郡南部数县置泗水国。成帝元延四年(前9),东海郡治郯县,领二十县、十八侯国。下邳于秦统一六国置县,治下邳城,属东海郡。

桐水在战国时称相水,上源自东海郡缯县南流,经襄贲县西、容丘县西、楚国武原县东、葛峄山西,至下邳城西入泗水。桐水在武原县以南也称武原水,《水经注》说武原水至下邳入泗水处为武原水口。

沂水"出盖县南至下邳入泗"(《汉书·地理志》)。其间,自泰山郡盖县东南流经琅琊郡东莞县(今山东省沂水县)西,武帝元朔二年封城阳共王子吉为东莞侯。沂水又南经城阳国东安县(在今山东省沂水县西南)和阳都县(在今山东省沂南县南)东。高祖六年(前201),封将军丁复以阳都为侯国。沂水又南流入东海郡临沂县(在今山东省费县东),至开阳县(在今山东省临沂北)有治水汇入。治水,源出南武阳县(在今山东省平邑县)冠石山,东南流经南武阳,又东南入东海郡,流经费县南。高祖六年(前201),封开国功臣陈贺以费县为侯国。治水又东南流注入沂水。沂水又东南流经即丘(在今山东省临沂东南)西,转向西南,经郯县(在今山东省郯城)西、容丘(在今江苏省邳州市北)东,至下邳北西流,分为二水分别注入泗水。

《汉书·地理志》说:"沭水出琅琊郡东莞县南至下邳入泗,过郡三,行七百一十里,青州浸。"过郡三,即琅琊郡、东海郡和临淮郡。隶属琅琊郡有东莞(今山东省沂水县)、新山(在今山东省莒县一带)、魏其(在今山东省临沂市南)等县;东海郡有即丘(在今山东省临沂市东南)、郯(今山东省郯城县)、建陵(在今江苏省沭阳县西北)、良城(在今江苏省邳州市北)、下邳(今江苏睢宁县邳镇)

等县;临淮郡有下相(今江苏省宿迁市西)。青州浸,即《汉书·地理志》援引战国时期的《周礼·职方氏》,其意指沭水是当时青州境内的大河。

沭水源自琅琊郡东莞县西北大弁山与小泰山连麓的东泰山,东南流经东莞县(今山东省沂水县)东,南经城阳国莒县(在今山东省莒县)东。城阳国,都莒县(在今山东省莒县),刘邦封庶子刘章朱虚侯于城阳国。

沭水南流与葛陂水相会。葛陂水源于三柱山,西南流经辟阳城。武帝元朔二年(前127),封城阳共王子节侯刘壮为侯国。葛陂水于邑积以为陂,称辟阳湖,西南流注入沭水。沭水又西南流入琅琊郡境内,经新山县(今山东省莒县刘官庄乡)和魏其(在今山东省临沂市南)县东,又西南流入东海郡,经即丘县(在今山东省临沂市东南)和郯县(今山东省郯城县)东、建陵县(今江苏省沭阳县西北)西于下邳(今江苏省睢宁县古邳镇)东注入泗水。

泗水又向东南,流入临淮郡,在下相县城东(在今江苏省宿迁城西南)与睢水相会。

睢水自陈留郡境内向东南,流经雍丘城(今河南省杞县)北、襄邑城(今河南省睢县)北、宁陵城(在今河南省宁陵东南)南,又继续流向东南,入梁国境内。

梁国于秦始皇二十二年(前225)为砀郡,秦二世三年楚怀王以沛公刘邦为砀郡长。汉高祖五年(前202)为梁国,辖砀县(在今安徽省砀山西南)、甾、杼秋、蒙、已氏、虞(在今河南省虞城)、下邑、睢阳(在今河南省商丘)八县,国都睢阳。高祖十一年(前196),刘邦封第五子刘恢为梁王,文帝十二年(前168)封少子刘武为梁王。

睢水在梁国境内东南流经睢阳城南,又东南流入沛郡。

在沛郡境内,睢水由西北向东南,流经栗国城(今河南省夏邑)北、敬丘城(在今河南省永城县西北)东。敬丘于武帝元朔三年(前126)封鲁恭王子节侯刘政为侯国。睢水又经芒县城(在今河南省永城县东北)北。高祖六年(前201)封耏跖为侯国。芒县北有砀山,《水经·睢水注》说:"芒、砀二县之间,山泽深固,多怀神智,有仙者涓子、主柱,并隐砀山得道。汉高祖隐之,吕后望气知之,即于是处也。"西汉京房也在《易侯》中说:"何以知贤人隐?视四方常有大云,五色聚而不雨,其下贤人隐矣。"

睢水经相县城(在今安徽省淮北市西北)南。高祖四年(前203)以此地为沛郡治所。武帝元狩六年(前117)封南越桂林监居翁为侯国,时称湘成。睢水又流经灵璧(在今安徽省淮北市西南)北、竹县城(在今安徽省宿州北)南,然后向东流经符离城(今安徽省宿州)北。武帝元狩四年(前119)封路博德以符离为侯国。

睢水向东流入临淮郡境内。临淮郡置于武帝元狩六年(前117),郡治徐县(在今江苏省泗洪县南),辖徐县、取虑、睢陵、下相、盱眙、淮阴等二十九县。睢水自沛郡入临淮郡境,向东北流经取虑(在今江苏省睢宁县西南),又东经睢陵县城(今江苏省睢宁)北。武帝元朔元年(前128)封江都易王子刘楚以此地为侯国。

睢水东南流经下相城(在今江苏省宿迁西)南,又东南于睢口汇入泗水。下相于高祖十二年(前195)封庄侯泠耳为侯国。

为加强朝廷对地方的控制,元封五年(前106),汉武帝把全国分为十三个监察区域。其中,兖、徐、豫三州部分别负责泗水流域郡国监察:兖州部,负责监察泰山、山阳、陈留、济阴四郡和东平、城阳两国;徐州部,负责监察临淮、琅琊、东海三郡和楚、鲁两国;豫州部,负责监察沛郡和梁国。各州部设刺史一人。刺史每年八月巡视所部郡国,"省察治状,黜陟能否,断治冤狱,以六条问事"(《汉书·百官公卿表》注引《汉官典职仪》)。六条详细规定了刺史监察的范围。其中,一条监察强宗豪右;五条监察郡守、尉和王国相。

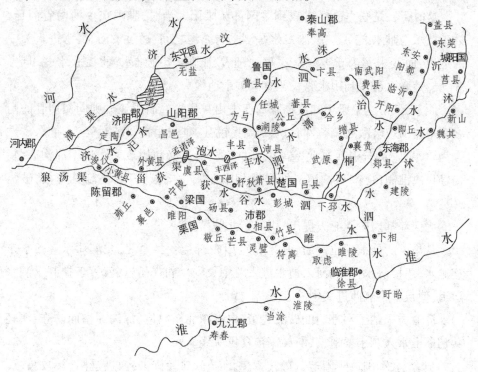

泗水流域设置郡国示意图

101

四、反击吴、楚叛军

汉文帝时,同姓诸侯王势力的膨胀构成了对朝廷的威胁。当时,在诸王国中吴王刘濞势力最强,敢于与朝廷对抗。景帝三年(前154),景帝采纳御史大夫晁错《削藩策》建议,削楚王刘戊东海郡,削赵王刘遂常山郡,削胶西王刘卬六个县。于是,刘濞串通楚、赵、胶西、胶东、菑川、济南六国诸侯王谋反。

刘濞从广陵(今江苏省扬州市)起兵,利用水路,沿邗沟经射阳湖,北渡淮水,再沿泗水至彭城,会合楚国军队,以诛晁错而清君侧为名,自彭城沿谷水、获水向西,攻入梁国(今河南省东部)境内。

袁盎,原为吴相,因私受吴王金,被御史大夫晁错查处治罪,免为庶人。这时,他向汉景帝进言:若诛杀晁错,吴、楚可立即退兵。景帝听信谗言,误杀晁错。吴、楚联军不仅不退兵,反而沿着谷水、获水和菑获渠继续向西进攻,声言要夺皇位。景帝不得不命太尉周亚夫与大将军窦婴率军向东进击吴、楚。平叛大军南出武关,经南阳到达洛阳,控制了武库;进入荥阳,占据了敖仓。

这时,吴、楚联军已经进攻到梁国都城睢阳。当时,睢阳在今河南省商丘,处于获水与睢水之间。获、睢二水是泗水与鸿沟之间,通过黄河、渭水进入关中的运道,而获水尤为重要。从军事地理看,睢阳,南扼睢水,北控获水,一旦失守,吴、楚联军可以利用水路长驱直入关中地区。

此刻,景帝之弟梁王刘武请求周亚夫出兵增援。而周亚夫则向父周勃的门客邓都尉请教破敌之策。邓认为:"吴兵锐甚,难与争锋。楚兵轻,不能久。方今为将军计,莫若引兵东北壁昌邑,以梁委吴,吴必精锐攻之。将军深沟高垒,使轻兵决淮泗口,塞吴饷道。彼吴梁相敝而粮食竭,乃以全强制其疲极,破吴必矣。"

为何邓都尉向周亚夫提出"引兵东北壁昌邑"?

从昌邑所处地理位置看,昌邑在今山东省金乡县西北,北滨菏水。菏水东连泗水,西接济水,由黄河入渭水进入关中长安。固守昌邑,就等于控制了泗水运道,使叛军不能西进关中。

周亚夫采纳了邓都尉的破敌之策,率军东北至昌邑,深沟高垒而防守;派轻兵切断淮水入泗水要道,截断吴军粮食供应线。

吴、楚联军围攻睢阳遭到效忠皇室的梁王刘武抗击,西进受阻,转攻昌邑。周亚夫坚壁不战,而吴、楚联军远离后方,给养断绝,士兵饥饿。于是,吴、楚引兵退走。周亚夫出兵追击,在昌邑南大破叛军。吴王刘濞弃军逃至丹徒(今江苏省丹徒),最后死于东越。楚王刘戊兵败自杀。

西汉学者京房善于把灾异与政治结合起来预测,把白颈乌与黑乌在泗水上空群斗与吴、楚叛乱相联系,即"逆亲亲,厥妖白黑乌斗"。认为这是违反了亲属相亲之礼,而出现的黑白相斗的妖异。后来,《水经·泗水注》记载:"县(吕县,在今江苏省徐州市铜山区境内)对泗水。汉景帝三年,有白颈乌与黑乌,群斗于县,白颈乌不胜,堕泗水中,死者数千。"

五、通往关东道路的选择

秦末农民战争和楚汉争夺封建统治权的长期战争,使农业生产遭到严重破坏,关中居民也因战乱而人口减少。新建立的西汉政权,府库空虚,财政困难,而诸侯王国的租税不送往京师。"自天子不能具钧驷,而将相或乘牛车,齐民无藏盖。"(《史记·平准书》)

面对残破不堪的局面,以刘邦为首的西汉统治者,不得不推行"休养生息"政策,把恢复农业生产、稳定社会秩序作为首要任务。文帝和景帝统治时期,继续"与民休息"。文帝重视农业,屡诚百官守令劝课农桑,并于十三年(前167)下诏全免田租。景帝元年(前156)复收田租之半,"以顷亩出税……三十税一"(《盐铁论·未通篇》)。

当时,沿鸿沟向下,分布着梁国、淮阳和楚国。梁国都城为睢阳(在今河南省商丘),位于获水与睢水之间;淮阳国都城为陈县(在今河南省淮阳县),位于蒗荡渠下游;楚国都城为彭城,在谷水和泗水相会的地方。再向南为淮南和吴国。淮南国都城在寿春(在今安徽省寿州),处于淮水南岸;吴国都城在吴县(在今江苏省苏州市),濒临太湖东岸。淮南和吴国虽在江淮流域,若从水道入关中长安,必经泗、谷获甾、鸿沟、黄河和渭水。这些诸侯国与朝廷的关系,梁国和睢阳国均以景帝同母弟为侯,可谓朝廷至亲,而淮南国和吴国则与朝廷敌对。因此,西汉初期,每年从鸿沟以下诸水道通过黄河向关中漕运的粮食只有数十万石(《史记·平准书》)。

汉初,为控制六国旧贵族和关东(崤山和函谷关以东)豪杰的分裂活动,高祖刘邦把齐国的田氏,楚国的昭、屈、景氏和怀氏以及燕、赵、韩、魏等旧贵族以及其他豪杰十余万口,自关东迁徙到长安附近。文帝和景帝之世,"流民既归,户口亦息,列侯大者至三四万户,小国自倍,富厚加之"(《汉书·高惠高后文功

103

臣表序》)。武帝时，采取"强干弱枝"措施，使关中人口大量增加。建元三年（前138）徙郡国豪富至茂陵。元朔二年（前127），武帝采纳中大夫主父偃的建议，将天下豪强兼并之家和作乱的人迁至茂陵和云陵。太始元年（前96），又将郡国吏民、豪强迁至茂陵和云陵。

由于关中人口大量增加、大兴首都长安建设以及与匈奴持续三十余年的战争和戍边士卒的衣食所需，随之而来的便是粮食的严重不足。

虽然关中是黄土平原，适宜农业发展，但是降水量小于鸿沟以下地区。每遇天旱，则成歉岁。据《战国策·秦策》记载，战国末，巴、蜀地区的粮食运往关中，就是补充那里的粮食短缺。秦国开挖郑国渠，于是"关中为沃野，无凶年，秦以富强，卒并诸侯"(《史记·河渠书》)。秦始皇凭借郑国渠，国富民康，完成了统一。但是，关中沃野生产的粮食，仅够关中食用。所以，秦始皇灭掉六国之后，欲伐匈奴，就得先将山东(崤山以东)各地的粮食转运到塞上。汉武帝时，为提高关中地区的粮食生产能力，以泾、渭河为中心，在首都长安周围，先后修建了龙首(也称井渠)、六辅、成国、灵轵等渠。武帝太始二年(前95)，在郑国渠之南、泾水与洛水(北洛水)之间，修建了白渠。其工程效益，诚如当时歌谣："田于何所，池阳、谷口。郑国在前，白渠起后。举臿为云，决渠为雨。泾水一石，其泥数斗。且溉且粪，长我禾黍。衣食京师，亿万之口。"(《汉书·沟洫志》)尽管这些灌溉工程对关中地区的农业发展发挥了作用，但是每年所需粮食仍有相当大的缺口。

西汉皇朝选址定都于关中长安，不仅从政治、军事上考虑，而且想到今后关中粮食的补给，主要仰仗于关东地区。

关东地区，在汉时是最为富庶的产粮地区。其范围，自今太行山东南，越黄河向东，再由当时的济水和鸿沟分黄河之处(在今河南省荥阳)，往东扩展，东至海滨，北达今山东省北部，东南至于鸿沟以下的菑获谷、睢以及蒗荡渠流域。河流所经之处，也就是当时的齐、鲁和梁、宋地区，而梁、宋地区的粮食生产更为重要。梁、宋地区，就是现在的豫东、皖北部分地区和江苏省徐州地区。

当时，从关中长安通往关东的道路有陆路和水路。

陆路，是自长安循渭水南岸，东出函谷，至关东或崤山以东。这是一条艰险之途；尤其，潼关至崤山，《元和郡县图志〈陕州〉》引《西征记》说，乃于谷中，深险如函，所以名为函谷。这段道路位于崤山、黄河和潼关以东秦岭之间。崤山北麓紧挨黄河。黄河在龙门以下，南流至华山北又折转东流。黄河以北是中条山与太行山之间耸立的王屋山和析城山。也就是说，由关东或崤山以东各地绕

104

道黄河以北进入关中是比较困难的。崤山之南是洛水河谷,再向南是秦岭向东延伸的支脉崤山、熊耳和外方等山,要想从山路翻越至关中绝非容易。相形之下,关东与关中的东西往来必然行于函谷这条陆路。

然而,函谷绝非易行之路,其中函谷关和潼关是最为险要之地。函谷关在今河南省灵宝县东北弘农河畔的王垛村。这里山路狭窄,路旁是陡峭的高崖。《水经·河水注》说:"历北出东崤,通谓之函谷关也。邃岸天高,空谷幽深,涧道之峡,车不方轨,号曰天险。"潼关地处函谷西端,在今陕、豫、晋三省交界处,南倚华山,北对黄河,南原沟深坡陡,原下河边道路狭窄,形成天然险阻。潼关城东黄巷坂段道路,最为险要,道路处于深谷之中,两旁陡崖并列。《水经·河水注》说:"坂旁绝涧,陟此坂以升潼关,所谓溯黄巷以济潼矣。"

正因为陆路艰险,所以西汉王朝把水路视为往来于东西的交通命脉。

济、菏、甾获谷、睢等水道流经之处都是盛产粮食的地方,而且这些水道通过鸿沟与黄河相接,向西溯黄河入渭水。因此,把关东地区的粮食源源不断地输往关中,诚如张良所言:"河渭漕挽天下。"(《史记·留侯世家》)

文帝十二年(前168)黄河在酸枣决口以来,不断在东郡和平原郡决口。从黄河决溢的方向和酸枣所处的地理位置看,首先泛滥于济水,接着泛滥于菏水,然后进入泗水。武帝元光三年(前132),黄河在濮阳瓠子堤(在今河南省濮阳县西南)决口,相隔二十三年才堵复决口。在这二十多年里,黄河一直"东南注巨野,通于淮、泗"(《史记·河渠书》),主要泛滥于今河南省濮阳以南至山东省西南和江苏省丰、沛这一斜长地带,影响了濮、济、菏等河流通航。这就使当时的泗水和甾获谷水成为最重要的运输航道,即由泗水向西入谷水、获水和甾获渠,经鸿沟进入黄河,再转入渭水。当时,每年通过这条运道向关中漕运粮食的运输数量达百万石,最多时达六百万石(《史记·平准书》)。成帝建始四年(前29),黄河在馆陶(今河北省馆陶)、东郡(在今河南省濮阳南)决口,主要在今鲁西南和豫东北泛滥,当时"发河南(黄河以南)以东漕船五百艘徙民避水"(《汉书·沟洫志》)。显而易见甾获谷和泗水运道的繁忙。

六、秦岭北麓的漕渠

渭水作为天然河流自身具有通舟之利。上古时代,承载了一个古老的部落周族,从兴起到入主中原;春秋时期,秦国自今陕西省宝鸡市附近,由渭水运输粮食救济晋国旱灾,被称为"泛舟之役";战国时期,秦国强大到统一东方六国,无不依赖于渭水作为漕粮运道。汉初,定都关中长安,就是以"河渭漕挽天下"作为通往关东地区的交通命脉。

由于关中东部地势平坦广阔,长期以来渭水河床多被泥沙淤浅,长安以东至入黄河段河道,多弯曲险阻,漕船往来,空船下行尚可,而重载上行则受到阻碍,以致从崤山以东到长安,漕船航行往往需要很长时间。武帝时,关东甾获谷(东汉称汳水或汴渠)运道漕粮运量增加;加之,对匈奴战争急需粮食且时间紧迫;然而,通往关中的渭水运道却成了漕运粮食的瓶颈。

斯时,大司农郑当时建议开漕渠,"引渭穿渠起长安,并南山(秦岭)下至河三百余里……"(司马迁《史记·河渠书》),亦即自长安引渭水沿着秦岭北麓向东,至潼关附近注入黄河。因为,采取漕渠路线,比较径直,且渠窄水深,便于行船,可以缩短航程并节省运输时间。武帝采纳了郑当时的建议,据《史记·河渠书》记载,漕渠开挖工程由齐人水工徐伯主持测量,数万人参加施工,历经三年竣工。

漕渠水源,不仅自长安引渭水以及利用秦岭山上流下的若干溪流,而且引汇聚长安西南昆明池的沣水、交水、潏水等河流来水。

漕渠具有航运和灌溉功能,作为运河与渭水相比,既增加了漕运量,又缩短了运输时间;同时,灌溉了两岸农田,可谓"渠下之民颇得以溉田矣"(《史记·河渠书》)。

七、黄河泛泗

黄河在先秦时期就被称为"浊河",《战国策·燕策》说:"齐有清、济、浊河,足以为固。"汉时更有"河水重浊,号为一石水而六斗泥"之说。

从周贞定王五年(前464)到汉文帝十二年(前168),黄河全流北徙已近三百年。长期以来,黄河在两岸堤防约束下,大量泥沙在河道里淤积,河床逐年抬高。汉哀帝初年便有"河水高于平地"、黎阳(在今河南省浚县境内)一带"河高出民屋"的记载。加之,民众围河滩地垦田筑屋现象颇多,贾让就曾说过:河滩"填淤肥美,民耕田之,或久无害,稍筑室宅,遂成聚落。大水时至漂没,则更起堤防以自救……"又说:"东郡白马故大堤亦复数重,民皆居其间。"在黄河滩地筑堤,缩窄了河床,阻碍了洪水下泄,加剧了主河槽淤积。然而,朝廷又不能及时疏浚治理,最终导致河水决溢泛滥。

汉文帝十二年(前168)冬十二月,黄河在今河南省延津县西南酸枣决口,东溃大堤。《史记·封禅书》说："今河溢通泗。"西汉时菏水亦称泗水，向西至定陶与沛水相会。西汉称济水为沛（意为清）水。酸枣则处于沛水与黄河之间。黄河东堤以弓背之势正对酸枣，沛水必然首当其冲，河水沿沛水顺流而下，泛滥于泗水。

根据"河溢通泗"推断，当时决口被灾区域包括陈留、济阴、山阳、沛四郡和梁、楚两国，相当今河南省东部、山东省西南部和苏皖西北部，而这些地区在当时为膏腴之地，是盛产粮食的地方。

黄河在酸枣决口后，文帝下诏派遣使者到各地慰问孝悌、力田、三老等乡官和廉吏。同时，宣布免去当年田租之半。十三年六月，文帝又下诏免收天下田租。正是因为文帝时期实施"薄税劝农、与民休息"的国策，提倡重视农业的社会风气，所以能及时堵塞黄河决口，防止河患荼毒田庐稼穑。

汉武帝元光三年（前132）夏五月，黄河在濮阳瓠子堤（在今河南省濮阳县西南）决口，武帝派都尉汲黯、右内史郑当时，征发人力堵塞。

当时，武帝舅父武安侯田蚡为丞相，他对武帝说："江河之决皆天事，未易以人力为强塞，塞之未必应天。"（《史记·河渠书》）

瓠子堤决口，当年未堵成功，以后二十多年又没堵合。《史记》作者司马迁认为，田蚡封邑鄃（在今山东省平原西南）在黄河以北，若黄河在南岸决口，鄃邑则无水灾，瓠子堤决口而南流，处于下游北岸的鄃邑就可以避免水灾。因此，田蚡劝其外甥武帝不要堵塞决口。

瓠子堤决口东南注于巨野泽，又由泗水入淮。汉武帝祖籍地处泗水西岸的沛县丰邑中阳里，是西汉皇朝的故里，汉高祖刘邦从沛县开始夺取天下，皇朝建立后又将丰、沛作为汤沐邑，可见感情至深。然而，黄河泛滥泗水，丰、沛田庐漂没。武帝竟然在《瓠子歌》发出"啮桑（在今沛县西南）浮兮淮泗满"（《史记·河渠书》）的慨叹，却未下决心堵复瓠子堤决口，说明另有原因。

早在秦末农民大起义时，秦皇朝为镇压起义，将戍守长城的王离军数十万人调入中原，长城沿线空虚，匈奴乘机进入长城。汉高祖七年（前200），刘邦亲率大军北击匈奴，被匈奴围困于白登（在今山西省阳高境内）。以后，匈奴经常侵略边境，抢掠人畜。吕后时，曾被匈奴单于冒顿写信污辱，无奈以"和亲"隐忍求安。文、景两帝时，匈奴一再以数万或十余万骑侵扰，危及汉皇朝的统治政权。武帝即位后决心抗击匈奴，从元光二年（前133）到元狩四年（前119）对匈奴进行多次战争，并发起三次大战役，虽然元光三年黄河在瓠子堤决口，但是此时正值战争，且投入战争的人力物力耗费巨大。因此，武帝无暇顾及堵复黄河

黄河泛泗示意图

决口,只得一时听任河水肆流泛滥。

黄河在瓠子堤决口,自今河南省濮阳西南至山东省鄄城南,冲出一条新河(因地名瓠子,故名瓠子河),向东南入巨野泽(在今山东省巨野县北),然后从巨野泽又向东南漫流入泗水,致使泗水及其沿岸地区灾难深重。据《史记·平准书》记载,自从黄河在瓠子堤决口,崤山以东,河决泛滥,庄稼连年无收,甚至出现了人吃人的惨象,受灾面积纵横一二千里。当时的梁、楚之地,大致包括今豫东、鲁西南、皖北和江苏省以徐州为中心的苏北一带,受灾更为严重。

元封二年(前109),汉武帝下决心堵复瓠子堤决口,他亲临堵口现场,派九卿汲仁、校尉郭昌率数万人,将军以下的随从官员都参加堵口劳动。

当时,由于东郡民间生活多以柴草为燃料,堵口物料缺乏,只好砍伐百里以外淇园(在今河南省淇县西北)的竹子,以供堵口之需。在决口尚未堵复的艰难时刻,汉武帝作《瓠子歌》,描述了河决瓠子造成的巨大灾难和堵口工程的艰巨。《瓠子歌》中"颓竹林""楗石菑"概括了堵口工程的主要技术措施。瓠子堤堵口成功后,在堤上决口处建"宣房宫",以作纪念。

八、治黄之策

汉文帝十二年(前168)开始,黄河北决多在魏郡,南决常在东郡和平原郡;北决多向东北,泛滥清河、信都,南决以瓠子河口为界,以上向东南泛于泗水,以下或直下平原、千乘,或先泛濮、济二水,然后再入济南、千乘。

对黄河决溢,一些有识之士提出了人工改道、下游分疏、开辟滞洪区、以水排沙等治河主张和贾让的治河三策。

人工改道,是为缓解黄河下游水患和防止匈奴入侵,由齐人延年提出的河出胡中之策。他上书朝廷说:"河出昆仑,经中国,注渤海,是其地势西北高而东南下也。可案图书,观地形,令水工准高下,开大河上领(山头),出之胡中,东注之海。"(《汉书·沟洫志》)这是历史上第一次关于黄河人工改道的设想,使黄河在今内蒙古自治区巴彦淖尔市磴口县流经包头后,直向东流注海。其实,黄河在包头以上,虽流域面积大但入河支流并不多,洪水流量主要来自其下游的泾、渭、汾、沁、伊、洛等河流;所以,就缓解黄河下游水患而言意义不大。至于以黄河作为阻挡匈奴侵扰的防线,也不切合实际。因为,如果黄河改道自内蒙古河套地区东流,这一线正是寒冬冰雪封河,匈奴铁骑完全可以踏冰南下。因此,以黄河作为军事防线,可谓无济于事。当时,朝廷上下认为,黄河为大禹所导,是"圣人作事,为万事功,通于神明,恐难改更"(《汉书·沟洫志》)。

下游分疏,是以成帝初年的清河郡都尉冯逡为代表提出来的。当时,黄河在魏郡馆陶(今河北省馆陶)南分出一支为屯氏河,与黄河平行东北流,进入清河郡境内。清河郡大致包括今天的山东省临清、高唐、夏津、武城和河北省的清河、威县。黄河在清河郡境内,与屯氏河之间,在灵县(在今山东省高唐县南)又分出一支为鸣犊河。屯氏、鸣犊两河平行北流,在今山东省德州北合流,又于渤海郡东光(今河北省东光)注入黄河。自元帝永光五年(前39)黄河决灵县鸣犊口后,屯氏河断流,鸣犊河浅涩。黄河上游来水不能畅泄,清河郡灵县以上沿黄河一带随时有河决危险。为避免郡内河患发生,冯逡建议疏浚屯氏河,使其与黄河分流。当黄河洪水暴涨时,利用分疏法,使洪水沿支河分泄,以削减主河道洪峰流量,减轻洪水对主河道两岸堤防的威胁。

开辟滞洪区,是西汉末主张借鉴远古时期"陂障卑下,以为汙泽,使秋水多得有所休息"。当时,黄河决于平原、东郡,即今河南省濮阳以南至山东省西南隅一带,原为春秋时期的曹、卫两国所在地。秦以前,这里经济比较发达,汉代则不断遭受黄河洪水灾害,瓠子堤决口,在这一带泛滥长达23年,生产和生活遭到破坏,人口锐减,经济状况大不如前。因此,王莽统治时期的长水校尉关并,建议空出这块地方,为黄河洪水留有去处,一旦洪水暴涨,分洪其间以削减洪峰,确保下游河道不至于发生大的灾害。

以水排沙,由西汉末年大司马史张戎提出,他认为黄河下游的决溢灾害,主要是由于泥沙的大量淤积。他指出,由于上、中游引水灌溉农田,一到春夏干旱,下游河道的水量就要减少很多,水流速度随之变缓,所带泥沙便大量淤积在河床里,久而久之,河床太高,河槽变浅。他认为,河本身具有冲刷的特性,应使河水保持较快的流速,依靠河水自身的冲刷力排沙刷槽,从而避免泥沙在河床里淤积。

西汉末年人贾让(官居待诏)认为"古者立国居民,疆理土地,必遗川泽之分,度水势所不及……"(班固《汉书·沟洫志》),他上书提出治河有上、中、下策,即三种治河方案。上策,是凭借太行山东麓高地和黄河北堤,将黄河在遮害亭(在今河南省滑县西南)改道,沿古大河故道,穿过今河北省西南部临漳、广平、巨鹿,然后东北入海。中策,是在上策所选择的地方,向北筑一条渠堤,西有山脚高地,东有渠堤,构成渠床,再用石加固淇口至遮害亭段黄河堤防,并在其上和东边渠堤上建若干水门,以形成分水。这样,旱时用来引水灌溉,遇有洪涝时分减洪水。下策,是筑堤束水,加固堤防,维持河道现状。

以上治理黄河之策,不论哪一种付诸实施,都可以防止黄河南决泛滥于泗水,避免以泗水为干流的菏、甾获谷(东汉称汳水或汴渠)、睢水系受黄河侵扰。

参考文献:

[1]西汉·司马迁《史记·河渠书》,上海:上海古籍出版社,1986年

[2]东汉·班固《汉书·沟洫志》,上海:上海古籍出版社,1986年

[3]北魏·郦道元《水经注》,成都:巴蜀书社,1985年

[4]谭其骧《中国历史地图集》,北京:中国地图出版社,1982年

第八章　东汉依泗水加强皇权统治

一、定都洛阳

西汉末年,阶级矛盾日趋激化,成、哀两帝当朝之时,流民衣食无着;元帝以后,频繁的自然灾害,使民众苦到无法活命的地步;王莽倒行逆施的暴政伴随着天灾;接踵而来的痛苦引起了人民的反抗。从此,长安城成为绿林、赤眉农民起义军推翻王莽政权以及内争权力的战场。长安城内,宫室被烧成大片瓦砾;长安城外,到处是地主修筑的壁垒,西汉帝后们的陵寝也遭挖掘,随葬品被哄抢一空。西汉武帝时开挖的漕渠,是从东方向关中运送粮食的水上道路,业已历经百年,加之西汉末年的社会凋敝以及接连不断的战争而年久失修。

公元 25 年 6 月,为更始政权南征北战而后又镇压农民起义军的刘秀在鄗县(在今河北省高邑县南)重新建立汉皇政权。面对残破不堪的长安和失去运输东方粮食能力的漕渠,意识到洛水通过黄河、鸿沟可以直抵汴(汴)、泗和淮水,而今后所需粮食,可以从盛产粮食的兖、豫、徐三州,依赖这条运道顺利运往洛阳。因此,刘秀收降了扼守洛阳的更始部队,将洛阳作为首都。因洛阳在长安之东,史称刘秀政权为东汉,其本人则称为汉世祖光武帝。

洛阳最早建城于西周时期。周武王灭掉商纣王之后,西归途经洛(水)、伊(水)流域,他非常欣赏这里的自然环境,认为这里"自洛汭延于伊汭,居易毋固,其有夏之居。我南望三涂,北望岳鄙,顾詹有河,粤詹有洛、伊,毋远天室"。于是,决定营建洛邑。周王室东迁即以洛邑为都。

洛邑虽濒临洛水,却与黄河相连,水路、陆路四通。《洛诰》说:"我又卜瀍水东,亦惟洛食。其城方七百二十丈,南系于洛水,北因于郏山,以为天下之凑(中心)。"

刘秀在洛阳建都,不仅看中了洛阳的地理环境,而且更看重的是洛水通过黄河与鸿沟、汳（汴）水、泗水相连。因为这条漕运大道可以将兖、豫、徐三州的粮食源源不断地运到洛阳，支撑着国都的繁荣与政权的稳固。但是，刘秀并没有在东周灭亡后久已废置的城址上建置设都，而是在今洛阳市东与偃师市、孟津县毗邻处兴建新的都城。

东汉都城位于洛河下游洛川平原的西部，虽然地处洛水之北，但距洛水稍远。于是，河南尹王梁建议自河南县（今洛阳市南）附近开渠引谷水至洛阳城下，向东流到今河南省巩县西入洛水。谷水是洛水左侧的一条支流，至河南县东与洛水汇合。王梁所开之渠，是从河南县引谷水向东北通向洛阳城下。渠道开凿竣工后，水却流不到洛阳城下。光武帝建武二十四年（48），由于漕运发展的需要，又自洛水向都城洛阳引水开了一条阳渠。工程由大司空张纯主持，渠首在河南县西南，向东北经县城南，北穿谷水，再利用王梁所开的旧渠道，绕都城洛阳，过太仓入鸿池陂，出鸿池陂，向东至偃师以东又注入洛水。阳渠依赖洛水，同时又纳入谷水，因此，水量很大。当时称这条渠水为阳渠，其名称大概因于都城洛阳；或是洛水之北为阳。

阳渠的开辟，形成了西起阳渠，连接洛水、黄河、鸿沟、汳（汴）水的水运航线，把洛阳同中原、泗水以及江淮等经济区域紧密地联系起来。《水经·谷水注》记载："（谷水）又北经东阳门东……又北经故太仓西，《洛阳地记》曰：大城东有太仓，仓下运船掌有千计。"可见，当时从汳（汴）水漕运至都城洛阳的粮食是相当可观的。

阳渠，不仅使漕船可以由洛水直抵洛阳城下，而且使渠水进入洛阳城内，改变了城市生态环境。《后汉书·张纯传》说："上穿阳渠引洛水为漕，百姓得其利。"阳渠宛如玉带绕行洛阳城南；宫殿之前、阊阖门外的铜驼街都有水渠引水；上西门之内金市、上东门外马市的设立，也都与阳渠有关。

刘秀定都洛阳后，改"洛"阳为"雒"阳。因为，"汉火行忌水，故去其水而加佳"（《水经·洛水注》）。汉为火德，古代阴阳家以金、木、水、火、土五种物质之间的相生相克，解释历代王朝的交替更换。所以"去其水而加佳"，即"洛"字去偏旁三点水加上"佳"字，即为"雒"。

二、平定泗水流域割据势力

刘秀消灭了更始政权，镇压了赤眉农民起义军，接着展开了与地主阶级内部各个政治集团、各派割据势力的激烈争斗。

琅琊郡不其县（在今山东省即墨市西南）人张步，于王莽末年聚集数千人举旗造反，接连攻下附近县城，又先后占据徐州琅琊郡和青州。徐州东海郡（治所今山东省郯城县）人董宪，乘赤眉军起义之机，拉起一支队伍，活动在梁国一带。后来接受赤眉军领导，称为赤眉军别部，割据自立于东海郡。

西汉梁孝王刘武八世孙刘永，在王莽执政后，失去梁王继承权。刘玄更始政权建立，曾诏封梁王，建都睢阳（今河南省商丘南），雄踞于梁国之地（今豫东、皖北）。刘玄自洛阳迁都长安，政治日益腐败。刘永在梁国起兵，攻下济阴郡、山阳郡、沛郡、楚国等地；并以泗水为中心，在济、菏、汳（汴）、睢以及沂、沭等河范围内，与张步、董宪等人结成强大的军事同盟，占据着今鲁西、苏北、皖北、豫东等广大土地，专制东方，成为刘秀统一全国的劲敌。况且，刘永在宗族中的地位，比刘秀优越，对刘秀的威胁最大。因此，刘秀首先要剪灭刘永。

建武元年（25），刘秀大将耿纯率军进攻济阴郡，打败刘永的军队，占据了济水与菏水分流处的定陶。建武二年（26）夏，刘秀以大将军盖延为主将，沿睢水分兵两路，夹击攻陷了睢阳。刘永败走汳（汴）水以南的虞县（今河南省虞城县）。盖延率军攻占漷水（泗水支流）南岸的薛县（在今山东省滕州南），平定了汳（汴）、泗相会处的彭城和汳（汴）沿线的杼秋（在今安徽省砀山县东）、萧县（在今安徽省萧县西北）。刘永又从虞县向南退走濒于涡水的谯县（在今安徽省亳州）。盖延率军穷追不舍，打败苏茂、佼强、周建组成的联军。刘永再次弃城退守泗水沿岸湖陵（在今江苏省沛县北）。建武三年（27）二月，刘永派人到齐郡宣布立张步为齐王，遣使立董宪为海西王。同年四月，睢阳百姓迎刘永返回睢阳。刘秀急令大将军盖延、大司马吴汉率军围困睢阳。因城中断绝粮食，而刘永被迫出走，被其部下所杀，子刘纡继立为梁王。

建武五年（29）六月，刘秀亲征东海郡董宪，大破昌虑（在今山东省枣庄），董宪败退沂水西岸，据守东海郡郯县（今山东省郯城）；同年八月，大司马吴汉攻打郯县，全歼董宪主力，斩杀了梁王刘纡，董宪败走朐县（在今江苏省东海县）。同年十月，东汉大将军耿弇讨伐张步，在济水南岸历城县（在今山东省济南市），斩杀张步部将费邑，然后进军临淄（今山东省临淄）。张步战败退走剧县（在今山东省昌乐西）。这时，刘秀亲率大军进击张步，并遣使告诉张步及其盟友苏茂，如果谁要是杀了对方并投降于朝廷，就封谁为列侯。于是，张步杀害了苏茂，献苏茂首级而投降于东汉朝廷。刘秀封张步为安丘侯，其一族迁至洛阳。

建武六年（30）二月，大司马吴汉率军攻克朐县（在今江苏省东海县），击杀了董宪。建武八年（32），张步逃至临淮郡，纠集部下意图东山再起，被琅琊郡太守陈俊追击诛杀。

至此,泗水流域的割据势力被刘秀的东汉王朝平定。

三、设兖豫徐三州为行政区

东汉王朝鉴于西汉诸侯强横、权臣跋扈和外戚篡位的教训,为巩固皇权,除加强朝廷集中的权力外,还进一步加强朝廷在地方上的权力。光武帝刘秀以郡国并行制为实体、州刺史部为监察区域设置刺史部。灵帝中平五年(188),改称州牧,掌管一州军民,州从监察区域变为郡上一级地方行政区域。从此,地方行政区划由秦汉郡县二级制成为州、郡国、县三级制。

泗水流域的兖豫徐三州郡国、县均分布于泗水及其支流菏、泡、汳(汴)、沂、沭、睢等沿岸。

在兖州境内,泗水上源为洙水,自泰山郡临乐山流至鲁国卞县(在今山东省泗水县东)注入泗水。泗水又经鲁县入任城国,经其治所任城(在今山东省济宁),南流入山阳郡。其境内菏水,由济阴郡入境东流至方与县东(在今山东省鱼台县)注入泗水。在济阴郡境内,菏水在今山东省定陶东北至菏泽(湖)段已湮塞,菏泽(湖)以东段入山阳郡,或称泗水,东经山阳郡治昌邑(在今山东省金乡县西北)、东缗(在今山东省金乡县北),至方与县东(在今山东省鱼台县)注入泗水。

泗水自任城国南流经山阳郡高平、湖陆入豫州境内。

在豫州境内,泗水自西北向东南,流经沛国有泡水注入。

泡水上源与汳(汴)水相连,自兖州济阴郡与豫州梁国交界处(今安徽省砀山)向东北经丰西泽、丰县,再东流经啮桑亭(在今江苏省沛县西南)至沛县(今沛县)注入泗水。

泗水纳泡水后向南偏东入徐州彭城国境内,再向南偏东流经广戚(在今山东省微山县夏镇)、留县(在今沛县东南)至彭城与汳(汴)水相会。

汳(汴)水在兖州陈留郡的浚仪县(今河南省开封市),西与鸿沟相连,东北流经小黄县,又转向东南,流入豫州梁国境,经蒙县、虞县。汳(汴)水沿兖州济阴郡与豫州梁国边界线,蜿蜒东南,经梁国下邑(今安徽省砀山)、沛国杼秋(在今安徽省砀山县东),继续东南经过沛国萧县(在今安徽省萧县西北)后,又转向东北,流入徐州彭城国,于彭城与泗水相会。

泗水自彭城向东南流,经过吕县(在今徐州市铜山区)后,继续蜿蜒向东,流

兖、豫、徐三州示意图

入下邳国境内,在下邳与沂水相会。

　　沂水源于兖州泰山郡盖县(在今山东省沂源县东南)沂山,东南流入徐州琅琊国境内,经东莞县(在今山东省沂水县)西,转向西南,经琅琊国治所开阳(在今山东省临沂北),又南西岸有武水(西汉称治水)汇入。沂水东南流过即丘县(在今山东省临沂东南)后,又转向西南经东海郡郯县西,继续西南流入下邳国,于下邳与泗水相会。

　　沂水以西,在春秋以前还有一条枹水,与其平行南流于下邳注入泗水。东汉时,枹水改道,自彭城国傅阳县(在今山东省枣庄峄城南)流向东南,经武原县(今江苏省邳州市北良王城);进入下邳国境内后,自西北向东南,先后交叉于沂水和沭水,又折向东流,经今江苏省沭阳县、曲阳(在今江苏省东海县西南),继续东流,至东海郡与游水合流,然后向北至朐县(在今江苏省东海县)东北入海。

　　泗水自下邳继续东南,又与沭水相会。

　　沭水在徐州琅琊国境内,流经邳乡、郓亭、莒县向西南入徐州东海郡,再向西南入下邳国注入泗水。

　　泗水继续东南至下相与睢水相会。

115

睢水上源与鸿沟相连,自兖州陈留向东南,流经雍丘(在今河南省杞县),流过襄邑(在今河南省睢县)进入豫州梁国境内,由宁陵(在今河南省宁陵东南),流向东南,经睢阳(在今河南省商丘)继续东南流入沛国。睢水在沛国境内,自太丘(在今河南省永城县西北)东南流,经临睢(在今河南省永城县北)、相县(在今安徽省淮北市西北)、竹邑(在今安徽省宿州北)、符离(即今安徽省宿州),转向东北,进入徐州下邳国境内的曲虑县(在今江苏省睢宁县西南),再向东北,流至下相(在今江苏省宿迁西)与泗水相会。

泗水自睢水口再向东南至下邳国睢陵注入淮水。

四、黄河泛滥汴渠

西汉平帝初年(公元1年),黄河在河南郡荥阳县境内发生了剧烈变化。由于河道大幅度向南摆动,导致黄河与鸿沟分流处堤岸严重坍塌,以致黄河、济水、汳(汴)水各支派乱流。

东汉时期,黄河、济水、汳(汴)水交败的局面愈演愈烈。光武帝建武十年前后,黄河以南漂没的范围已达数十县之多。据《后汉书·明帝纪》记载,明帝时"自汴渠决败,六十余岁,加顷年以来,雨水不时,汴流东侵,日月益甚,水门故处,皆在河中,漭瀁广溢,莫测圻岸,荡荡极望,不知纲纪。今兖、豫之人,多被水患"。

汴渠即汳(汴)水,其决败实际上是指黄河、济水、汳(汴)水乱流而言。黄河决口经数十年冲刷既宽且深,泛滥愈演愈烈。不仅兖、豫二州农田无法耕种,而且鸿沟、济、汳(汴)等河道淤塞严重,甚至有的河道被淤为平地。

丰水是黄河改道前(前463)分出的支津,黄河改道后成为泗水支流,上有黄沟(黄水)和泡水两源。黄沟源自黄池,经今河南省陈留北、杞县东,而后注入今河南兰考以东大莽陂(湖泊),出大莽陂,东北流经今山东省定陶县南,又东经成武南,流至今山东省单县以东的平乐故城与泡水相会。泡水源出大莽陂,向东流经今山东省曹县东南,又向东流经位于今河南商丘与山东省单县之间的孟诸泽,流至平乐故城与黄沟相会。黄沟与泡水相会后统称泡水,流经今江苏省丰县境内的丰西泽后称为丰水,向东流经啮桑亭(在今江苏省沛县西南)至今沛县注入泗水。西汉武帝在《瓠子歌》中描述"啮桑浮兮淮、泗满"(班固《汉书·沟洫志》),可见,汉武帝元光三年(前132)夏五月的黄河洪水,在濮阳瓠子堤(在今河南省濮阳县西南)决口,泛滥于东南,不仅湮没了今江苏省丰、沛县一

116

带,而且大莽陂、黄沟和平乐故城以上泡水,开始逐渐皆被黄河淤塞;到东汉,便在地平线上消失了。

五、黄河与汴渠治理

两汉之际,黄河决口的问题一直比较严重。东汉建武十年(34),阳武令张汜上言:"河决积久日月,侵毁济渠,所漂数十许县,修理之费,其攻不难,易改修堤防,以安百姓。"(《后汉书·王景传》)此时,光武帝刘秀曾一度想治理黄河,但因为当时处于战后的恢复时期,恐怕"新被兵革,方兴役力,劳怨既多,民不堪命"(《后汉书·王景传》)。可谓大乱初定,国敝民穷,无力治理。

明帝时,社会趋于安定,经济也有所发展,应该说已经具备了治理黄河的条件。但据明帝自己说:"或以为河流入汴,幽、冀蒙利,故曰左堤强则右堤伤,左右俱强则下方伤,宜任水势所之,使人随高而处,公家息壅塞之费,百姓无陷弱之患。议者不同,南北异论,朕不知所从,久而不决。"(《后汉书·明帝纪》)可见,当时也曾酝酿治理,但由于意见不统一,明帝一时拿不定主意而未早日实施,以致黄河泛滥愈演愈烈,鸿沟、济、汳(汴)等河道淤塞严重。据《后汉书·王景传》记载,由于当时黄河泛滥而造成"汴渠东侵,日月弥广,而水门故处,皆在河中。兖豫百姓怨叹,以为县官恒兴他役,不先民急"。直到永平十二年(69)才决定修治。明帝采纳了王景的建议,开始对黄河与汳(汴)水进行了一场大规模的治理。

永平十二年夏四月"发卒数十万,遣景与王吴修渠筑堤,自荥阳东至千乘海口千余里。景乃商度地势,凿山阜,破砥绩,直截沟涧,防遏冲要,疏决壅积,十里立一水门,令更相洞注,无复溃漏之患"(《后汉书·王景传》)。当时,朝廷组织几十万人,由王景和王吴负责治理黄河与汳(汴)水。所谓"自荥阳东至千乘海口千余里",是指治理黄河;"十里立一水门,令更相洞注"和《后汉书·明帝纪》所说"理渠"以及"绝水立门"是对治理汳(汴)水而言;"商度地势,凿山阜,破砥绩,直截沟涧,防遏冲要,疏决壅积",意思是开凿阻碍河道的山阜,清除河道中的阻水工程,堵截横向串沟,防护险要堤段,疏浚淤塞的河段或渠道。这些工程,无论治理黄河还是汳(汴)水都可能遇到。因此,哪里需要实施什么工程,就在哪里采取相应的措施。

黄河经王景治理后,穿过东郡和济阴郡北部,然后流经济北国和平原郡,最后由乐安国境内的千乘县入海。这条河道,大致经今河南省滑县、浚县、濮阳、山东省莘县、东阿、平原，最后流至利津入海。

虽然黄河有了固定的河道，但是从鸿沟分出的部分自然和人工河道，却因黄河多年淤塞而废弃，只剩下一条汳(汴)水被称为汴渠。

汴渠治理，首先要把黄河自然泛滥于汴渠，变为有控制地分流于汴渠。那就是"十里立一水门，令更相洄注"。从《水经注》记载分析，是在黄河与济水和荥渎分水处相隔"十里立一水门"，即为济口和荥口。因为，蒗荡渠水门亦即济水水门，《水经注》认为是王景所建的汴口水门。黄河另一分水口分出的荥渎之水也注入济水。"济水的水门在敖城西北，荥渎口在敖山北，两者相间十里，恰与'十里立一水门'相吻合。"(《黄河水利史述要》)顺帝阳嘉年间(132—135)，又自汴渠口以东至淮水口，沿岸积石为堤，加固薄弱堤防。灵帝建宁年间(168—172)，在汴渠口增修石门，以控制进入汴渠的黄河水量。西汉时期，汴渠的水门还是土木结构，到东汉中期，汴渠的水门已经由土木结构改建为砌石工程。

汴渠在战国以前名为丹水，西汉分段称甾获渠、获水和谷水，东汉称汳(汴)水或汴渠。东汉皇朝之所以如此重视汴渠的治理，是因为汴渠是首都洛阳以东，由泗水通向江淮地区最重要的漕运之路。据《后汉书·安帝纪》记载，永初元年(107)秋天，曾通过汴渠"调扬州五郡(九江、丹阳、庐江、吴郡、豫章)租米，赡给东郡、济阴、陈留、梁国、陈国、下邳、砀山"。从这些地区的地理位置看，汴渠与泗水、淮水并通过邗沟连接长江，已成为东汉时期通向中国东南地区的运河。阳嘉四年(135)刻在洛阳建春门石桥柱上的诏文写道："城下漕渠，东通菏济、南引江淮，方贡委输，所由而至。"(《水经·谷水注》)证明江淮一带的赋贡由长江经淮水入泗水，然后通过汴渠经黄河入洛水抵达首都洛阳。

参考文献：

[1]西汉·桓宽《盐铁论·未通篇》，北京：中信出版社，2014年

[2]东汉·班固《汉书》，上海：上海古籍出版社，1986年

[3]南朝·宋范晔《后汉书》，上海：上海古籍出版社，1986年

[4]北魏·郦道元《水经注》，成都：巴蜀书社，1985年

[5]谭其骧《中国历史地图集》，北京：中国地图出版社，1982年

[6]《黄河水利史述要》，郑州：黄河水利出版社，2003年

第九章　曹魏和西晋时期的汴、泗运河

一、泗水流域的军阀混战

东汉从和帝、安帝以后,豪强势力日益扩张,轮流当政的宦官外戚竞相压榨农民。东汉末年,水旱蝗虫风雹等自然灾害连年不断,牛疫流行;疠疫与饥馑加之沉重的赋役,逼使农民走投无路,广泛流传"发如韭,剪复生;头如鸡,割复鸣。吏不必可畏,小民从来不可轻"(《太平御览》第976卷引崔寔《政论》)。这首歌谣预示着农民革命的大风暴即将到来。

当时,任兖州牧的曹操,打败了黄巾起义军并收编为自己的军队,号称"青州兵"。据《三国志·魏武帝纪》记载,曹操之父曹嵩离官回到家乡谯(在今安徽省亳州),董卓之乱避难于琅琊(隶属东汉徐州刺史部,治所在今山东省临沂市北)被陶谦所害。献帝初平四年(193)秋,曹操为报父仇东征徐州(治所在郯,今山东省郯城)。《水经·泗水注》说:"初平四年,曹操攻徐州,破之,拔取虑、睢陵、夏丘等县,以其父避难,被害于此,屠其男女十万,泗水为之不流。自是数县人无行迹,亦为暴矣!"取虑在今江苏省睢宁县西南,濒于睢水;睢陵处于当时泗水注入淮水的地方;夏丘在今安徽省泗县东。以上三县在东汉时均隶属徐州刺史部之下邳国,治所下邳县在今江苏省睢宁县古邳。曹操此次东征徐州是在泗水和睢水两岸。

刘备见徐州牧陶谦告急,便迅速前往相救。陶谦奏表刘备为豫州刺史,为防曹操,让他驻守小沛(今江苏省沛县),自己则由沂水退守郯县。不久,曹操因军粮将尽而撤军。陶谦死后,刘备于初平四年冬为徐州牧。

兴平元年(194)夏,曹操再次征伐徐州,一直攻打到隶属徐州刺史部的东海郡(治所郯县,在今山东省郯城)。征战徐州期间,曹操所过之处大肆杀戮,一路上"鸡犬亦尽,墟邑无复行人"(《三国志·魏书·荀彧传》)。这时,曾参加过讨伐董卓之战的陈留太守和曹操部将陈宫,由于对曹操不满而叛之,并迎吕布为兖州牧,而当时的曹操只掌握鄄城(在今山东省鄄城北)和东郡的范(在今山东省范县东南)、东阿(在今山东省阳谷东北)两县。面对异常危急的形势,曹操被迫从徐州回师兖州,围攻吕布于濮阳(东郡治所)。曹、吕两军相持百余日,蝗灾大起,双方停战,曹操军回鄄城。

兴平二年(195)夏,曹操整军在巨野(在今山东省巨野南)与吕布军交战。吕布战败退往徐州投靠刘备。

建安元年(196)六月,袁术听说刘备已为徐州牧,便率军攻打徐州。刘备留张飞守下邳(在今江苏省睢宁县古邳),率领关羽、赵云沿泗水到盱眙(在今江苏省盱眙东北)、淮阴(在今江苏省淮阴西南)一带迎战。此时,吕布联合与张飞不和的下邳守将曹豹,乘虚进攻下邳,击败张飞,掳走刘备的家属及将士家口。刘备急忙回军下邳,被吕布击败,重新聚合散兵,攻取广陵(在今江苏省扬州市),又被袁术打败,退守海西县(在今江苏省灌南县西南)。当时,刘备兵疲粮乏,向吕布求和。吕布归还了刘备的妻儿,并封其为豫州刺史,自己为徐州牧。刘备驻守小沛(在今江苏省沛县),暗中招兵买马,不久发展到万余人。

建安三年(198)春,吕布派人外出买马,刘备部下抄略了他们的钱财。吕布愤怒出兵攻打刘备。刘备只身出逃,投奔曹操,被其推荐为豫州牧。

同年秋,曹操亲率大军前往梁国(今河南省商丘)与刘备在睢阳会合后,沿着汴渠向彭城进发,入泗水进军下邳围歼吕布,以沂、泗水灌城。当时,下邳城为三重,曹操以水代兵,在城南门(白门)和中城,分别生擒陈宫、吕布,并将其二人处死。

曹操攻占徐州不久,淮南袁术因力单势弱准备经徐州北上青州依附袁绍。曹操担忧二袁联兵后难以对付,便派刘备率军截击。刘备还没到徐州,袁术就死了。刘备趁机占领下邳,袭杀徐州刺史车胄,让关羽留守下邳,自己还驻小沛。

建安五年(200)八月,曹操以不足两三万人的兵力在官渡迎击袁绍十万精兵。官渡在今河南省中牟县东北,是鸿沟经过的地方。在官渡附近的乌巢,曹操以五千奇兵夜袭袁绍军营,焚烧袁军全部粮食、辎重一万余车。他又趁袁军大乱,在官渡以万人大破袁军。袁绍仅率八百骑兵逃回河北。

曹操在官渡打败了袁绍,坚定了欲征伐黄河以北袁绍实力的信心。然而,一旦出兵北伐,必须要有充足的军粮。虽然曹操在许昌屯田,但生产的粮食也只能供给京师之需。因此,北伐所需军粮主要依赖兖、豫、徐三州。汴、泗运河,不仅贯穿于兖、豫、徐三州,而且西通黄河,东南通于江、淮之地。因此,汴、泗运河是曹操北伐运送军粮至黄河的必由之路。

同年,曹操率精兵亲自征讨刘备。刘备尚未站稳脚跟就被曹操击破而投奔袁绍,关羽也在战争中被俘。

二、整修汴渠

建安元年(196)七月,汉献帝自长安回到洛阳。董卓之乱后,洛阳已经是一片废墟。由于汴渠沿岸先后成为群雄割据争战之地,汴渠上的漕舟已被烧掠殆尽,河道残破湮塞,不复为用。斯时,曹操应召到都城洛阳朝见,面对满目疮痍的洛阳,百官没有地方居住,粮食无处可取,"群僚饥乏,尚书郎以下自出采稆,或饥死墙壁间"(《后汉书·献帝纪》)。曹操只好将汉献帝挟持离开洛阳,迁都到距离颍水不远的许昌(在今河南省许昌东),取得了"挟天子以令诸侯"的政治优势。

建安五年(200),曹操与袁绍长达三个月的官渡之战,使官渡一带的汴渠遭受严重破坏,以致难以通航。睢阳至彭城段汴渠,自东汉顺帝阳嘉年间全线治理以来,虽然经历了曹操东征徐州的战争,但是战场主要在下相、下邳、小沛等泗水沿线,而睢阳以东段汴渠遭受战争破坏的可能性很小。为保证汴渠全线畅通,曹操于建安七年(202),着手整修睢阳以西至黄河段汴渠。

220 年,曹操病死,太子曹丕袭位。不久,曹丕夺献帝之位,改国号魏,自立为魏文帝,追尊曹操为魏武帝,并在东汉首都洛阳重新修建都城。此时,曹魏政权将战略重心由黄河以北转移到黄河以南,在黄河与淮水之间,兴修水利和屯田。正始年间(240—249),朝廷委派邓艾(官至尚书郎)巡视陈县(在今河南省淮阳)、项县(在今河南省沈丘)以东直至寿春(在今安徽省寿县)等地。邓艾通过实地考察,向朝廷提出开凿河渠、疏通漕运以及实行军屯的建议。当时被曹魏权臣司马懿采纳并付诸实施。正始三年(242),邓艾在黄河南岸开挖广漕渠,并重新整理汴渠。广漕渠上承汴渠下通颍水,从而使汴渠与颍水得以保持畅通。

三、开挖中渎水

邗沟是"昔吴将伐齐,北霸中国,自广陵城东南筑邗城,城下掘深沟,谓之韩江,亦曰邗溟沟,自江东北通射阳湖。……西北至末口入淮"(《水经·淮水注》)。所说的"韩江和邗溟沟"就是春秋时期吴王夫差在长江与淮水之间开挖

121

的运河。这条运河是以少量的人工开挖,全线尽量利用自然湖泊连接构成的。其中,射阳湖是邗沟的重要组成部分,今已埋没。当时,射阳湖西起今江苏省宝应射阳湖镇、安丰一线;北至淮安泾口、左乡一线;南至兴化市得胜湖。《太平寰宇记》称:"射阳湖长三百里,阔三十里。"当时,邗沟自今江苏省扬州市引长江东北进入射阳湖(位于今江苏省兴化、建湖、盐城、宝应等市县之间),再从射阳湖向西北开沟到末口(在今江苏省淮安市淮安区淮城镇新城村)入于淮水。

虽然邗沟利用自然湖泊作为运河而节省了开挖的人力和物力,但是行程绕远而且多弯曲折。汉献帝建安初(196),广陵太守陈登采取裁弯取直代替湖泊中行船的措施,用人工开挖了中渎水。《水经·淮水注》说:"(淮阴)县有中渎水,首受江于广陵郡之江都县。"

中渎水自广陵(在今扬州市北)北开挖,一直向北经武广湖(宋代始称邵伯湖)东,北入樊梁湖(今高邮湖),然后合邗沟旧道,转向东北,经博芝湖(在今江苏省宝应县东南)、射阳湖,再向西北至淮阴(在今江苏省淮安)入淮水。中渎水的形成,使邗沟自广陵向北趋于直截。

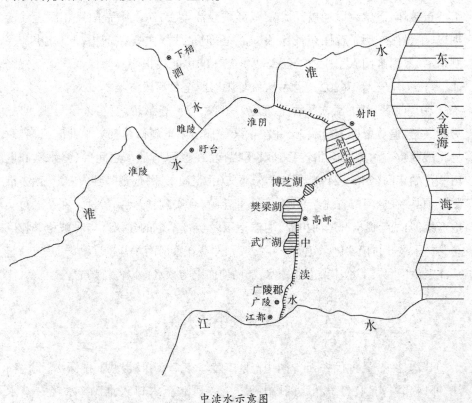

中渎水示意图

122

四、王浚"振旅还都"的路线

曹魏后期,朝政腐败,宗室暗弱。在曹魏统治集团中最有谋略又最煊赫的司马懿,于正始十年(249)在京城发动政变,掌握了曹魏政权。景元四年(263),司马氏政权灭掉蜀国。两年以后,司马昭之子司马炎重演曹丕代汉的"禅让"故事,成为晋朝的开国皇帝(晋武帝),改元为泰始元年(265),西晋开始。

蜀国灭亡以后,西晋为灭吴开始在蜀地大造战舰,训练水师。这时,吴国最后一个统治者孙皓在长江上游晋军的威胁下,由建业将首都迁至武昌(今湖北省武汉市),企图加强守备。当时,民谣"宁饮建业水,不食武昌鱼,宁还建业死,不止武昌居",反映了吴国上下反对迁都的情绪。此时,江南汉人和越人的起义,威胁着空虚的建业城,吴国上下离心,孙皓不得不还都建业。从此长江上游守备松弛。

咸宁五年(279),西晋调六路大军共二十余万人伐吴。次年三月,龙骧将军王浚率领水师,从蜀顺长江而下。吴国曾在西陵(今湖北省宜昌)以西的吴、晋两国交界处,用铁索和铁锤封锁江底和江面。王浚水军破除障碍,顺流直攻建业,大破石头城(在今南京市清凉山)。孙皓被迫投降,吴国灭亡。

当时,西线指挥、负责调遣王浚水师的杜预,曾书信于王浚,劝他灭吴之后,率领舟师,从长江入淮水,由淮水入泗水经汴渠进入黄河,再溯黄河入洛水,回到当时的国都洛阳。这位西晋时期的政治家和学者、灭吴统一战争的统帅之一,为王浚指出这条"振旅还都"的路线,是否出于政治和军事考虑,未见史书记载,但是有一点可以肯定,以汴、泗为中心连接淮水、长江与黄河的运河,在西晋时期畅通无阻。

参考文献:

[1]晋·陈寿《三国志》,上海:上海古籍出版社,1986年

[2]唐·房玄龄等《晋书》,上海:上海古籍出版社,1986年

[3]北魏·郦道元《水经注》,成都:巴蜀书社,1985年

[4]谭其骧《中国历史地图集》,北京:中国地图出版社,1982年

第十章　东晋北伐的水上道路

一、欧阳埭与邗沟改道

欧阳埭即今仪扬河运口之古堰,《水经·淮水注》说:"自永和中(345—356),江都水断,其水上承欧阳埭,引江入埭,六十里至广陵城。"按此之说,引江入埭至广陵城,即今仪扬运河,地跨今扬州市的仪征和邗江区。邗沟向西延伸到今天的仪征。《读史方舆纪要》说:"仪征有欧阳戍,在县东北十里。"埭因欧阳得名。《扬州水道记》为《水经·淮水注》中"引江入埭,六十里至广陵城"注释"即今仪征运河",从此,欧阳埭便成为河名。

邗沟在汉献帝建安初从广陵郡江都县引江水向北入樊梁湖(今江苏省高邮湖)为中渎水。为避开湖道多风而影响行船,东晋改道由樊梁湖北口开挖一段水道通入津湖(今江苏省高邮湖),再由津湖入白马湖(因湖形似马而得名,古称马濑湖,在今江苏省淮安市南)中,然后与由射阳湖北出的运道汇合。晋哀帝兴宁中(363—365),又因津湖多风,从津湖南口,沿东岸二十里,开运渠入北口。从此,船只不再航行于湖中。

南北朝时,梁朝人阴铿在《广陵岸送北使》诗中说:"汀州浪已息,邗江路不纡(曲折)。"可见,邗沟(中渎水)改道后,由长江直向淮水口,较之于吴王夫差所开的邗沟,既缩短了航程,又避开了风浪阻碍船只航行的危险。

二、引汶通泗

前燕慕容氏,是鲜卑族的一支,原居于辽河流域。286年,慕容廆建立政权。337年,慕容廆之子慕容皝继燕王位。342年,建都龙城(今辽宁省朝阳),史称前燕。慕容皝死,子慕容儁继位。这时冉魏在对后赵夺权。慕容儁趁机于352

年率军南下攻破邺(在今河南省安阳市北),消灭了冉魏,自称燕皇帝,初都于蓟(今天津市蓟州区),后迁都于邺。

永和十二年(356)冬,燕将"慕容兰以数万众屯汴城,甚为边害。羡自洸水引汶通渠,至于东阿,以征之。临阵斩兰"(《晋书·荀羡传》)。汴城即畔城,在今山东省聊城西,是当时黄河北岸的军事重镇,被前燕所控制。东阿属于东晋济北郡,在今山东省东阿县西南,处于当时黄河南岸、济水西岸,是东晋与前燕进行拉锯战的地区。燕将慕容兰以数万之众屯兵汴城,大军压境,东阿边境局势紧张。

这年,在东晋境内的邗沟已经完成了"引江入埭"工程,运河由长江自仪征至广陵(在今扬州市)接中渎水,入邗沟旧道至淮阴(今江苏省淮安)过淮水,然后溯泗水北上。此时,以泗水为中心的运河完全可以为东晋北伐提供军运保障。

东晋北中郎将荀羡奉穆帝之命率军溯泗水北击东阿,到达任城(今山东省济宁市)东南,由于泗水转向东北,而向北没有一直通往东阿的水道,军用物资无法继续北运。于是,荀羡在刚县(即堽城,在今山东省宁阳县东北)凿开汶水左岸以接通洸水,自洸引汶水向南至任城注入泗水。这样,东晋军运船队自泗水溯洸水而上,到达刚县进入汶水,再顺流而下,至梁山东入济水,便可以抵达东阿。

东晋大军以引汶通泗作为运渠,不仅保障了当时军用物资的运送,而且为后世京杭大运河济宁段水源的补充,提供了借鉴。

三、桓温开挖桓公沟

桓公沟,是东晋桓温北伐前燕途中在泗水与济水之间开挖的新河。

北方后赵混乱,燕、秦乘机崛起,中原被分割为东西对峙。这时,在东晋朝廷主政的桓温,认为北伐的时机已到,于是上疏请求率军北伐。

第一次,是在晋穆帝永和十年(354)二月,以出兵关中长安为目标。桓温兵至关中,正值麦收时节,他原希望就地收麦,解决军粮问题。秦王健采取坚壁清野的对策。桓温军中缺乏粮食,不得不撤兵。第二次,是在晋穆帝永和十二年(356)七月,桓温率军进攻洛阳。同年八月,从江陵到达伊水,攻破洛阳。365年,洛阳被燕攻破。第三次,是在太和四年(369),桓温率军攻伐前燕的首都邺城。桓温的北征大军分出两路:一路由其部将袁真率领沿涡水北上,准备打通荥阳附近的石门（即汴口），以通运道；一路由桓温自己率领从淮水进入泗水，再转入济水，越过黄河，向北进攻邺城。

邺城在今河南省安阳市北，处于当时的黄河以北。为什么桓温北征的两路大军不由泗水进入汴渠或菏水再转入黄河呢？

这时的汴渠，水浅而运输功能衰退，当时被认为不能恃为运道，必须凿开荥阳附近的石门，才能引黄河水东注汴渠。所以，袁真只得沿涡水北上，并先后攻下了谯（在今安徽省亳州）和梁（在今河南省商丘），沿睢水进兵荥阳，意图打开石门水道以使汴渠通漕。

东汉以来，黄河泛滥埋没了巨野泽以上济水、泗水与济水之间的菏水，同时也使巨野泽缩小。这就可以理解桓温沿泗水北上，为何不走菏水在巨野泽上口入济水而另开桓公沟在巨野泽下口入济水，说明此时巨野泽水面已经缩小至梁山以南。

太和四年（369），桓温率军沿泗水北上，攻破湖陆（在今江苏省沛县北），俘获了前燕将领慕容忠。六月，桓温"进次金乡，时亢旱，水道不通，乃凿巨野三百余里，以通舟运。自清水入河"（《晋书·桓温传》），所谓"凿巨野三百余里"就是指桓温开挖的新河，史称"桓公沟"或"桓公渎"，大致在今山东省金乡、鱼台、济宁、巨野、郓城、东平等地之间。

桓公沟起自金乡县（在今山东省金乡北），全长约三百里，中间有一湖泊名为薛训渚，将桓公沟分为南北两段。薛训渚所处的地势较高，湖水向南、北分流。南段的水流自薛训渚向东南流经金乡县东入泗水；北段的水流自薛训渚向北流至巨野泽北口附近的济水，约一百二十里，《水经·济水注》称之为洪水。

史称桓公沟下接巨野泽北口的济水为清水。因为巨野泽上段济水埋塞后，济水的源流以巨野泽为起点，巨野泽以下济水成为以巨野泽和汶水为水源的自然河流，亦即古人所说的黄（河）竭济（水）清，"或谓清（水）即济（水）也"（《水经·济水注》）。清水至四渎口（在今山东省临邑县东）又与黄河相会。《水经·河水注》说："自河入济，自济入淮，自淮达江，水径周通，故有四渎之名。"

桓温北征之师，自清水入黄河，舳舻数百里，可谓军运船队首尾相连，浩浩荡荡。然而，这支威武之师却没有取胜。原因在于，桓温进兵的水路偏在东方，逆水运粮时间长。桓温兵驻枋头（在今河南省滑县西南）后，寄希望于袁真打通石门水道，通过谯（今河南省亳州）、梁（今河南省商丘）从汴渠运粮。前燕慕容垂深知汴渠运道对桓温的重要，便派慕容德领骑兵一万五千据守石门，又以燕豫州刺史李邦率州兵五千切断桓温的粮道。虽然桓温部将袁真已经攻下谯、梁,但是由于石门有前燕重兵把守,以致石门水道无力打开。桓温粮尽,粮路又断,被迫焚舟,弃辎重、铠仗,从陆路败退了。

四、堰吕梁水以利运漕

351年,氏族苻氏乘后赵之乱,以关中长安为中心,建立秦国,史称前秦。在中国北方,前秦先后消灭了前燕和前凉,控制了西域,日益威胁东晋。桓温死后,其弟桓冲为中军将军、扬豫二州刺史代掌兵权。桓氏原来与世家大族谢氏有矛盾。桓冲为了缓和桓氏与谢氏以及东晋统治集团内部的矛盾,以便联合抗击前秦,主动将所兼任的扬州刺史一职,让与辅政的谢安,自己专镇上游,与谢安协力,加强对前秦的防御。谢安子侄、兖州刺史谢玄招募来自徐、兖二州的侨人或其子孙,组成一支称为"北府兵"的军队,严格训练,成为东晋武装部队中唯一的劲旅。

373年,前秦君主苻坚出兵夺去了东晋的梁州和益州。378年,苻坚派其子苻丕等分兵四路,步骑十七万,合攻襄阳。同年,出兵七万攻彭城、淮阴、盱眙。第二年,秦兵攻取了彭城、淮阴、盱眙。随后,进兵三阿(在今江苏省高邮市西北),距广陵(在今江苏省扬州)不过百里。东晋朝廷大震,临江戒备。前秦军被谢玄打败,退还淮河以北。381年与382年相交之际,前秦荆州刺史率军二万攻打竟陵,东晋桓冲出兵拒战,大败秦兵。

383年,前秦苻坚企图消灭东晋,调九十余万精兵南下,发生了淝水之战。这次战役,前秦军是由临时征集来的各族人民组成的,离心离德,意气消沉,不愿积极作战;秦军中的汉人面对东晋军队,更是不愿自相残杀。相反,东晋军队在强敌进犯之前,君臣和睦,上下同心。北府兵多为流亡南来的北方人或其子孙,怀有复归中原之志,能奋不顾身抗击,作战英勇。战争以前秦兵败告终。在溃退路上,秦兵听到风声鹤唳,皆以为东晋追兵。

淝水之战后,东晋开始北上收复徐、兖、青、豫、梁等州郡。

太元九年(384)八月,东晋以徐、兖二州刺史谢玄为前锋都督进兵徐、兖二州。谢玄率师沿泗水北上,军至下邳,秦徐州刺史赵迁弃彭城而走。谢玄大军继续沿泗水向彭城进军,船只行至吕梁洪受阻。

吕梁洪位于今徐州市区东南吕梁山脚下。据清顾祖禹《读史方舆纪要》记载:"上下二洪,相距凡七里……"亦即在今铜山区张集镇与伊庄镇上洪村至下洪村之间的黄河故道滩地内。虽然上、下洪早已被黄河泥沙埋没,但是从现在的地理形势看,上洪与牦牛山和珠山一脉相承。其山脉发端于珠山,末端处于牦牛山脚上洪一带。凤冠山(亦称"坷拉山")处于上、下洪之间,驻足山巅俯瞰山脚下上、下洪遗址;其走向,自西北偏北而东南偏南;其地势,西北高东南低。当年,孔子从上洪向下洪悬涛崩湃的水流中感受到"悬水三十仞,流沫九十里"(郦道元《水经·泗水注》)。虽然"三""九"并非实数而泛指多数,言辞也颇显夸张,但是孔子将观洪的感受付诸形象描述,为后世寻找泗水流经上、下洪的山形水势乃至挖掘吕梁洪的历史地貌提供了线索。在今天黄河故道东侧,上、下洪之间有倪园村,亦称"悬水村"。

"吕梁"之名,因泗水流经吕县,且河中有拱起或呈弧形石梁,故得名"吕梁"。《水经》说,泗水流经吕县南。《水经·泗水注》说:"(吕)县对泗水。……泗水之上有石梁焉,故曰吕梁也。"吕县为春秋时期宋邑,汉时设置吕县,遗址大致在今伊庄镇夸大头村。

由于泗水北高南低,吕梁洪在丰水时,川流湍急;枯水时,河道浅涩,船只首尾相接,过洪艰难。因此,这里向来被称为泗水航道上的一大险滩。

此时,谢玄下决心采取工程措施整治吕梁洪,《水经·泗水注》说:"左将军谢玄于吕梁,遣督护闻人奭,用工九万,拥水立七挖(七条水坝)。"

当时,谢玄率众在吕梁洪"堰吕梁水,树栅,立七埭为派,拥二岸之流,以利运漕"(《水经·泗水注》),"堰"为拦河坝,是较低的挡水并能溢流的建筑物;做木栅,形成七道"埭"作为堵水的土堤,将河道分成七个梯级,以蓄水和平水;开丁溪水为月河行船。丁溪水上承泗水于吕县,东南流,从一片辽阔而低下的湿地北面绕过而注于泗水。泗水冬春浅涩,所以穿行者多从此溪。

"立七埭为派"之数字"七",按照循环往复的自然规律,七天为一周期,从一阴初生的八卦姤卦开始,经过遁、否、观、剥、坤五卦的演变,又重新出现一阳出生的复卦,即"七日来复,天行也"(《周易·复卦》),故以"七"数立埭,寓意泗水是一条"复兴之道",晋朝复归的时代可望顺利无阻。

五、刘裕出兵北方的路线

刘裕原籍彭城,后居于京口,在北府兵中任将领,是东晋统治集团中庶族地主的代表人物,曾镇压孙恩、卢循起义。元兴元年(402),割据长江中游地区的桓玄攻下建康,杀掉司马元显,掌握朝政;次年,废晋安帝司马德宗而自立,国号楚。这时,刘裕在京口起兵,声讨桓玄。桓玄兵败,逃到江陵后被杀。刘裕复立安帝,并从此掌握了东晋的军政大权。

义熙五年(409),刘裕因南燕不断骚扰东晋北部边境,亲率大军北伐。

南燕是鲜卑贵族慕容氏建立的国家,占据今山东省和河南省东部,以广固(今山东省益都)为都城,屡次南侵东晋北境,杀掠官吏和百姓,以致东晋北部边境地区不得安宁。四月,刘裕从建康出发率舟师沿淮水、泗水,五月至下邳,留下船舰辎重,从陆路至琅琊(在今山东省临沂北),每过一处,皆筑城,留兵驻守,以防南燕军队断其后路。六月,东晋龙骧将军孟龙符抢先占据距临朐城四十里的巨蔑河。晋军在临朐南大败南燕军,南燕主慕容超只身逃回广固。次年二月,刘裕率军攻破广固城,生擒慕容超,斩于建康。

义熙十二年(416)八月,刘裕率军北伐后秦。

后秦是羌族人在前秦原来控制的土地上建立起来的国家,占据今陕西省、甘肃省和河南省西部,以长安为都城。这年,后秦统治集团内部发生了争夺王位的斗争。刘裕乘此机会,自建康发兵,北征后秦。当时,北伐分兵五路,其中,一路由建武将军沈林子、彭城内史刘遵考率领,自汴渠进入黄河;另一路由冀州刺史王仲德为前锋,率军从巨野进入黄河。九月,刘裕自己率所部驻扎彭城。

刘裕的两路大军均由泗水北上至彭城,然后分两路进入黄河,再转入渭水攻打后秦都城长安。沈林子和刘遵考率军由泗水转入汴渠,目的是打通石门,接通黄河,使汴渠能够

刘裕出兵北方水上路线示意图

重新恢复运输能力。刘裕自己如同当年桓温北伐,率领舟师,自泗水入济水,再溯黄河西上。

义熙十三年(417),刘裕进军路线是沿着太和四年桓温掘渠通济的桓公沟,以王仲德为前锋先行,开巨野,扩挖桓公沟。刘裕率军自泗水经桓公沟转入济水,至四渎口进入黄河,溯黄河西上,并在函谷关一带,由将领檀道济、王镇恶于黄河沿岸,据山为营,平地结垒,为大小七营,滨带河险,以保障水军西入关中,攻打长安。七月,后秦国都长安被东晋军攻破,后秦主姚泓兵败出降。

六、刘裕凯旋路线

刘裕灭亡了后秦,完全可以乘胜前进,平定陇右,恢复晋疆域。可是,就在紧要关头,他宁愿功亏一篑,留下十二岁的儿子刘义真为安西将军,镇守长安,自己却匆匆返回建康,担心朝廷会有人趁机夺权,生怕东晋皇帝宝座被他人夺取。

义熙十三年九月,刘裕从长安南归建康,没再从黄河绕道四渎口折转济水经桓公沟入泗水,而是自洛水经黄河入汴渠而归。

当年桓温北伐没有能够利用汴渠,是因为其部将袁真没有攻下前燕重兵把守的汴渠上游的石门,致使黄河之水无法自石门进入汴渠,因而汴渠水浅不能行船。而刘裕北伐时,建武将军沈林子和彭城内史刘遵考所率领的水军,便是出石门一路,打开石门,开汴渠进入黄河。

刘裕南归之时,自洛阳到彭城,由黄河进入汴渠仅用了一个多月的时间,如果自黄河入济水再折转桓公沟南入泗水,无论如何也不会这样快。所以,刘裕下决心打开石门,使黄河之水东注汴渠。因为汴渠直接与泗水、黄河东西相连,是关中长安由水上行至建康最直截的道路。

刘裕这次所开的汴渠,渠口略有改变。最早,鸿沟与济水同时分黄河东注。东汉时,由于控制水流,在分水处建立石门,亦即荥口石门。当时,由黄河分出来的水流,是傍着南侧的广武山东流的。沈林子和刘遵考打开了石门,始有激流东注。由于山崩壅塞,水流受阻,因而于其北十里处更凿故渠通之,水流才归于正常。

汴渠既通,刘裕就由黄河顺流而下,过石门,通过汴渠而归于彭城。

参考文献：

[1]唐·房玄龄等《晋书》,上海:上海古籍出版社,1986 年

[2]北魏·郦道元《水经注》,成都:巴蜀书社,1985 年

[3]南朝梁·沈约《宋书·武帝纪》,上海:上海古籍出版社,1986 年

[4]北宋·司马光等《资治通鉴》,北京:商务印书馆,2017 年

[5]清·顾祖禹《读史方舆纪要》,北京:中华书局,2005 年

[6]清·刘文淇《扬州水道记》,扬州:广陵书社,2011 年

[7]谭其骧《中国历史地图集》,北京:中国地图出版社,1982 年

第十一章　泗水穿流南北朝

一、宋文帝北伐

刘裕北伐后秦回到建康以后,于420年废晋帝,自立为武帝,改国号为宋,改元永初。此时,正是鲜卑族拓跋氏建立北魏的兴盛时期,拓跋珪、拓跋嗣、拓跋焘祖孙三代相继在位。

永初三年(422)五月,宋武帝刘裕死,子义符即帝位,司空徐羡之、中书令傅亮、领军将军谢晦、镇北将军檀道济共同辅政。北魏拓跋嗣听说刘裕死,便乘机于十月派大将奚斤等率步骑二万过黄河驻滑台(今河南省滑县)东,拓跋嗣自领五万人为奚斤后援。十一月,奚斤攻破滑台,乘胜进破虎牢(在今河南省荥阳西)。次年正月,北魏军攻取洛阳,又分兵略取兖州、青州各城邑。经过一年战争,宋失掉了司、豫、兖州等地,滑台、虎牢、洛阳被北魏占领,只保有兖州湖陆(在今山东省鱼台东南)以南和豫州项城(在今河南省项城东南)以南地区。

423年11月,北魏拓跋嗣死,拓跋焘即位。第二年,拓跋焘改元始光,开始统一北方,暂时停下对宋边境的战争。

这时,宋朝廷开始发生内乱,司空徐羡之等以皇太后的名义废义符为营阳王,迁居吴;不久,杀掉义符和刘裕的次子、曾为庐陵王的义真,迎立刘裕的第三子、荆州刺史义隆。424年8月,义隆在建康即皇帝位,为宋文帝,改元元嘉,并把京城军政大权抓在自己手里。宋文帝消除了朝廷中的内患,稳定了国内局势后,决意北伐收复滑台、虎牢、洛阳等黄河以南地区。

元嘉七年(430),宋文帝派右将军到彦之率五万大军,统领安北将军王仲德、兖州刺史竺灵秀北攻;又派骁骑将军段宏率领精兵八千,直指虎牢,豫州刺史刘德武率兵一万随其后;后将军长沙王义欣则将兵三万作为机动部队。

北魏拓跋焘对宋文帝北伐采纳谋臣崔浩提出的以退为进的作战方针。崔

132

浩认为对宋宜"待其劳倦,秋凉马肥,因敌取食,徐往击之,此完全之计也"(《魏书·崔浩传》)。

这位汉人谋臣崔浩,还以当时天、地、人的合一关系判断时机:"今兹害气在扬州,一也;庚午自刑,先发者伤,二也[扬州于辰在丑,而是岁在午,丑为金库,午为火旺,以火害金,故害气在扬州。岁在庚午:庚,金也;午,火也;以火克金,故谓自刑];日食昼晦,宿值斗、牛,三也;荧惑(火星)伏于翼、轸,主乱及丧,四也;太白未出,进兵者败,五也(去年十一月朔,日食于星纪之分,宿值斗、牛。荧惑,罚星也,所居之宿,国受殃,为死丧寇乱。翼、轸,楚之分野,属荆州。太白未出,不利进兵。太白,兵象也)。夫兴国之君,先修人事,次进地利,后观天时,故万举万全。今刘义隆(宋文帝)新造之国,人事未洽;灾变屡见,天时不协;舟行水涸,地利不尽。三者无一可,而义隆行之,必败无疑。"(《资治通鉴·宋纪三》)于是,拓跋焘撤离了黄河以南碻磝(在今山东省茌平西南)、滑台(今河南省滑县)、虎牢(在今河南省荥阳西)、金墉(在今河南省洛阳东)四镇戍兵,留下的只是空城。

宋右将军到彦之率大军北攻,由淮水进入泗水,由于水流不畅,一日舟行十里,从四月到七月,舟船才行至须昌(在今山东省东平县),然后溯黄河西上。这条水上路线就是当年桓温、刘裕率领舟师北伐的路线,即自泗水循桓公沟入济水,经四渎口进入黄河。宋军沿着这条水上路线,乘虚进占了军事重镇碻磝、滑台、虎牢、金墉。然后,进驻灵昌津(在今河南省延津县北),前锋直抵潼关。

是年八月,北魏军转退为进,向宋军发起反攻。拓跋焘派冠军将军安颉率领诸军,进攻宋军主力到彦之部;又遣征西大将军长孙道生与丹阳王太毗屯兵黄河北岸,以防御到彦之北渡。到彦之与王仲德沿河置守,还保东平。

北魏军从委粟津(在今河南省孟津县东)渡过黄河攻打金墉。接着,攻下洛阳、虎牢。到彦之想焚舟步行,引军南还。王仲德劝阻说:"洛阳即陷,虎牢不守,自然之势也,今虏去我犹千里,滑台尚有强兵,若遽舍舟南走,士卒必散。当引舟入济(水),至马耳口,更详所宜。"(《资治通鉴·宋纪三》)这时,军中疾疫流行,到彦之引军沿济水到历城(在今山东省济南市),焚舟步趋彭城。竺灵秀兵败须昌,南奔湖陆,又被北魏将叔孙建打败。宋文帝北伐大军全线溃败。

二、南北战争

北魏太武帝拓跋焘,于430年(元嘉七年)向南抵御刘宋北伐胜利后,又于

436年消灭了北燕。439年，拓跋焘率大军亲征北凉，包围姑藏。统治北梁的沮渠牧健出降。至此，北魏结束了北方十六国分裂割据的局面。当群臣疏请大举伐宋时，拓跋焘鉴于连年作战，国内百姓负担沉重，国力不支，所以没有接受群臣建议。此后，北魏与刘宋暂时没有发生战争，相安对峙的局面维持了二十多年。

宋文帝元嘉年间，是南朝比较安稳的时期。社会生产有所发展，国势比较强盛，使宋元嘉之治的小康局面继续维持了二十年之久。这一时期，刘宋朝廷基本上没有对外用兵，处于守势，但是宋文帝经略中原之志依然没有动摇。

就在宋朝廷群臣争相献策进击北魏时，北魏拓跋焘却抢先一步，于元嘉二十七年(450)二月，亲自率领十万步骑南征刘宋。北魏军分两路，一路攻打悬瓠城(今河南省汝南)；另一路由永昌王拓跋仁率领，屯兵汝阳(今河南省商水县)。悬瓠城和汝阳濒于汝水与济、汴、泗、淮相连。这时，宋文帝令镇守彭城的徐州刺史武陵王刘骏直趋汝阳袭击北魏军，但因后无援军而战败。

同年四月，拓跋焘率军北还，但一场更大的南北战争正在酝酿之中。宋文帝对敌我双方力量估计不足，不考虑如何防御北魏军向南进攻，反而想马上兴师北伐。他没有采纳左将军刘康组、太子步兵校尉沈庆之等大臣进谏，自己认为："虏所恃者唯马；今夏水浩汗，河道流通，泛舟北下，碻磝(在今山东省茌平西南)必走，滑台(今河南省滑县)小戍，易可覆拔。克此二城，馆谷吊民，虎牢(在今河南省荥阳西)、洛阳，自然不固，比及冬初，城守相接，虏马过河，即成擒也。"(《资治通鉴·宋纪七》)宋文帝之所以这样考虑，是因为他想借助于"今夏水浩汗，河道流通"的有利条件，以水军攻伐马背上的军队。但是，他却忽视了人的因素，低估了北魏的军事力量。

同年七月，宋文帝下诏北伐。刘宋大军东西并举：东路军攻占了碻磝，由太子步兵校尉沈庆之驻守；彭城太守王玄谟进围滑台，派钟离太守垣护之以百舸为前锋，占据了石济(位于滑台西南一百二十里处)。垣护之所率战舰本可以乘胜进攻，但王玄谟却命令其部按兵不动，以致贻误战机。九月，北魏拓跋焘率大军渡过黄河，领兵与刘宋军展开激战，以救滑台之围。王玄谟急速撤退，来不及把撤退消息通知垣护之。北魏军为阻止垣护之撤退，将缴获王玄谟的战舰，用铁索连成三层，横在黄河水面上。垣护之率领战舰顺流而下，水军用长柯斧砍断铁索，得以突围。西路军尤以领左卫将军柳元景打得顽强，攻克卢氏、陕县、弘农(在今河南省三门峡至陕西省华山一线)，占领了潼关，直逼关中。但由于孤军深入不得不撤军。

刘宋东路军主要利用泗水以战舰向北进攻。当时,何承天认为"巨野湖泽广大,南通洙泗,北连清济,旧县城正在泽内,宜修复埭(堵水的土堤)竭(堰,以土障水),给轻舰百艘,寇若入境,引舰出战,随宜应接,据其师津,毁其航漕"。刘宋东路军北进以泗水为通道,南自长江由欧阳埭入邗沟过淮水入泗,北自泗水由巨野泽以东桓公沟连接济水,然后,至四渎口进入黄河。

元嘉二十七年(450)九月,拓跋焘领兵救滑台大破刘宋军后,紧接着分诸路大军向南反攻。其中,高凉王那自青州沿沂水直趋下邳。十一月,拓跋焘自领中路大军,攻克鲁郡,生擒太守崔邪利。拓跋焘在峄山看了秦始皇二十八年立石颂德的石刻,"使人排而仆之"(《资治通鉴·宋纪七》),以太牢(牛、羊、豕全备称太牢)祭祀孔子。然后,领兵沿泗水南下攻打彭城。十二月,拓跋焘引兵南下,命令中书郎鲁秀出击广陵(今江苏省扬州)、高凉王那出击山阳(今江苏省淮安)、永昌王仁出击横江(在今安徽省和县东南),自己则率军抵达瓜步(在今江苏省南京六合东南)。

瓜步在当时处于欧阳埭附近,濒临长江,与建康隔江相望。北魏军坏民庐舍,伐苇为筏,声言要渡过长江直捣建康。建康内外戒严,百姓组织护城,王公以下子弟皆被征发。宋将军刘遵考等领兵分守津口要塞。自采石(在今安徽省当涂)至暨阳(在今江苏省江阴)六七百里,陈舰列营,周亘江滨。拓跋焘看到刘宋戒备森严,无力攻取建康,遂于次年正月,焚烧庐舍,掠民户五万余家而去。

北魏军向南进攻路线,虽然史书没有记载由泗水、淮水、邗沟、欧阳埭而行于水上,但是从北魏军向南进攻的城邑看,均分布于泗水、淮水、邗沟、欧阳埭等沿岸。可见,拓跋焘率领的诸路大军,向南水陆并进。因为,以泗水为中心水道,使黄河与江、淮畅通无阻,是当时刘宋北伐的路线;元嘉七年(430)刘宋军北伐时,拓跋焘就"诏冀、定、相三州造船三千艘"(《资治通鉴·宋纪三》),又在九月的滑台战役中缴获了刘宋王玄谟的战舰。可以说,北魏军已经具备了水上进军的能力。

466年,宋明帝刘彧(yù)命镇军将张永、中领军沈攸之率甲士五万,征讨卷入朝廷帝位之争的徐州刺史薛安都。薛安都被张永、沈攸之逼迫投降北魏。《资治通鉴·宋纪十三》记载:"安都闻大兵北上,惧,遣使乞降于魏。"所谓"北上",《资治通鉴》注释说:"地势,西北高,东南下,济、泗、沂之水皆南流,径彭城而注于淮,故谓南兵北向为北上。"北魏镇东大将军尉元率骑一万救彭城,纳降薛安都所部,并上表拓跋弘:"南国遣兵向彭城,必由清泗过宿豫,历下邳;趋青州路,必由下邳入沂水,经东安,为用师之要。"(武同举《淮系年表》)

第二年正月,尉元沿泗水出击张永。时值天下大雪,泗水冰合,张永率部弃船步走。尉元率骑在半路拦截张永部,薛安都率军乘其后,前后夹击,在吕梁东大破张永。当时,彭城一带因连年战乱,民不聊生,尉元建议利用张永所弃的九百艘船只,沿济水与泗水运送冀、相、济、兖四州米粟,赈济徐州之民。

三、孝文帝的水运规划

北魏从拓跋珪传到第六代为孝文帝拓跋宏,在他一系列的改革活动中,最重要的就是迁都洛阳。

北魏都城原在平城(今山西省大同)。这里地处北方,生活习惯、气候条件都与鲜卑故土相近。随着中原疆土的开拓和被统治汉人的增加,平城已经不适合对整个北方地区的控制。平城一带土地贫瘠,且屡受灾荒;即使风调雨顺之年,也常出现饥荒。当时的中原地区,正逐渐成为北魏的主要产粮基地,所以从关外贫瘠的平城迁都已是当时经济发展的客观要求。再者,平城长期作为北魏都城,功勋公老多居于此,保守势力因循守旧,阻碍着北魏的社会发展。因此,无论从经济还是从社会发展考虑迁都,都是当务之急。

当时,新都选址有洛阳和邺城(在今河南省安阳市北)两处。洛阳是汉族政治文化中心,东汉、曹魏、西晋都曾经在这里建都。邺城则是黄河以北主要的粮食和丝绵产地。单从经济意义看,邺优越于洛阳;但从吸收汉族文化考虑,洛阳胜于邺城。再从军事上考虑,洛阳可以"经营天下,期于混一"(《资治通鉴·卷一三八》)。最终,拓跋宏把新都选定于洛阳。

早在太和四年(480),彭城镇将、徐州刺史薛虎子在给孝文帝拓跋宏的奏章中认为:"国家欲取江东,先须积谷彭城,……今徐州良田十万余顷,水陆肥沃,清(泗水)、汴(水)通流,足以溉灌。"(《资治通鉴·齐纪》)太和十八年(494),拓跋宏从平城迁都洛阳后,第二年视察徐州。

拓跋宏从徐州返回洛阳,由泗水乘船北上,沿着桓温、刘裕所疏浚的桓公沟,经清(济)水入黄河。拓跋宏回洛阳坚持"泛泗入河,泝流还洛"(《魏书·成淹传》)。当时,随行的谒者仆射成淹,考虑黄河水流湍急,船只随时都有倾覆的危险。因此,上疏谏阻拓跋宏溯黄河西上。拓跋宏说:"我以平城无漕运之路,故京邑民贫。今迁都洛阳,欲通四方之运,而民犹惮河流之险;故朕有此行,所以开百姓之心也。"(《资治通鉴·齐纪六》)可见,孝文帝拓跋宏对洛阳以东泗水诸河流发展航运的重视和决心。

据《魏书·李冲传》记载，拓跋宏在洛阳洪池泛舟时提出，自此开渠，一旦南伐，便可以就近入洛水，从洛水入黄河，从黄河入汴渠，从汴渠入泗水，然后再入淮水。这样就可以下船而战，仿佛直接开门搏斗。他估计用两万人以下开渠，六十天就可以告成。

拓跋宏的水运规划，持续发展了东汉魏晋时期的水上交通路线。496 年，洛阳附近将通洛水入谷水，拓跋宏亲自临观。拓跋宏之后，为了保持东南的航运，宣武帝元恪接受崔亮的建议，"修汴、蔡二渠以通边运，公私赖焉"（《魏书·崔亮传》）。蔡渠就是以前鸿沟水系的蒗荡渠。汴渠和蔡渠得到修复，从而通流了两渠之间的睢水、涣水和涡水。

四、沭水设堰分流

北魏与南朝相峙时期，沭水自今山东沂水县北部沂山南麓，向东南流经沂水县和莒县东，折向西南流经临沂市东南、再南流至郯城县分为二渎：

一渎向南经建陵山（山南北长而东西狭）西，是梁天监二年（503）三月，潼阳（今江苏省沭阳县）人，自红花铺开凿引沭水灌溉农田，俗名"红花水"，东流经游水入海。一渎向西南，由于干涸，被称为"枯沭"，经今江苏省新沂境内峒峿山和马陵山西，至今宿迁境内直河口会泗水入淮。峒峿山高五十丈，周十五里，山上有石洞，泉流不竭。马陵山高十五丈，周十二里，陵阜如马，冈脉灵杰。

梁萧时期，曾为南齐宗室、任琅琊太守、前将军的萧宝夤，因梁武帝萧衍得势，杀害南齐宗室，遂逃亡北魏，拜扬州刺史，封丹阳郡公，北魏正光年间（520—525）镇守徐州，并于厚丘县立大堨（堰）。《水经·沭水注》说萧宝夤"镇徐州，于厚丘县立大堨（堰），遏沭水西流，两渎之会，置城防之，曰曲沭戍。自堨流三十里，西注沭水旧渎，谓之新渠。旧渎自厚丘西南出，左会新渠，南入淮阳宿预县注泗水"。

徐州即东徐州，治所在今江苏省宿迁市宿预；厚邱县在今沭阳县北，隶属东徐州。萧宝夤"立大堨"，即在郯城县故城东禹王台建碎石滚坝，北魏时期未设置郯城县，其地属厚邱县。遏沭水西流，其目的是阻止沭水流入沂水。开新渠，流三十里接入干涸无水的"枯沭"，至直河口（距今睢宁古邳东南）入泗水，亦即《水经注》所载"南入淮阳宿预县注泗水"。

曲沭戍，在建陵县故城东，建陵城在今沭阳县西北古郯国境地，北魏置建陵县。据《资治通鉴·梁纪六》记载，梁普通五年（524）十月戊寅日，萧梁将领裴

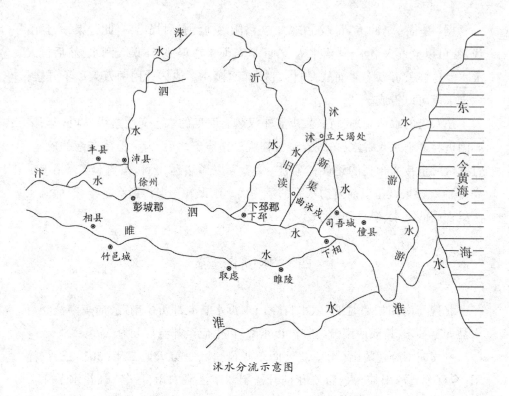

沭水分流示意图

邃、元树北伐攻克了北魏建陵城后,又于第四天攻取了曲沭戍。

在当时北魏与萧梁南北战争的形势下,沭水设堰分流,既保证了泗水与沭水交通水道的畅通,同时又可以由沭水向泗水分段补充航运水源,而且有益于分泄洪水以及引沭水灌溉潼阳(今江苏省沭阳县)地区的农田。

《水经·沭水注》说:"沭水左渎自大堰水断,故渎东南出,桑堰水注之。……又南,左会横沟水。……又南暨于遏,其水西南流,径司吾山东,又径司吾县故城西,又西南注泗水也。沭水故渎自下堰东南径司吾城东,东南至朐县(故城在今江苏省东海县南),入游注海也。"

按照《水经·沭水注》说法,左渎向东南,经今新沂市新安镇,再向南,大致在今新沂市王庄一带又设堰分水。向西南流者,经司吾山东、司吾县故城(即春秋钟吾国,汉代设置司吾县,在今江苏省新沂市马陵山镇新宅村)西、司吾山与嶂山入首处(亦即断峡),再向西南穿过骆马湖(此时未形成湖泊)一带平原注入泗水。向东南流者,经司吾县故城东,东南流经僮县北(在今沭阳县南),再东流合于游水。

游水是当时淮水在下游向北分出的支津,根据《水经·淮水注》之说,淮水从今涟水县向北分为游水,经今连云港市海州锦屏山西、又北经羽山西、又北经

138

山东省临沭县蛟龙镇利城村东,入连云港市赣榆境内后,游水又北经班庄镇古城村,左经塔山镇莒城村,又东北经海头镇盐仓城村,又东北经柘汪镇东林子村,东北入海。

五、泗水代兵攻彭城

南朝时期,先后发生了梁、陈两朝在泗水立堰壅水灌彭城的以水代兵事件。

永元三年(501),萧齐时期的雍州刺史(镇襄阳)萧衍率兵进入建康,杀和帝萧宝融。次年,自立为梁武帝,国号梁,史称萧梁。萧衍当了四十六年皇帝,一直在北伐事业中没有丝毫进展。这时,侯景向梁武帝接洽投降。

侯景是鲜卑化的羯族人,曾任东魏河南道大行台,将兵十万,专治河南达十四年之久。东魏高欢死,侯景不肯受高澄节制,以河南十三州降西魏。西魏又欲夺侯景兵权。在东、西两魏夹击之下,侯景于梁武帝太清元年(547)投降萧梁,并请求梁武帝出兵援助。于是,梁武帝萧衍任命侯景为河南王,又派他的侄子萧渊明率兵水陆进攻彭城(今徐州市)。当时彭城为东魏彭城郡,因此,进攻彭城,以牵制东魏,支援侯景。

这时,南梁持节、冠军将军羊侃负责在泗水之上监筑拦河坝,以堰泗水攻打彭城。拦河坝筑于寒山,史称"寒山堰"。

寒山即今徐州市区大龙湖西侧靠北的山峰。清初顾祖禹《读史方舆纪要》说,寒山距州(清初徐州为直隶州治所彭城)东南十八里。

当时泗水由西北向东南,至寒山脚下折转东流,现在的上河头村与下河头村,可以勾勒这段泗水的流路。"寒山堰"大致位置在徐州洪以下,寒山与奎山之间。"寒山堰"筑成后,主帅萧渊明没有采纳羊侃水淹彭城的建议。这时,东魏高澄派慕容绍宗等率军救援彭城,以致梁军惨败,萧渊明被俘,羊侃率部而退。

当南朝萧梁政权易为陈朝时,北方的东魏,也由丞相高欢的儿子高阳废东魏孝静帝,自立为帝,史称北齐。此时,彭城郡又为北齐所占。

太建五年(573),陈朝讨伐北齐,陈宣帝命吴明彻都督征讨诸军事。太建七年(575)闰九月,吴明彻率军溯泗水进攻彭城,在今徐州市区东南吕梁,击败北齐军数万人。太建九年(577)十月,陈宣帝得到北周灭北齐的消息,想乘机夺取淮水以北地区,便诏令吴明彻进军北伐。吴明彻率军溯泗水行至吕梁,打败北周徐州总管梁士彦所率军队。梁士彦退兵彭城,固守城池,不再出战。于是,吴明彻打坝壅高泗水水位,利用泗水灌城。

北周将领王轨率军救援,王轨轻兵疾驰占据泗水注入淮水的泗口,在泗水横流竖木,再用铁锁贯车轮沉沉之于泗水,以阻拦吴明澈率军运船队回朝。吴明彻被迫决堰,退军至泗口被擒。

六、郦道元考察泗水

郦道元是一位世代服官于北魏王朝的汉族知识分子,于 515—527 年期间,以西汉王朝的疆域作为叙述范围,撰写了集地理、考古、水利、军事、文学等于一体的《水经注》。他创作《水经注》时,正处于南北分裂状态,作为北方人且在北魏做官,对于南朝所统治区域的河流,不可能以实地考察作为第一手资料,而只能从南北朝以前的各类历史文献里广泛收集资料。但他对于北魏统治区域的河流,在写作过程中,不仅广泛占有资料,而且通过野外地理考察,并以亲身经历纠正各种文献之说。

关于泗水源头,《山海经》说"出鲁东北";《汉书·地理志》说"出济阴乘氏县",又说"出卞县北";《水经》又说"出鲁卞县北山"。

鲁是周时期分封的诸侯国,姬姓,开国君主是周公旦之子伯禽,建都在今山东曲阜一带。春秋时国势衰弱,战国时成为小国,公元前 256 年为楚国所灭,秦、汉以后仍称为鲁。乘氏县是西汉时期设置的侯邑,故城在今山东巨野县西南。显然,鲁与乘氏县不在同一方位。郦道元在一次旅程中"沿历徐、沇,路径洙、泗,因令寻其源流"发现泗水源头在卞县故城东南,桃墟西北。他在《水经·泗水注》中,以自己亲眼所见描述了鲁国卞县东南的桃墟以及妫亭山与泗水源头的地理位置:"墟有漏泽,方十五里,渌水澄渟,三丈如减。泽西际阜,俗谓之妫亭山,……自此连冈通阜,西北四十许里,冈之西际,便得泗水之源也。"

《水经》说:"泗水南过方与县东,菏水从西来注之。"说菏水"又屈东南过湖陆县南,涓涓水从东北来流注之"。晋人戴延之在《西征记》中也说湖陆县东南有涓涓水,并以《国语》之言:"吴王夫差起师,将北会黄池,掘沟于商、鲁之间,北属之沂,西属于济。"认为这条河流是吴王夫差疏通的。《汉书·地理志》则谓之南梁水,并根据流程说"其水西流注于济渠(济水)"。郦道元对以上文献中的不同说法,深入分析,并"以水路求之"进行实地考察,形成了自己的观点:一是涓涓水与南梁水,疑即是一条河流。二是济水在湖陆县西而左注泗水,说济水入泗,或者说泗水入济,互受通称,所以有入济之文。三是认定吴王夫差所浚广

140

的沟渠"盖北达沂,西北径商、鲁,而接于济矣"(《水经·泗水注》),不是起自东北,受沂水而西南注济水,而是将涓涓水(南梁水)原有河道疏通与泗水相接。

七、《水经注》记载的泗水文化

汉魏之际的《水经》简略记述了以泗水为干流的沂、沭、汴、睢等河流,郦道元著《水经注》以《水经》为纲、以河流为经脉,通过时空与社会发展,记载了南北朝以前泗水流域的行政区划、城市地理、航道开发、灌溉、语言景观(地名)等文化。

《水经注》记载的行政区划是以泗水为干流的沂、沭、汴、睢等河流为纲,上溯先秦,将其穿插于河川山岳之间,使之与历史掌故及地理事物融为一体,并兼及地名渊源。

《水经》说:"泗水出鲁卞县北山,西南过鲁县北。"《水经注》记载鲁县"即曲阜之地,少昊之墟。……周成王封姬旦于曲阜,曰鲁。秦始皇二十三年,以为薛郡。汉高后元年为鲁国"。《水经注》说沛县"取(沛)泽为名,宋灭属楚,在泗水之滨,于秦为泗水郡治"。

《水经》说获水"东至彭城县北,东入于泗"。《水经注》说:"获水首受甾获渠,亦兼丹水之称也。……盖汳水之变名也。……获水于彭城西南,回而北流,径彭城。……城即殷大夫老彭之国也。于春秋为宋地,楚伐宋,封鱼石(春秋宋国人)于彭城。……项羽都焉,谓之西楚。汉祖定天下,以为楚郡,封弟交为楚王,都之。宣帝地节元年,更为彭城郡。王莽更之曰和乐郡也,徐州治。"《水经注》还引《汉书·地理志》说"彭城县,古彭祖国也"。

泗水流经下邳县,《水经·泗水注》记载:"汉徙齐王韩信为楚王,都之。后乃县焉,……东阳郡治。晋灼曰:东阳县本属临淮郡,明帝分属下邳,后分属广陵。……汉明帝置下邳郡矣。"

《水经》说沂水"南过郯县西",《水经注》记载的郯县,是"故旧鲁也,东海郡治。秦始皇以为郯郡,汉高帝二年,更从今名,即王莽之沂平者也"。

《水经注》说:"睢水又东径睢陵县故城北。汉武帝元朔元年,封江都易王子刘楚为侯国。"

关于城市地理,《水经注》记载了泗水流域的城邑与都会。

《水经·获水注》记载的彭城"大城之内有金城。东北小城,刘公(南朝宋武帝刘裕)更开广之,皆垒石高四丈,列堑环之(周围城壕环绕)。小城西又有一城,是大司马琅邪王(东晋桓温)所修,因项羽故台,经始即构,宫观门阁,惟新厥制(重新恢复其建筑规模)。义熙十二年,霖雨骤澍,汳水暴长,城遂崩坏。冠军将军,彭城刘公之子(彭城王刘义康)也,登更筑之。悉以砖垒,宏壮坚峻,楼撸赫奕(防御攻城的高台盛大壮美),南北所无"。由此可见,彭城在东晋时期的建筑规模之大。

《水经》说睢水"东过睢阳县南",《水经·睢水注》记载汉初扩建的睢阳城(今河南省商丘):"余按《汉书·梁孝王传》称:王以功亲为大国,筑东苑,方三百里,广睢阳城七十里,大治宫室,为复道,自宫连属于平台三十余里。复道自宫东出杨之门左。阳门,即睢阳东门也。"可见,当时睢阳城的规模是很大的。

关于泗水航行,《水经》说泗水"又东南过吕县南",《水经·泗水注》说:"泗水又东南流,丁溪水注之。溪水上承泗水于吕县,东南流,北带广隰(从辽阔的低地北面绕过),山高而注于泗川。泗水冬春浅涩,常排沙通道,是以行者多从此溪。即陆机《行思赋》所云,乘丁水之捷岸,排泗水之积沙者也。"可以说,非常清楚地记载了泗水和丁溪水的航行情况。

《水经注》还记载了沂水和菏水在春秋时期的航行情况。

《水经》说沂水"又南过良城县西,又南过下邳县西,南入于泗"。《水经·沂水注》引《春秋左传》说:"昭公十三年,秋,晋侯会吴子于良。吴子辞水道不可以行,晋乃还,是也。"证明沂水是可以通航的水道。

菏水是黄河流至广饶入海的过程中,在今山东省定陶东北向东南分出的支津,东与泗水相连。吴国将这条黄河支津"阙为深沟"以通航,《水经·泗水注》说:泗水"北达沂,西北径于商、鲁,而接于济矣,吴所浚广耳"。无疑,沂水与菏水通航于吴国,是通过泗水连接江、淮。

《水经注》记载的水利工程,按其名称包括堰、坝、竭、陂等;按其工程效益主要是灌溉、防洪、航运等方面。

丰西大堰位于今江苏省丰县境内,《水经·泗水注》说泡水"又径丰西泽,谓之丰水。……又东径大堰,水分为二;又东径丰县故城南,王莽之吾丰也。水侧城东北流,右合枝水,上承丰西大堰,派流东北径丰城北"。

泗水流至吕梁,《水经·泗水注》记载:"晋太元九年,左将军谢玄于吕梁遣都护闻人奭,用工九万,拥水立七挞,以利运漕者。"七挞,即七条坝。

沭水在今山东省临沂北,东为低山丘陵,较大的支流为浔水,其上有旧竭。《水经·沭水注》说:"沭水又南,浔水注之。水出巨公之山,西南流,旧竭以溉田,东西二十里,南北十五里。"又记载,北魏正光年间齐王萧宝夤镇守徐州,"于厚丘县立大竭(堰),遏沭水西流"。

温水是沂水支流,位于今山东省临沂境内,其上承温泉陂,《水经·沂水注》记载:"沂水左合温水,水上承温泉陂,而西南入于沂水者也。"

睢水在今河南省杞县城东、商丘南和安徽省萧县与濉溪之间积成了三处湖泊。后来,经过人工整治,这三处湖泊被《水经注》分别称为白羊陂、逢洪陂和郑陂。《水经·睢水注》记载:"昔郑浑为沛郡太守,于萧、相二县兴陂堰,民赖其利,刻石颂之,号曰郑陂。"在睢水支流上的陂湖,《水经·睢水注》说:"睢水文左合白沟水,水上乘梧桐陂,陂侧有梧桐山,陂水西南流,径相城东而南流注于睢。睢盛则北流入于陂,陂溢则西北注于睢。出入回环,更相通注,故《经》有入陂之文。"又说:"睢水又东与潼水故渎会。旧上承潼县西南潼陂,东北流经潼县故城北,又东北径睢陵县,下会睢水。"由此可见,梧桐陂和潼陂,不仅蓄水灌溉,而且可以调蓄水量。

《水经注》解释泗水流域的地名,其中最具特征的是阴阳地名和对称地名。

《水经·睢水注》说:"睢水又东径睢阳县故城南。"记载了睢阳城与睢水的相关位置。自古以来地方命名的原则:水北为阳,山南为阳。《说文段注》说:"日之所照曰阳,然则水之南、山之北为阴。"可知,睢阳城在睢水以北。

关于邳和下邳、相和下相等对称地名的解释,《水经·泗水注》说:"应劭曰:奚仲自薛徙居之,故曰下邳也。"是说下邳地名,源于由夏代车正奚仲自邳(薛地,在今山东省滕州市东南)迁居至此,所以称下邳。《水经·睢水注》说:"睢水又东南流,径下相县故城南。应劭曰:相水出沛国相县,故此加下也。然则相又是睢水之别名也。"相县故城在今安徽省濉溪北襄王城,下相县在今江苏省宿迁境内。

与河流相关、独有特征的地名,可以堪称语言景观。

参考文献:

[1]南朝梁·沈约《宋书》,上海:上海古籍出版社,1986 年

[2]北齐·魏收《魏书》,上海:上海古籍出版社,1986 年

[3]隋·姚察、姚思廉《梁书、陈书》,上海:上海古籍出版社,1986 年

[4]北魏·郦道元《水经注》,成都:巴蜀书社,1985 年

[5]北宋·司马光《资治通鉴》,北京:商务印书馆,2017 年

[6]清·顾祖禹《读史方舆纪要》北京:中华书局,2005 年

[7]谭其骧《中国历史地图集》,北京:中国地图出版社,1982 年

第十二章　隋、唐时期的汴泗运河

一、隋朝灭陈的水运道路

北周末年,身居关陇军事官僚贵族集团、手握重权的杨坚,于开皇元年(581)废周静帝,以"隋"为国号,本人自立为隋文帝。

隋朝建立后,首先消除面临北边突厥侵扰的威胁,杨坚接受长孙晟建议,在武力抵抗的同时,"远交而近攻,离强而合弱",使突厥内部发生分裂,北边形势得以缓和。于是,隋文帝转而向南用兵伐陈。

开皇八年(588)三月,隋文帝下诏伐陈;十月,以杨广为尚书令,全面负责灭陈战役,设淮南行台道于寿春,数路出兵。其中,广陵、六合两路大军负责进击长江下游的京口和建康。

两路大军,兵力数万,如果没有充足的粮食及其军需用品补充,要想取得灭陈的胜利是不可能的。当时的广陵和六合是隋军进攻陈朝的重要根据地,关中、关东的军用物资需要转运到两地。因此,隋文帝在南征之前,就开始着手筹划大军的供给,即如何利用汴、泗水道解决运输问题。虽然史书没有提及利用汴、泗水作为运道之事,但是从增筑汉古堰和开挖山阳渎,可以证明汴渠和泗水被隋朝用做南征灭陈的运道。

汉古堰,亦称汴口堰和梁公堰,是开皇七年(587)隋文帝派梁睿,在河阴(在今河南省荥阳东北)西修筑的挡水堤坝,以遏黄河水入汴渠而利于漕运。杜佑说:"增筑汉古堰,遏河水入汴。"(《通典》)汴,就是东汉以后的汴渠。这条汴渠由现在的河南省开封东南流至今徐州市区入泗水,再向东南进入淮水。

同年夏四月,隋文帝又兴役于扬州开山阳渎,以通漕运,"将以伐陈也"(《资治通鉴》)。

扬州治所在广陵,即今扬州市,山阳属广陵,在今江苏省淮安。春秋时期吴王夫差在长江与淮水之间,开挖了一条自广陵城东南向西北至末口(在今江苏省淮安市淮安区淮城镇新城村)入于淮水的运河。汉献帝建安初,广陵太守陈登开挖中渎水,自广陵北开挖至樊梁湖(在今江苏省高邮湖)合邗沟旧道。为平灭南陈,隋朝在原有旧运道上"开而深广之"(《资治通鉴·陈纪十》)。以运送军用物资的船只,由汴、泗过淮水,再沿山阳渎直抵隋军进攻的陈朝的根据地广陵。

当时,还有一条运道即从广陵向西通至今仪征,即欧阳埭,为东晋永和中所开,引长江水六十里至广陵城,即今仪扬运河。晋王杨广军屯六合以南的桃叶山距今仪征不过六十里。如果说,杨广率军渡过淮水,由陆路兵至六合桃叶山;那么,大批的粮食及其军用物资等补给,完全可能通过山阳渎经广陵,再转入欧阳埭至今仪征;然后,由陆上近距离运至六合桃叶山。

开皇九年(589)正月,在"东接沧海,西拒巴、蜀,旌旗舟楫,横亘数千里"的长江沿线,隋军对陈发起全面进攻,吴州总管贺若弼率军自广陵瓜洲渡江,指向京口。晋王杨广遣军三万自六合桃叶山渡江,直攻建康。两路大军渡江成功,建康沦陷,陈后主被俘,陈氏王朝覆灭。

二、通济渠与汴渠

通济渠在历史上有由汴入泗再入淮和直接入淮两种之说。

其一,唐代《通典·卷一七七引〈坤元录(括地志)〉》说:"(汴渠)亦名莨荡渠,今名通济渠,首受黄河。"还说:"自宋武帝北征之后,(汴渠)复皆湮塞。隋炀帝大业元年,更令开导,名通济渠。西通河洛,南达江淮。"《资治通鉴·隋纪四》说得较为具体:"大业元年三月,发河南、淮北诸郡民,前后百余万,开通济渠。……复自板渚(在今河南省荥阳汜水镇东北)引河历荥泽入汴,又自大梁之东引汴水入泗,达于淮。"

其二,《隋书·炀帝纪》记载,通济渠由洛阳西苑引谷水和洛水入于黄河,再从板渚引黄河通于淮。

对于通济渠流程,为什么有两种不同说法?

隋文帝杨坚统一全国,结束了西晋灭亡以来南北朝分裂的局面;同时,采取政治、经济等措施,使隋朝很快富强起来。隋炀帝杨广继承父亲隋文帝统治以后,为加强中央对地方的控制,以洛阳为中心营建东都并开通了南北运河。尤其,东晋以来,长江下游一带的经济逐渐发展起来,到南朝已经是"地广野丰,民

145

勤本业,一岁或稔,则数郡忘饥"(《宋书·孔季恭等传》)。隋朝灭陈之后,杨广于开皇十年(590)任扬州总管镇守江都十年,不仅熟悉长江下游地区的富庶和山川秀美,而且对潜在的反隋力量及斗争形势,也有着清醒的认识。所以,杨广居于统治地位之后,为加强与东南地区的政治、经济和军事联系,开通济渠,已经迫在眉睫。

大业元年(605)三月丁未日,开工兴建东都洛阳,同月辛亥日,即隔三天,又征发河南、淮北诸郡民百余万开通济渠。可见,洛阳城和通济渠的兴建几乎同时开工。

隋朝的洛阳城位于旧城之西,建有丰都、大同与通远三市,并大兴显仁宫和西苑。当时,"发大江之南、五岭以北奇材异石,输之洛阳;又求海内嘉木异草,珍禽奇兽,以实园苑"(《资治通鉴》)。如果将大江之南、五岭以北的奇材异石及嘉木异草从水路输之洛阳;那么,与洛阳城同时开工的引黄河直接通于淮水的通济渠又怎么能发挥其运输作用呢?

当时,有一条可以通向长江的水道,那就是东汉到南北朝时期的汴渠,经泗水入淮,再由隋开皇七年"开而深广之"的山阳渎经欧阳埭进入长江。

这条水道正与《资治通鉴》等史料所说的通济渠相符,可以将上述奇材异石、嘉木等,自长江过淮水入泗水,再由汴渠过板渚入黄河,再折转洛水,运至洛阳。

从通济渠整体工程看,从东都洛阳西苑引谷、洛水进入黄河,此段工程只修了部分人工运渠和局部疏浚;板渚和浚仪(在今河南省开封)之间,是对东汉到南北朝时期的汴渠进行疏浚。可见,以上两段工程量不算太大。然而,"引汴通淮"工程比较艰巨,在短时间内不可能发挥效益。因为,此段工程是在浚仪以东,与原汴渠分途,需另开一条新渠,引汴水直趋东南,直接入淮。所以,当时最符合实际的就是利用南北朝以前的汴渠作为运道,进入泗水、淮水与长江,把营建东都的所需物料运至洛阳。

《元和郡县志》既说:"汴渠,……从大梁(在今河南省开封)之东引汴水入泗,达于淮。"又在汴州开封(今河南省开封市)、雍丘(今河南省杞县)、宿州符离县(在今安徽省宿州)、泗州虹县(今安徽省泗县)和临淮县(在今江苏省盱眙县北)等条目中记载有汴河。因此,进一步证明由汴入泗再入淮和直接入淮,是先后出现的两条运河。

为什么隋炀帝不利用当时原有的汴渠而另开通济渠?

《太平寰宇记》说:"隋大业元年,以汴水迂曲,回复稍难,自大梁城(今河南省开封)西南凿渠,引汴水入,号通济。"以直角三角形为例,原有的汴渠是古鸿

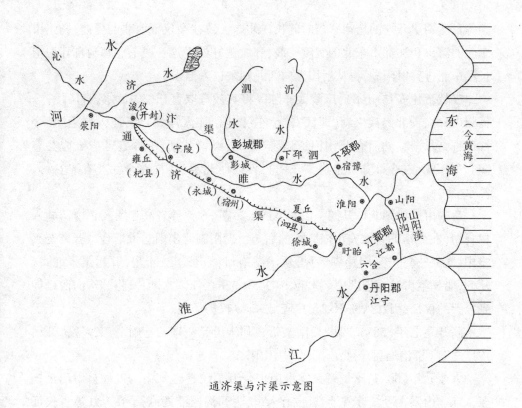

通济渠与汴渠示意图

沟水系中的汳(汴)水和获水,由今河南省开封附近分鸿沟水东南流至徐州市区入泗水,然后再东南入淮水,呈直角,亦即《太平寰宇记》所说的"迂曲"。通济渠由今河南省开封附近引汴渠直接入淮水,则取直角三角形的斜弦。再者,原有的汴渠水道在今徐州流入泗水后,又有徐州洪和吕梁洪之险。所以,开凿通济渠说明隋炀帝杨广考虑到了这些不利的因素。

通济渠开通后,根据唐代《元丰九域志》和宋代《太平寰宇记》及有关舆地书记载,用现代地名顺序排列,通济渠由洛阳西苑引谷水和洛水入黄河,然后从板渚分黄河,流经今河南省荥阳、中牟、开封、杞县、睢县、宁陵、商丘、夏邑、永城、安徽省宿州、灵璧、泗县,在今江苏省盱眙县北注入淮水。

虽然隋朝开凿了直趋东南、直接入淮的通济渠,但是原有的汴渠仍然在今徐州市通流于泗水。

三、整理邗沟

邗沟形成于春秋时期,是吴国利用江、淮之间的射阳湖、樊良湖、津湖、武广

147

湖等自然湖泊开挖的运河。当时的长江北岸大致在今仪征西北的胥浦、扬州市东北的湾头和江都市东北的宜陵一线，邗城正好处于这一线上。邗沟自邗城引长江东北行到射阳湖，再从射阳湖向西北到末口入淮水。

汉献帝建安初(196)，广陵太守陈登将其裁弯取直开挖中渎水，自广陵(今扬州市)北，向北经武广湖(即武安湖)东、陆阳湖(渌洋湖)西，注入樊梁湖(今江苏省高邮湖)，然后合邗沟旧道，转向东北，经博芝湖(在今江苏省宝应县东南)、射阳湖(在今江苏省宝应县东南)，再向西北至淮阴(在今江苏省淮安)入淮水。

后来由樊梁湖北口开挖一段水道通入津湖(今江苏省高邮湖)，再由津湖入白马湖(在今江苏省淮安市南)中，然后与由射阳湖北出的运道汇合。晋哀帝兴宁中(363—365)，又因津湖多风，从津湖南口，沿东岸二十里，开运渠入北口。从此，船只不再航行于湖中。永和中(345—356)，江都水断，又将邗沟向西延伸到今天的仪征，引江入欧阳埭至广陵城，即今仪扬运河。

隋开皇七年(587)夏四月，隋文帝在邗沟历经整理的基础上，又兴役"开而深广之"(《资治通鉴·陈纪十》)名为山阳渎。

大业元年(605)，隋炀帝又发淮南十余万丁民整理邗沟。工程自山阳至扬子入江。山阳在今江苏省淮安，古有末口，为邗沟通淮处；扬子在今江苏省仪征东南，扬子为津名。由于沙洲淤张并岸，江岸南移，舟行不便，隋炀帝重修山阳渎，使河道南口折向西南，改由扬子入江。同时，疏浚邗沟，"渠广四十步，渠旁皆筑御道，树以柳"(《资治通鉴·隋纪四》)。

邗沟经隋炀帝整理后，顺流自今淮安市西南至邵伯三百五十里，逆流自今邵伯至江九十里。从此，不再绕道射阳湖中。

四、扩大汴渠系统

隋大业十四年(618)，出身于关陇军事贵族的李渊，趁隋末农民大起义推翻隋朝之机，窃取了农民起义的胜利果实，在长安称帝，史称高祖，改元武德，国号唐，以长安为都城，洛阳为东都。

长安，虽然居于关中富庶的农业地区，泾、渭、沣、镐、灞、浐等八水环绕其间，形成了农田灌溉的水利网，但是由于人口大量增加，特别是唐高宗以后，中央机构庞大，百官俸禄增多，关中的农业生产远远满足不了需求。《新唐书·食货志》记载："唐都长安，而关中号称沃野，然其土地狭，所出不足以给京师，备水旱,故常转漕东南之粟。"所以,唐朝最终解决粮食供应不足的办法,就是依靠从关东运输漕粮。

唐朝统一全国后,按照自然地理形势将全国划分为十五道,并下设州府。关东地区的河南道(黄河以南),从隋文帝开皇年间到唐玄宗天宝末年,一直是王朝主要财富的取给地区。因此,唐玄宗在《谕河南河北租米折留本州诏》中说:"大河南北,人口殷繁,衣食之源,租赋尤广。"唐天宝八年(749)河南道存储的仓粮数就是充分的证明:正仓储五百八十二万五千四百一十四石,义仓储一千五百四十二万九千七百六十三石,常平仓储一百二十一万二千四百六十四石(数据引《中国通史·第六卷第二章》)。当时,仓粮数为全国各道中最多。

唐文宗太和间,歙州(今安徽省歙县)刺史李敬方在《汴河直进船》诗中说:"汴水通淮利最多,生人为害亦相和。东南四十三州地,取尽膏脂是此河。"诗中所说的汴水,就是隋朝的通济渠,到唐朝改称汴渠或汴河,亦称汴水,而南北朝之前的汴渠则被称为古汴河或汴河故道。但是,唐朝所说汴渠或汴河,顾及不到河南道中的汴、曹、宋、郓、泗、兖、徐、沂、密、海等州的漕粮运输,而且鲁、徐、淮、海一带水陆肥沃,又是漕粮的主要筹集地。所以,唐朝不得不考虑在泗水流域扩大汴渠系统。

唐高祖武德七年(624),尉迟敬德在今山东省境内,疏浚汶、泗两河至任城(今山东省济宁市)分水;在今江苏省徐州市境内,凿治位于泗水之上的徐州洪和吕梁洪。

徐州洪地理位置,"在州东南二里许"(明《万历·徐州志》);清《行水金鉴》说:"在州东南二里,泗水所经也……"亦即大致在今徐州市区和平桥一带黄河故道及滩地之间。徐州洪自北向南稍偏西,又转曲向东。当时,两岸为山石,水道狭窄,怪石暗藏水底,水流湍急。

吕梁洪地理位置,在今徐州市区东南的吕梁山脚下,"上下二洪,相距凡七里……"(《读史方舆纪要》)

当时,凿治徐州洪中洪和吕梁上、下洪之间水道的施工方法,均采用"爇火烂石,从而凿之"。"爇火烂石",即焚烧川谷中的乱石,然后再行开凿。

唐朝疏通了泗水之后,又于垂拱四年(688)开了一条新漕河,南通淮水,北通海、沂、密诸州。

唐时的海州、沂州和密州是沭水流经的地区。海州治所在今江苏省连云港市;沂州治所在今山东省临沂;密州治所在今山东省诸城。唐时的沭阳也就是今天的沭阳,东南是濒于淮水北岸的涟水。这条新漕河开在沭阳与涟水境内,不仅南通淮水,北通海、沂、密诸州,而且通过淮、泗水入古汴河(南北朝以前的汴渠),再入黄河与渭水或洛水,由水路沟通了海、沂、密诸州同国都长安和东都洛阳的联系。

唐朝时期的汴河,由汴州(治所在今河南省开封市)流向东南入淮。为解决曹(治所在今山东省定陶西)、兖(治所在今山东省兖州)两州向京师长安输送漕粮,载初元年(690)开湛渠,自汴州引汴河斜向东北,经曹州注入巨野泽。兖州在巨野泽东,所以可以通兖州漕运。

唐朝到了开元年间,国势达到鼎盛时期。当时,京师需要粮食日渐增多,因此,对漕运要求也越发紧迫。开元二年(714),唐玄宗李隆基命河南尹李杰整修梁公堰(隋代梁睿整修过的汴口堰),并调发河南道汴、郑两州丁夫疏浚渠口淤积。而后,黄河泥沙又淤塞了梁公堰新漕渠,使漕舟难以通行。开元十五年(727),朝廷又发河南府和怀、郑、汴、滑、卫等州三万人,重新疏决板渚口。

"安史之乱"后,唐朝承认了安史降将在黄河以北的势力,并与黄河南、北强藩妥协。唐穆宗即位后,在河北实行榷盐法和两税法,调换诸镇节度使;下令天下军镇每年减除百分之八的兵员。这些措施,不但没有消除藩镇割据的局面,反而导致镇将叛乱。

长庆初年(821),朝廷派崔泓礼进击叛军于禹城(今山东省禹城)。徐泗节度使王智兴征召兖、海、郓、曹、淄、青等州出车五千乘,以转运粮食供给军队。当时,禹城在济水与黄河之间,崔泓礼揣度道远难至,于是"自兖开盲山故渠,自黄队抵青丘,师人大济"(《新唐书·崔泓礼传》)。青丘,地址不详。黄队,镇名,在今山东省鱼台县。今山东省嘉祥县东北有萌山。东晋桓温北伐前燕在泗水与济水之间开挖的桓公沟就在萌山之东。当时,崔泓礼为天平军节度使。天平军治郓州,治所在今山东省东平县。徐泗节度使治徐州,治所在今江苏省徐州市。由徐州溯泗水而上,可以通到郓州、兖州和济州。崔泓礼所开的盲山渠,实际就是疏浚桓公沟。因为,嘉祥县东北的萌山,就是这座盲山,是由于"萌"与"盲"音近致误;所以,桓公沟经过盲山称为盲山渠。

盲山渠的疏浚通流,既可以把济水通过湛水沟通与汴河,又可以通过泗水沟通与古汴河的联系。当时,韩愈说"汴泗交流郡城角"(《汴泗交流赠张仆射》)和白居易诗"汴水流,泗水流,流到瓜州古渡头"(《长相思·汴水流》)很清楚地说明了此时的古汴河依然通流于泗水。

五、伊娄河

伊娄河,即今江苏省扬州市境内瓜洲运河,是唐朝通过江南运河畅通邗沟,实现汴河漕运江南东道(今江浙地区)粮食的重要河段。

隋炀帝在通济渠开通之后,紧接着整理邗沟,又于大业六年(610)自京口(在今江苏省镇江市)至余杭(在今浙江省杭州市),利用旧时开凿的水道及湖泽凿通江南运河。江南运河所经之处均为江南富庶地区,唐朝通过江南运河把这些地区的粮食运至京口,再行江路六十里,绕过瓜步沙尾(在今仪征东),由仪征运口进出。

京口与扬州隔江相对。但是,由于长江泥沙淤积,原山阳渎入江口的扬子,已与瓜州并岸;所以,船只行于这条津渡,不仅要绕道多走六十里水路,而且船只在江中经常被风涛漂损。

唐开元二十六年(738),润州刺史齐澣将江南运道移至京口塘下,其津渡位于今镇江市西北,《读史方舆纪要·镇江府》称京口港。船只从这里直接过江,只有二十里航程。

在长江北岸,齐澣开二十五里长的伊娄河,直达扬子县,与原来的运道相衔接(《旧唐书》:《文苑·齐澣传》)。既减少江上漂损之患,又节省数十万管理费用。当时,润州刺史治在长江南岸。伊娄河在长江北岸。江北本应隶属扬州,但润、扬两州江面宽阔,北岸直到扬州城下,江中的瓜洲隶属润州。由于江水向南摆动,瓜洲以北的水道淤塞成陆。所以,齐澣在润州辖地内开伊娄河,使邗沟仍在扬州以南与长江相接。又在伊娄河口设立伊娄埭,建斗门(单闸),开征税收。这是邗沟运道继东晋西延仪征之后,又新增的一个由淮水进入长江的口门。

伊娄河开挖后,而确税仍由润州管辖。大历三年(768),张延赏为淮南节度使,认为进出瓜洲的船只不便于润州管理,提出改属扬州,以方便行船。从此,伊娄河改由扬州管辖。

唐朝诗人李白《题瓜洲新河饯族叔舍人贲》诗中说:"齐公凿新河,万古流不绝。丰功利生人,天地同朽灭。两桥对双阁,芳树有行列。爱此如甘棠,谁云敢攀折。吴关倚此固,天险自兹设。海水落斗门,湖平见沙汭。"不仅赞美齐澣开凿伊娄河,还用"两桥对双阁,芳树有行列",描述了建筑物的造型与环境的美化。诗中的斗门,类似于今日长江边的单闸,平潮,可以过船;潮位高,邗沟河水位低,可引江水补给邗沟。

伊娄河,自唐开元开挖以来,在通江口门设立埭和斗门,共同构成了邗沟入江的水利交通枢纽。

六、庞勋据守彭城的战略意义

唐朝后期,藩镇割据,宦官专权,吏治腐败,土地兼并,加上繁重的赋税与差役,到唐懿宗时,朝廷向农民预征赋税,节度使克扣士兵衣粮,"官乱人贫,盗贼并起,土崩之势,忧在旦夕"(《旧唐书·刘蕡传》)的局面,已经达到无可救药的地步。农民起义此起彼伏。咸通九年(868),庞勋领导徐泗地区农民起义。

唐懿宗初年,唐和云南地方政权的南诏发生战争,朝廷从徐(州)泗(州)地区募兵前往戍守桂州。当初约定三年更换,但时过六年仍不许回家。于是,桂州戍卒推举庞勋为首起义。庞勋率众沿湘江顺流而下,经长江、淮水、过泗州(治所在今江苏省盱眙),溯泗水遂向徐州而进,于咸通九年十月一举攻下彭城。

庞勋率众回到徐泗地区,开仓赈济饥民,深得人民拥护,不仅"父遣其子,妻免其夫"(《资治通鉴·卷二五一》),每天都有成千农民参加队伍,而且分散在周围的小股义军也相继加入。这支由士兵哗变队伍转变成为农民起义军,很快壮大到二十多万人,并以彭城为中心,控制了淮、泗流域。

庞勋起义军始终据守彭城并以此为中心的战略,是力图控制古汴河漕运,南进江、淮,扩大割据范围。

彭城是唐时徐州的治所,坐落于古汴河与泗水交流之处。虽然唐朝利用隋代开挖的通济渠作为通向江、淮地区的运河,但是南北朝以前的汴渠依然有通航之利。这条古汴河,不仅通过泗水南入江、淮,而且沟通了泗水流域诸条漕运河道的联系。当时,河南道在泗水流域设有密、海、沂、泗、兖、徐、郓、曹、汴、宋诸州。由此看来,庞勋自始至终据守彭城,并以此为军事指挥中心,控制江、淮北进泗水和古汴河的漕运以及扩大割据范围。

彭城南面是隋代开挖的通济渠,后来被唐朝称为汴渠或汴河。《元和郡县志》说:"自隋氏凿汴以来,彭城南控埇桥,以扼汴路,故其镇尤重。"埇桥濒于汴河北岸,在今安徽省宿州市,唐时隶属徐州。为断绝唐朝的汴河漕运,庞勋派义军据守埇桥;同时,占据汴河一线的泗州、淮水南岸的都梁城,以扼守汴河入淮口,切断唐朝政府与江、淮地区的联系。

庞勋起义,在一年多的时间,由于敌我双方实力悬殊、领导者被暂时胜利冲昏头脑以及义军纪律涣散等原因而失败了,但是他据守彭城控制古汴河与汴河漕运的战略,沉重地打击了唐朝政府的经济,使朝廷财政几乎崩溃。

参考文献:

[1]南朝梁·沈约《宋书·孔季恭等传》,上海:上海古籍出版社,1986 年

[2]唐·魏征等《隋书》,上海:上海古籍出版社,1986 年

[3]唐·李吉甫《元和郡县志》,北京:中华书局,1983 年

[4]唐·杜佑《通典·一七七》,长沙:岳麓书社,1995 年

[5]后晋·官修《旧唐书》,上海:上海古籍出版社,1986 年

[6]北宋·乐史《太平寰宇记》,北京:中华书局,2007 年

[7]北宋·司马光《资治通鉴》,北京:商务印书馆,2017 年

[8]北宋·王存等《元丰九域志》,北京:中华书局,1984 年

[9]北宋·欧阳修、宋祁《新唐书·地理志》,上海:上海古籍出版社,1986 年

[10]谭其骧《中国历史地图集》,北京:中国地图出版社,1982 年

第十三章　北宋时期的汴河与泗水

一、盛极一时的汴河

北宋皇朝将国都建立在开封,使之成为经济与政治合二为一的中心。然而,在开封建都,对于北宋来说并非理想之地。宋仁宗时,范仲淹曾论及建都之事说:"洛阳险固,而汴为四战之地。太平宜居汴,即有事必居洛阳。"(《宋史·范仲淹传》)其实,早在开国皇帝赵匡胤时,就打算把国都建在关中长安。据南宋王偁《东都事略》记载,开宝九年(976),宋太祖赵匡胤西幸洛阳,想先以洛阳为国都,然后迁都长安。他认为,长安"据山河之胜,以去冗兵,循周汉故事,以安天下"。北宋实行路、府、州、县制度,中央机构庞大,众多的官员、拱卫朝廷的数十万禁军以及国都人口,迫切需要粮食和财物支撑皇朝的现实,改变了赵匡胤的初衷,最后还是把国都建在了开封。

五代时,开封曾被称为东京和汴州,到了北宋,称开封府。这里以汴河、惠民河、广济河等为主要运河,环绕京畿(当时开封府隶属京畿路),从开封城辐射四方,连接各地。汴河是隋、唐时期的运河;惠民河是唐代的蔡河;广济河就是唐代所开的湛渠,后称五丈渠或五丈河。

虽然汴河、惠民河、广济河均为漕运干线,但是"唯汴水横亘中国,首承大河,漕引江湖,利尽南海半天下之财赋,并山泽之百货,悉由此路而进"(《宋史·河渠志》)。汴河的运输量远在惠民和广济两河之上。据《宋史·食货志》统计,太平兴国六年(981),一年内,由汴河从江、淮运至京师的米有三百万石,菽有一百万石;由惠民河从陈、蔡运来的粟有四十万石,菽二十万石;由广济河从齐、鲁运来的粟有十二万石。随着国用繁多,各路漕粮也年年增加。太宗晚年(995—997),汴河漕运已经增加到五百八十万石;真宗年中(1008),又增加到七

154

百万石。这些数字足以证明,汴河在当时北宋政治、经济及社会发展中的重要地位。

北宋时期的汴河,亦即隋、唐时的通济渠,行经荥泽、原武、阳武、中牟、开封、陈留、雍丘(今河南省杞县)、襄邑(今河南省睢县)、宁陵、宋城(今河南省商丘)、下邑(今河南省夏邑)、临涣(在今安徽省宿州)、符离(在今安徽省宿州)、虹(今安徽省泗县)、临淮(在今江苏省盱眙)。

汴河水源主要来自黄河。多沙善淤的黄河将泥沙沉淀淤积在汴河之中,从宋初开始,汴河就经常决口。太宗淳化二年(991),汴河在浚仪县决口,宋太宗亲自乘辇车临河督修。从此,在汴河沿线,除责成州县地方官员兼管堤防的维护抢修外,还设"提举汴河堤岸司""都提举汴河堤岸"等专门机构及官员,负责汴河修防工作。同时,对分黄汴口附近淤积的疏浚、水门的启闭,制定了制度。

宋真宗以后,汴河管理制度日渐松弛,汴河疏浚时间,由一年变为三五年,后来甚至二十年不疏浚一次。到熙宁年间,汴河淤积越来越严重,局部河段逐渐成了地上河。"……京城东水门,下至雍丘、襄邑,河底皆高出堤外平地一丈二尺余,自汴堤下瞰民居,如在深谷。"(沈括《梦溪笔谈》)同样,汴口受黄河泥沙淤积也越来越甚。神宗熙宁四年(1071)开訾家口为新汴口。仅过三个月,新汴口又被黄河泥沙淤积,只好疏浚旧汴口。虽汴口稍又畅通,但仍不能维持长久。

为从根本上解决黄河泥沙淤积汴河运道,元丰二年(1079)四月,北宋朝廷实施了"导洛通汴"工程,六月工程通水,计工九十万七千有余,用工四十五日。由于洛水清而黄河浊,所以此项工程被称为清汴工程:修筑巩县神尾山至土家47里防河大堤,以拦黄河水不再进入汴河;开挖河道自任村沙谷口至河阴县瓦亭子旧汴口51里,隔20里修筑束水工程,以减汴河湍急之势;修筑陂、塘蓄水工程,当洛水不足时,可以向汴河补水;修斗门,当汴河水过盛时,将水排出汴河;从氾水关北开挖河道通黄河,上下置闸启闭,使黄、汴二河的船筏得以通过。

引洛入汴,使汴河泥沙大为减少,漕运得到保证。直到北宋末年,汴河的水源仍以洛水为主。"靖康之难"以后,北宋灭亡,宋、金南北政权确立以淮河为界。从此,汴河在金政权的控制之下,失去了南北运河的作用,任其自然衰败。最终,逐渐湮没了。

二、泗水运道

泗水在五代时期,北通盲山渠(唐时疏浚)、济水和汶水,西连湛渠(唐时所开,后称广济渠或五丈河)和古汴河,东南通淮水与长江,是东京(今河南省开封市)以东地区重要的漕运河道。

五代后晋定都东京,曾经开济州金乡来水,西受汴水,北抵济水,由泗水南通徐州。后周显德四年(957)四月,曾疏导汴河作为唐代所开的湛渠水源,自开封北流,经曹州、济州,下通梁山泊至郓州,利用菏水、济水、泗水等水道抵达青州境。《宋史·河渠志》说:"广济河导菏水,自开封历陈留、曹、济、郓,其广五丈。"因此,后称五丈渠或五丈河。显德六年(959)二月,周世宗命侍卫都指挥使韩通发徐、宿、宋、单等州丁夫数万浚汴水;又命"浚五丈渠,东通曹、济梁山泊,以通青、郓之漕。

北宋初,因对东南用兵和转运粮食及百货的需要,太祖建隆二年(961)征发曹、单诸州数万人疏浚广济河。以后,在京城西汴河上设置斗门(堤、堰上的放水闸门),又从荥阳开渠百余里,引京、索二水汇入广济河。太平兴国四年(979)又新建水门。

汴河以黄河为水源,而黄河泥沙的沉淀淤积使其善淤善决,泛滥之灾时常殃及运河畅通。从北宋初年开始每年都需停航清淤,如果数年不进行疏浚,航道则浅涩,甚至堤防决口。所以,朝廷一直在实施疏通泗水达江、淮的计划。

宋太宗至道二年(996)三月,内殿崇班闫光泽、国子博士邢用之向朝廷建议开挖白沟,从京师开封到徐州吕梁洪,总计六百里,以此畅通长江、淮水漕运。白沟在今河南省开封附近。开挖白沟,就是为了接通古汴河至徐州注入泗水,以东汉的汴渠故道作为通达泗水而至江、淮的运道。当时,太宗同意了这个建议,下诏发诸州丁夫数万治之。这时,也有人提出反对意见,宋州通判王矩向朝廷上奏:"极陈其不可"(《宋史·河渠志》),说邢用之的田园在襄邑,他之所以要疏浚白沟,就是想避免他的田园遭受汴河水患。因当时呼声很大,白沟疏浚工程就此罢役。

宋真宗景德二年(1005),又以巨石置于汴河原引水斗门处。景德三年,为扩大广济河运输能力和通航地区,内侍赵守伦建议,从定陶附近分广济河水,大致沿古菏水入泗水至徐州。由此开通达江、淮漕路的水道,使京东地区通过新开运河与江、淮地区直接联系起来。

从定陶附近分广济河水的新开运河开挖成功后,真宗遣使巡视,看了绘制的图纸,认为"地有隆阜,而水势极浅,虽置堰埭(堤坝),又历吕梁(洪)滩碛(浅水中的沙石),非可漕运……"(《宋史·河渠志》)于是,放弃使用这条运道,漕运船只仍然行于汴河。

熙宁年间(1068—1077),以泗水为运道,自宿、邳西溯泗流,经彭城又西接古汴河经萧、砀入归德(今商丘)界。哲宗元祐四年(1089)十二月,据当时京东转运司说:"清河(泗水)与江浙淮南诸路相通,因徐州吕梁百步两洪,湍浅险恶,多坏舟楫,朝廷已委人度地势穿凿。今若开修月河石堤,上下置闸,以时开闭,通放舟船,乞遣使监督兴修。"(武同举《江苏水利全书》)

京东转运司所说的"百步洪"亦即"徐州洪"。"百步"之名,清傅泽洪《行水金鉴》中说:"凡百余步故又名百步洪……俗名徐州洪。"明《嘉靖·徐州志》认为以州名称谓,即"州名者,曰徐州洪"。按地名之双重性,即本名和俗称。本名为官定正名,俗名是民间习惯叫法,即俗称。明《嘉靖·徐州志》为官修志书,其记载具有权威性,所以,"徐州洪"应当为本名;俗名应为"百步洪"。但是,有的俗名或俗称未必出自百姓之口,往往出于官家或文人墨客,如"百步洪"始见于宋人诗文,苏轼《百步洪》《和子由与颜长道同游百步洪》以及其他诗篇中"河从百步响,山到九里回……""暮回百步洪,散坐洪上石"等;又如宋代曾巩《彭城道中》"百步洪中潦退初,白沙新岸凑舟车"。随着时延势移,也就在民间流行,其知名度远过本名。

吕梁和百步两洪的湍浅险恶,当时,苏轼在诗中均有描述:"夜闻沙岸鸣瓮盎,晓看雪浪浮鹏鲲。吕梁自古喉吻地,万顷一抹何有吞"(《答吕梁仲屯田》),"长洪斗落生跳波,轻舟南下如投梭。水师绝叫凫雁起,乱石一线争磋磨。有如兔走鹰隼落,骏马下注千丈坡。断弦离柱箭脱手,飞电过隙珠翻荷。四山眩转风掠耳,但见流沫生千涡"(《百步洪二首并序》)。苏辙也以"岸边怪石如牛马,衔尾舳舻谁敢下"(《陪子瞻游百步洪》)的诗句描述百步洪的险恶。

元祐五年(1090)一月,由常州晋陵县事赵竦、齐州通判滕希清具体负责整治吕梁和百步二洪。在吕梁洪开凿月河、修建石堤;并在上、下洪建闸,按时启闭,以通放船只。在百步洪"中洪"东侧开凿月河,向下与"中洪"相接,修建石堤,两端置闸。

为什么吕梁、百步两洪湍浅险恶,还宁可开修月河也要把泗水作为运道?

因为:其一,唐代并没有把徐州间的汴、泗运河作为主要运道,运往京都长安的江、淮地区财富主要依赖于隋代所开的汴河。其二,北宋时期,朝廷上下和

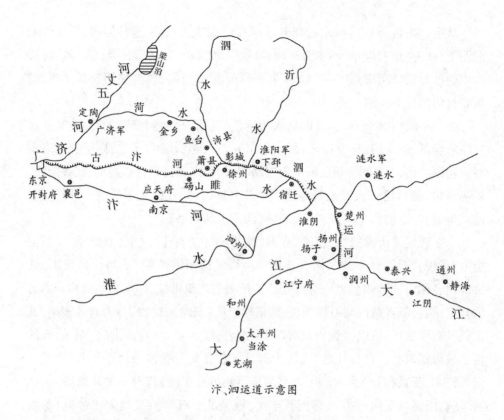

汴、泗运道示意图

一百多万军民的粮米靠江、淮一带供应;然而,引黄河入淮水的汴河,开凿于隋代,在唐代黄河泥沙淤积运道还不甚明显,到了北宋运道已经淤塞,冬春疏浚必须断航。其三,北宋时期的广济运河,是从京城(今河南省开封市)达于京东地区的主要水上运道,并沿此运道再经京畿地区与江南等地连接起来;所以,只有泗水畅通,才能保证与广济运河以及江、淮等水路的南北畅通。

三、黄河泛滥泗水

北宋初期,黄河下游河道大致与隋唐五代相同,即经今天的河南省温县、孟津、原阳、延津、新乡、滑县、浚县、濮阳、山东省阳谷、莘县、东阿、聊城、荏平、禹城、平原、临邑、商河、滨县等地。然后,从渤海湾南部入海。

当时,黄河沿着这条河道过汴口,向东北流经今河南省滑县和濮阳一带,宋仁宗时的大理寺丞郭谘曾说:"澶、滑堤狭,无以杀大河之怒,故汉以来河决多在澶、滑。"(《宋史·郭谘传》)今滑县和濮阳分属宋时澶、滑两州。黄河流经这一带,不光是河身狭窄,而且左侧为西山低坡,势必迫使水流东偏。加之,这条河

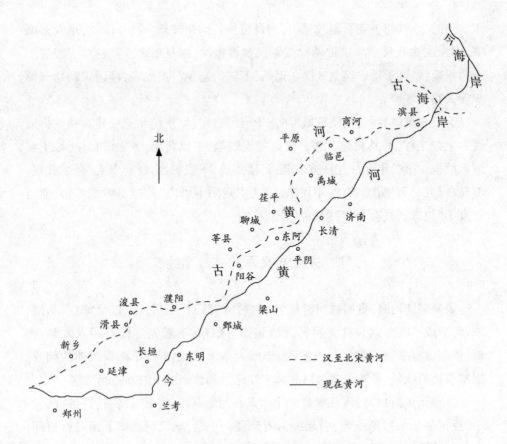

北宋初期黄河下游河道示意图

图中标注：今海岸、古海岸、滨县、商河、河、临邑、平原、禹城、河、荏平、济南、聊城、黄、东阿、长清、莘县、阳谷、平阴、古、黄、浚县、濮阳、梁山、滑县、郓城、新乡、长垣、东明、延津、今、郑州、兰考、北

图例：
- - - - 汉至北宋黄河
———— 现在黄河

道行水时间已经很长,河床淤积相当严重。

太平兴国八年(983)五月,黄河在滑州决溢,并向东泛滥于今河南省濮阳、范县濮城、山东省菏泽、巨野等地;然后东南漫流进泗水入徐州境内。同年夏秋之交,黄河又在开封府所辖阳武、酸枣等地决溢,侵入汴河。

咸平三年(1000)五月,黄河在郓州王陵埽决溢,水势悍激,侵破州城,漂浮巨野,向东南进入泗水。天禧三年(1019)六月乙未夜,黄河在滑州城西北天台山旁决溢;接着,在城西南溃决,岸摧七百步,漫溢州城;又越过澶、濮、曹、郓等州,注梁山伯,合泗水、古汴河东入于淮水。此次黄河决溢,于天禧四年(1020)二月堵复。仅过了四个月,黄河又在今河南省滑县天台山决溢,河水向东南进入泗水,直到天圣五年(1027)十月,决口才被堵复。黄河又重归原来的河道注入渤海。

熙宁十年(1077)秋七月乙丑,黄河在澶州曹村埽决溢,东流入巨野,溢于泗

159

水。当时,苏轼与王安石因政见不合,自请外任徐州知州。八月戊戌,水及彭城下,水深二丈八尺。苏轼带领徐州军民抗洪抢险,以身率之,与城存亡,经过三个月抢险,城终于得以保全。洪水退后,苏轼为避免再遭水害,经请求朝廷又调集役夫修筑城垣。

为纪念抗洪胜利,在增筑城堤时,于府署之东、城东门北侧修建黄楼。拆府署内之霸王厅,移其料建黄楼。楼以黄泥刷墙,垩以黄土,名之曰黄楼,以土实胜水故也。第二年九月九日重阳节,黄楼落成,下临泗水,楼高十丈,巍峨壮观。苏轼在《九日黄楼作》诗中,不仅追述"去岁重阳不可说"的抵御洪水心情,而且抒发了"岂知还复有今年"的抗洪胜利心情。

四、宋江起义军的转战路线

宋徽宗统治时,重用被当时称为"六贼"的蔡京、王黼、童贯、梁师成、朱勔、李彦,形成了以蔡京为首的腐朽统治集团。蔡京、王黼先后任首相或太师、太傅,依靠宦官童贯、梁师成,以朱勔、李彦为爪牙,控制着整个徽宗时期的朝政。黑暗腐朽的统治,导致了黄河以北的宋江起义和长江以南的方腊起义。

宣和元年(1119),宋江聚集三十六人在河北路起义,杀富济贫,打抱社会不平,反抗朝廷的残酷统治,引起统治者恐慌。于是,朝廷便急忙下诏进行招降,但宋江未受招降,而于次年转战南下京东路。

虽然起义军规模不大,但是战斗力很强。他们以梁山水泊为活动中心,又兼有水陆作战能力,纵横于青(在今山东省益都)、济(在今山东省巨野)、郓(在今山东省郓城东北)、濮(在今山东省鄄城北)诸州。

宣和二年(1120)十月,方腊在南方起义,十一月建立政权,首先攻占青溪县城(在今浙江省淳安西)。深受"花石纲"之害的两浙人民纷纷响应,起义军队伍发展迅猛,随即攻占睦州(在今浙江省建德东北)、歙州(在今安徽省歙县)。惊恐万状的宋徽宗立即派亲信宦官、知枢密院事(最高军事长官)童贯统帅数十万原准备攻辽的大军,迅速南下镇压方腊起义军。

此时,亳州(在今安徽省)知州、前执政侯蒙上书称:"(宋)江以三十六人横行齐、魏,官军数万无敢抗者,其才必过人。今清溪盗起,不若赦江,使讨方腊以自赎。"(《宋史·侯蒙传》)徽宗当即任命侯蒙为梁山泊附近的东平府(郓州)知府,负责招安宋江。然而,侯蒙还未来得及到任就病死了。

宣和三年(1121),宋江起义军转战南下。《宋史·徽宗本纪》说:"淮南盗宋江等犯淮阳军,遣将讨捕,又犯京东、江北,入楚、海州界,命知州张叔夜招降之。"由此看来,宋江起义军水陆并进的转战路线,是凭借沂水、泗水、淮水和唐垂拱四年(688)所开的南通淮水,北通海、沂、密诸州的漕河。

宋江起义军自青州沿沂水南下沂州(在今山东省临沂);接着,攻取沂水与泗水交汇处的淮阳军(治下邳,在今江苏省睢宁北古邳镇)。朝廷派军追击,起义军沿泗水继续南下,经淮水进入淮南路楚州(在今江苏省淮安)。然后,起义军由淮水入漕河转而北上,途经沭阳时,遭到县尉王师心邀击,略有损失。宣和三年五月,起义军沿漕河到达海州(在今连云港市区西南),宋江率众登岸,遭海州知州张叔夜伏击,船只被焚,宋江战败被俘。历时三年的宋江起义,最终被腐败的朝廷镇压下去了。

参考文献:

[1]北宋·王存等《元丰九域志》,北京:中华书局,1984 年

[2]元·脱脱等《宋史·河渠志》,上海:上海古籍出版社,1986 年

[3]元·脱脱等《宋史·侯蒙传》,上海:上海古籍出版社,1986 年

[4]元·脱脱等《宋史·张叔夜传》,上海:上海古籍出版社,1986 年

[5]清·官修《同治徐州府志》

[6]武同举《淮系年表》

[7]谭其骧《中国历史地图集》,北京:中国地图出版社,1982 年

[8]白寿彝《中国通史·北宋后期的政治形势》,上海:上海人民出版社,1989 年

第十四章　宋、金时期的黄河与泗水

一、杜充决河

靖康二年(1127)四月,女真人攻破北宋皇朝的开封,俘虏宋徽、钦二帝和后妃、皇子、皇女及宗室贵戚等三千多人北去。只有宋徽宗的第九子康王赵构,这时正以天下兵马大元帅的名义,在河北建立帅府和组织部队而幸免于难。五月,赵构在南京(今河南省商丘)即位称帝,改元建炎,是为高宗。

赵构在南京建立新的皇朝后,对抗击金人的侵略,形成了抗战和投降两派。以李纲为首的抗战派被罢免后,以高宗和汪伯彦、黄潜善为首的投降派把新建立的皇朝由南京迁到扬州,不仅放弃收复黄河以北和黄河以东之地,而且连整个黄河流域也弃之不顾。投降派的怯懦与屈膝投降激发了金人进一步南侵的雄心。

金太宗天会六年(1128)七月,金太宗下诏追击逃亡扬州的宋高宗。金军分兵二路南侵。十月,金军攻取相州(今河南省安阳市)、开德府(今河南省濮阳)、濮州(今山东省鄄城北)。十一月,北宋代为东京留守并兼开封尹的杜充为阻金兵南下决开黄河,由泗入淮。

杜充是在抗战派宗泽忧愤病逝后代为东京留守并兼开封尹。此人"喜功名,性残忍,好杀而短于谋略"(《宋史·叛臣传》),就在金军向南步步威逼之时,为阻止金军南下,杜充在酸枣北以水代兵决开了黄河。

酸枣在今河南省延津县西,位于当时开封府境内,开封府西北濒临黄河。黄河自孟州河阴由西南向东北,流经郑州原武、开封府阳武和酸枣,然后入滑州境,又经白马流入开德府境内。建炎二年十月,金军已经攻克相州、开德府和濮州,不日即可攻破滑州白马(今河南省滑县)。白马紧濒黄河,为历代军事要地。金军南下势如破竹。宋军则兵败如山倒而无抵抗能力。不仅东京(今开封)岌岌可危,而且兴仁府(在今山东省东明、菏泽)、应天府(今河南省宁陵、商丘市、柘城、虞城、夏邑等地)、广济军(今山东省定陶)、济州(今山东省巨野、嘉祥、济宁、金乡等地)、单州(今山东省成武、单县、鱼台和安徽省砀山等地)、徐州(今江苏省徐州市、丰县、沛县和安徽省萧县等地)等地区都暴露在金军的铁蹄之下。

杜充之所以选择在酸枣北决开黄河,是因为,黄河自河阴(在今河南省郑州市西北)由西南向东北,流至酸枣又折转西北,而后又转向东北,便在滑州白马与酸枣之间的东堤的决口处呈现出弓背之势;再者,黄河以东地势较低。如果黄河在这里决口,那么水势犹如离弦之矢,在广济河以北向东漫流。因此,杜充想凭借这一地形与水势来阻止金军南下;然而,他却忽略了黄河从上游的来水量。

黄河在三、四月间,流域内气温回升,冰雪逐渐融化,下游水量因而增大,还能出现较小的洪峰;在七、八月间,中游常出现暴雨,下游不断出现较大洪水或大洪水;九、十月间,多阴雨连绵,河水基流加大,时有暴雨,也会出现较大洪水或大洪水;立春前后,甘肃和河南段回暖较早,河中冻结的冰凌开始融化,而内蒙古和山东段转暖较迟,河面仍在封冻,从上游流下来的是冰块,阻塞在尚未解冻的河段。冬十一、十二月正值黄河上、中游河面封冻,下游水量可想而知。因此,这次黄河人为决口,不但没有阻挡住金军继续南下,反而给这些地区造成很大的危害。

当时,黄河漫流至定陶(今山东省定陶),向北经梁山泊由汶水合济水入海,称北清河;向东与东南在古菏水以北漫溢于泗水而入淮水,称南清河。

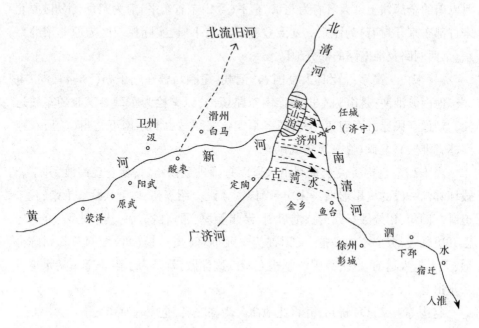

黄河分流南北清河示意图

163

天会七年(1129)正月末,金军由任城(今山东省济宁市)沿泗水进攻徐州。

二、金军南渡淮水的路线

金军攻取徐州后,于天会七年(1129)二月,以舟师利用泗水,南渡淮水直指扬州。

当时,金军将领完颜昌(女真名挞懒)奉命与完颜宗弼(女真名兀术)分道南下。完颜昌入宋淮南东路,完颜宗弼入宋淮南西路。宋淮南东路范围包括:扬州(今江苏省扬州市)、楚州(今江苏省淮安市)、海州(今江苏省连云港市)、泰州(今江苏省连云港市)、泗州(今江苏省盱眙县)、滁州(今安徽省滁州)、真州(今江苏省仪征市)、通州(今江苏省南通市)、安东(今江苏省涟水县);宋淮南西路范围包括:寿州(今安徽省凤台)、庐州(今安徽省合肥市)、蕲州(今湖北省蕲春)、和州(今安徽省和县)、濠州(今安徽省凤阳)、六安(今安徽省六安市)、无为军(今安徽省无为)。

当金军举兵南渡淮水时,原任北宋济南知府的刘豫,于金天会八年(1130)九月被金太宗册封子皇帝,国号齐,建都大名(今河北省大名)府,辖原北宋在黄河以南的全部领土。大名府为北京,东平(今山东省东平)府为东京,汴州(原北宋首都东京开封府)为汴京。刘豫登基后治东平府,实际控制区为原北宋的京东、京西两路及淮南路的部分地区。

据《宋史·高宗纪》和《大金国志》记载,完颜昌曾在马乐湖(今骆马湖)屯兵。他南渡淮河,是由泗水进入淮南东路境内,以秦桧为军事参谋兼随军转运使。刘豫夺民船五百艘,其子刘麟率军配合完颜昌由泗水南下楚州(治所在今江苏省淮安)、高邮(今江苏省高邮)。

当宋高宗赵构听说金军利用水道以舟师进逼扬州时,他仓皇南渡,并下诏毁坏邗沟一段的堤岸堰坝,《宋史·河渠志》说:"绍兴初,以金兵蹂践淮南,犹未退师。四年,诏烧毁扬州湾头港口闸、泰州姜堰、通州白莆堰,其余诸堰,并令守臣开决焚毁,务要不通敌船;又诏宣抚司毁拆真(州)、扬(州)堰闸及真州陈公塘,无令走入运河,以资敌用。"赵构之所以这样做,就是为了阻止金军从水道进一步追赶。

赵构等人又逃往杭州,并将此地命名为临安府,企图临时苟安。

绍兴十一年(1141),宋、金和议,以淮水中流为界。第二年,金人放归高宗母亲韦贤妃。当时,韦贤妃南归路线,自东平舟行泗水至楚州。

三、沿泗水抗金

建炎二年(1128)春,赵构把新建立的王朝由南京(在今河南省商丘)迁到扬州,黄河以东之地全部落在女真贵族的手中。这时,在京东西路的郓、济、濮三州境内先后出现了抗击金军侵略的忠义军,他们以泗水作为进军道路而转战南北。

在郓、济两州境内,出现了张荣领导的梁山泊(即巨野泽)忠义军。这支忠义军据守梁山泊已有数年,原为反抗北宋统治而聚集这里。金军侵入宋境后,忠义军又将斗争矛头转向金军。据《金史·斜卯阿里传》记载,建炎二年,金军侵入郓、济等州境内,梁山泊忠义军出动上万只战船邀击金军。建炎三年(1129),金军南攻扬州。据南宋人李心传《建炎以来系年要录》记载,建炎四年五月,张荣由梁山泊率船数百只,自泗水南下至楚州、承州(治所在今江苏省高邮)之间的湖中筑水寨抗金。

绍兴九年(1139),乘氏(今山东省菏泽)人李宝在濮州(在今山东省鄄城北)聚众抗金,失败后,南下投奔岳飞,奉命以河北路忠义军马名义,潜回山东联络抗金忠义军。次年(1140),李宝率舟师从兴仁府(在今山东省东明、菏泽)沿广济河、菏水、泗水至楚州。舟过徐州彭城和淮阳军下邳时与金军作战。《金史·尼庞古钞兀传》记载,绍兴十年"宋人攻济州,夺战舰略尽。是时,钞兀往宿州,分蒲鲁虎军还至大河与敌遇,力战败之,尽复战舰"。所说的大河即指黄河,亦即泗水。因为,建炎二年(1128)十一月,黄河已经被杜充决开而行于泗水,所以称泗水为大河。

绍兴十三年(1143),丰县人、时任通直郎的宋汝为向朝廷上言,宋兵北伐,"以舟师自淮,由新河入巨野泽。……舟师入巨野泽,则齐鲁摇"(《宋史·宋汝为传》),所谓新河,依《建炎以来系年要录》所记,南宋和金初的黄河有旧河与新河之分,旧河是指北宋时的北流之河,新河是指建炎二年杜充决黄河入泗之河,巨野泽即梁山泊。

四、黄河分流入泗

金初,黄河自原武至滑州段仍为北宋时期的河道。《金史·河渠志》说:"金始克宋,两河悉畀(给予)刘豫,豫亡,河遂尽入金境。数十年间,或决或塞,迁徙无定。"

刘豫实际控制区为原北宋的京东、京西两路及淮南路的部分地区。金天会九年(1131),金国又将新占领的陕西诸路划为刘豫辖区。第二年,刘豫迁都汴京,成为南宋与金国之间的缓冲地区。金天会十五年(1137),在金左监军完颜昌等人提议下,废除刘豫傀儡政权。皇统二年(1142),金国与南宋签订东以淮水为界的《绍兴和议》,黄河下游、淮水以北尽为金国疆域。

在金国疆域内,黄河频繁决溢并分流入泗。金大定六年(1166)五月,黄河在阳武决溢,向东北,经延津(在今河南省延津西)、胙城(在今河南省长垣西)、长垣(在今河南省长垣东)、济阴(在今山东省菏泽)至郓城(今山东省郓城),向东汇入梁山泊。大定八年(1168)六月,黄河在滑州(今河南省滑县)西南李固渡决溢,水溃曹州城,分流于单州之境。曹州城,在今山东省曹县西北;单州,即今山东省单县。当时,四分水量回归北宋时期的旧河;六分水量又冲出一条新河,自李固渡经长垣、东明、定陶、单州、虞城、砀山、萧县,至徐州彭城入泗水。其中,黄河在砀山以下为古汴河水道。

黄河自李固渡改道后,决溢逐渐南移,原武、阳武、延津一带,变成了黄河决溢频繁、灾患渐多的地区。

大定十一年(1171),黄河在今河南省原武王村南岸决溢。十二年,尚书省奏:"水东南行,其势甚大,可自河阴广武山循河而东,至原武、阳武、东明等县,孟、卫等州,增筑堤岸。"当时,金国的行政区域,河阴、原武、阳武、东明等县分别隶属郑州、开封府和曹州,地处黄河南岸;孟、卫两州位于黄河以北。在黄河南岸筑堤,即自今河南省郑州市西北广武山东,向东北方向延伸到原阳东黑羊,再折转向东至今山东省东明南。在黄河北岸筑堤,即自今河南省孟县,向东北经温县、新乡市,然后到汲县。

大定十七年(1177)七月,黄河在阳武(在今河南省原阳县)决溢而后泛滥今河南省开封附近白沟,下接古汴河。大定二十年(1180)黄河决延津京东埽(在今河南省新乡与延津之间),经南京(今河南省开封,北宋时东京)、杞县、襄邑(今河南省睢县)、宁陵(在今河南省宁陵南)、归德府(今河南省商丘),至砀山西北与大定八年在李固渡决溢的黄河相会。南京、杞县、襄邑、宁陵、归德府等地,都是汴河经过的地方。当时,黄河弥漫于归德府。金世宗完颜雍主政,乃自卫州埽下接归德府南、北两岸修筑堤防。

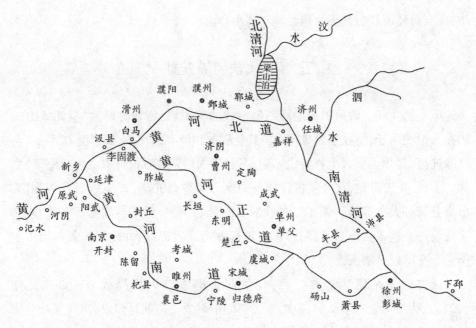

黄河分流入泗水示意图

大定二十一年(1181),"黄河已移故道,梁山泺(泊)退地甚广,已尝遣使安置屯田"(《金史·食货志》)。梁山泊的干涸成陆说明,自大定八年黄河于李固渡决溢后,大定六年汇入梁山泊的黄河开始断流。

《金史·河渠志》说:大定二十七年(1187)二月,"以南京府及所属延津、封丘、祥符、开封、陈留、胙城、杞县、长垣、归德府及所属宋城、宁陵、虞城、河南府及孟津,河中府及河东,怀州河内、武陟、同州朝邑,卫州汲、新乡、获嘉,徐州彭城、萧、丰,孟州河阳、温,郑州河阴、荥泽、原武、氾水,浚州卫,……曹州济阴,滑州白马,睢州襄邑,滕州沛,单州单父,……开州濮阳,济州嘉祥、金乡、郓城,四府、十六州之长贰皆提举河防事,四十四县之令左皆勾管河防事"。从这些河防州县的分布看,黄河入泗水大致行于三条河道:正道由新乡、汲县、长垣、东明、济阴、定陶、单父、虞城、丰县、砀山、萧县,至徐州彭城会泗水;北道,从李固渡东北经白马、濮阳、郓城,至嘉祥入泗水;南道,由延津西分出,经封丘、开封、陈留、杞县、襄邑(今河南省睢县)、宁陵、宋城(今河南省商丘),至虞城与正道合流。

金明昌五年(1194)八月,黄河决阳武故堤,灌封丘而东。当时河水流向,自阳武冲出一条新道,东流经封丘,至长垣与大定二十七年前后的黄河正道合流;然后,流经东明北、济阴和定陶南、楚丘,至砀山北分流:北支经丰县和沛县会泗

167

水;南支自砀山经萧县至徐州彭城与泗水合流。

五、蒙古军决河灌开封

原在黑龙江上游额尔古纳河一带游牧的蒙古族,唐朝时期称"蒙兀室韦",约在八世纪西迁,游牧于斡难河(位于今蒙古和俄罗斯境内,属黑龙江水系)与怯绿连河(源出今蒙古大肯特山东南,东北流入内蒙古呼伦贝尔境内呼伦湖)之间。十一、十二世纪,在今蒙古草原及周围分布着蒙兀部(即蒙古部)、克烈部、塔塔儿部等大小部落。蒙兀部在铁木真的领导下,征服了各部落后于1206年实现统一。铁木真作为各部的共主,被尊称为成吉思汗,并建立起蒙古历史上第一个军事奴隶制国家。

成吉思汗在建立蒙古国后,开始向金国发动大规模战争。贞祐元年(1213),为应对蒙古军队的进攻,金兵部郎中赵秉文向朝廷建议,黄河复行北宋时期的河道,以抵御蒙古军南下,迁都南京(开封),以控制较大疆域。贞祐二年,蒙古军围攻金国中都(在今北京市),金迁都南京。贞祐三年,单州刺史彦盏天泽建议,为抵御蒙古军南下,决黄河东北流入博州(今山东省聊城)、德州(今山东省陵县)、观州(今河北省东光)、沧州(在今河北省沧州东)境内。贞祐四年三月,延州刺史温撒可喜又策划在新乡西决黄河,使之流向东北。对于决黄河北行的企图,当时朝廷内有人担心,一旦决开黄河,恐怕故道不容,河水广布漫溢而分为数道,水分则浅狭易渡,天寒辄冻,抵御防备更加困难。因此,朝廷怕弄巧成拙,终止了决堤使黄河改道北流的企图。

窝阔台继成吉思汗为大汗后,分南北两路对金国发动进攻:北路由孟津过黄河攻下洛阳;南路则假道南宋,经邓州以趋开封。天兴二年(1233),金哀宗放弃开封乘船逃往归德(今商丘)。这时,归德已于1232年春被蒙古军从城西北决开黄河,河水四面包围归德城,又南入睢河。金哀宗及溃兵由归德城北凤池桥入城。蒙古军合围攻城。金兵趁深夜从南门乘船绕至城北,击败蒙古军解围。金哀宗逃亡蔡州(今河南省汝南县)。

宋端平元年(1234)正月,南宋应蒙古军之约,出兵联合攻破蔡州城,金国灭亡。

金国灭亡后,南宋朝廷调兵进入开封和洛阳,打算把开封、洛阳、归德三城收复后,北守黄河,西据潼关,以抵御蒙古。不料,南宋军刚开进洛阳就遭到蒙古军的反击,从洛阳溃退。

端平元年六月,开封被蒙古军攻克。当时,蒙古军在今开封以北寸金淀一带决开黄河灌城。从此,黄河由封丘南、开封东至陈留、杞县分为三支:一支经归德、虞城至徐州彭城进泗水南下入淮;一支经鹿邑、亳州等地会涡水入淮;一支由杞县、太康、经陈州会颖水,至颖州南入淮。

参考文献:

[1]元·脱脱等《宋史》,上海:上海古籍出版社,1986年

[2]元·脱脱等《金史》,上海:上海古籍出版社,1986年

[3]南宋·李心传《建炎以来系年要录》,上海:上海古籍出版社,1992年

[4]明·宋濂、王祎等《元史》,上海:上海古籍出版社,1986年

[5]岑仲勉《黄河变迁史》,北京:人民出版社,1957年

[6]谭其骧《中国历史地图集》,北京:中国地图出版社,1982年

第 三 编
南北方向的运河

元、明、清三代将国都建于今天的北京,使这里成为三代统治者的政治中心,与东南富庶地区形成了南北之势。于是,以徐州为中心连接东西方向运河的泗水,又成为沟通南北方向的运河。

元朝开发南北大运河,利用徐州至济州(今山东济宁市)间的泗水为南北沟通黄河与济州河的运河航道,亦称会通河;徐州至淮安的泗水,既为黄河又兼为运道。

由于会通河地形复杂、供水困难,致航道负舟难行;因此,元朝在济州南北,根据会通河地形设置了距离不等的闸座。这时,黄河在今河南、山东境内决溢泛滥,向东和东南分流,在济宁、鱼台和丰、沛县一带漫坡流入南北向会通河,泥沙淤积并抬高河床,鲁桥(今山东省济宁境内)以上泗水以及曲阜、邹县等地区来水被迫滞蓄在航道东岸,形成了南阳湖。贾鲁治河将分流的黄河合至归德(今河南省商丘)流向徐州,使作为运河的泗水仍为黄河主流,沟通淮水与会通河的联系。元朝还设置运河管理机构并制定了行船管理制度。

明朝把国都由南京迁往北京后,迫切需要调运江淮地区粮食。永乐九年(1411)修复元代的会通河,其下运道仍利用原为泗水的黄河,自茶城南经徐州、邳州、宿迁至淮安清口入淮。

为保证南北运河畅通,景泰四年(1453)专治沙湾,开渠分杀黄河水势,借以引黄济运,并疏浚沙湾至临清、沙湾至济宁间运河。弘治七年(1494)为分杀水势,疏浚贾鲁河故道出徐州,浚祥符四府营淤河,分黄河由宿迁小河口会泗和由亳州至涡河,筑塞张秋决口。弘治八年修筑遏制黄河北流的太行堤。

隆庆元年(1567)为避开黄河侵扰会通河,建成南阳新河。嘉靖四十五年(1566)开始实施遏黄保运工程和整治茶城运道。

既是泗水又兼为运道的黄河,在徐州上下,长期冲决、淤塞,严重妨碍了漕运畅通。为此,于万历三十二年(1604)全线开通泇运河,以避开黄河之险。从此,泗水随着泇运河而改道东行。

为保证航运水位,引黄河、沁水、汶、泗以及微山、昭阳两湖和承、泇、武、沂等河流水源济运。为加强运河与河漕管理,朝廷设置运河管理机构,制定河漕防汛、运河工程、水源、漕运等一系列管理措施。为使徐州运河与江淮之间的运河畅通,在黄、淮、运相交处(在今淮安市境内)实施"蓄清刷黄"工程和整治湖

173

漕。万历十九年(1591)开凿魁山(又称"奎山")支河,以排除徐州城内积水,由睢河注入洪泽湖。继唐、宋、元三代之后,明朝对被视为河漕咽喉的徐州洪与吕梁洪进行大规模整治。

昭阳、独山、微山湖的形成,骆马湖成为季节性湖泊,沂河分流,沭河下游的变化以及睢河被黄河泥沙逐渐淤塞,使徐州的地理环境发生变化。

泇运河开通以后,虽粮艘尽数由泇运河北上,但徐、邳间的河漕(黄河)仍然没有失去漕运功能。由于黄河在徐州上下游两岸堤距宽窄不一,徐州洪与吕梁洪又壅阻水头,吕梁洪以下至睢宁地势低洼,万历三十四年(1606)到崇祯九年(1636),黄河在徐州上下决溢频繁。崇祯十五年(1642)九月,李自成农民起义军围攻开封,明军和李自成相继在朱家寨、马家口决开黄河,导致由涡河入淮,徐州以下河漕干涸。决口待于堵塞之时,崇祯十七年(1644)明王朝结束了长达二百七十六年的统治。

清代的南北运河,仍然是国家运输江南地区漕粮的命脉。顺治元年堵塞了明末黄河在开封的决口后,黄河继续维持明代由河南兰阳、虞城至徐州府流经砀山、丰县、沛县、萧县、铜山、睢宁、邳州,至宿迁与桃源交界处的古城流入淮安府清口会淮。此时,宿迁直河口以下运河仍以黄河作为运道。

清初,黄河在下游频繁决口,运堤崩溃,河水倒灌洪泽湖,黄淮决口高家堰,泇运河通向江淮的运道严重受阻,漕粮无法按期运往国都,直接影响清朝统治。所以,康熙皇帝意识到河务和漕运乃立国之本,在平定三藩之乱后,开始六次南巡黄、淮、运。开皂河、中河与新中河,使运河与黄河完全分离,泗水演变为沟通南北的中运河。在黄、淮、运交汇合流处实施"借清刷黄"和整治淮扬运河,以使江淮间的运道畅通。

泇运河治理,修建微山湖和骆马湖蓄泄控制以及利用黄河、微山湖和沂河水源济运,也是有清一代保障南北运河畅通的重点。

徐州境内的黄河水患,主要集中在康熙、乾隆和嘉庆年间。所以,清朝除整修利用明代修筑的遥、缕堤外,还修筑太行堤、归仁集遥堤,在两岸缕堤危险重要地段加筑月堤,在险工林立处采取加帮险工、埽台、建埽工、加筑民筑临河子埝、开引河、筑挑水坝等工程措施。并且,在南北两岸兴建减水闸坝。

清朝对徐州府治的防洪,除在城区以上黄河南北两岸兴建闸坝,减少流经城区洪水量、降低水位外,又采取加高护城石堤、增筑石岸、帮筑戗堤、修建水坝以及修砌石矶嘴等必要的工程措施。继明代之后,又疏浚奎河,以利城区排涝。

为加强黄河河务管理,清朝设河道总督;沿黄河各省设管河道,分管河务事宜;沿黄河两岸按所辖地界,分别设管河同知、通判县丞、主簿等职务,分段负责管理河务。随着漕运的发展,清朝逐渐严谨和强化了运河管理。

清时期,沂河汇聚骆马湖后,其出路入黄河与中河外,再就是由六塘河下泄,东至灌河口入海。沭河分别由蔷薇河经临洪口入海和经盐河入海。

睢河改道入洪泽湖,并入淮河水系。咸丰元年(1851),黄河在砀山北岸蟠龙集决溢。咸丰五年(1855),黄河在河南兰阳(今河南省兰考县)铜瓦厢改道,流经徐州境内的黄河遂为故道。

第一章　元代利用泗水开发南北大运河

一、南北大运河的开发

从成吉思汗到蒙哥时期，以军事力量强盛起来的蒙古国，到 1260 年，忽必烈登上皇位以后，开始仿效中原皇朝，以中统为年号。1271 年废除"蒙古"国号，取《易经》"大哉乾元"，定国号"大元"，意为"大的开始"。1272 年，元迁都北京，改金时的中都为大都，亦称汗八里，即"大汗之城"。

长江下游及太湖流域本为富庶地区，又加之南宋上百年的经营。北方地区则因长期战乱而经济凋敝，"元都于燕（大都），去江南极远，而百司庶府之繁，卫士编民之众，无不仰给于江南"（《元史·食货志》）。

隋朝到北宋时期，国都均设在长安、洛阳和开封。那时的富庶地区则在东部和东南部，所以运河从整体而言呈东西方向。宋、金、蒙元之际，黄河屡次决口，形成了"夺泗入淮"的局面，经今江苏省徐州、宿迁、泗阳、至淮安会淮而东向入海。元朝将政治中心设在大都（今北京），与东南富庶地区形成南北之势。由于南北之间没有运河，元大都所需的粮食和财物，只能由邗沟经淮水逆黄河（黄河在宋、金之际已经夺泗）而上，经今江苏省宿迁、徐州后继续西行至中滦镇（在今河南省封丘县西南黄河北岸），然后陆运到御河岸上的淇门镇（在今河南省淇县南），再由淇门沿御河运至直沽（在今天津）沿白河至通州，最后陆运到大都。

虽然这条运道的大部分路程为水道，但是绕路太远，其间还有一段路程需要陆运。迂回曲折，水陆转运，反复中转装卸，如此烦琐的运输，既浪费时间，又消耗人力。寻求南北径直、便捷的漕路，是当时元世祖忽必烈急需解决的问题。

据元朝人苏天爵所编《元朝名臣事略》记载，至元十二年（1275），都水监郭守敬奉丞相伯颜之命，实地勘察陵州（今山东省德州市）至大名（今河北省大名）、济州（今山东省济宁）至沛县（今江苏省沛县）相邻地区汶、泗、卫等河流水系;又南到吕梁(在今江苏省铜山区吕梁),又自东平(今山东省东平)至堽城(在今山东省宁阳境内),又自东平清河逾黄河故道(北宋时期的黄河)至御河勘测地形。郭守敬认为:"宋、金以来,汶、泗相通河道,可以通漕。"(《元史·河渠志》)这时,漕运副使马之贞建议,在济州城南汶、泗合流处至大清河(济水)开凿新河,引汶、泗诸水以通漕。至元十三年(1276),丞相伯颜攻占南宋临安,看到江南水运发达,便向元世祖忽必烈建议:"江南城郭郊野,市井相属,川渠交通,凡物皆以舟载,比之车乘任重而力省。今南北混一,宜穿凿河渠,令四海之水相通。远方朝贡京师者,皆由此致达,诚国家永久之利。"(《元朝名臣事略》)

于是,朝廷以三种不同河段开发南北大运河:一是开凿新运道,即自任城(今山东省济宁市)至安山(在今山东省梁山北)的济州河、安山到临清的会通河和通州到大都的通惠河;二是利用宋以前临清至直沽的御河、扬州到淮安的淮扬运河和杭州到镇江的江南运河;三是利用天然河道,即淮安至济宁的泗水,

其中,淮安至徐州段,既成为黄河,又兼为运河航道。

从至元十九年(1282)开始,朝廷在今山东、河北地区举办了开挖新渠、划直南北大运河工程,即开挖济州河、会通河和通惠河。

济州河于至元十九年十二月动工开挖,次年八月竣工,引汶水和泗水,从济州(今山东省济宁市)西北到须城安山(在今山东省东平西南),全长一百五十里。这样,漕运道由淮水入泗水(此时,淮安至徐州段泗水已与黄河会流),经济州河西北达安山流入大清河。东晋时桓

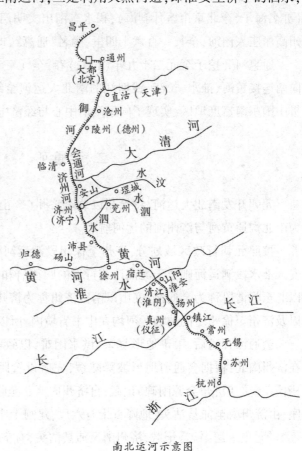

南北运河示意图

177

温、刘裕先后疏凿的桓公沟沟通了泗水和济水,而济州河则沟通泗水和汶水。沟通汶水实际上就是沟通大清河,而大清河就是过去的济水,汶水和济水相通。

济州河建成后,南来的漕船可以经由淮水、黄河(淮安至徐州段泗水)、泗水直达安山,再经大清河(济水)入海,然后由海上到达直沽(在今天津市)。后来因海口泥沙壅塞,阻碍船舶出入,又从大清河北岸东阿陆运二百里至临清,再改由御河(今卫河)北上。然而,陆运途中经荏平(在今山东省西部)一段,地势低下,遇夏秋大雨路面积水,运输牛车跋涉其间,艰阻万状。因此,又于至元二十六年(1289)开会通河,由须城安山到临清长二百五十余里,北连御河,南接济州河。至此,从杭州南来的船只可以向北直达通州(今北京市通州区)。

为开通通州到大都的漕运水道,至元二十八年(1291),都水监郭守敬建议,疏导昌平县(今北京市昌平区)白浮村神山泉,过双塔、榆河,再引一亩、玉泉诸水(在今北京市昌平区境内)至大都和义门(今北京西直门)入城,汇为积水潭(亦名海子,今北京市区什刹海),积水东南出文明门(今北京市区崇文门)至通州高丽庄入白河,全长一百六十四里,赐名“通惠”,即通惠河。

通惠河开挖于至元二十九年(1292)春,至元三十年秋竣工。从此,由大都向南连接黄河、淮水、长江、钱塘江的南北大运河全线贯通,以南北直线距离纵贯中国东南富庶地区,实现了国家政治中心与经济中心的融合。

二、会通河

元朝开发南北大运河,将徐州以北至济州(今山东济宁市)间的泗水,利用为南北沟通黄河与济州河的运河航道。

按照元朝行政区域划分,济州至徐州段泗运河处于中书省境内,徐州至淮安入淮水段泗运河则位于河南江北行省的归德府和淮安路。起初,元朝将安山以北至临清段称为会通河,安山以南至济州称为济州河,后来因会通河、济州河以及济州至徐州之间的泗运河均在中书省境内,所以统称会通河。

会通河开通后,由于地形复杂、供水困难,以致航道负舟难行。因此,元朝在济州南北,根据会通河地形坡降陡缓,先后设置距离不等的闸座。据元朝人杨俣斯《重建济州会源闸碑》记载,自济州向西北至临清,地降九十尺,建闸十六座;由济州南至沛县沽头,地降百十有六尺,建闸十座。

《元史·河渠志》记载,济州南至沛县沽头,有济州闸三座:上闸南至中闸三里,中闸(即会源闸)南至下闸二里,下闸(即任城闸)南至赵村闸六里;赵村闸南至石佛闸七里;石佛闸南至辛店闸十三里;辛店闸南至师家店闸二十四里;师家店闸南至枣林闸十五里;枣林闸南至孟阳泊闸九十五里;孟阳泊闸南至金沟闸九十里;金沟闸南至隘船闸十二里;沽头闸二座:北隘船闸南至下闸二里,南闸南至徐州一百二十里。

在济州以南会通河上设置一系列闸坝,主要是为了节制运河水量,减少水流损失,抬高航道水位。其中,在金沟闸南、沽头闸北(两处均在今沛县境内)所建的隘闸,是因为会通河初开之时,水量不足,航道浅窄,而过往船只很多;所以,限定一百五十料(料,是宋代以后计算船舶载货重量单位,一料等于六十斤)以内的船只通行。但是,豪门大族和富商大贾一再违反规定,建造三四百料或五百料船舶,行于浅窄的航道之上,致使航道严重受阻。延祐元年(1314),中书省请会中书及都水监在金沟闸与沽头闸之间修建隘闸。延祐二年,隘闸建成。

隘闸,虽然起到控制超宽大船进入运河的作用,但是由于金沟闸、沽头北隘船闸和沽头南闸都处于高地形位置,旱时水少导致船行搁浅;每到汛期,三闸月河的截河土堰全被冲毁。至治三年(1323),将沽头北隘船闸移建于金沟闸南月河上,形成三闸连环;改建金沟和沽头南两闸月河上的截河土堰为石堰:金沟闸月河滚水石堰,长一百七十丈,高一丈,宽一丈;沽头南闸月河石堰,长一百八十丈,高一丈一尺,底宽二丈,上宽一丈。改建后的三闸连环,水涨开启三闸,水落关闭金沟和沽头南两闸,开启隘船闸通航。

会通河水源主要通过

会通河示意图

引泗水和汶水接济。《元史·河渠志》说："兖州立堽堰,约泗水西流,堽城立堽堰,分汶水入河,南汇于济州,以六堽搏节水势,启闭通放舟楫,南通淮、泗……""堽"是在河道上设置节制水流的"斗门",即为"闸"的异体字。"堰"即"坝""埭""碣",作用除挑水、逼溜、护岸,还同闸的作用相同。元代以前在河湖上大多用堰埭;元时期闸堰并用。当时,在今山东省兖州城以东泗水上设置斗门,以节制泗水上游水源流向济州(今济宁市),西入运河;在今山东省宁阳堽城镇西北汶水左岸建斗门,分汶水入洸水与泗水一并流至济州,通过上闸、中闸(会源闸)、下闸(任城闸)三闸控制南北分水。

会通河济州至徐州段利用泗水建闸以后,成为节水蓄泄、启闭通舟的闸河而畅通南北,但是由于分水点选在济州,地势北高南低,水往南流容易,往北却很困难。因此,"终元之世,海运不罢"(《元史·食货志》)。亦即仍以海运为主。

三、泗水与黄河

当泗水被元代开发利用为南北大运河时,徐州至淮安间的泗水已经成为黄河。这时,黄河由河南封丘南、开封东至杞县分为三股:一股经杞县、太康由颍水入淮水;一股经鹿邑、亳州由涡水入淮水;一股由古汴河经归德(商丘)、虞城、萧县、徐州会泗水南下入淮。

《元史·世祖本纪》记载,至元二十三年(1286)冬十月,黄河决开封、祥符、陈留、杞、太康、通许、鄢陵、扶沟、洧川、尉氏、阳武、延津、中牟、原武。至元二十四年三月,黄河在汴梁泛滥。至元二十五年五月,汴梁大霖雨,黄河在襄邑决溢;在同一个月内,又决汴梁和太康、通许、杞三县。六月,睢阳霖雨,黄河决溢于考城、陈留、通许、杞、太康五县。至元二十七年六月,黄河在太康决溢,淹没民田三十一万九千八百余亩;十一月,黄河决祥符义唐湾,太康、通许、陈、颍二州大被其患。另据《元史·五行志》记载,元贞二年(1296)九月,黄河在杞、封丘、祥符、宁陵、襄邑五县决溢;十月,又决开封县。

以上黄河决溢的地方均在颍河与涡河一带。显然,经杞县、太康由颍水入淮和经鹿邑、亳州由涡水入淮的两股黄河的河道已经被泥沙淤塞。

大德元年(1297)三月,黄河在徐州、邳州、宿迁、睢宁等地决溢;五月,在汴梁决溢;七月,在河南杞县北四十里蒲口决溢。当时,河北河南肃政廉访使尚文察看蒲口时说:"今陈留抵睢,东西百有余里,南岸旧河口十一,已塞者二,自涸者六,通川者三,岸高于水计六七尺或四五尺;北岸故堤,其水比田高三四尺,……大概南高于北约八九尺,堤安得不坏,水安得不北也?"他认为"蒲口今决千有余步,迅疾东行,得河旧渎,行二百里,至归德横堤之下,复合正流"。此时,从杞县分流入颍水和涡水的黄河分支北移归德(今商丘)至徐州河道,即由古汴河从归德向东至徐州进入泗水成为黄河主流。

大德二年(1298)六月,黄河在杞县蒲口决溢;七月,汴梁大雨,黄河又在此地决口。黄河决溢频繁发生,最终导致至正四年的大决溢。

至正四年(1344)五月,黄河暴溢,北决白茅堤。六月,又北决金堤。白茅堤和金堤均为河堤名,白茅堤,在今山东省曹县西北七十里;金堤,在今河南省滑县境内白马一带。黄河在白茅堤和金堤决溢后,向东和东北、东南方向,漫流于考城、东明、菏泽、安山、济宁、鱼台和丰、沛县等地,泛滥于南北向的会通河(泗水航道)。

至正十一年(1351),贾鲁治河,将分流的黄河之水合至归德流向徐州。作为运河的泗水仍为黄河主流,沟通淮水与会通河的联系,使来往于江南与大都的船只,在这条河道上南北争流。当时,隶属河南江北行省归德府的徐州和邳州就坐落于运河沿岸。

意大利人马可·波罗在《游记》中记述了运河沿岸邳州商埠的繁华盛况,而没有提到徐州,却提到西州。会通河南至徐州,是泗水与黄河会流的地方,又是归德府的重镇,舟楫装载的货物在这里集散,商旅往来不可能不在这里逗留,而"xi"与"xu"韵音相近,徐州又位于邳州之西,可能译音之误所致。优越的地理位置,悠久的商埠历史,可以说徐州的繁华不会亚于运河沿岸临清、济州、邳州等地。

《行水金鉴》说至元二十二年(1285),朝廷在

黄河北决白茅堤示意图

邳州(在今睢宁县古邳镇)设立水驿。其时,自徐州至清江(在今江苏省淮安),黄河(运河)沿岸还有吕梁、房村、新安、皂河、崔镇、张思忠、三叉口、大清口等水驿,以方便南来北往的船只泊岸歇息。这一年,还在济、徐、邳三州县沿运河修治了济州以南徐州、邳州纤道桥梁。

后至元二年(1336)春,萨都剌南行就任闽海福建道肃政廉访司(治福州)知事,他乘船南下杭州,路过沛县,登歌风台作:"歌风台下河水黄,歌风台上春草碧。长河之水日夜流,碧草年年自春色。当时汉祖为帝王,龙泉三尺飞秋霜。五年马上得天下,富贵乐在归故乡。"(萨都剌《雁门集》)他途经徐州,以诗"空有黄河如带,乱山起伏如龙"(《彭城怀古》)形象地描述了徐州的山川。

四、徐州和吕梁二"谼"的地貌

宋、元时期,冠以"徐州""吕梁"为湍急水流之地的"洪"与"谼"均同时出现。

见于诗文与碑记的"洪",如宋苏轼《百步洪》、元傅汝砺《徐州洪神庙碑记》和元赵孟頫《吕梁洪关尉庙碑记》。见于亭台与史籍的"谼"(hóng),宋代徐州有"望谼亭"。宋元丰元年(1078)徐州大水后,苏轼登"望谼亭"作诗"河涨西来失旧谼,孤城浑在水光中……"《元史·河渠志》载,至元二十三年(1286),漕运副使马之贞"差人于吕梁、百步等谼……监督江淮纲运船只过谼……"

"洪",《说文解字》释为"洪:洚水也。洚:水不遵道。一曰下也";《辞海》释为"大水";《天下郡国利病书》和《徐州洪志》载"害与洪水等,故名曰洪";还有认为,是方言,即"石阻河流曰洪"。

"谼",《说文解字》释为"谷部:谷,泉出通川为谷,从水半见,出于口,凡谷之属皆从谷"。《尔雅·释水》释为"水,注川曰溪,注溪曰谷"。《现代汉语词典》释为"两山或两块高地中间的狭长而有出口的地带,特别是当中有水道的"。综合典籍解释,"谷"可以理解为"两山之间的夹道或流水道",亦即河流穿行于两山之间从而形成山川之势,如《楚辞·招魂》"川谷径复"。

徐州洪和吕梁洪,皆为泗水穿流于两山之间的夹道,呈山川之势,并且水下有石;河水流量大,两岸山石束水,水底怪石露出水面或半隐水中。

宋、元两代描写徐州洪的诗文和碑记:宋代苏轼"……忽然归壑无寻处,千里禾麻一半空"中"壑";苏辙"岸边怪石如牛马,衔尾触舻谁敢下"中"岸边怪石"。元代鲜于枢"一石截中流,两山束惊浪"中"两山束惊浪";元代傅汝砺《徐

182

州洪神庙碑记》"百步洪东岸旧有祠宇,下瞰洪涛高崖峭壁,无云而雷……"中"下瞰洪涛高崖峭壁"。

宋、元两代描写吕梁洪的诗文和碑记:宋代苏轼"吕梁自古喉吻地,万顷一抹何有吞"中"喉吻地";元代傅若金"险或过三峡,深疑及九渊"中"三峡与九渊";文天祥"连山四周合,吕梁贯其中";赵孟頫《吕梁洪关(羽)尉(迟恭)庙碑记》"……山川则能藏天地之精气……徐州之山,自西南来,乱流而东,复起为冈峦累累……"

如果说,地名具有历史和科学价值;那么,纪实性就是它的价值所在。所以,以"碛"概括其地貌应该是准确的。

五、南阳湖的形成

南阳湖位于今山东济宁以南、鱼台与邹县之间。其形成与黄河入泗水及南北运河的开发密切相关。

泗水在今山东鲁桥以下沿线原为陆地平原。公元前 132 年,黄河在濮阳瓠子堤(在今河南省濮阳西南)决口,冲出一条瓠子新河向东南注入泗水。黄、泗合流了二十余年,致使曲阜、邹县和滕县一带入泗河流受黄、泗高水位顶托,被迫在泗水东岸而形成了一片沼泽。

至元十八年(1281),元朝着手开凿运河时,漕舟出邗沟再由淮水溯黄河入泗水以后,最北只能达到济州城(今山东省济宁市)南的鲁桥(在今济宁市东南)。漕舟继续北行,不可能再随泗水折而东行,因而就在济州城附近向北开凿了一段长一百五十里的运河,称为济州河。这段新开的运河沟通了汶水和泗水。汶水和泗水上游均由东向西流到下游后,汶水折而北流,泗水折而南流,相距愈远,地势高差愈大,引水自然不易。于是,在河道里置闸设堰,以随时提高或降低水位,便利船只通行。为引汶水入洸水,在今山东省宁阳县东北三十四里的堽城设置堽城闸,使汶水由洸水河道流到济州城下。为控制泗水,在兖州城外设置兖州闸,使泗水西南流到济州城下。在济州城设置济州闸,连接汶水和泗水。济州闸有上、中、下三座,上闸距中闸三里,中闸距下闸二里。这三座济州闸使汶、泗两水,既能互相联系,又能各自分流。汶水北流入济州河,南流至鲁桥入泗水航道。

汶水与泗水相通,扩大了泗水流域面积,使泗水航道水量增多,尤其夏秋洪涝,更使水位抬高。在鲁桥以下,为控制泗水航运水位,大德二年(1298)建枣林闸。后来,又向南相继建成孟阳泊闸和金沟闸,又自金沟闸向南十二里建隘船闸,以控制超宽大船。虽然诸闸保证了船只航行,但是缩窄了河道断面,每当行洪排涝之时,自然壅高泗水在鲁桥至南阳镇段水位而使洪水漫溢于航道以东洼地。

至正四年(1344)五月,黄河暴溢,北决今山东省曹县西北七十里的白茅堤。六月,又北决今河南省滑县境内白马一带金堤。黄河在白茅堤和金堤决溢后,向东和东南形成了新的分流,在济宁、鱼台和丰、沛县一带漫坡流入南北向会通河(泗水航道),泥沙淤积并抬高河床,导致了鲁桥以上泗水以及曲阜、邹县等地区来水无法进入会通河,被迫滞蓄在航道东岸,便在济宁以南、鱼台与邹县之间,形成了南阳湖。泗水自鲁桥至南阳镇一段河道被淹没在湖中,仅留下从河源至鲁桥的上游一段,也就是现在山东省境内南四湖以东的泗水。

六、贾鲁治河

黄河从杞县分流入涡、颍河的分支淤塞而北移古汴河,自归德(今商丘)至徐州与泗水合流。由于黄河与泗水又同淮水合流,下游河道很难容纳浩瀚的洪水。在徐州境内,黄、泗北岸有苏家山、子房山;南岸有韩山、云龙山、奎山;中间河漕狭窄宛如蜂腰,其中又有徐州洪和吕梁洪两处险段。在睢宁,黄、泗北岸有庙山、棉山、拐山和阳山;南岸有龙虎二山及峰山,中流有鲤鱼山阻隔。再加上,黄河南流于雨量充沛地区,径流量大而集中。徐、睢段黄泗河槽,既狭隘又受下游淮水顶托,致使黄河在徐州以上行水缓慢,河道被泥沙逐渐淤塞,以致从大德元年(1297)到至正十一年(1351)频繁决溢。

大德元年到至正十一年黄河决溢统计表

年份	决溢地点	决 溢 情 况
大德元年(1297)	归德、徐、邳、睢等州县 汴梁、杞县、蒲口	三月,归德、徐州、邳州宿迁、睢宁、鹿邑三县,河南许州临颍、鄢城等县,睢州襄邑、太康、扶沟、陈留、开封、杞等县,黄河水大溢,漂没田庐 五月丙寅,黄河决汴梁。七月丁亥,黄河决杞县蒲口
大德二年(1298)	蒲口 汴梁、归德	六月,黄河决蒲口,凡九十六所,泛滥汴梁、归德二郡 七月,汴梁等处大雨,黄河决坏堤防,漂没归德数县禾稼庐舍

184

续表

年份	决溢地点	决 溢 情 况
大德八年 （1304）	祥符、太康等地	五月，……黄河在阳武、祥符、太康、获嘉决溢
大德九年 （1305）	阳武、宁陵、陈留等地	六月，黄河在汴梁阳武县思齐口决溢。八月，黄河在归德府宁陵、陈留、通许、扶沟、太康、杞县决溢
至大二年 （1309）	归德、封丘	七月，……癸未，黄河决归德府境；己亥，黄河决汴梁之封丘
皇庆元年 （1312）	睢阳	五月，黄河在归德睢阳决溢
皇庆二年 （1313）	陈、亳、睢州等地	六月，……黄河决陈、亳、睢州，开封、陈留县，没民田庐
延祐二年 （1315）	郑州	六月，黄河决郑州，坏氾水县治
延祐三年 （1316）	颍州太和、汴梁	四月，颍州太和县河溢 六月，……黄河决汴梁，没民居
延祐七年 （1320）	荥泽、开封 原武	七月，汴梁路言：荥泽县六月十一日河决塔海庄东堤十余步，横堤两重，又缺数处。二十三日夜，开封县苏村及七里寺复决二处 是岁，……黄河决汴梁原武，浸灌诸县
至治二年 （1322）	仪封	正月，……辛巳，……仪封县河溢伤稼
泰定元年 （1324）	楚丘、濮阳	七月，……曹州楚丘县、大名路开州濮阳县河溢
泰定二年 （1325）	汴州、睢州 汲县	五月，黄河在汴梁路十五县决溢。七月，在睢州决溢 八月，……黄河在卫辉路汲县决溢
泰定三年 （1326）	归德府 郑州 汴梁、亳州	二月，……黄河在归德府属县决溢 七月，黄河决郑州，漂没阳武等县民一万六千五百余家 十月，……癸酉，黄河水溢，汴梁路乐利堤坏。是岁，……黄河在亳州决溢，漂民舍八百余家
泰定四年 （1327）	睢州及汴梁路 扶沟、兰阳、虞城、 夏邑	五月，……睢州河溢。六月，……汴梁路河决 八月，汴梁扶沟、兰阳二县河溢，漂民居一千九百余家。济宁虞城县河溢，伤稼。十二月，夏邑县河溢
致和元年 （1328）	砀山、虞城	三月，黄河决砀山、虞城二县

185

续表

年份	决溢地点	决 溢 情 况
至顺元年 （1330）	长垣、东明 济阴县 魏家道口	六月，黄河决大名路长垣、东明二县，没民田五百八十余顷 六月五日，魏家道口黄河旧堤将决，不可修筑，以此差募民夫，创建护水月堤……其功未竟。至二十一日，水忽泛溢，新旧三堤，一时全决，第二天外堤复坏，民急闭塞，而湍流迅猛……所下桩上，一扫无遗
至顺三年 （1332）	睢州、陈州、兰阳、 封丘	五月，……汴梁之睢州、陈州，开封之兰阳，封丘诸县河水溢
元统元年 （1333）	阳武	五月，汴梁阳武县河溢害稼。六月，……黄河大溢，河南水灾
至元元年 （1335）	封丘	黄河决汴梁封丘县
至元三年 （1337）	兰阳、尉氏 归德府	六月，汴梁兰阳、尉氏二县，归德府皆河水泛溢
至正二年 （1342）	睢阳	九月，……归德府睢阳县因黄河为患，民饥
至正三年 （1343）	白茅口	五月，黄河决白茅口
至正四年 （1344）	曹州、汴梁 白茅堤、金堤	春正月，……庚寅，黄河决曹州……是月，又决汴梁 五月，大雨二十余日，黄河暴溢，水平地深二丈许，北决白茅堤。六月，又北决金堤。并河郡邑济宁、单州、虞城、砀山、金乡、鱼台、丰、沛、定陶、楚丘、成武以至曹州、东明、巨野、郓城、嘉祥、汶上、任城等处皆罹水患
至正五年 （1345）	济阴	七月，黄河决济阴，漂官民亭舍殆尽。十月，黄河泛溢
至正六年 （1346）		五月丁酉，以黄河决，立河南、山东都水监
至正七年 （1347）		十一月，……以黄河决，朝廷命工部尚书迷儿马哈莫行视金堤
至正八年 （1348）	济宁	正月辛亥，黄河决，陷济宁路
至正九年 （1349）	沛县	三月，……黄河北溃。五月，……白茅河东注沛县，遂成巨浸
至正十一年 （1351）	永城 黄陵岗	七月，黄河决归德府永城县，坏黄陵岗岸

在元朝,与黄河决溢泛滥同行的是政治腐败和阶级、民族矛盾的激化。朝廷内的争权夺利,政权往往落入权臣之手,而皇帝则穷奢极欲,荒淫昏庸。官吏贪赃枉法,"居官者习于贪,无异盗贼,已不以为耻,人亦不以为怪。其间颇能自守者,千百不一二焉"(元吴澄《吴文正公文集》)。军队腐化,形同盗匪。蒙古王公大臣疯狂兼并土地,寺院僧侣广占良田。由于政府财政入不敷出,于是加紧搜刮人民。仁宗时,包银总数比元初增长了十倍,一般课税(包括商税)增长了五十倍。蒙古贵族和喇嘛僧横行跋扈。

尽管如此,为保证大运河不受河患威胁,朝廷于至元二十三年(1286)调民夫二十多万人,分筑堤防。至元二十五年五月,黄河在汴梁决溢,又调集民夫万人以上修堤。大德元年(1297)五月,发民夫三万多人堵塞汴梁决口。大德十年正月,发民夫十万修筑堤防。至大二年(1309),黄河在归德、封丘决溢后,又开展了修河固堤工程。泰定二年(1325)三月,发民夫一万八千多人修曹州济阴县河堤。泰定三年十月,役丁夫六万四千人修汴梁路乐利堤。至正四年(1344)正月,役民夫一万五千多人修筑曹州河堤。

这时,贾鲁被朝廷任命为行都水监使,专门负责治理黄河河患。他奉命循行河道,经过考察地形并绘制地图后,向朝廷提出治理二策:"其一,议修筑北堤,以制横溃,其用工省;其二,议疏塞并举,挽河使东行,以复故道,其功费甚大。"(元欧阳玄《至正河防记》)前者,是针对不堪一日的朝廷财政,以保证运河漕运畅通为目的而提出的下策;后者,是贾鲁治理黄河的指导思想。黄河自南宋建炎二年(1128)杜充决堤,河水由泗入淮,到元至正八年(1348),形成南流局面已经达二百二十年。从当时情况看,黄河在元朝数次决溢,主流大多在汴梁至邳州段南北摆动。如果在这一范围内疏通加深河床,引河东流而使之复行故道;那么,既能使黄河通流又能确保运河安全畅通。由此可见,在当时的历史条件和科学水平下,贾鲁选择河复故道是最佳方案。

然而,贾鲁的治河方案没有被朝廷采纳。不久,他调任右司郎中,又改任都漕运使。此时,围绕黄河北流与复行故道,礼部尚书泰不华主张疏浚故道,恢复黄河东流,并建议疏浚淮安以东黄河入海段;有人反对疏浚故道,认为黄河之水未必能流入故道;河北河南肃政廉访使尚文鉴于多次治河无甚成效,则认为听其自然北流,省得劳役之苦。

治河之议悬而不决,直到至正九年(1349)五月,黄河自白茅口东注,沛县遂成巨浸,会通河无法通航。

此时,贪官污吏,纪纲废弛,赋役不均等社会腐败如同黄河泛滥。社会动荡愈演愈烈，预示着元朝统治将要走向崩溃的道路。至正九年冬，脱脱复任中书右丞相，不顾亟待解决的社会危机，而认为治理黄河是当务之急。于是，他即刻上奏朝廷，请求躬任其事。朝廷接受了脱脱的建议，并命其召集群臣讨论治河方略。

据《至正河防记》记载，贾鲁以都漕运使身份参加廷议，认为河"必当治"，并重新提出以前的治河二策。工部尚书成遵根据自己和大司农秃鲁的调查，认为"河之故道，断不可复"；并且，济宁、曹州、郓城，连年饥馑，民不聊生，"若聚二十万众于此地，恐他日之忧又有重于河患者"。意思是怕聚众兴工会引起农民起义。在廷议上，脱脱怒言成遵，并坚决地说："然事有难为，犹疾有难治。自古河患即难治之疾也，今我必欲去其疾。"（《元史·脱脱传》）他采纳了贾鲁挽河东行故道的治河之策，并报请朝廷批准。

至正十一年（1351）四月初四，朝廷下诏任命贾鲁以工部尚书为总治河防使，进秩二品，授以银章，领河南北诸路军民，发汴梁、大名十有三路民十五万，庐州等戍十有八翼军二万，展开了声势浩大的挽黄河东行故道的治理工程。

贾鲁治河的主要工程措施是疏、浚、塞并举。工程自至正十一年四月二十二日至十一月，共计一百九十天，用工三千八百万，疏浚河道二百八十多里，堵塞大小决口一百零七处，修筑曹县至徐州堤防七百七十里。治理后的黄河复归故道，由曹县新集、梁靖口及武家口经夏邑、归德丁家道口、虞城马牧集、鸳鸯口、砀山司家道口、韩家道口、萧县赵家圈、将军庙、两河口，至徐州小浮桥合于泗运河。

贾鲁这次治河，兴师动众于汛期，七月，黄河决归德府永城县，坏黄陵岗岸。但他不顾民工死活，一心急于求成。此时，元朝的统治已经是日薄西山。白莲教主韩山童等抓住这一时机，将预先凿好的独眼石人埋在黄陵岗，并散布民谣："石人一只眼，挑动黄河天下反。"

韩山童与刘福通等在颍州颍上县发动起义，爆发了元朝末年的农民战争。有人认为，这是因为贾鲁治河之役而劳民动众所致。其实根本原因，诚如元欧阳玄在《至正河防记》中所说："元之所以亡者，实基于上下因循，狃（读音 niǔ，意为贪）于宴安之习（宴安，意为安于享受，古人比作鸩毒），纪纲废弛，风俗偷薄，其致乱之阶，非一朝一夕之故，所由来久矣。"至于贾鲁治河，他的疏、浚、塞结合的治河思想以及工程布置、施工部署、障水堵口技术等均有合理之处，对治河事业的发展具有一定的贡献。因此，后世评价说："贾鲁修黄河，恩多怨亦多，百年千载后，恩在怨消磨。"（《行水金鉴》引明蒋仲舒《尧山堂外记》）

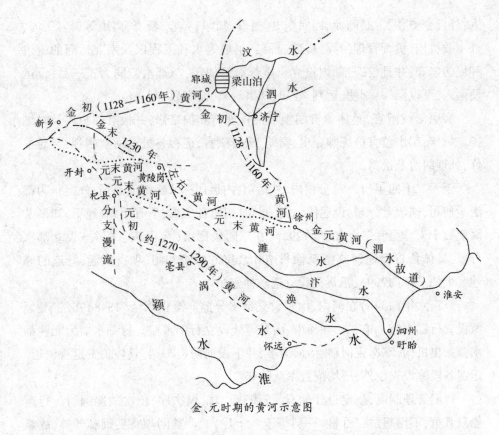

金、元时期的黄河示意图

虽然贾鲁治河使黄河复归故道,但是,伴随着元朝末年的农民大起义,黄河依然决溢不止。

至正十四年(1354)黄河向金乡、鱼台方向决溢。至正十六年(1356)黄河决郑州河阴县,官署民居尽废,遂成中流。至正二十二年(1362)七月,黄河决溢,寿张城墙圮,屋庐漂,人溺死甚众。至正二十六年(1366)二月,黄河又北徙,东明(在今山东省东明县南)、曹州(治所在今山东省菏泽)、濮州(治所在今山东省鄄城县南)、济宁路(治所在今山东省巨野)一带皆被其害。两年以后元朝灭亡。

七、运河管理

元朝为加强对运河的管理,除自上而下设置管理机构外还制定了行船管理制度。

管理机构,在朝廷内设都水监二人、少监一人、监丞二人、经历和知事各一

189

人;外设令史、蒙古必阁赤、回回令史、通事、知印、奏差、豪寨、典吏等属官。内、外水政机构,负责管理河渠、堤防、桥梁、闸堰等水利工程以及南北运河的疏浚和堤防修守;并且,在户部内设立京畿都漕运使司,与都水监同为正三品;设运使两人,下设同知、副使、运判、经历、知事等官,设吏数十人。

会通河设闸官,具体负责闸坝日常管理与养护维修,并拨有闸户以及时维护。每年,都水监官员统帅令史、奏差、濠寨诸官,巡视各处运河及闸坝,督导维修,处理纠纷及讼狱。

至元二十四年(1287)分设内、外运司:内运司称京畿都漕运司,外运司为都漕运使司,临清置分司,设运使二人,同知、副使各二人,下有运判、经历、知事及属吏数十人。至元二十九年(1292),在东阿景德镇(今山东省阳谷)设立都水分监,具体负责会通河临清至徐州700余里的修浚和闸、坝、桥、涵、纤道的修建。大德三年(1299),沿运河设立巡防捕盗司。

至正六年(1346)在河南、山东设立都水分监。至正八年(1348)在济宁、郓城设立行都水监。第二年在河南、山东等处设立行都水监。行都水监为元朝都水监派出机构,掌巡视河道、治河等事,并下设河防提举司,具体负责巡视河道。运河各段除设夫役外,还均配置军队防守。

行船管理制度,规定过往船只,按漕、贡、官、民次序,依次放船通行。行运船只载重,不得超过二百料(一料等于六十斤)。严禁闸坝官吏徇私舞弊,故意拖延阻滞船只往来。朝廷还专门委派监察御史、廉访司使臣巡查运河。

参考文献:

[1]明·宋濂、王祎等《元史》,上海:上海古籍出版社,1986年

[2]元·欧阳玄《至正河防记》,据《治河方略》及武英殿本元史校印

[3]《马可·波罗游记》,北京:大众文艺出版社,2005年

[4]清·傅泽洪《行水金鉴》,文渊阁四库全书

[5]谭其骧《中国历史地图集》,北京:中国地图出版社,1982年

第二章　明代的运河与黄河

一、朱元璋旋师河南的路线

元朝末年的政治腐败与黑暗,人民对统治者的强烈不满,反抗的怒火如同干柴一点即着。1351年,元朝政府调集民夫修治黄河,直接导致了农民大起义的发生。韩山童、刘福通领导的农民起义军,因头裹红巾故称红巾军。1352年,出身贫苦的朱元璋在濠州参加了郭子兴部红巾军,因作战勇敢机智,逐渐得到赏识和重用。1355年刘福通迎立韩山童儿子韩林儿至亳州为帝,国号大宋。郭子兴死,朱元璋被韩林儿任命为左副元帅,直接听命于宋政权。1356年,朱元璋率军攻占集庆(今南京市),被韩林儿封为江南等处行中书省平章。朱元璋利用元朝军队主力被北方红巾军拖住而无力南下的时机,在今安徽、江苏、浙江地区扩大自己的势力,并吸收李善长、宋濂、刘基等一批知识分子为自己出谋划策。1357年,朱元璋攻克徽州,采纳了当地儒生朱升"高筑墙,广积粮,缓称王"的建议,以今南京为中心,建立起自己的统治区域;1363年开始,朱元璋先后平灭了陈友谅、张士诚、方国珍、陈友定等割据势力,断绝与韩林儿联系,并于1366年冬,派人在瓜步江中沉杀了韩林儿。在众谋臣及将领的拥立下树起了自己的旗帜。

1367年,朱元璋命徐达为征虏大将军、常遇春为副将军,率军二十五万北伐中原。其战略:"先取山东,撤其屏蔽,旋师河南,断其羽翼;拔潼关而守之,据其户槛,天下形势入我掌握,然后进兵元都。"(《明太祖实录》)同年十月二十一日,徐达率北伐军由淮水进入黄河。

这时,黄河主流经由河南荥泽、原武、开封、归德丁家道口、虞城马牧集、鸳鸯口、砀山韩家道口、司家道口、萧县赵家圈、将军庙、两河口,至徐州小浮桥与泗水汇合,至清河县(在今江苏省淮安市)入淮水。徐州至清河县段黄河,亦即泗水,元朝时被开发利用为南北大运河。徐达率领北伐军就是由清河县自淮水进入黄河。

1368 年,黄河在曹州双河口(在今山东省菏泽东)决溢,分为两支,一支向东北在郓城境内入会通河;一支向东入鱼台县境。徐达正在北伐,便在鱼台东北开塌场口引黄河入会通河,使黄河南流以济漕运。可见,徐达北伐水军自清河县溯黄河至徐州,再沿会通河北向济宁。塌场口淤塞后,又于同年三月,在济宁西耐牢坡将黄河接通会通河。徐达北伐水军即从这里溯黄河,经郓城、曹州西攻汴梁。四月,朱元璋率军乘船从扬州经淮扬运河,过淮水溯黄河经邳州、徐州,北入会通河,至济宁转向西南,再溯黄河抵达汴梁。

当时,朱元璋北伐军自江、淮运送粮饷的通道,均自淮水入黄河,再入会通河至济宁耐牢坡分为两路:一路向北由会通河向大都方向;一路溯黄河向西进入河南、陕西。

朱元璋在北伐中原的进程中,于 1368 年正月初四即皇帝位,是为明太祖,国号大明,建元洪武,以应天府南京为京师。八月,北伐军攻陷大都,元顺帝北逃,元亡。

二、南粮北运的路线

明王朝建立后,朱元璋之所以将国都建于南京,就是因为江南有财富之饶。为了稳固统治,除册立长子朱标为太子外,他的二十三个儿子和一个从孙都被封为藩王,分别镇守全国各地。这些藩王有移文中央索取奸臣的权力,必要时领兵"靖难"。

朱棣是朱元璋第四个儿子,被封为燕王,就藩北平(今北京)。朱元璋死后,因太子早死,皇太孙即位,是为惠帝,亦称建文帝。藩王擅权跋扈,对皇帝造成威胁。因此,大臣齐泰、黄子澄、方孝孺建议惠帝削藩。1399 年 7 月,燕王朱棣起兵"靖难",兵锋指向南京,即皇帝周围有奸臣当道而有难,须以兵平之。惠帝不知所终,齐泰、黄子澄、方孝孺均被杀灭族。朱棣在南京即位,是为明成祖。

这时,蒙古族分裂为三大部,即位于今蒙古人民共和国的鞑靼、今新疆北部的瓦剌和今内蒙古东部的兀良哈,其中鞑靼、瓦剌先后兴起,不断南下侵扰。为防御蒙古和经营东北,明成祖朱棣于 1403 年营建北平为北京,1420 年改京京为京师,第二年正式迁都。

明王朝定都北京后,南粮北调日益加重。然而,与南北大运河密切相关的

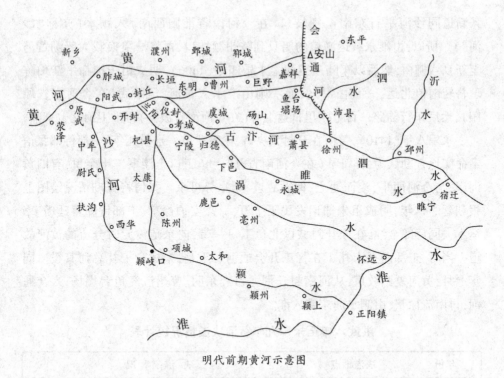

明代前期黄河示意图

黄河，从洪武八年（1375）到永乐九年（1411）在今河南省开封上下决溢频繁。洪武二十四年（1391）四月，黄河在河南原武黑阳山暴溢，东经开封城北五里，又东南由陈州、项城、太和、颖州、颖上，东至寿州正阳镇，入于淮。河南巡抚都御使王暹认为，"由凤阳（即凤阳府下辖寿州）入淮者为大黄河。其支流出徐州以南者为小黄河"。所谓"小黄河"，亦即元末贾鲁治河，将分流合至归德、徐州的故道，即由古汴河向东经今虞城、砀山、萧县至徐州入泗水的河道。此时，这条河道也随之淤塞。同时，黄河又分流，在今山东省郓城南漫流至东平西南的安山，入元朝时开挖的会通河，淤塞了运道。

黄河决溢，忽南忽北，迁徙不定，导致了徐州以上的会通河淤塞，以下的黄河（运河，即泗水）水量不足。因此，徐州上下的南北运河已经无法作为运道而承载漕船北上京师。

为确保南粮北运，朝廷采纳了户部尚书郁新建议："始用淮船受三百石以上者，道淮及沙河抵陈州颖岐口跌坡，别以巨舟入黄河八柳树（在今河南省新乡西南），车运赴卫河输北平，与海运相参。"（《明史·食货志》）这条运道，是利用黄河于洪武二十五年（1392）在阳武决溢形成的河道，由中牟入沙河（亦称"小黄河"）至扶沟南、西华（在今河南省西华县）与陈州（在今河南省淮阳）又冲出一

193

条新道同沙河平行东南至颍岐口(在今河南省淮阳西南)入颍水(亦称"沙河")。所以,由淮水载运漕粮的船只到陈州颍岐口,再将漕粮换载大船溯黄河至新乡八柳树,然后以车陆运卫河。永乐四年(1406),明成祖朱棣命平江伯陈瑄督转南粮北运,一仍由海运,而一则由淮水入黄河,至阳武(在今河南省原阳),然后车行陆路一百七十里抵达卫辉(在今河南省汲县)再沿卫河北上京师。

永乐八年(1410),黄河在开封大决口,灾害严重。永乐九年,工部侍郎张信奉命实地查勘认为,祥符县(在今河南省开封)鱼王口至滦下二十余里,有旧黄河岸,与今河面平,浚而通之,俾循故道,则水势可杀。张信将查勘情况绘图上报朝廷。这年,明成祖朱棣诏发民丁十万,命兴安伯徐亨、工部侍郎蒋廷瓒、率运木夫同侍郎金纯,在今开封城以北鱼王口一带,向东疏浚元时分流的黄河故道。当时,工部尚书宋礼正在督工开会通河。于是,朱棣命宋礼总河其役。同年七月,黄河复归故道,从河南封丘荆龙口经东明、曹州流经鱼台塌场,入会通河,再南流徐州,由泗水向东南入淮。

洪武八年至永乐九年黄河决溢情况统计表

年份	决溢地点	决 溢 情 况
洪武八年 (1375)	开封	春正月,黄河决开封府大黄寺堤百余丈
洪武十一年 (1378)	兰阳、封丘	十月丙辰,黄河在开封府兰阳县决溢。十一月戊寅,黄河溢于开封府封丘县
洪武十四年 (1381)	原武、祥符、中牟	七月庚辰,河南原武、祥符、中牟诸县,河决为患
洪武十六年 (1383)	荥泽、阳武	六月乙卯,黄河溢于荥泽、阳武二县
洪武十七年 (1384)	开封、杞县	八月丙寅朔,黄河决开封府东月堤,自陈桥至陈留,横流数十里。壬申,河决杞县入巴河
洪武二十年 (1387)	原武	原武北有黑阳山,下临大河。洪武二十年,黄河决于此
洪武二十二年 (1389)	仪封	黄河没仪封,徙其治于白楼村
洪武二十三年 (1390)	归德、开封、西华	春,黄河决归德东南凤池口,径夏邑、永城。秋,又决开封、西华诸县,漂没民舍
洪武二十四年 (1391)	原武、曹州	河水暴溢,决原武黑阳山;又由旧曹州、郓城两河口漫东平之安山
洪武二十五年 (1392)	阳武	复决阳武,泛陈州、中牟、原武、封丘、祥符、兰阳、陈留、通许、太康、扶沟、杞十一州县

年份	决溢地点	决 溢 情 况
洪武二十九年 （1396）	怀庆	黄河决怀庆等府州县
洪武三十年 （1397）	开封	八月，黄河决开封，城三面受水
永乐二年 （1404）	开封	九月，黄河决开封，坏城
永乐三年 （1405）	温县	黄河决温县堤四十丈
永乐五年 （1407）	河南	七月丁卯，黄河泛溢河南，伤滨河苗稼
永乐七年 （1409）	陈州	黄河冲决城垣二百七十六丈，护城堤岸二千余丈
永乐八年 （1410）	开封	秋，黄河决开封，坏城二百余丈，民被患者万四千余户，没田七千五百余顷
永乐九年 （1411）	阳武	黄河决阳武中盐堤，漫中牟、祥符、尉氏

三、会通河治理

明成祖朱棣建都北京后，南粮北调问题，虽海陆兼运，但由于海路险、陆路艰，没有从根本上解决问题。永乐初，为解决南粮北运道路的畅通，曾不断有人建议疏浚会通河。永乐九年（1411），济宁同知潘叔正上书朝廷，进一步陈述开通会通河的必要和可能。他认为："会通河道四百五十余里，至淤塞者三分之一，浚而通之，非唯山东之民免转输之劳，实国家无穷之利。"（《明太宗实录》）朝廷采纳了潘叔正的建议，决定由工部尚书宋礼、刑部侍郎金纯、都督周长负责修浚会通河。

会通河为元朝所开，元末已废弃不用。洪武二十四年，黄河在原武决溢，漫安山湖而东，致使会通河全部淤塞。这次会通河疏浚济宁至临清三百八十五里。

宋礼在汶水下游东平戴村筑坝，拦截汶水至济宁以北的南旺（在今山东省汶上县西南）入会通河分流，北至临清入卫河，南过济宁入泗水。

会通河治理工程还包括：在山东境内，自汶上袁家口至寿张沙湾之间开新河，将会通河道东移五十里；在河南境内，疏浚祥符鱼王口至中滦下二十余里黄

195

河故道,自封丘金龙口,引黄河水下鱼台塌场,会汶水,经徐州、吕梁二洪入淮,以接济运河水量。会通河治理工程,共计征发山东、徐州、应天、镇江等民工三十万,施工二百天全线完成。从此,海陆运俱废,漕运直达通州。

会通河治理后,主持漕运的平江伯陈瑄,在淮安城西管家湖凿渠二十里,为清江浦(在今江苏省淮安市),引湖水入淮,又沿湖堤十里,筑堤引舟,使南来漕船直接由淮入泗。

南北大运河全线贯通后,宣德四年(1429),由平江伯陈瑄主持疏浚运河济宁至徐州段。正德初(1506)治河郎中胡礼,在当时徐州城以北,从三里沟开新河至徐州洪上接旧运河。嘉靖七年(1528),工部侍郎潘希曾主持修筑济宁至沛县段的运河东、西两堤;嘉靖十三年(1534),济宁至徐州间航道被黄河泥沙淤积;十四年(1535),总河刘天和主持疏浚鲁桥至徐州二百里被黄河淤塞的航道;四十五年(1566),疏浚运河航道留城至境山南五十三里。

为平水和控制运河水位,保持会通河正常行船,在元朝旧闸基础上,明朝在济宁至徐州间会通河上继续修建节制(船)闸。永乐九年(1411),修建徐州至沛县间庙道口、新兴、皮沟、黄家、境山等闸。永乐十四年(1416),改修徐、沛间沽头上、下(成化二十年即1484年建沽头中闸)和金沟闸。宣德四年(1429),在徐州至济宁间会通河上建谢沟、湖陵城、南阳等闸。

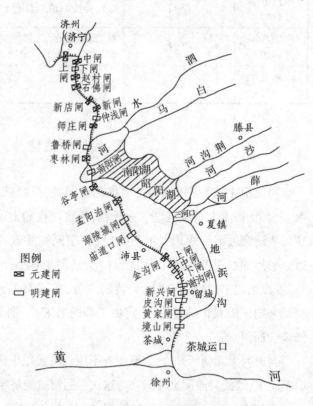

隆庆前济宁至徐州段会通河示意图

196

四、疏浚黄河和治理沙湾、张秋

永乐九年(1411)以后,黄河东流回归了明朝初年的故道,会通河的治理,使南北大运河全线贯通。然而,黄河并没有形成安流的局面,从永乐十二年(1414)到宣德六年(1431)的十七年中,在河南开封上下有八年决溢。其中,永乐十四年(1416)黄河在开封决口,分出一支东南流,经怀远由涡河入淮。宣德六年,黄河在开封祥符、中牟、尉氏、扶沟、太康、通许、阳武、夏邑八县泛溢。

正统元年到九年(1436—1444),黄河在今河南省境内决溢分流;十年(1445)九月,又在封丘金龙口决溢;十三年(1448)五月,又决溢于陈留县金村堤及黑潭南岸;其秋,又在新乡八柳树(在今河南省新乡西南)和荥泽决溢。此时,黄河分成了三支:一支自新乡八柳树,东经延津、封丘,漫曹州、濮州、阳谷抵东昌(在今山东省聊城),冲张秋(在今山东省阳谷县张秋镇),溃寿张沙湾(紧邻张秋南)后冲入会通河;一支从荥泽漫流原武、郑州、开封、尉氏、通许、扶沟、太康、西华、陈州、项城、太和等地东南至颍州入淮;一支由贾鲁故道东出徐州。

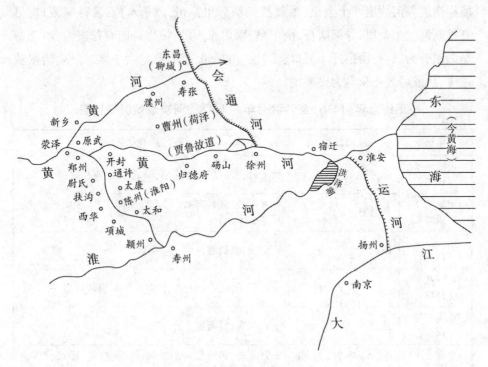

正统十三年黄河主要流路示意图

197

景泰二年(1451),朝廷派山东、河南巡抚都御史洪英、王暹协力治河,并要求务必使黄河水归入运河。当时,代宗皇帝心甚忧念,又命工部尚书石璞前往治河。石璞筑沙湾石堤,以抵御黄河决溢,开月河引水,以增加运河水量。景泰三年五月,沙湾堤建成,六月,连续大雨,黄河决沙湾北岸。洪英奉命堵筑后,景泰四年(1453)正月,黄河又决新塞口之南。四月决口堵塞,五月再决沙湾北岸。十月,朝廷谕德徐有贞为佥都御史,专治沙湾。徐有贞采取疏、塞、浚并举的办法,开渠分杀黄河水势,并借以引黄济运;疏浚沙湾至临清、沙湾至济宁间运河,并于东昌龙湾、魏湾建闸。

弘治二年(1489)五月,黄河在开封、封丘等地决溢。根据当时户部侍郎所言,此次黄河是在南北岸决溢:向南,由涡河与颍河入淮河;向北,分出的一支仍沿正统十三年(1448)新乡八柳树口决溢方向,向东北流至张秋入会通河。

黄河向东北分出的一支,即由会通河经大清河汇入渤海,一直持续到弘治七年(1494)。这年五月,朝廷命太监李兴、平江伯陈锐与副都御使刘大夏共治张秋。十二月,筑塞张秋决口完成。当时,河流湍悍,决口阔九十余丈。刘大夏认为"是下流未可治,当治上流"(《明史·河渠志》),于是,他负责疏浚仪封黄陵岗南贾鲁河故道四十余里,由曹县梁靖口出徐州,以杀水势;浚孙家渡口,另开挖新河七十余里,导河南行,由中牟、颍川东入淮;浚祥符四府营淤河,由陈留至归德分为二:一由宿迁小河口会泗,一由亳州至涡河,均会于淮。然后治张秋两岸,功成后改张秋名为安平镇。

正统元年(1436)至弘治七年(1494)黄河决溢情况统计表

年份	决溢地点	决 溢 情 况
正统元年 (1436)	开封	秋七月,开封府淫雨连绵,河堤冲决,灾伤害稼
正统二年 (1437)	开封等地	九月乙酉,开封府阳武、原武、荥泽三县,秋雨涨漫,决堤岸三十余处
正统三年 (1438)	阳武	黄河决阳武,灌鱼台、金乡、嘉祥
正统八年 (1443)		七月甲子,久雨,黄河、汴水泛滥,坏堤堰甚多
正统九年 (1444)	开封	七月戊寅,黄河溢于开封
正统十年 (1445)	睢州、祥符、杞县等地	十月辛亥,黄河在河南睢州、祥符、杞县、阳武、原武、封丘、陈留等地决溢

续表

年份	决溢地点	决 溢 情 况
正统十二年 (1447)	原武	黄河决溢于原武北黑阳山
正统十三年 (1448)	陈留、新乡	五月,河水在河南陈留县泛涨,冲决金村堤及黑潭南岸。七月乙酉,河决河南八柳树口,漫流山东曹州、濮州,抵东昌坏沙湾等堤
正统十四年 (1449)	聊城	正月,黄河决聊城
景泰三年 (1452)	沙湾	六月,大雨浃旬,黄河决沙湾北岸,掣运河之水以东,近河地皆没
景泰四年 (1453)	沙湾	正月,黄河决沙湾新塞口之南。五月大雷雨,复决沙湾北岸,掣运河水入盐河,漕舟尽阻
景泰五年 (1454)	东昌等地	八月,山东东昌、兖州、济宁三府州大雨,黄河泛滥,淹没禾稼
景泰六年 (1455)	开封	六月癸未,黄河决河南开封府高门堤二十余里
景泰七年 (1456)	开封	夏,黄河在开封决溢
天顺元年 (1457)	原武、荥泽	六月以来,河南开封府原武、荥泽二县,天雨连绵,黄河泛滥,田禾俱被淹没
天顺二年 (1458)	开封	河南开封府所属祥符等四县雨多河溢,淹没民田千六百三十二顷
天顺四年 (1460)	开封	河南……诸府各奏:六月间骤雨,河堤冲决,禾稼伤损
天顺五年 (1461)	开封	七月,黄河决汴梁土城,又决砖城,城中水丈余,坏官民舍过半,……军民溺死无算
天顺六年 (1462)	获嘉	黄河旧在县(获嘉)南,……自武陟徙入原武,而县界之流绝
成化十三年 (1477)	河南	黄河水溢,淹没民居,弥漫田野,不得播种
成化十四年 (1478)	开封	南北直隶、山东、河南等处,五月以后骤雨连绵,河水泛溢,平川成陆,禾稼漂没,人畜漂流,死者不可胜计。九月癸亥,黄河水溢,冲决开封府护城堤五十丈,居民被灾五百余家
成化十八年 (1482)	开封	五月,河南开封府州县黄河水溢,淹没禾稼
弘治二年 (1489)	开封、封丘等地	五月丁巳,黄河决开封及金龙口,入张秋运河,又决埽头五所入沁

年份	决溢地点	决 溢 情 况
弘治四年 （1491）	兰阳	十月戊午，黄河溢于兰阳
弘治五年 （1492）	张秋、封丘、金龙口等处	秋七月，张秋河决。时河溢沛梁之东，兰阳、郓城诸县皆被水患，复决杨家、金龙等口东注，溃黄陵岗，下张秋堤
弘治七年 （1494）	张秋	春二月，黄河又决张秋

五、阻挡黄河北流的太行堤

安平镇（张秋）决口及以上黄河得到治理后，总河副都御使刘大夏又在廷议上提出："安平镇决口已塞，河下流北入东昌、临清至天津入海，运道以通，然必筑黄陵岗河口，导河上流南下徐、淮，庶可为运道久安之计。"（《明史·河渠志》）廷议采纳了他的意见。

弘治八年（1495）正月，刘大夏筑塞黄陵岗及荆隆口（金龙口）等七处。黄陵岗决口居安平镇上流，其广九十余丈；荆隆等决口又居黄陵岗之上流，其广四百三十余丈，河流至此宽漫奔放，可谓喉襟重地。黄陵岗和荆隆口等决口筑塞后，上流河势复归兰阳、考城，分流经归德、徐州、宿迁，南入淮水。

为遏制黄河北流，使之既可以固定不变于南行故道，又可以消除下流张秋溃决之患，刘大夏又于荆隆口之东西各二百里、黄陵岗之东西各三百里，修筑北岸大堤。

《天下郡国利病书》说："河南诸口之塞，惟黄陵岗最难，故既塞之后，特筑堤三重以护之，又筑长堤荆隆口之东西各二百余里，黄陵岗之东西各三百余里直抵徐州。"潘季驯在《河防一览》中说："刘忠宣公筑有长堤一道，荆隆口之东西各二百余里，黄陵岗之东西各三百余里。自武陟詹家店起，直抵丰沛一千余里，名太行堤。"

《河防一览图》显示，太行堤自武陟县沁河北岸起，至沛县飞云桥止。太行堤之北有古堤，自封丘县北新丰村起，其起处约与胙城接界，在荆隆口于家店相连三险工之东北，自新丰东迤为长垣堤、东明堤、白茅村堤，又向东迤为旧老堤，至单县境。太行堤之南，黄河北岸有缕堤，自武陟詹家店起，至徐州茶城，又至镇口闸止。从此，太行堤成为阻挡黄河北流的屏障。

六、南阳新河

正德元年(1506)开始,由于弘治年间黄河在今河南省境内的北岸堤防形成,随后南岸也修筑了堤防,黄河分流入颍、涡、睢的河道逐渐淤塞,河患移至山东和南直隶境内,尤其集中在曹县、单县、丰县、沛县、徐州等地。虽然黄河北岸堤防阻挡洪水不再北犯张秋,解除了济宁以北会通河冲毁之虞;然而,黄河北岸在徐州以上此冲彼淤,甚至以漫流和多支分流之势冲入会通河。

正德四年(1509)六月,黄河决曹县杨家口,奔流徙入泡河至沛县飞云桥(今沛县故城南门外跨泡河)冲入会通河;九月,又决曹县梁靖口,两岸宽百余里,围丰县城郭。正德五年(1510)九月,黄河在贾鲁河泛溢横流,直抵丰、沛,其下流仍归飞云桥入会通河。

嘉靖五年(1526)六月,黄河在曹县决溢,丰县城被淹没,被迫迁城至华山南。黄河又向东北漫流至沛县庙道口(在今沛县西北三十里)截运河,由鸡鸣台口(在今沛县东北五十五里,沙河北岸,正统中在此建闸,运河所经之处)入昭阳湖。

嘉靖六年(1527),黄河在曹、单等地决溢,由梁靖口冲沛县鸡鸣台,夺会通河,沛县城以北运河淤塞,粮艘严重受阻。当时,左都御史胡世宁、詹事霍韬、金事江良材,请于朝廷在昭阳湖东滕、沛、鱼台、邹县间独山、新安社地另开漕渠,南至留城(即古留县,在今沛县东南)接运河,北接沙河。

嘉靖七年(1528)正月,盛应期为总督河道主持治河。这年,黄河又在沛县飞云桥一带决溢,向北漫入昭阳湖,淤塞庙道口以下运河三十余里。盛应期认为沛县间运河累浚累塞,于是采纳了胡世宁等人意见,向朝廷奏请,在昭阳湖东开辟一条新运河,即从南阳湖鱼台塌场口经夏村至留城一百四十里开新河。昭阳湖在沛县东北,南阳湖在鱼台县东北;夏村,即今微山县夏镇;留城,即古留县,在沛县东南与铜山接界。新开运河地处湖东丘陵边缘,地势较高,可以避开黄河冲淤之害。同年七月,盛应期役夫六万五千开河。然而,工程实施近半,适逢旱灾而工程中途下马。黄河在沛县飞云桥一带决溢,向北漫入昭阳湖,淤塞庙道口以下运河三十余里;嘉靖八年(1529),丰、沛县平地沙淤数尺,船行沛县集市和运河闸面。

嘉靖三十七年(1558)七月,黄河在山东曹县南新集(在归德府北三十里)决口,趋向东北至单县段家口分大溜沟、小溜沟、秦沟、浊河、胭脂沟、飞云桥六支;又分一支从砀山坚城集(在砀山县西北与单县接境)经郭贯楼(在今砀山县东)分龙沟、母河、梁楼沟、杨氏沟、胡店沟五支,由徐州小浮桥(在黄河与泗水故道相会处)下徐州洪。鱼台至沛县以南四十里之间的运河因黄河冲积而淤塞。

嘉靖四十四年(1565)七月,黄河南支绕沛县戚山由秦沟入运河至徐州;北支绕丰县华山分两支:一支入秦沟,一大支由三教堂出飞云桥,又分十三支至沛县散漫昭阳湖坡。留城至南阳闸之间的运河航道淤塞百余里。

正德三年至嘉靖四十五年黄河决溢泛滥统计表

年份	决溢地点	决 溢 情 况
正德三年 (1508)		黄河北徙三百里,至徐州小浮桥入运河
正德四年 (1509)	曹县杨家口 梁靖口	黄河北徙一百二十里,至今沛县故城南门外跨泡水的飞云桥处入会通河
正德五年 (1510)	曹县西南黄陵岗	黄河在贾鲁河泛溢横流,直抵丰、沛
嘉靖二年 (1523)	沛县	黄河淤塞运河,毁田庐,民多流亡
嘉靖五年 (1526)	曹县一带	丰县被黄河淹没,向东北漫流至沛县庙道口截运河,由鸡鸣台口入昭阳湖
嘉靖六年 (1527)	曹、单等地	黄河决梁靖口冲沛县鸡鸣台,夺运河,今沛县城以北皆为巨浸
嘉靖七年 (1528)	沛县	黄河在飞云桥一带决溢,向北漫入昭阳湖,淤塞庙道口以下运河三十余里
嘉靖八年 (1529)	丰县、沛县	丰、沛县平地沙淤数尺;沛县船行集市;运河船行闸面
同上	徐州	黄河在徐州以北大溜沟决口
嘉靖九年 (1530)	曹县胡村寺	黄河在胡村寺向东决口三余里,向东南由今商丘丁家道口至今徐州市区庆云桥以下入泗河(运河);向东北决口一余里,分两支:东南经虞城至砀山,东北经单县长堤抵鱼台,漫坡入运河
嘉靖十三年 (1534)	夏邑(大丘、回村等集镇)	黄河向东北流经今萧县,至徐州市区庆云桥以下入泗水(运河);徐州至沛县间运河淤塞
嘉靖二十一年 (1542)	沛县	沛县河湖漫溢,平地水深数尺

续表

年份	决溢地点	决 溢 情 况
嘉靖二十六年至二十九年（1547—1550）	徐州	徐州连续四年遭受黄河水患
嘉靖三十年（1551）	北长山、大湖一带	黄河在北岸决溢，从今徐州市区东长山、狼山、凤凰山之间向东漫流
嘉靖三十一年（1552）	徐州房村	自今铜山房村至睢宁庆安水库一带，运河（泗水）淤五十里
嘉靖三十四年（1555）	沛县飞云桥	昭阳湖被黄河淤为平阜
嘉靖三十七年（1558）	商丘以北三十里新集	黄河向东北至单县段家口分大溜沟、小溜沟、秦沟、浊河、胭脂沟、飞云桥等六支进入运河（泗河），汇至徐州洪；另从砀山坚城集经郭贯楼分龙沟、母河、梁楼沟、杨氏沟、胡店沟等五支，均由今徐州市区庆云桥以下入运河（泗河），汇至徐州洪
嘉靖四十四年（1565）	曹县	黄河南支绕沛县戚山由秦沟入运河至徐州；北支绕丰县华山分两支：一支入秦沟，一大支由三教堂出飞云桥，又分十三支，横绝、逆流入运河，淤塞百余里，至沛县北，散漫湖坡，达于徐州
嘉靖四十五年（1566）	砀山县邵家口	黄河在丰县西南秦沟口（亦即砀山县邵家口）决溢入秦沟，冲毁马家桥大堤

这时，朝廷任命南京刑部尚书朱衡改任工部尚书兼理河漕，以潘季驯为金都御使总理河道。

嘉靖四十五年（1566），朱衡实地查勘会通河，见已淤成平陆，而之前的都御使盛应期所开新河，自南阳以南东至夏村，又东南至留城，故址尚在。朱衡认为，盛应期所凿新河地高，黄河决至昭阳湖不可能再向东，可以继续开浚盛应期所凿新河，以避开黄河侵扰。潘季驯则认为，新河土浅泉涌，劳费不可估量，可以疏浚留城以上初淤运河。

朱衡与潘季驯二人争议所在，是因为：朱衡以治理运河为先，而潘季驯则从治理黄河为急考虑。于是，朝廷派工科给事中何起鸣前往沛县实地查勘。何起鸣认为："旧河难复有五，……新河开凿费省，且可绝后来溃决之患。宜用衡言开新河，而兼采季驯言，不全弃旧河。"何起鸣所说"不全弃旧河"，即旧运河保留留城到境山（在今徐州市区北）五十三里，由潘季驯主持挑浚，自留城以下，抵境山、茶城，由此与黄河会。

根据何起鸣奏报,廷臣议定由朱衡主持,在昭阳湖东地势较高的丘陵边缘,即当时运河以东三十里,开挖一百四十里新运河,亦称南阳新河。当时的运河自留城以北经谢沟、下沽头、中沽头、金沟,过沛县,又经庙道口、湖陵城、孟阳、谷亭闸至南阳闸。此段运河被新开挖的运河所替代,称旧运河。

隆庆元年(1567)新运河(南阳新河)建成,从鱼台南阳闸下引水经夏村(今山东省微山县)至沛县东南留城再与旧运河相接。其间,在新运河上建闸:自留城向北十三里为马家桥闸、又十里为西柳庄闸、又五里为满家桥闸、又五里为夏镇闸,自夏镇向北六里为杨庄闸,自沛县境内杨庄闸三十里为硃梅闸、又北四十里为利建闸、又二十里至南阳闸;其间,引鲇鱼泉、薛河与沙河诸水济运。

新运河节制(船)闸统计表

序号	所在地名称	方 位	间距(里)	兴废年代	附 注
	鱼台县				
1	南阳闸	枣林闸南	12	旧有	月河长 35 丈
2	利建闸	南阳闸南	18	隆庆元年(1567)建	月河长 75 丈
	沛县				
1	硃梅闸	利建闸南	60	隆庆元年(1567)建	闸在沛县北 40 里,有月河,长 92 丈
2	杨庄闸	硃梅闸南	68	同上	闸在沛县东北 143 里,有月河,长 70 丈
3	夏镇闸	杨庄闸南	8	同上	闸在沛县东北 40 里,有月河,长 142 丈
4	满家桥闸	夏镇闸南		同上	有月河
5	西柳庄闸	满家桥闸南		同上	闸西距沛县城 40 里
6	马家桥闸	西柳庄闸南	10	同上	
7	留城闸	马家桥闸南	12	同上	南阳至留城为新开运河,留城以南为旧运河

新运河南接留城闸以下运河至境山南长五十三里,在留城东岸受小河水,二十里为皮沟,稍南东岸受新沟水,十里为夹沟,五里西岸受北溜沟水,三里东岸受境山沟水,对岸受南溜沟水,五里受秦沟水,五里又受浊河水,又十里为秦梁洪,十七里有三里沟,三里至城东北,受汴水合流。

隆庆年间,总理河道的兵部侍郎兼右佥都御使万恭认为,改道后的新运河可谓"万世之计"。因为,旧运河由南阳、谷亭、沽头、沛县出留城,地势太卑,视南阳以上高下相悬,各闸水峻,故多浅。又昭阳湖在其东,黄水每逾漕,趋昭阳,故闸河多淤;而南阳至留城一百四十里新运河,地势高起与南阳同等。万恭还描述了新运河通航后的景况:"石堤累累如堉,柳阴依依若茨,楼船月夜,箫鼓中流,百流湖光,万顷金碧,盖不让苏堤西湖焉。"

七、遏黄保运

黄河自弘治九年(1496)以后,受太行堤遏制而不再北流,以由涡河入淮水为主,又由于在河南仪封、考城、归德一线决溢,黄河主流逐渐北移。这年十月,黄河曾在河南中牟、兰阳、仪封、考城四县决口。弘治十一年(1498),黄河在归德小坝子(在今河南省商丘市西)等处冲决,河水由睢河经宿州、睢宁至宿迁小河口入运河(黄河)。弘治十三年,黄河在归德丁家道口(在今商丘市东北)上下决堤岸十多处,共阔三百余丈,淤塞归德至徐州河道三十余里。弘治十五年,黄河冲毁商丘旧治。

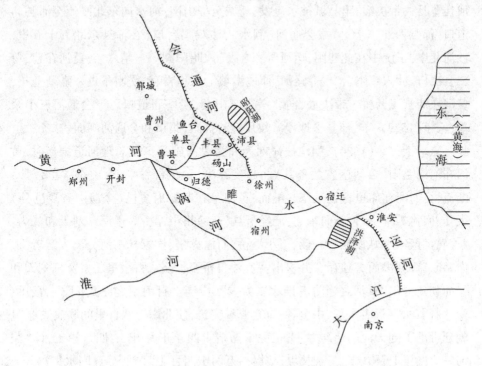

弘治至正德年黄河分流示意图

205

弘治十七年(1504)，黄河决溢于曹县，徐州以上河道淤浅，以下小浮桥一带河道干涸。小浮桥原名云集桥，在徐州城东北隅，以铁索维舟为之，黄河经其下，合于泗水，又城北三里有大浮桥，即原名万会桥，跨泗水之上，亦以铁索维舟为之。直到弘治十八年(1505)，黄河仍由睢河经宿州、睢宁至宿迁小河口入运河(黄河)。

正德三年(1508)，睢河淤塞后，黄河主流在归德北决口，北徙入贾鲁河至徐州小浮桥入运河。正德四年，由于归德至徐州间的贾鲁河道淤塞，黄河在曹县杨家口、梁靖口决溢，又北趋泡水，东流经曹县(在今山东省曹县)、单县(在今山东省单县)、丰县，至沛县飞云桥(沛县旧城南门外跨泡水)入会通河。

由于单、丰之间泡水河道狭窄水溢，黄河在考城黄陵岗、尚家等决口；曹、单二县田庐多被淹没；丰县城郭被水包围，两岸阔百余里。正德五年(1510)九月，黄河再次冲决黄陵岗，"入贾鲁河，泛溢横流，直抵丰、沛"(《明史·河渠志》)。所谓"泛溢横流"，大致在砀山韩家道口以上。造成上述情形的主要原因，是由于贾鲁河与泡水河道浅窄，无法容纳黄河浩瀚之水。

嘉靖初年(1522)，黄河在曹、单、丰、沛等县泛溢漫流以及多支分流。二年(1523)秋，黄河在沛县决溢，淤塞运河，毁田庐，民多流亡。嘉靖五年(1526)，黄河在曹县一带决溢，丰县城被水淹没，迁城至华山南；河水向东北漫流至沛县庙道口(沛县西北三十里)截会通河(泗水)，注鸡鸣台口(在沛县东北五十五里，沙河北岸，正统中在此建闸，运河所经之处)入昭阳湖。嘉靖六年，黄河在曹、单二县决口，冲入鸡鸣台，侵夺运河，沛地淤填七八里，粮艘受阻不进。嘉靖七年，黄河在沛县飞云桥一带决溢，向北漫入昭阳湖，淤塞庙道口以下会通河三十余里；八年(1529)，丰、沛县平地沙淤数尺，船行沛县集市和会通河闸面。

嘉靖十三年(1534)，朝廷任命刘天和为总河副都御使总理河道。当时，黄河在河南兰阳(今河南省兰考县)北赵皮寨决口，鱼台谷亭(今山东省鱼台县)断流，会通河在庙道口处淤塞。继而，黄河又在归德府夏邑(今河南省夏邑县)大丘、回村等集决口，转向东北，流经萧县，至徐州小浮桥入运河。刘天和认为："今黄河既改冲从虞城、萧、砀，下小浮桥，而榆林集、侯家林二河分流入运者，俱淤塞断流，利去而害独存。"并提出："宜浚鲁桥至徐州二百余里之淤塞。"刘天和又向朝廷提出"黄河之当防者惟北岸为重"，应当上自河南之原武，下迄曹、单、沛，"择其去河远者大堤、中堤各一道，修补完筑，使北岸七八百里间联属高厚"。朝廷批准了刘天河的治河主张，工程于嘉靖十四年正月开工，四月竣工，计"浚河三万四千七百九十丈，筑长堤、缕堤一万两千四百丈"(刘天河《问水集》)。

嘉靖二十一年(1542)，沛县河湖漫溢，平地水深数尺。三十四年(1555)，黄河在沛县飞云桥决溢,昭阳湖淤为平阜。三十七年(1558),黄河在商丘以北三十里的新集决溢,向东北至单县段家口分大溜沟、小溜沟、秦沟、浊河、胭脂沟、飞云桥六支入会通河至徐州洪;又从砀山坚城集经郭贯楼分龙沟、母河、梁楼沟、杨氏沟、

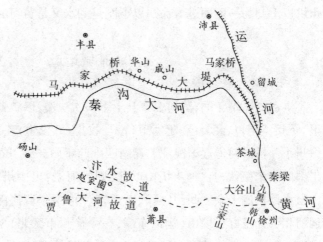

马家桥大堤示意图

胡店沟五支,均由今徐州市区庆云桥以下入运河,下至徐州洪。四十四年(1565),黄河在曹县决溢,南支绕沛县戚山由秦沟入会通河;北支绕丰县华山分两支:一支入秦沟,一大支由三教堂出飞云桥,又分十三支,横绝、逆流入会通河,淤塞百余里,至沛县北,散漫湖坡。

　　嘉靖四十五年(1566),工部尚书朱衡主持扩浚秦沟和修筑马家桥大堤。同年,就在马家桥大堤工程尚未完成时,黄河在丰县西南秦沟口(亦即砀山县邵家口)决溢进入秦沟,冲毁马家桥大堤。当时,朱衡顶着"论者交章请罢衡"(《明史·河渠志》)的压力,将大堤修筑成功。马家桥大堤三万五千二百八十丈,石堤三十里,以阻遏黄河冲出飞云桥,而由秦沟(在今丰县东南的华山南)至境山(在今徐州市区北,当时运河东岸)西入运河,向下经茶城(在今蔺家坝船闸西)入会通河。马家桥在留城(今江苏沛县东南,与铜山县接界)西北,大堤自马家桥向西,经沛县戚山、丰县华山南,再向西,经砀山北入单县境。

　　隆庆元年(1567),黄河由秦沟向南决溢,冲入浊河;第二年,冲塞浊河,改道至茶城入会通河;第三年,会通河在茶城上下淤塞,两千余艘运粮船滞留邳州(今睢宁古邳镇)。隆庆六年(1572),兵部侍郎万恭总理河道,修缮丰、沛之间太行堤。

　　万历六年(1578),在黄河北岸的丰县与砀山之间,筑邵家口大坝一百四十余丈,以东填筑二百余丈,以西帮筑九百余丈。邵家口,是万历三年(1575)黄河决溢进入秦沟之处,亦称秦沟口。在邵家口筑坝,是为了迫使黄河向东经茶城入运河而至徐州洪。万历十七年(1589),又修筑丰、沛之间太行堤和邵家口大坝。

　　马家桥大堤、丰、沛间的太行堤以及邵家口大坝的修筑,使黄河自秦沟在徐

州洪以上归为一流而进入徐州以下既是泗水又是黄河的运道。

八、茶城运道

洪武到嘉靖年间,黄河在曹县上下屡次决溢,以致曹县新集(商丘以北三十里)下接梁靖口,经夏邑、丁家道口、马牧集、韩家道口、司家道口至萧县蓟门出徐州小浮桥段河道逐渐浅涩。嘉靖四十四年(1565),黄河又在曹县决溢,当时,工部尚书朱衡认为:"河出境山以北,则闸河淤;出徐州以南,则二洪涸;惟出境山至小浮桥四十余里间,乃两利而无害。"他主张黄河南出秦沟。因为,黄河与运河相会处正好在境山(运河东岸,在今徐州市区北)南五里许。于是,他于嘉靖四十五年主持修筑马家桥大堤(沛县飞云桥东,留城北),以阻遏黄河北出飞云桥;扩浚秦沟,使黄河由秦沟至境山西与运河相会,下经茶城(在今徐州市北蔺家坝船闸西)入运河。然而,由于黄河南北支全部并流于秦沟而使河势大涨,隆庆元年(1567),秦沟在华山西南向南决溢分流为浊河,屈曲至茶城与运河会。随后,分流渐大,正流徙入浊河。

隆庆三年(1569)七月,黄河在沛县决溢,河水横溢沛地,秦沟、浊河口淤沙疏浚后随即又壅塞。为避秦沟、浊河之险及茶城之淤,工部和总河都御使翁大立皆请求朝廷,在梁山(在境山东,接近运河,有梁境闸)之南另开新河,即从马家桥经地浜沟至徐州子房山。当时,朝廷诏令相度地势,后来因黄河水落漕运又通而未付诸实施。

隆庆五、六年疏浚茶城淤浅。万历元年(1573),工部提请通知总河万恭设法捞浚茶城淤塞。万历二年,黄河淤塞运道三十余里,总理河道都察院右佥都御使傅希挚发动民夫挑浚。

万历三年(1575),傅希挚以茶城运口易淤,开新河(张孤山东河),亦即隆庆三年(1569)总河翁大立建议从马家桥经地浜沟至徐州子房山的新河下段,自梁山之西向南,经内华山、羊山西,又向南再弯曲向西,出戚字港。新河与茶城正河交替通航,三年两挑。旧淤,则通新挑旧;新淤,则通旧挑新。

万历五年(1577),秦沟大河自砀山崔家口东流入萧县境,然后又合浊河,经徐州石城北,分为二支:一支为正流,经北陈,至大谷山(大孤山)之北,茶城之南,为浊河口,即黄运交汇处;一支分流出徐州小浮桥。此时,万历三年(1575)傅希挚所开的新河(张孤山东河)与茶城正河淤塞。于是,重开茶城正河通运。

万历六年(1578),总理河漕兼提督军务的潘季驯主持在黄河北岸丰、砀之间修筑邵家口大坝。邵家口正当秦沟旧河之冲,在此筑正坝一百四十余丈,又于坝东添筑二百余丈,坝西帮筑九百余丈。邵家口大坝的作用是遏断秦沟旧路,迫使黄河专行崔家口,由坚城集南向东行,经砀山县北、邵家坝南、赵家圈北、萧县城北、石城,再东行,经茶城南、大谷山和九里山北,达镇口闸,下徐州洪。

茶城运道淤塞统计表

时间	地点	淤 塞 情 况
隆庆四年 (1570)	茶城	秋,黄河暴至,茶城淤塞八里,而山东沙、薛、汶、泗等河流漫溢,决仲家浅运道,由梁山出戚家港入黄河
隆庆五年 (1571)	茶城	茶城淤浅
隆庆六年 (1572)	茶城	茶城淤阻
万历元年 (1573)	茶城	八月,茶城淤塞
万历二年 (1574)		黄水倒灌,淤运道三十余里
万历三年 (1575)	茶城	十一月,黄水大发,茶城淤塞十里
万历四年 (1576)	茶城	茶城淤浅阻运
万历五年 (1577)		新河与茶城正河淤塞
万历六年 (1578)	茶城	茶城淤浅

万历九年(1581),总督漕运监管河道凌云翼以戚字港溜急,运艘难行,移新运口于茶城东八里许,自羊山迤下开新河,出古洪口,名羊山新河。又创建古洪、内华二闸;改建境山闸为梁境闸。万历十五年(1587),督漕侍郎杨一魁主持改建古洪闸。万历十六年(1588),工科都给事中常居敬奏请移运口于古洪闸东南三里建镇口闸。因镇口闸距黄河八十丈,离河愈近,冲刷愈易。

当时,右都御史总督河道的潘季驯认为:"黄水浊而强,汶(水)、泗(水)清且弱,交会茶城,伏秋黄水发,则倒灌入漕,沙停而淤,势所必至。然黄水一落,漕即从之,沙随水去,不浚自通,纵有浅阻,不过旬日。往时建古洪、内华二闸,黄(河)涨则闭闸以遏浊流,黄退则启闸以纵泉水。"并肯定了常居敬修建镇口闸,"距河愈近,吐纳愈易"。他提出:"建闸易,守闸难。运船、贡船急不待时,势豪开放无常,均不愿稍停数日而失永久之利。请圣旨敕谕,如万历八年(1580)清江浦三闸启闭之法。"工部审察后准许施行。

留城以南节制(船)闸统计表

序号	所在地名称	方 位	间距(里)	兴废年代	附 注
1	黄家闸	留城闸南	22	天顺三年(1459)建	据《漕河图志》,黄家闸北至谢沟闸34里
2	梁境闸	留城南43里,距黄家闸约20里		旧为境山闸,万历二年(1574)复建	因梁山、境山得名,旧为境山闸
3	内华闸	梁境闸南	10	万历九至十一年(1581—1583)	茶城口淤,河东移8里为镇口河。闸为新渠中闸,梁境闸为首闸
4	古洪闸	内华闸南	16	同上	原为新渠河口闸,后河口另建镇口闸
5	镇口闸	古洪闸东南	2	万历十六年(1588)	闸南80余丈即黄河

万历十七年(1589),潘季驯主持修丰、沛太行堤,接筑邵家大坝数百丈;又以镇口、古洪二闸之东多傍山麓,西则平旷,浊河经流,无堤防,黄河水溢则横截运道,于是在塔(大)山支河接筑九百四十二丈缕堤一道;又在牛角湾茶城旧渠上筑坝一道,东接塔(大)山,西接长堤,以遏黄河横流;又在坝南筑七百丈长堤,东接塔(大)山,以双重门户防护大坝,使黄河不再溢入运河。

万历十九年(1591),潘季驯主持在南阳新河上的满家桥闸西筑拦河坝,使汶、泗二水尽归新河;在夏镇李家口设减水

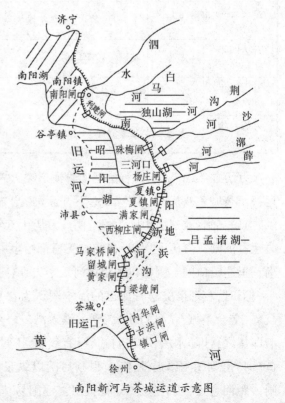

南阳新河与茶城运道示意图

210

闸,以泄沛县积水。同年三月,潘季驯又提出照旧道挑浚镇口闸,而科臣则主张开月河分上游水势。七月,巡漕御史贾名儒建议,在镇口闸东新开支河处,再开一口,建闸三座,与西闸递相启闭,并请求抓紧勘议。

万历二十一年(1593)和二十五年(1597),黄河先后在单县黄堌口决溢。万历二十六年(1598),总理河漕刘东星主持挑浚黄堌口以东李吉口(在单县东南,砀山县西北),引黄河由浊河至镇口。万历三十二年(1604)秋,黄河在丰县决口,由昭阳湖穿夏镇李家港口,上灌南阳湖,下出镇口。万历三十七年(1609),巡抚李三财主持疏浚夏村李家口旧河,出徐州镇口闸通运。

天启六年(1626),黄河决丰县西洋庙口和十七铺,浊河淤塞。从此,黄河不再经浊河抵镇口而由贾鲁故道及古汴河达徐州小浮桥。

九、河 漕

明朝根据运河各段利用天然河湖、水源以及工程设施不同,将其分为白漕、卫漕、闸漕、河漕、湖漕、江漕和浙漕。其中,河漕为徐州以下的黄河,自茶城秦沟,南历徐、吕,浮邳,会沂河,至清河县入淮。《明史·河渠志》说:"河漕者,即黄河,上自茶城与会通河会,下至清口与淮河会。"此段黄河原为泗水,元代开始利用为南北运河。

永乐十三年(1415),明朝沿运河在淮安、徐州、济宁、临清、德州等地建仓转运漕粮。据《明会要·漕运》记载,宣德四年(1429),朝廷曾规定江西、湖广、浙江民运一百五十万石至淮安仓,苏州、松江、宁国、池州、庐州、安庆、广德等地民运二百七十四万石至徐州仓,应天(南京)、常州、镇江、淮安、扬州、凤阳、太平、滁州、和州、徐州等地民运二百二十万石至临清仓。

徐州仓称广运仓,据成化十三年(1477)仓座修整后的碑文记载:"徐州广运仓在州治南二里许,百步洪环其左,云龙山耸其右,军屯亘乎前,市肆横于后。而仓岿然中立……"徐州广运仓转运的粟米主要来自江、淮,其运输道路,必自长江、淮河由淮安清河入河漕,再经徐、邳间的黄河运道,过吕梁洪和徐州洪到达广运仓。此时,黄河全流由河漕经徐州、邳州、宿迁至清口入淮。

嘉靖三十年(1551),黄河在徐州北岸长山东、塔山西狼矢沟(距徐州城二十里)决口,迤东经赤兰村、樊家店漫流,由磨脐沟出沂河口。决口经两年筑塞,黄河复归正流。三十一年(1552)九月,黄河在徐州房村集至邳州新安决溢,河漕运道淤阻五十里。总河副都御使曾钧上治河方略,疏浚房村至双沟、曲头段运

211

道淤塞,修筑徐州高庙至邳州沂河口段堤岸。

嘉靖三十七年(1558)七月,黄河在曹县与归德之间的新集决口,趋向东北单县段家口析为六支入会通河;又分一支,由砀山坚城集下郭贯楼析为五支,由徐州小浮桥下徐州洪。此时,新集至小浮桥段黄河即贾鲁河故道,自新集经丁家道口、马牧集、夏邑、司家道口、韩家道口、萧县蓟门至徐州小浮桥淤二百五十余里,只有汴河故道在萧县城(在今萧县城北)北三里的蓟门渡以东,尚存旧流。这时,徐、邳间黄河(河漕)水过沙停,河身日高。

隆庆四年(1570)九月,黄河自睢宁白浪浅至宿迁小河口,淤塞一百八十里,粮艘受阻于河漕无法前进。当时,总河翁大立提出开泇运河以远避黄河之险。此时,潘季驯第二次主持治河,被朝廷任命为督察院右副都御使总理河道提督军务。他主张黄河复行故道,提出黄河要长治久安必须筑远近两重堤防,即"以近堤束河流,以遥堤防溃决"(《总理河漕奏疏〈议筑长堤疏〉》)。所要复行的故道就是徐、邳间的河漕。潘季驯主持堵塞了决口,黄河归入正流,漕船得以通行。

隆庆五年(1571)四月,黄河又自灵璧双沟而下,南决八口,北决三口,损漕船运军千计,淹没四十余万石漕粮,匙头湾(在今睢宁县古邳镇与宿迁直河口之间)以下八十里运道淤塞。潘季驯役丁夫五万,创筑黄河两岸缕堤:南岸,从吕梁至宿迁小河口;北岸,从吕梁到直河口。南、北两岸缕堤长三万余丈。同时,疏浚匙头湾以下河道八十余里和堵塞决口。由于河工加之漕船行于新溜而致漂没,朝廷以迟误漕运,派给事中雒遵前往查勘,并罢免了总漕陈炌和潘季驯官职。

隆庆六年(1572),朝廷采纳给事中雒遵建议,修筑茶城至清河长堤五百五十里,接筑茶城至开封两岸堤防。

当时,工部尚书朱衡认为,"防黄河即所以保运河。故自茶城至邳、迁,高筑两堤,宿迁至清河,尽塞缺口,盖以防黄水之出,则正河必淤,昨岁徐、邳之患是也;自茶城秦沟口至丰、沛、曹、单,创筑曾筑以接缕水旧堤,盖以防黄水之入,则正河必决,往年曹、沛之患是也。二处告竣,故河深水束,无旁决中溃之虞。"他建议:"沛县之窑子头至秦沟口,应筑堤七十里,接古北堤;徐、邳之间,堤逼河身,宜于新堤外别筑遥堤。"(《明史·河渠志》)同年春,朝廷命朱衡经理河工,以兵部侍郎万恭总理河道,二人专事徐、邳河漕,主持修筑长堤,从徐州到宿迁小河口,长三百七十里。并且,加筑上一年创筑的缕堤:南岸,从徐州奎山到宿

212

迁城对岸。北岸,从徐州铜山吕梁到宿迁直河口;接筑今徐州市区向北至茶城两岸堤防;创筑茶城以上北岸缕堤与马家桥旧堤相接。

万历五年(1577),秦沟大河(黄河)自砀山崔家口东流三十里,经雁门集东南流入萧县,冲萧县城,又合浊河,经徐州石城北,分为二支:一支为正流,经北陈,至大谷山之北,茶城之南为浊河口,即黄运交汇处;一支分流出徐州小浮桥。秦沟大河行经坚城集南、砀山县城北、赵家圈北、萧县城北、大谷山和九里山北,又经镇口入徐州洪。大谷山南有小浮桥故道,伏秋时水仅三分之一。

万历六年(1578),潘季驯第三次主持治河,在首辅张居正的支持下,出任都察院右都御使兼工部左侍郎、总理河漕兼提督军务,对河漕进行了较大规模的治理。在河漕两岸创筑遥堤:南岸,从今徐州市区三山到宿迁李字铺,堤长二万八千五百五十七丈。三山在徐州城东南;李字铺在直河口对岸迤下。李字铺以下至宿迁县城对岸羽字铺止,有缕堤,无遥堤。羽字铺以下至归仁堤头孙家湾止,无堤。因睢河由此入河漕,所以不须筑堤。北岸,以堤连接山岗,从今徐州铜山区吕梁到宿迁直河口,除山冈外,间段堤长九千四百六十四丈。而今,高于地面的黄河故道滩地背水坡堤脚,就是当时的黄河遥堤位置。直河口以下至宿迁古城,其北有马陵山岗,为天然遥堤,又有湖洼可以潴水,故空之不筑遥堤。

万历七年(1579),在磨脐沟缕堤与遥堤之间修筑与水流方向大致垂直的格堤。磨脐沟在狼矢沟以下,狼矢沟在徐州城东二十里,又东十里为磨脐沟,地势低洼。在此筑南北格堤,目的是把缕堤与遥堤之间滩地分隔开,以阻断漫过缕堤的洪水,防止顺遥堤畅流,袭夺主溜,以土堤挡水淤淀滩地内洼地。

潘季驯第四次被朝廷起用治河,主持沿兰考、考城、商丘、虞城、砀山、萧县、徐州、睢宁、邳州、宿迁等地,创筑黄河遥堤、缕堤、格堤等堤防工程。遥堤,即离主河槽较远的大堤,主要作用为约拦水势,增加河道蓄泄能力,宣泄稀遇洪峰流量,且较易于防守;缕堤是依河势修筑距主河槽较近的堤,用来约束水流,增强水流的挟沙能力,即束水攻沙。

在徐州境内,万历十六年(1588),创筑茶城东南塔(大)山段缕堤,即从镇口闸北岸西起至塔(大)山止。塔(大)山在茶城东南、镇口闸西北。此时,黄河主流依然经大孤(谷)山和九里山北。万历十七年(1589),修塔(大)山段缕堤并向西延筑,截断茶城旧运河口与旧缕堤相接;筑徐州以下南岸七处格堤及羊山至土山横堤。并按照朝廷"每岁加培黄河遥堤高厚各五寸"规定,又修筑黄河两岸遥堤,位置在今徐州市铜山区境内房村和单家口、睢宁境内双沟、马浅、辛

213

安等处。马浅,因黄河在此地淤浅而得名,位于今睢宁苏塘西北黄河故道南;辛安,在今睢宁境内黄河故道以西,明万历时期在黄河南岸,因黄河为患,村民齐心筑埝以保平安,故取名辛安。

万历十八年(1590)从磨脐沟往上延伸到长、塔(大)二山创筑遥堤;同时,在长、塔(大)二山之间建滚水石坝。这年夏秋,黄河决溢,水积徐州城中过年不退。当时,众议迁城改河。十九年(1591),潘季驯主持开凿魁山支河,以排除徐州城中积水。魁山即今徐州市区奎山,魁山支河首起徐州护城堤涵洞,历苏伯湖(又称"石狗湖",即今徐州市区云龙湖)、史家村、陈家林、晁夏二湖、马兰田湖、杨二庄、阚疃,至符离集入睢水,然后至宿迁小河口入河漕。同年,在磨脐沟迤上长、塔(大)二山之间,修筑遥堤,以防黄河涨溢。

万历二十六年(1598),总理河漕刘东星挑浚李吉口。李吉口在单县东南四十里,西去黄堌口二十里,东南去砀山县五十里。黄河自李吉口经浊河至镇口入运。随即,李吉口又淤。万历二十七年春,刘东星认为,李吉口又淤而黄堌口决河,由韩家道口至萧县西六十里赵家圈,已经冲刷成河。于是,疏浚贾鲁故道,使黄河自萧县赵家圈至两河口,出徐州小浮桥入河漕。万历二十九年(1601)秋,黄河在黄堌口上流萧家口决溢,全河南注,黄堌口断流,商丘(归德府治)东北三十里蒙墙寺由南岸徙置北岸,贾鲁故道淤塞。

万历三十年(1602)十月,由总理河道曾如春主持,在蒙墙上流虞城王家口开新河一百八十余里,经黄堌东李吉口、砀山县西坚城集至镇口,出徐州小浮桥。万历三十一年(1603)四月,曾如春令放水入新河。由于水皆泥沙,水缓沙停,新河淤塞。四月,黄河暴涨,冲单县、鱼台、丰县和沛县。曾如春忧虑而死。于是,朝廷命李化龙为工部侍郎,代曾如春任总理河道。此时,黄河大决单县苏家庄及曹县缕堤,又决沛县四铺口太行堤,灌昭阳湖,入夏镇,横冲运道。

隆庆元年至万历三十二年黄河决溢情况统计表

年份	决溢地点	决 溢 情 况
隆庆元年(1567)	秦沟	黄河由秦沟向南决溢,冲入浊河
隆庆二年(1568)	浊河	黄河冲塞浊河,改道至茶城(在今蔺家坝船闸西)入运河
隆庆三年(1569)	沛县	运河在茶城上下淤塞,两千余艘运粮船滞留邳州(今睢宁古邳镇)

续表

年份	决溢地点	决 溢 情 况
隆庆四年 （1570）	邳州	黄河（河漕）自睢宁白浪浅至宿迁小河口,淤一百八十里; 今睢宁县平地为湖
隆庆五年 （1571）	邳州 睢宁	黄河自曲头集至王家口,河堤冲毁;睢宁自双沟以下北岸决 三口,南岸决八口。南岸,睢宁双沟以下;北岸,邳州(睢宁 古邳)一带成为巨浸
隆庆六年 （1572）		黄河暴涨,自徐州、砀山以下邳州、睢宁全部被水淹没
万历元年 （1573）	徐州	黄河决房村
万历二年 （1574）	徐州、睢宁	黄河灌淤运河茶(垞)城段;在睢宁县蒲棠、娄庄一带决溢
万历三年 （1575）	砀山县邵家口	徐州大水
万历四年 （1576）	丰、沛等地	丰、沛、徐州、睢宁田庐漂溺
万历五年 （1577）	萧县	河水冲毁萧县城
万历六年 （1578）	徐州、沛县	黄河在徐州、沛县境内决溢
万历七年 （1579）	徐州	徐州大水
万历九年 （1581）	徐州、睢宁	徐州、睢宁大水
万历十一年 （1583）	萧县、徐州	黄河在萧县与徐州间决溢,冲没符离桥,沿睢河出宿迁小 河口
万历十五年 （1587）	邳州	黄河淤塞直河口,导致沂蒙山来水无出路,被迫由骆马湖经 董、陈两沟入黄河
万历十七年 （1589）	睢宁	黄河在睢宁决溢
万历十八年 （1590）	徐州	水积徐州城中逾年
万历二十年 （1592）	徐州	黄河在北岸决溢,在今徐州市区以东狼矢沟、磨脐沟漫流
万历二十一年 （1593）	邳州	邳州城(在今睢宁县古邳)陷黄河水中

年份	决溢地点	决 溢 情 况
万历二十七年 （1599）	徐州	黄河在徐州决溢
万历三十一年 （1603）	沛县	黄河在四铺口太行堤决溢,灌昭阳湖,横冲运河
万历三十二年 （1604）	丰县	黄河出镇口（在今徐州市区北）

兼为运道的黄河,在徐州上下,长期冲决、淤塞,严重妨碍了漕运畅通。为此,明朝不得不考虑避开黄河之险,另开一条新的通航河道。

十、避黄开泇

昭阳湖以东的南阳新河,从鱼台南阳闸下改道至留城,大批漕船可以顺利北上。隆庆三年（1569）,出任总河的翁大立也说新运河优越于旧运河（会通河）:其一,地形稍仰,黄水难冲;其二,津泉安流,无事堤防;其三,旧河陡峻,今皆无之;其四,泉地既虚,黍稷可艺;其五,舟楫利涉,不烦牵挽。

南阳新河避开了黄河三十里之险,然而,留城以下运河并没有摆脱黄河干扰。从隆庆元年（1567）到万历三十二年（1604）,黄河依然祸及运河。

隆庆三年（1569）七月,黄河在沛县决口,运河在茶城上下淤塞,二千多艘运粮船只阻滞于邳州（在今江苏省睢宁古邳镇）无法北上。当时,总河翁大立曾向朝廷建议,开泇河,以避徐州以上黄河（秦沟、浊河）之险。没多久,黄河水落,漕运又通,开泇河建议未付诸实施。从此,议开泇河与否争论不休。

泇河在泇口以上分东、西泇河。东泇河发源费县旗山下,南流经今山东省苍山县入邳州境;西泇河源出费县抱犊山下,东南流入邳州境,在泇口与东泇河相会。

隆庆四年（1570）九月,黄河决邳州,自睢宁白浪浅至宿迁小河口（睢河入河漕处）淤八十里。第二年（1571）四月,黄河决邳州王家口,自双沟而下,南北决口十余处,支流散溢,正河在匙头湾（在今睢宁县古邳镇与宿迁直河口之间）以下八十里全部淤塞。《行水金鉴》说:"是年九月,河决小河口,自宿迁至徐州三百里皆淤,而坡反为河,时河水横流,漕舟漂损八百余艘,溺死漕卒千余人,失米二十余万石。"由此可见,借黄行运的河漕受黄河冲积影响的严重程度。

隆庆六年(1572)二月,给事中雒遵受朝廷之命会勘泇口河,他从马家桥,东过微山、赤山、吕孟等湖,越过葛墟岭向南,经侯家湾、良城,至泇口镇,又涉蛤蟆、周柳诸湖,一直到邳州直河口,查勘了泇河线二百六十里。他认为开泇河,取道虽捷,而施工实难。因为,"葛墟岭高出河底六丈余,开凿仅至两丈,硼石水泉涌出,侯家湾和良城,虽有河形,水中多伏石,不可施凿,纵凿之,湍石不可以通漕,且蛤蟆、周柳诸湖,筑堤水中,工费无算,微山、赤山、吕孟等湖,虽可筑堤,然需凿葛墟岭,以泄正派,开地浜沟,以散余波,要其施工,又自有序"。他向朝廷上疏:"夫与其烦劳厚费,以开泇口之河,孰若时加修防,如期攒运,保百数十余年之故道。"认为可以保河漕(黄河),而不便开泇避黄。于是,朝廷诏工部尚书朱衡和总理河道都御使万恭,审查雒遵会勘情况后上报。

同年六月,工部尚书朱衡疏报朝廷,徐、邳河堤修筑完工,请停止泇河之议,理由是泇口河开凿有三难:"一则葛墟岭开深之难;一则良城侯家村凿石之难;一则吕孟等湖筑堤之难。"他指出:"先是漕河淤塞,损船伤米,臣思前河臣翁大立请开泇河,以救燃眉之患,今漕河通利,徐邳之间,堤高水深,使岁加修葺之工,自可无患,固不烦别为建置,况公帑空虚,支费不给,濒河生灵,从事徐邳之役,劳者未息,呻吟犹闻。"

万历三年(1575)二月,总理河道都察院右佥都御使傅希挚再度提出开泇河的主张。三月,朝廷命工科都给事中侯于赵会同傅希挚及巡漕御史刘光国勘议。六月,侯于赵上报朝廷称,良城伏石长五百五十丈,开凿之力难以逆料。当时工部认为,开泇非数年不成,应当以治理黄河为急。最终,傅希挚开泇河的主张未能实现。

泇河运道开辟于万历二十一年(1593)。当时,总河舒应龙在韩庄(在今山东省枣庄南)以上开中心沟通彭河,欲引郗山、吕孟、张庄和微山诸湖水由彭河下经韩庄达于泇口接泇河。韩庄在微山湖东,其地在性义岭南,避开葛墟岭,施工比较容易。第二年河成,由于湖水位低于往年三尺,仍然不能通行于漕运。

万历二十七年(1599)秋,总理河漕刘东星向朝廷提议举办韩庄未竟河工。于是,在微山湖边开河,上通西柳庄,下接韩庄四十五里,沿韩庄故道挑挖万家庄(在今山东省台儿庄境内),开凿台庄、侯迁庄、良城等山岗高阜,下合泇河与沂河,至宿迁董家口入黄河,建巨梁桥石闸和德胜、万年、万家庄草闸。同时,在邳州徐塘口迤东开河,经黄泥湾,下接窑湾沂口,形如弓背,通于骆马湖。八月,工程完成十分之三。不久,刘东星病卒,万历三十年(1602)工程又停了下来。

万历三十一年(1603),黄河在单县和曹县决口,漫灌昭阳湖横冲运河,漕运进一步受到危及。同年冬,总理河道李化龙建议开泇河,避开黄河之险以保证运河南北畅通。工科给事中侯庆远力主其说,上疏朝廷,请早定大计。

万历三十二年(1604)正月,工部审察李化龙的建议认为:"开泇河有六善,其不疑有二。泇河开而运不借河,河水有无听之,善一;以二百六十里之泇河,避三百三十里之黄河,善二;运不借河,则我为政得以熟察机宜而治之,善三;估费二十万金,开河二百六十里,视朱衡新河事半功倍,善四;开河必行招募,春荒役兴,麦熟人散,富民不扰,穷民得以养,善五;粮船过洪,必约春尽,实畏河涨,运入泇河,朝暮无妨,善六。为陵捍患,为民御灾,无疑者一;徐州向苦洪水,泇河既开,则徐民之为鱼者亦少,无疑者二。"(明史《河渠志·泇河》)明神宗甚为赞许,命令抓紧聚集工匠为久远之计。

当年,在总河李化龙主持下,自沛县夏镇李家口(今山东省微山县境内),即昭阳湖与旧河相通处,开河引水合彭河,经韩庄湖口、又合承、泇、沂诸河流,出邳州直河口入黄河;兴建韩庄、德胜、张庄、万年、丁庙、顿庄、侯迁、台庄等拦河闸(八座拦河闸均在今山东省枣庄市境内)。同时,在沛县境内旧河口吕公堂处,建草土坝(名为吕坝),蓄泄运河水,由李家口通昭阳湖;在吕坝对岸建三洞闸,以节制彭口山河来水;在郗山南新运河西岸,建减水闸;筑韩庄湖护闸石堤,又向北接筑至朱姬庄纤道堤十八里,以障湖水。将万历二十七年(1599)刘东星所开,邳州徐塘口经黄泥湾至窑湾沂河口段河道,裁弯取直;将刘东星开泇河由隅头湖经骆马湖入董口,改由窑湾出直河口(在今宿迁皂河西)。

万历三十二年(1604)八月,泇运河全线开通,由直河口向西北,经田家口、万庄集、猫儿窝、齐塘桥、二郎庙、王市闸、泇口、台儿庄、巨梁桥、韩庄闸,至夏镇李家口,河长二百六十余里。其间,开王市(在邳州北五十里)田家口,以避河险;凿郗山,以展河宽;开李家港,以避河淤;兴建韩庄等八闸,以控制上下水位。

泇运河闸坝统计表

序号	所在地或名称	方　位	间距(里)	兴建年代	附　注
	峄县节制(船)闸				
1	韩庄闸	北至夏镇	70	万历三十二年(1604)	月河长57丈
2	德胜闸	西北至韩庄闸	20	同上	
3	张庄闸	西至德胜闸	12	同上	月河49丈

序号	所在地或名称	方 位	间距(里)	兴建年代	附 注
4	万年闸	西至张庄闸	8	同上	月河长 236 丈
5	丁庙闸	西至万年闸	10	同上	月河长 124 丈
6	顿庄闸	西至丁庙闸	6	同上	月河长 180 丈
7	侯迁闸	西至顿庄闸	12	同上	月河长 165 丈
8	台儿庄闸	西至侯迁闸	8	同上	月河长 92 丈
9	梁城闸	北至台儿庄闸	10	同上	台儿庄向南 5 里为黄林庄,再向南 5 里至梁城闸,亦称梁王城闸
	减水闸				
1	郗山闸			万历三十二年(1604)	在郗山南岸
2	湖口闸			同上	在微山湖口,引湖水济运
3	泥沟坝	在侯迁闸西北			遏许池、沧浪诸泉水由承河出大泛口入泇运河

当时,为节省工程开支,张村集以下三十里直河仍利用原有旧渠。由于水涨沙壅,使其河底高于泇运河底,以致河水逆流,土坝被冲。万历三十三年(1605),后任总河曹时聘主持开挖支渠,自张村西南下接田家口,长三十一里;又将猫儿窝一段土坝、王市口减水闸、顿庄和台儿庄拦河闸、彭家口滚水坝,均改建为石闸坝。从此,中国南北大运河的又一条运河新线终于通航。

骆马湖冬春干涸为陆,夏秋遇潦,湖面横亘二十余里。其中,排水有董家沟、骆马湖沟、陈沟入黄河。万历四十四年(1616)五月,黄河在狼矢沟决口,由蛤蟆、周柳诸湖入泇运河,出直河口又归入黄河,怒涛险溜,如果浪摧一舟,就会导致三五艘相续撞损。漕船受阻,过溜船只一日仅数艘,阻压船只如同蚁聚。

天启三年(1623)冬,漕储参政朱国盛与宿迁同知宋士中议开马家洲,疏浚马颊河淤塞,上接泇河;又疏导三汊河流沙十三里;开滔庄河一百余丈;浚深小

219

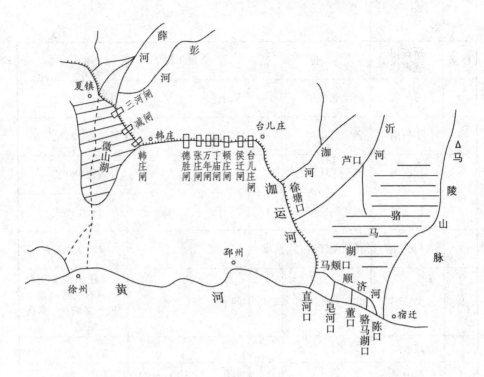

泇运河示意图

河二十里;开王能庄二十里,以通骆马湖;筑塞张家等沟数十道,束水归漕。

天启五年(1625)四月,五十七里新运河竣工,命名通济河,自直河马颊口起,上接泇河,下通骆马湖口,可以避刘口、磨儿庄黄河之险。天启六年(1626)春,总河侍郎李从心开新河(陈沟)十里达于陈口,更名为顺济河。

崇祯五年(1632),黄河在邳州、宿迁决口,入骆马湖,通济河淤塞。总河朱光祚疏浚骆马湖,名为顺济河,避黄河之险十三处。顺济河在骆马湖南,西在马颊口与泇运河通,东迄宿迁,与黄河大致平行,沿河有皂河口、董口、直河口、陈口等与黄河相通。崇祯六年,泇运河良城至徐塘段淤为平陆,由于漕运失去期限,总河朱光祚被朝廷免职,其职务由刘荣嗣接替。

崇祯八年(1635),骆马湖运道溃淤,总河刘荣嗣主持开新河,自宿迁至徐州,分黄河注入其中,以通漕运。新河工程长达二百余里,费金钱五十万,而且由于所开新河在邳州上下均为黄河,沙多易淤,难以行舟。同年九月,刘荣嗣被弹劾获罪。侍郎周鼎继任总河后,专力于泇运河,疏浚麦河支河,修筑王母山前后坝、胜阳山东堤、马蹄厓十字河拦水坝,挑挖良城闸抵徐塘口六千余丈。崇祯九年(1636),周鼎又主持疏浚彭口砂礓、刘吕庄至林庄一百六十里。从此,泇运河再次畅通,由宿迁陈沟口入黄河。崇祯末年,迦运河由顺济河改行宿迁县西北二十里董家口入黄河。

十一、黄河济运

元至正二十六年(1366),黄河北徙东明(在今山东省东明县南)、曹州(治所在今山东省菏泽)、濮州(治所在今山东省鄄城县南)、济宁路(治所在今山东省巨野),形成了北流分支。明洪武元年(1368),黄河北流分支在曹州双河口决口入鱼台。此时,征虏大将军徐达正率大军北伐,为补充济宁以下运道水量,保证军粮等军需物资漕运畅通,开鱼台谷亭(在今山东省鱼台县)北塌场口,引黄河入泗水济运。永乐八到九年(1410—1411),黄河先后在河南开封和阳武决溢,工部尚书宋礼主持在河南封丘荆隆口(在今开封市北)引黄河水,经山东鱼台塌场,会汶水入会通河以济运。

宣德六年(1431),黄河在开封祥符、中牟、尉氏、扶沟、太康、通许、阳武、夏邑八县决溢。为保证徐州到邳州间的黄河运道有充足的航运水量,朝廷采纳了河南布政使建议,疏浚祥符抵仪封黄陵岗(在今山东曹县西南)淤道四百五十里。宣德十年(1435),疏浚荆隆口。宣德末年到正统初年,又疏浚大黄寺(在今开封东北)和凤池口(在今商丘西北)。以上疏浚工程,其目的,是使黄河沿着元时贾鲁所开的河道,由归德丁家道口经虞城马牧集和鸳鸯口、砀山韩家道口、萧县赵家圈和将军庙以及两河口,至徐州小浮桥(黄河与泗水故道汇合处)流入河漕济运。

正统十年(1445)九月,黄河先在封丘荆隆口决溢,十月,又在原武、阳武、封丘、祥符、陈留等地决溢。十二年(1447),黄河在原武北黑阳山决溢。十三年(1448)七月,黄河决河南八柳树口,改流为二:以新乡八柳树,由故道东经延津、封丘入沙湾;一决荥泽,漫流河南原武,抵开封、祥符、扶沟、通许、西华、项城等地。黄河在河南境内连年决溢,贾鲁故道水量减少,以致徐、邳间的河漕水流微弱,徐、吕二洪浅涩。朝廷催促工部侍郎王永和阻塞河南八柳树决口,疏浚荆隆口,使黄河经由贾鲁故道入徐、邳间河漕。第二年,王永和又疏浚黑阳山(在今河南省原阳西)西湾,引河水补充河漕水量。然而,由于岸高水低,随浚随塞。因此,连续两年的疏浚引水入运并没有起到多大效果。当时,黄河横溢,分流于大清河,徐州洪和吕梁洪更加浅涩。

景泰二年(1451),朝廷派山东、河南巡抚都御史洪英、王暹协力治河,并要求务必使黄河归入运河;又命工部尚书石璞前往。石璞疏浚了黑阳山到徐州的河道。

嘉靖十九年(1540),黄河在睢州野鸡冈(在今河南省民权西北)决溢,河水由亳州涡河入淮。兵部侍郎王以旂、总河郭持平主持筑塞野鸡冈决口,疏浚兰阳县李景高(即今兰考县,李景高在其北偏东)支河,引黄河由砀山、萧县抵徐州小浮桥。

嘉靖三十七年(1558),黄河在曹县新集决口,贾鲁河故道,即从曹县新集接梁靖口,经夏邑、丁家道口、马牧集、司家道口、韩家道口、萧县蓟门出徐州小浮桥段河道全部淤塞。黄河分多示弱,徐州以下河漕,水浅之处仅有二尺。嘉靖四十四年(1565),黄河在沛县决溢,上下二百里运道全部淤塞。

当时,朱衡向朝廷上言:"古之治河惟欲避害,而今之治河又欲资其利。河出境山以北,则闸河淤;出徐州以南,则二洪涸,惟出境山至小浮桥四十余里间,乃两利而无害。自黄河横流,砀山郭贯楼支河皆已淤塞,改从华山分为南北二支:南出秦沟,正在境山南五里许,运河可资其利;惟北出沛县西及飞云桥,逆上鱼台,为患甚大。"(明史《河渠志·黄河》)他还说:"清河(在今淮安市境内)至茶城,则黄河即运河也。茶城以北,当防黄河之决而入;茶城以南,当防黄河之决而出。"(明史《河渠志·运河》)以兵部侍郎总理河道的万恭也极力主张引黄济运,并就黄、运两河之间的关系进行了分析论述:"弱汶三分之水,曾不足以湿徐、吕二洪之沙,是覆杯水于积灰之上者也,焉能荡舟?二洪而下,经徐(州)、邳(州),历宿(迁)、桃(桃源,今江苏省泗阳县),河身皆广百余丈,皆深二丈有奇,汶河勺水能流若是之远乎?能济运否乎?故曰我朝之运半赖黄河也。"(明·万恭《治水筌蹄》)

既防止黄河北犯会通河,冲毁运道;又不让黄河主流脱离茶城以下的徐州运河,而是要引黄河之水补充徐州运河。这就是明朝当时引黄济运的指导思想。

嘉靖四十五年(1566),工部尚书朱衡主持扩浚秦沟,修筑马家桥大堤(沛县飞云桥与留城之间),以阻遏黄河冲出飞云桥,使黄河之水由秦沟至境山西出茶城入运河。

万历十一年(1583)正月,疏浚砀山县韩家道口,引水出徐州。万历十五年(1587),黄河在河南封丘决溢,督漕金都御史杨一魁想要疏浚归德(今商丘)以下丁家道口至石将军庙段,使黄河仍从徐州小浮入河漕。万历十六年(1588)潘季驯主持沿兰阳(兰考)、仪封、考城、商丘、砀山、萧县等地,创筑黄河堤防工程。

万历二十三年(1595),杨一魁总理河道后,主张"分黄导淮":以黄河在单县黄堌口之决经萧县分流;在桃园(今江苏省泗阳县)开黄家坝新河,自黄家嘴起,东经清河,至安东(今江苏省涟水县)灌口,分泄黄河入海。万历二十四年,杨一魁主持完成分黄导淮入海工程后,又议疏浚徐州小浮桥、邳州沂河口、宿迁小河口,以济河漕。万历二十五年三月,完成小浮桥、小河口疏浚。四月,黄河在单县黄堌口决口,水漫夏邑、永城,由宿州符离桥出宿迁入河漕,徐州小浮桥水流微细,以下河漕干涸,漕运受阻。

万历二十六年(1598),总理河漕刘东星挑浚李吉口。李吉口在单县东南四十里,西去黄堌口二十里,东南去砀山县五十里。自李吉口引黄河由浊河至镇口济运。刘东星认为,李吉口又淤而黄堌口决口,由韩家道口至萧县西六十里的赵家圈,已经冲刷成河。于是,万历二十七年春,疏浚贾鲁故道,使黄河自萧县赵家圈至两河口,出徐州小浮桥济运。

万历三十三年(1605)十月,总河侍郎曹时聘主持以五十万民工疏浚单县朱旺口,由砀山西坚城集至徐州小浮桥,延袤一百七十里,使黄河归于贾鲁故道。

从万历三十九年(1611)到明朝末年,黄河决溢大多发生于徐州以下。虽然黄河于万历四十四年(1616)在开封决口,一度由涡河入淮,崇祯四年(1631)又在河南原武、封丘决口,但是没有形成较长时间的改道,而是一直由贾鲁故道至徐州入河漕,经邳州、宿迁、桃园、清河会淮入海。

十二、沁水济运

明朝开通南北大运河以来,沛县以下徐州运道的航运水源始终依赖于黄河。

天顺六年(1462),黄河在河南获嘉决溢,河水自武陟徙入原武,又东南行经河南陈州和颖州入淮。此时,徐州间的运河失去了济运的黄河水源。第二年,河南巡抚贾铨、河南布政司照磨金景辉发动民夫一万四千余人,自武陟东宝家湾开渠三十余里入黑阳山到徐州间运河。同时,金景辉上奏,建议开宽荆龙口河道,使沁水畅流于徐州间运河。

沁水为黄河支流,源于山西太行山,流经沁源、沁水、阳城、怀庆府(在今河南省沁阳)于武陟东南注入黄河。

成化九年(1473)正月,总督漕运的陈锐认为,清河迤北至徐、吕二洪原借黄河凤池口、荆龙口、沁水等各水接济,由于运河各处水源维修不利,致使水运阻

223

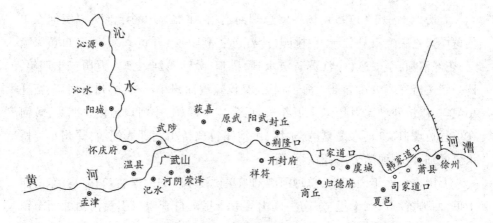

沁水济运示意图

塞。于是,他奏请朝廷加强运河各处的水源管理。成化十九年(1483),朝廷在武陟、获嘉、原武、阳武、封丘、祥符各设主簿一员,专巡河道,以加强引沁水济徐州运河的工程管理。

成化二十年(1484)夏秋,沁水泛滥,堤岸多被冲决。十二月,吏部尚书万安上言,河南怀庆府筑堤保障沁水下济徐、吕二洪及以下运道,现沁水冲决堤岸,流入黄河,致使粮运阻塞。朝廷遂命工部侍郎杜谦率官属巡视修治沁水堤岸。成化二十一年(1485)七月,杜谦奏报工程修复情况;同年,又规定提督徐州洪主事,每月要上报河南黑羊山黄河与沁水河道的深浅尺寸。

弘治七年(1494)五月,刘大夏负责疏浚仪封黄陵岗南贾鲁河故道四十余里,由曹县梁靖口出徐州。

弘治十一年(1498),黄河在归德小坝子(归德西北)决口,与黄河合二为一的沁水,也随黄河经宿州、睢宁、由宿迁小河口流入河漕,致使由徐州小浮桥入河漕的黄河一支水流渐细,河道浅阻。当时,朝廷命管河工部员外郎谢缉堵塞归德决口,遏黄河水流入徐州以济漕运,挑沁水之淤,使沁水合黄河流经徐州,以济徐州洪和吕梁洪运道。

不久,河南管河副使张鼎根据巡视水势掌握的情况奏报朝廷。他认为,封丘荆龙口堤内旧河通贾鲁河,如果在上源武陟木乐店别凿一渠,下接荆龙口旧河,待黄河南迁则引沁水入渠,亦即自荆龙口分沁水入贾鲁河,以保证众多水量由贾鲁河至徐州下接徐州洪和吕梁洪。

弘治十三年(1500),黄河在丁家道口(在今河南省商丘市北)上下决溢,河水从归德西王牌口东流,不由丁家道口向南,反而逆流曹县入单县,南连虞城。

224

于是,为使黄河与沁水合流东下徐州济运,河南巡抚都御使郑龄,修筑丁家道口上下河决堤岸十二处,共宽三百余丈,以保证自荆隆口分沁水,自归德西王牌口经贾鲁故道,由丁家道口经虞城、夏邑、司家道口(在今河南夏邑东偏北)、韩家道口(司家道口东偏北)、萧县蓟(冀)门至徐州小浮桥济运。

从正德元年(1506)开始,黄河在河南境内于弘治年间逐渐形成了南北堤防,黄河由颖入淮的河道又于嘉靖年淤塞。万历年,潘季驯治河以后,黄河自兰阳、仪封、考城、归德、虞城、砀山、萧县归于徐州河漕。

十三、汶、泗济运枢纽

汶、泗济运枢纽,其功能为调节汶、泗两河水源,南北供给会通河航运,包括引汶济运的南旺分水、堽城闸坝和引泗济运的金口坝。

汶、泗济运枢纽始建于元朝。元至元十九年(1282)开济州河,自须城县安山(今山东省东平县安山镇)西南至济州亦即任城(今山东省济宁市)。至元二十六年(1289),又自安山西南至临清开挖了会通河。为了引汶水和泗水南北济运,元朝利用泗水南流、汶水北流的自然条件,在宁阳(今山东省宁阳)东北堽城镇汶水与洸水交汇处以下的汶水上筑拦河土坝,拦约汶水三分之二入洸水,冬春水少时全部入洸。在汶水左岸设石制斗门,引汶水入洸水,往西南流向济州(明时为济宁)。后来,漕运副使马之贞主持在斗门以东建一双虹悬门闸,分引汶水,经改建后称东闸,并将原斗门堵闭,使汶水只通东闸入洸水。在兖州城东泗水上筑金口坝,拦截泗水;在泗水右岸建斗门,引泗水西去与洸水合流,同出济州分流于南北运河。

南旺分水枢纽形成于明朝永乐九年(1411)。当时,工部尚书宋礼主持修浚会通河,但济宁(在今济宁市)南北运河依然存在解决航运水源问题。元朝引汶水济运是在堽城筑坝,拦汶水入洸水,流到济宁后再使汶水南北分流。由于济宁分水处地形北高南低,水向南流容易,往北流则困难。总河刘天和认为:"分水之处,地势犹高,仅胜小舟。"(《问水集》)所以,若达到引汶水南北济运的目的,就必须重新选择分水点。

此时,兖州府汶上富有经验的白英向宋礼建议:"南旺地耸,盍(何不)分水。于南旺导汶,趋之毋令南注洸,北倾坎。其南九十里使流于天井,其北百八十里流于张秋,楼船可济也。"(晚明何乔远《名山藏·河漕记》)宋礼采纳了白英所献之策,将济运分水点,从济宁移至南旺。

南旺位于今山东省汶上县西南、济宁以北,是会通河流经的地方。这里地势较高,可谓南北之脊。所以,宋礼主持在山东东平州(今山东省东平县)以东的汶水下游戴村筑坝,拦截由堽城坝西流回归汶水旧道的汶水(旧道是在东平州即今山东省东平县折而向北入大清河),再开引渠,自戴村引汶水沿汶渠至南旺分流,北至临清入卫河,南过济宁入泗水。

汶渠在南旺与会通河呈垂直状态,水流东来,直冲会通河西岸,形成南北自然分流。成化十七年(1481),工部郎中杨恭在南旺河口南北建闸。南闸称柳林闸,亦称南旺上闸;北闸称十里闸,亦称南旺下闸。两闸运行:关闭北闸则水南流;关闭南闸则水北流。至此,南旺分水枢纽形成。当时,根据会通河南北水量的具体情况,分水原则为三分南流,七分北流。

堽城闸坝兴建于元朝,明永乐九年(1411)重修,分汶水入洸,下合泗水至济宁南北济运,仍为引汶济运枢纽。成化九年(1473),工部员外郎张盛在旧坝址西南八里处改建永久性石坝。引汶入洸分水闸,建在坝东约二十米处,两孔,各宽九尺,高十一尺。在分水闸南开新河九里,接洸水旧道。南旺分水枢纽建成

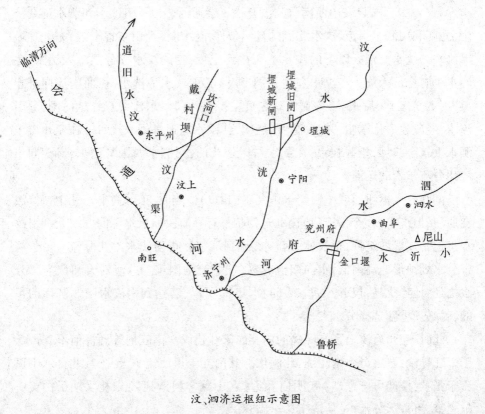

汶、泗济运枢纽示意图

226

后,堽城闸坝由主要枢纽降为辅助设施,其作用,拦沙以减少南旺湖淤积;拦水以减缓冲击戴村坝体。

金口闸堰位于兖州城东泗水之上,其功能为拦约泗、沂二水入府河,西行会洸水至济宁天井济运。元至元中曾在这里建滚水石坝,其北河西岸建有金水闸,引水穿兖州城为府河,至济宁入运。元延祐四年(1317),闸洞坍塌,重修改筑两洞。明正统十四年(1449),始大修金口堰。成化七年(1471),工部主事张盛兴建金口石坝。坝东西长五十丈,下宽三十六尺,上宽二十八尺,高七尺,有三孔泄水涵洞,设闸门启闭。由于年久淤土堆积,堰身渐低,小水不能分入闸门;所以,每年春季在石坝上培筑土坝。

嘉靖三十七年(1558),金口坝被水涨冲毁,府河淤积碍航。总河王廷与地方及管河官吏勘议,并令兖州府同知黎天启、管泉主事陈南金将石坝以上土坝改筑一尺七寸石坝,仍保留三孔闸门涵洞。第二年,以运河常设泉夫、坝夫、浅夫、溜夫、拽伐夫九千多人疏浚府河,出土培堤、植柳,并设铺夫管理河道。万历元年(1573),总河万恭重修金口堰,又以通航浚深府河。万历二十五(1597)年,金口堰被泗水洪水冲毁。同年十月,滋阳主簿徐时泰主持,按照南京石头城施工方法,以黏秫米汁和石灰加铁锭砌石施工,于万历二十六年(1598)四月完工。

明朝对金口闸堰和府河的重视,不仅因为兖州与济宁间通航,而且关键是引泗水济运。

十四、积水济运会通河

为积水接济会通河航运,明朝在沿线设闸控制水位。

永乐八年(1410),在直隶沛县境内昭阳湖南堤中口及东西二湖口,建东西三座小闸[原用板修,成化八年(1472)改为石闸,弘治七年(1494)重修],以备运河水涸。永乐十四年(1416),沛县县丞李钦改建元大德十年(1306)兴建的金沟口闸。该闸位于沛县城东南8里,薛河并昭阳湖水入运河处。其作用,旱则闭闸积水,涝则开月河以泄泛溢。

正统中,在兖州鱼台县境内建砚瓦沟和阳城湖闸。砚瓦沟闸控制鱼台县治东北黄良泉水西南流入运河;阳城湖闸位于沙河店北,作用是控制阳城湖水入运河。其上游木县寨、衮二山有小河南流五十里,会滕县大乌河,南汇为阳城湖,又十五里至沙河店北自闸入运河。沙河店北有苏家坝,遏大乌河水入阳城湖,以通运河。正统五年(1440)参将汤节建留城积水石闸,引留城小河,自山东

227

滕县黄沟泉及微山三家湾等泉西流八十里至留城北入运河。正统六年(1441)，漕运参将汤节在沛县鸡鸣台以东开挖引河，引藤县泉水入昭阳湖蓄水济运。正统十年(1445)，滕县七里河淤塞，济运之水不能进入运河，导致粮船不能前行。漕运参将汤节主持疏浚沛县魏家潭至鸡鸣台，流入运河；疏通沙河、泥沟泉河，并各置小闸蓄水。正统十一年(1446)，汤节在沛县城东北55里河北岸建鸡鸣台小河闸。因为，正统六年汤节开渠引滕县三里桥泉及七里沟泉水，西南流百余里至鸡鸣台东入运河，所以在河口置此闸控制。

景泰六年(1455)徐州判官潘东建议在泡河口飞云桥建闸，以控制泡河水入运。天顺四年(1460)潘东主持在境山沟入运口建境山积水石闸，以调节泉水入运河。

为控制昭阳湖蓄水经金沟口至沽头闸上济运，在昭阳湖南口原建有二闸，嘉靖七年(1528)黄河决溢二闸被泥沙埋没，金沟口淤塞。为拦截昭阳湖水入沽头诸闸间运河，嘉靖十四年(1535)总河刘天和主持在沛县鸡鸣台口筑横堤；并疏浚入运各泉河济运。

嘉靖四十五年(1566)至隆庆元年(1567)南阳新河建成。随后，在南阳闸下旧河口筑坝。南阳新河开辟在昭阳湖以东，并将南阳湖一分为二，因独山在北，故以山名为独山湖。在南阳新河北岸筑石堤三十余里，并留有十八水口形成湖运相通。在南阳新河建三孔马家桥和满家桥，以减水入昭阳湖。隆庆六年(1572)，在昭阳湖南筑土堤二百余丈。

留城(在今江苏沛县东南与铜山区接界)以下运河，从回回墓一带引昭阳湖水出留城入运；截薛水注于郗山、微山和吕孟诸湖，凿吕孟湖南邵家岭，引水由地浜沟南出境山北入运河。隆庆三年(1569)，总河翁大立奏开沛县东十五里鸿沟废渠，自昭阳湖达鸿沟，自鸿沟达李家口，达昭阳湖东南回回墓，东出留城引水济运。

十五、泇运河济运水源

泇运河济运水源来自于微山、昭阳两湖以及承、泇、武、沂等河流。

微山和昭阳两湖成为泇运河济运水源，可以溯至万历二十一年(1593)。这年，黄河在单县黄堌口决溢，分流由徐州出小浮桥和秦沟达镇口闸。当时，为防止黄河决溃运堤，总河舒应龙主持在韩庄(在今山东省枣庄南)湖口以西开挖支渠四十余里，作为宣泄微山湖水之道。这条支渠亦称中心沟，从马家桥东过微山、赤山、吕孟等湖，接通彭河，下经韩庄达于泇口与泇河相会。彭河源于峄县（在今山东省枣庄峄城区）西四十五里白茅山下的玉华泉，合中心沟东流会丞水。万历三十二年（1604），在总河李化龙的主持下开辟泇运河，自沛县夏镇南李家口（在今山东省微山县境内），即昭阳湖与南阳新河旧道相通处开河引水，向东南于三河闸上合彭河，再出微山湖以东韩庄湖口，并建闸控制泄入泇运河水量。同时，在沛县境内南阳新河旧河口吕公堂处，建草土坝（名为吕坝），蓄泄运河水量，由李家口通昭阳湖；在吕坝对岸建三洞闸，以节制彭河来水；在郗山南新运河西岸，建减水闸；筑微山湖护闸石堤，又向北接筑至朱姬庄纤道堤十八里，以障湖水。

丞水在北魏前称柤水，源于峄县北部山地，南流与彭河在大泛口相会。据《水经·沭水注》记载："今彭城偪阳县西北有柤水沟，去偪阳八十里。"偪阳故城在今枣庄峄城区东南。柤水东南流经偪阳县故城东北，再流至今江苏省邳州市北部良王城（汉置武原县，濒临今京杭大运河）名为武原水。《水经注》说"水出彭城武原县西北"，就是指的柤水。泇运河开通后，丞水在峄县境内顿庄闸和候迁闸之间入泇运河。

泇运河下游济运水源主要依赖泇、沂两河来水。

关于泇河，《水经·泗水注》说："武原水又南合武水，谓之泇水。"武水上游为涑水，发源今山东省临沂西北的艾山山麓，向南流至邳州北部蝎子山称武水，继续西南流至邳州境内艾山西南与泇河相会。泇河上源有东泇河与西泇河。《明史·河渠志》说："泇河二源，一出费县南山谷中，循沂州西南流，一出峄县君山，东南与费泇合，谓之东、西二泇河。"东、西泇河在三合村（在今山东省苍山县南）合流，然后南流与武水合流，至良王城会武原水。万历三十二年，李化龙主持下开泇运河，自沛县夏镇南李家口开河引水，沿彭河出韩庄湖口，合丞水，经台庄，向东南与泇河相会。相会处称泇口。西泇河又于崇祯十二年（1639）由工科右给事中宋之普奏请疏通。

沂河济运原在宿迁薛家口、马湖店两处，但仅接济宿迁境内运河，而无法挽流溯至上游。崇祯十四年（1641），总理河道张国维提议改道沂河，出邳州徐塘口，以济邳州运河之干涸。当时，张国维奏称，徐塘有一口，其流虽细，是从沂河分来，距邳州上流，若要疏浚可以达到事半功倍。张国维实地查勘后，主持疏浚芦家口分流下官湖桥段河道的淤塞以及徐塘出水渠的浅窄，引沂河从芦家口，由官湖河出徐塘口入泇运河。引沂入运，不仅济徐塘口以下邳州境内的运河之涸，而且有益于宿迁境内的运河之深。

229

十六、运河管理机构

明朝的漕运由海运转为河运以后,运河的行政管理机构也随之设立,形成了中央与地方相结合的管理系统,即由朝廷派出的总河——都水司——分司与地方官府派出的按察司副使——管河同知、通判及其他佐贰官机构系统。

永乐十五年(1417),开始设漕运总兵官,负责漕运河道之事,河道由总漕监任,首任是平江伯陈瑄。成化七年(1471),开始设总理河道,首任是刑部侍郎王恕,驻地设在济宁。总河与总漕平行,总河专管黄河与运河的修治,总漕则专理漕政。河道与漕司分为常设两个系统。

总理河道为朝廷派出官员,常以侍郎、尚书衔领其职;武职系统的都督或侯、伯也曾任该职。总河以下,按运道各段设分司,由工部都水司官员派遣,以工部郎中或主事任职。成化七年,运河设三段分司管理,其中,德州至沛县为中段,沛县至仪真瓜州为南段。成化十三年(1477),改为二段分理,即以济宁为界,南北分治,各设工部都水郎中负责管理,并由朝廷赐以玺书,假以事权,兼理河道驿传、捕盗、夫役之事。万历年间,运道分四段,每段设郎中主持管理。其中,中河段驻地吕梁,下设分司,设主事管理。徐州和吕梁二洪各设主事。各段运道郎中着重考核、稽查、调动及禁约运河官吏。各分司主事负责管理运道闸、坝、洪等工程设施。

在地方官府,省级有按察司副使专管河道;沿运河州、县设管河同知、通判及其他佐贰官吏掌管河防事务,即"巡行河防,守其成规,防其变易,乃其专职也"(《漕河图志》)。

河道上的夫役编为甲,每甲约十人,内设小甲一人,十小甲为一总甲,内设总甲一人。夫役分闸夫、溜夫、坝夫、浅夫、泉夫、湖夫、塘夫、洪夫等工种。闸夫,负责启闭闸门;溜夫,以挽船过急溜;坝夫,以车拖船过坝;浅夫,负责巡视堤岸、树木,招呼运船避浅滩、修堤浚河、捕盗贼;泉夫,看守、修浚济运诸泉;湖夫,看守沿运湖泊;塘夫,修守沿运水塘;洪夫,看守及挽船过徐州洪和吕梁洪。

十七、河漕防汛

徐州茶城以下运河是借黄河行运的河漕。针对河漕防汛,明朝采取官防与民防相结合的防汛措施。

官防,即"南岸自徐州青田浅起至宿迁小河口而止,北岸自吕梁洪起至邳州直河而止,为总管府佐者二,为分管信地州县佐者六"(《万恭·治水筌蹄》)。"府佐""县佐",即地方官副职;"信地",即防汛堤段。明朝行政区划,即徐州为直隶州,下辖萧、砀、丰、沛等四县;邳州、睢宁、宿迁隶属淮安府;灵璧隶属凤阳府。这些地区均为黄河流经之地。明朝按照行政区域隶属关系采取"统一管理与分级管理"相结合的防汛组织形式。并且,设"游兵":五十名为一伍,有伍长;五百名为一队,有队长;而总管二府佐,各督其队。往来防御为"游兵",亦即军队之一兵种。平时"游兵"协助堤铺修补堤防,浇灌树株;发水或河决,"游兵"与堤铺结集严守以待或抢筑堤坝,并由总管二府佐负责监督。

民防,在今徐州市区与睢宁之间,用夫每里十人一防,三里一铺,四铺一老人巡视。伏秋水发时,五月十五日上堤,九月十五日下堤。"铺",为明朝防守黄河堤防的民防组织;"老人",指为众所信服者,有能力担任管理堤防的基层负责人;守堤人员称"铺夫"。每"铺"管辖堤段的距离与"铺夫"人数因堤防重要性而不同,每堤三里,原设铺一座,每铺夫三十名,计每夫分守堤一十八丈。

划分防守工段:

黄河南岸堤铺排列以《千字文》编号;北岸堤铺排列以《百家姓》编号。排列顺序:

徐州,南岸天字铺起,列字止;北岸赵字铺起,郑字止,判官分守,委官协助。

灵璧,南岸张字铺起,成字止;北岸王字铺起,沈字止,主簿分守,委官协助。

睢宁,南岸岁字铺起,金字止;北岸韩字铺起,闫字止,主簿分守,委官协助。

邳州,南岸生字铺起,果字止;北岸华字铺起,宝字止,同知分守,委官协助。

各堤铺,平时按防汛堤段修补堤防,浇灌树株;发水时,严守防汛堤段;遇有河决,铺夫由"老人"率领抢堵;如抢堵难度大或任务重,则由总管二府佐督工游兵协助铺夫抢堵。

境山、茶城大坝和缕水堤由徐州管河官负责。

丰、沛、砀三县北岸缕堤,平时由三县典吏各自负责,如遇发水或河决则共同防守。

黄河汛期分桃、伏、秋、凌四汛。夏季形成的暴雨洪水,因正值伏天,称"伏汛";秋季形成的暴雨洪水,称"秋汛";按照农历,"五、六月"为夏季,七月,为秋季。伏秋两汛时间相连,均为发生暴雨洪水季节。《治水筌蹄》说:"河以伏秋迅烈,消长叵测……夫黄河,非持久之水也,与江水异。每年,发不过五六次,每次,发不过三四日。故五、六月,是其一鼓作气之时也;七月,则再鼓而盛;八月,则三鼓而竭且衰矣。"因此,合称"伏秋大汛期"。

关于水情预报,明朝采用"飞报边情"的办法,自上游而下游飞马传递洪水情报:"摆设塘(即堤防)马,上自潼关,下至宿迁,每三十里为一节,一日夜驰五百里,其行速于水汛。凡患害急缓,堤防善败,声息消长,总督者必先知之,而后血脉通贯,可从而理也。"(万恭《治水筌蹄》)这样,下游能够及时得到上游水情与工情信息,避免茫然无措的被动,为全面部署防汛赢得了主动。

由于三里一铺,各堤铺之间距离较远,为及时传递水情与工情信息,各堤铺均竖立旗杆和持有铜锣,发现水涨或险情,白天挂黄旗,夜间挂灯笼,鸣锣为号,挨铺传报,首尾呼应,以便通力合作。

十八、运河工程管理

明朝继元代之后,将南北大运河全线开通,但是,徐州上下的闸漕(会通河)、河漕(黄河)以及泇运河等河道和闸坝管理与否,直接影响着南北大运河的畅通。

早在永乐十五年(1417)五月,朝廷派官巡视北京通州至仪真河道,时任督察院左都御史的刘观负责督浚河漕。

宣德三年(1428)六月,宣宗朱瞻基又派刘观巡视河道,并告诫他说:"近年沿河提督官,徇私灭公,贪弊百出。如侍郎曹本催督秋粮,所到诸闸,虐害军民。只以所督运舟船得过闸通行,其他运粮及民运、商贾禁通行,致舟楫积压,雨水淋漓,伤毁特多。今特命汝自北京至南京巡视,凡河道淤浅,坝闸损坏,需亲自提督修浚。务使舟楫输运顺利,公私两便。"四年(1429)四月,宣宗朱瞻基又对右都御史顾佐说:"临清以南各闸专为蓄水行船,近闸官疲软多为权势逼胁,动则开闸,轻泄蓄水,使豪强易度,良善等候则至十余日,甚至斗殴溺死。可即张榜禁制:唯进新鲜物品舟船通行,其余公私船必候积水及规定标则方能开闸。若有公事不能缓者即就地转给驴马陆行。有如前胁逼闸官者,即论罪。"

成化七年(1471),朝廷又以郭升为郎中,专理沛县至仪真河道;任命王恕为总理往来巡视,并敕命:严督分管各官及军卫、官吏人等,用心整理,修坝闸,浚淤塞,谨堤防,通泉源。沿河浅、铺、树、井并一切事宜,系陈瑄旧规者一一修复,不许他人侵占阻滞。一切可举行者,悉斟酌实行;一切官员人等有违误者,量情惩罚。

对运河河道与闸坝管理,朝廷制订了一系列的具体措施:

运河定期大修和岁修。大修称大挑或大浚,周期相对较短;大挑为运道挑浚,二三年一浚或五年不等;大挑之年,筑坝断流,船由月河绕行。岁修称小挑或小浚,是疏浚闸旁月河,每年一浚;小挑之年,水不断流,船只由正河上下。

万历以前,无大、小挑之别,定例正月十五兴工,二月中旬完工,施工期间航运中止。万历四年(1576),南旺运段开月河,于是有了大、小挑之制,时间定为九月至十月。大、小挑制度的建立,可以使船只在运河工程维修期间正常通航,并利于向南通行的回空漕船、商船和民船。

徐州至邳州段河漕(黄河)、黄河与运河交汇段为挑浚重点。

河道的常规管理主要内容为浅铺管理和堤防修守。

浅铺管理分捞浅和起驳。捞浅,是局部河段所进行的不断流的疏浚工程:一是在漕运期间水量较小时,挑挖有碍船只通行的淤浅;二是在湖泊地段常年通航情况下进行的常规性捞浅。起驳,是为在运河一线的水浅之处配置驳船。水位低浅时,漕船至此或过闸、过洪改由驳船转运。堤防修守,由沿河军卫所承担,修守范围均有明确规定。茶城至清河段河漕(黄河),三里一铺,一铺十夫,设官划地而守。

运河上拦河修筑的闸坝,直接关系船只的通航,因其功用为节制水量,控制水位,以调节航深;所以,在管理上有严格的启闭制度与维修制度。

济宁以下会通河及泇运河湖口至台庄段,可谓闸座林立;尤其,会通河被称为闸漕或闸河。船只过闸规定:通过令牌传递启闭指令,上下闸联合运行,上闸启下闸闭,下闸启上闸闭;不准单船过闸,必须结队编组,以减少启闭次数。两闸间一里长运段,可以容纳船只九十,满槽而并过槽满水涨,下闸水亦停蓄,可以逆灌上闸,以达"以槽治槽"之功效。宣德年间,对闸门启闭时的河道最低积水深度明确规定:"除紧用船不在禁例,其余运粮、解送官物及官员、军民、商贾府船到闸,务俟积水至六七板,方许开放,……不许违例开闸。"(《漕河图志·漕河禁例》)

在枯水和岁修期间,局部河段要下闸堵水,或筑草坝塞闭,船只由月河航行,或盘坝上下,实行闸与坝配合运行。闸门维修主要为闸门段疏浚,根据漕船重载吃水最深三尺五寸、船宽一丈五尺的标准,确定闸门段疏浚,深度不得过四尺,宽度不得过四丈,务令舟底仅余浮舟之水,船旁绝无闲旷之渠。其目的是为了控制水位,以节水通航。

233

十九、水源管理

明时期的沿运湖泊、水塘以及河流均成为调节运河水量的重要设施,并由朝廷统一管理。

由于沿运水源全都划为官湖、官塘和官泉,严禁百姓引水灌田;所以,沿运盗水灌溉及侵占湖田屡禁不止。尤其到了嘉靖年间,侵占湖塘淤田愈演愈烈。嘉靖二十一年(1542),河道都御使王以旂奏称,昭阳湖湖地因被豪强占种,蓄水不多。

为了解决航运蓄水与耕地及灌溉的矛盾,万历二年(1574),总理河道傅希挚提出:"湖地高者,准令佃种,分等征租;低者,照旧蓄水济漕,严禁佃户不许曲为堤防,侵挪疆界。"规定民用灌溉,倘值水浅涩,即暂闭民渠民闸以利漕运,漕艘早过,官渠官闸亦酌量下板以灌民田。然而,蓄水济运与泄水侵地的矛盾并没有因此而消除。

为限制闸门启闭次数以节约水量,宣德四年(1429)规定除紧用船不在禁例,其余运粮、解送官物及官员、军民、商贾府船到闸,务必等积水达到六七板开放。万历年间,潘季驯认为:"建闸易,守闸难。运船、贡船急不待时,势豪开放无常,均不愿稍停数日而失永久之利。请圣旨敕谕,如万历八年清江浦三闸启闭之法。"他奏请镇口闸填设夫役,再审法令严禁随时启闭,填设职官管理。

为加强运河水源管理,朝廷在湖泊、水塘及源泉所在地,设湖夫、塘夫、泉夫负责巡守,以防止疏浚盗引。沛县湖泊设有看坡夫。在山东邹县、曲阜、泗水、滕县、峄县、沂水等州县的源泉,设有官泉老人和泉夫。同时,颁布法令严禁私自决湖盗水。成化十年(1474),朝廷规定"凡故决南旺、昭阳湖堤岸及阻绝泰山等处泉源者,为首之人发充军,军人发边卫"。隆庆五年(1571),题准"徐(州)、邳(州)上下盗决故决河防,比照河南、山东河防事例问罪"。在《问刑条例》中,针对沛县昭阳湖、徐州至邳州间堤岸、运河闸座等盗决和盗引水源的事例,均有处罚规定。泰昌元年(1620),总河侍郎王佐鉴于"诸湖水柜……泄可利漕",提出今后"请以水柜废兴为河官殿最",建议从河官升迁制度上强化对水源的管理。

二十、漕运管理

明永乐年迁都北京后,为保证漕粮安全、及时北运,朝廷逐步建立了较为完善的漕运管理体系。

　　永乐年开始设都御使和总兵官各一人催督并主持漕运;用侍郎、御史催督,郎中、员外郎分理,主事督兑。景泰二年(1451),在淮安设漕运总督;在徐州、邳州设总兵。漕运总督与总兵、参将同理漕事。每年八月,漕运总督与总兵等官员都要进京参加漕运会议,会商明年漕运事宜。正月,漕运总督巡视淮安、扬州运段,督漕船通过长江、淮河等闸;总兵巡视徐州、邳州运段,督漕船过黄河入会通河以及通过徐州洪和吕梁洪。

　　漕运总督为总管漕政之长,凡征收漕粮、兑运开船、催攒运输、查验核实等一切漕政事宜,均由其总览政令。

　　漕运总督以下设有领运、攒运、监兑等官。领运,由各漕省卫所军士承担。领运之官为把总或指挥。南直隶(徐州和邳州均属南直隶)设领运二员,负责领军卫运丁。攒运,由户部侍郎、郎中或御史充任,负责督催漕船如期开行。监兑,由户部主事充任,职责是监督米色美恶、兑运迟速,并对起运和征收中的诸弊,负有监督和上报漕运总督和总兵官的责任。

　　为防止漕运弊政,朝廷还设立漕运管理中的监察,即巡漕御史(大多由锦衣卫太监充任),负责监察河道及漕运二司的吏治。

　　朝廷明确规定了地方、漕司、河道各自管理的职责范围:"米不备,军卫船不备,过淮误期者,责在巡抚;米具,船备,不即验收,非河梗而压帮停泊,过洪误期,因而漂冻者,责在漕司;粮船依限,河渠淤浅,疏浚无法,闸座启闭失时,不得过洪(徐州洪和吕梁洪)抵湾者,责在河道。"(《明史·食货志》)

　　为了不误漕运时间,成化年间规定了运船抵达北京的期限:北直隶、河南、山东五月初一日,南直隶为七月初一日,浙江、江西、湖广九月初一日,违限者,运官降罚。正德五年(1510),制发了漕运行程登记表格,即"水程图格",由漕运衙门将水程所需天数列为图格,漕船必须将每天行止站地填注一格,运粮完毕,送漕运衙门查缴。

　　为避黄河水险,嘉靖年间,规定过淮河时限:江北十二月,江南正月,湖广、浙江、江西三月。万历时,又将湖广、浙江、江西的过淮河时间改为二月。同时,将各运军漕船抵达北京的时限改为:江北各省府州县漕粮为四月,南直隶运船为六月、七月,湖广、浙江、江西运船为七月。后来,通缩一月,分别为三月、四月、五月和六月。

对漕船的修造年限和运米数量,朝廷均做具体规定。永乐年间,开始造平底浅船,限载四百七十二石。船身加长后,载米近三千石。规定一船载粮七百至八百石。天顺年间,规定漕船修造时限:松木船,二年小修,三年大修,五年改造;楠杉木船,三年小修,六年大修,十年改造。

明朝实行漕运管理,保证了会通河(闸漕)、黄河运道(河漕)、迦运河的南北畅通,保障了对北方及京师粮食等物资供应,而且使得为漕运而开通的京杭大运河成为沟通南北地区经济的大动脉,对促进运河地区商品经济的发展起到了积极作用。

二十一、蓄清刷黄

明朝迦运河的开通,虽然避开了宿迁以上黄河行运之险,但是宿迁至清河依然借黄行运。这段河道,既是泗水又为黄河,又兼做运河。在黄河夺泗入淮前,泗水在今江苏省淮安市淮阴区西入淮。泗水入淮口称泗口,又因泗水称清水,所以泗口亦称清口。宋代以前,泗水自清口入淮,再于末口(在今楚州城北)通邗沟。北宋初,自末口至磨盘口(清口对岸)开沙河入淮河,清口成为淮河与运河交叉处。

元代借黄行运,自徐州至淮安城北转邗沟后,淮河由清口入黄河。从此,清口由泗水入淮口变为淮河入黄口。明永乐十三年(1415),漕督陈瑄循沙河故道,开清江浦运河,入黄口称新庄运口。从此,这里成了黄、淮、运相交之处。正德三年(1508),在新庄运口建惠济祠,亦称天妃庙,遂有天妃闸和天妃运口之名。

黄河夺淮入海,泥沙淤塞黄、淮、运交汇口,淮河入黄受阻。尤其,隆庆、万历年间,黄河经常倒灌淮河。于是,总河潘季驯提出"蓄清刷黄"主张。他认为:"清口乃黄淮交会之所,运道必经之处,稍有浅阻,便非利涉。但欲其通利,须令全淮之水尽由此出,则力能敌黄,不为沙垫。偶遇黄水先发,淮水尚微,河沙逆上,不免浅阻。然黄退淮行,深复如故,不为害也。"(《河防险要》)他根据淮水清黄水浊、淮弱黄强的特征,主张修归仁堤阻止黄河南入洪泽湖;大筑高家堰,蓄全淮之水于洪泽湖内,抬高水位,使淮水全部出清口,以敌黄河之强,以防黄水倒灌洪泽湖。

归仁堤筑于万历六年（1578），自泗州（治所在今江苏省盱眙县西北）乌鸦岭入宿迁县境，至归仁集，土堤长五百余丈；自归仁集向东北至五堡，石堤长三千余丈；自五堡屈曲向东，至桃源县界孙家湾，土堤长二千七百余丈。此堤自西南向东北呈斜横状，作为洪泽湖屏障，阻挡黄河入湖，并拦约睢水入黄河。

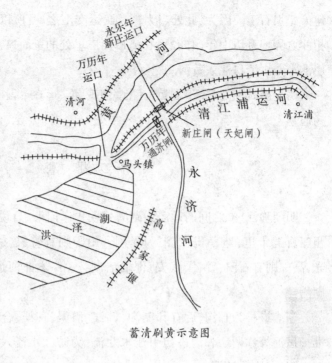

蓄清刷黄示意图

洪泽湖位于今江苏省宿迁和淮安两市的泗阳、泗洪、洪泽、淮阴和盱眙境内。漫长的地质运动在这里形成了地质构造上的"凹陷"。古淮河从凹陷中的湖盆西南流向东北，右岸分布着阜陵湖（富陵湖、麻湖）、破釜涧（破釜塘）、白泥塘、泥墩湖和万家湖等湖荡。两汉以来，利用这里的地理条件，筑塘屯垦。东汉建安五年，广陵太守陈登在破釜涧修筑破釜塘；在山阳县境内筑捍淮堰，堰长三十里，即今洪泽湖大堤北段，亦称高家堰，以捍淮水东溢。

"洪泽"之名始于隋代，为破釜涧异名。唐《元和郡县志》载："洪泽浦在盱眙县北三十里，本名破釜涧，炀帝幸江都，经此浦宿，时亢旱，至是降雨流泛，因改破釜为洪泽。"洪泽浦演变成辽阔的湖泊，始于南宋之后。清《盱眙县志稿》说："金明昌五年（1194）黄河夺淮流，而洪泽始。明筑高家堰而洪泽之水愈大，遂旁合万家、泥墩、富陵诸湖面为一。"从明永乐年开始，历经嘉靖、隆庆年，都将高家堰作为防洪大堤修葺；并且，将其延伸至蒋坝。

为使洪泽诸湖成为大湖，具备蓄淮刷黄、清水济运之功能，万历六年（1578），潘季驯主持修筑高家堰，自新庄至越城，长一万八千七十余丈；堵塞原分流淮水入黄河的朱家口。万历七年，在清口外、新庄运口西南的黄河南岸，兴

237

建天妃坝石工。因为,此处当为黄、淮、运交汇之冲;所以,建坝以御黄河与淮河相冲之势。万历十年(1582),在清口西三里处的王简口,筑堤一千一百八十丈,使淮水专出清口注入黄河。

明万历时期的"蓄清刷黄"工程,使黄、淮、运在一段时间内基本安流和航运畅通。

二十二、湖 漕

明朝称江、淮之间的运河为湖漕,《明史·河渠志》说:"湖漕者,由淮安抵扬州三百七十里,地卑积水,汇为泽国。山阳则有管家、射阳,宝应则有白马、氾光,高邮则有石臼、甓社、武安、邵伯诸湖。……本非河道,专取诸湖之水,故曰湖漕。"

湖漕最早为邗沟,后有邗溟沟、韩江、漕渠、官渠、合渎渠、邗江、真楚运河、淮扬运河等称谓。邗沟最初引江水北流,为防江水流入淮河,在今楚州末口筑堰阻隔,名为北神堰。

宋代以前,邗沟在末口(在今楚州城北)与淮河相通。北宋雍熙年间(984—987),淮南转运使乔维岳主持开沙河四十里,自末口至磨盘口(清口对岸)入淮,使邗沟入淮河移至清口。明永乐十三年(1415),漕督陈瑄循北宋开挖的沙河故道,开清江浦河,沿淮安城西管家湖筑堤,引管家湖水至鸭陈口入沙河达淮,入淮口设新庄闸。万历十年(1582),总理河漕凌云翼以运船由清江浦出口多艰险,开永济河四十五里,自淮安城南窑湾,经杨家涧、武家墩,合通济闸出口,东入淮河。其间,自西向东设窑湾、永清、龙汪三闸,以防备清江浦之险。

湖漕自通济闸由永济河南出淮安,经宝应、高邮至扬州,均利用沿线白马、氾光、石臼、甓社、武安、邵伯诸湖泊作为运道,西与西北部是捍卫洪泽湖的高家堰。明朝为减轻高家堰压力,不仅设闸放水,而且在高家堰西南越城集至周家桥地形高亢一带不设堤防,以作为天然减水坝之用。这样,每遇淮水大涨,向东溢入作为运道的湖泊,致使水位抬高、湖面扩大,风多浪高,漕舟难行。

为使漕舟避开湖泊内的风浪之险,永乐十三年漕督陈瑄主持筑高邮河堤,堤内凿渠四十里;正统三年(1438)八月,又将原有土堤改用糯米糊与灰砌砖石。弘治二年(1489),户部侍郎白昂以漕船经高邮甓社湖多被淹没,于是在湖堤以东开康济河通舟,当时称复河,长四十里。万历十二年(1584)十月,漕抚王廷瞻以宝应氾光湖舟行多险,开泓济河三十六里,设月河南、北二闸,建长沙沟、朱马湾、刘家堡三座减水闸。万历二十八年(1600),总河刘东星开邵伯月河十八里,开界首月河一千八百余丈。

尽管在运河与沿途湖泊之间采取了筑堤开河措施,但是,并没有将河、湖完全隔离,水面依然相连,使运道作为其西侧诸湖泊的归壑承受洪水暴涨的压力。嘉靖五年(1526),为排泄运河水涨,疏浚运堤以东葛头沟入射阳湖、疏子婴沟和长沙沟入广洋湖(今成陆地)。万历初,在山阳县南平河桥、泾河口、黄浦、涧河建减水闸,分别由平河、泾河、涧河东入射阳湖和广洋湖。万历十二年(1584)十月,在宝应县境内建长沙沟、朱马湾、刘家堡三座减水闸。二十三年(1595),总河杨一魁为分泄淮水在高家堰湖堤建三闸:在淮安城西三十里建武家墩闸,由永济河达泾河;在武家墩西南四十余里建高良涧闸,由浔河达泾河。泾河自运河向东通射阳湖。在高良涧西南近二十里建周家桥闸,由草子湖、宝应湖入子婴沟,下通射阳湖之南的广洋湖(今成陆地)。在运河东堤泾河建双闸、子婴沟口门闸。同时,在高邮城西疏浚茆塘港达邵伯湖;在江都县建金湾减水闸,开江都金家湾达芒稻河,导水归江,并建芒稻河减水闸。

运河入江水道,由宣德六年(1431),陈瑄主持在扬州东北六十里宜陵镇南开白塔河,使江南漕舟由孟渎河过江入白塔河,至湾头达运河。白塔河以东为北新河,南与常州的德胜新河相直。漕舟过江入北新河后,向北由运盐河西入运河。同时,兴建新闸、潘家庄、大桥、江口四闸。正统元年(1436),疏浚瓜州运河与长江相通之处的东港,修筑旧坝,以通漕运。四年(1439),因白塔河泄水,漕舟改行于瓜洲坝。五年(1440),督漕武兴等鉴于仪真、瓜洲二坝下港浅狭,水落则大船全附着江岸,于是上奏朝廷,建议利用农隙时疏浚瓜、仪坝港,并以此作为常规而行。自镇江里河开浚后,漕舟不再行于白塔河与北新河,均出甘露、新港,径渡瓜洲北上。

二十三、徐州城区排涝

徐州是一座山环水抱的古老城邑。泗水自徐州城西北向东南偏东穿流于九里山与境山之间,然后在九里山东北折向西南与古汴河相会。

古汴河在楚王山北麓,自西向东流至大安桥附近(今徐州市区西关一带)分出一支流,作为城郭之南的护城河,大致在今徐州市区建国路北侧向东,流至今徐州市区建国路桥(跨黄河故道)一带汇入泗水;其干流(即今徐州市区的黄河故道),从城郭以北向东,流经今徐州市区庆云桥,大致在今解放路桥(跨黄河故道)一带会流泗水。如此山川形势,可谓"楚山西断如迎客,汴水南来故绕城"(宋·苏轼《与舒教授张山人参寥师同游戏马台书西轩壁兼》)。

这座秉性安徐的山水城,之所以形成"水兼汴泗浮天阔,山入青齐焕眼明"(宋·陈师道《登彭祖楼》)之势,主要得力于汴、泗两河在这里交汇,并环绕城郭。历代王朝大都在这里置城建邑,或许缘故于此。直到清朝,徐州府的治所依然设在这里。

黄河自宋金侵夺汴、泗两河。明代前期,黄河在汴河故道南北迁徙不定,到了后期,由于黄河在河南境内南北岸形成了堤防,河患自河南境内移至南直隶的徐州。隆庆年以后,黄河基本归于一流。汴河故道在虞城以上已经全部淤塞,以下便成了黄河。

到了万历六年(1578),黄河堤防在徐州城区上下形成。黄河以北以东堤防,是以缕堤将大谷、苏家、九里、陡山、子房和骆驼等山岗连接起来;黄河以南以西缕堤,位于今徐州市区段庄、儿童医院、西安路、中山路、解放路、淮海路、建国路以及和平路一线的黄河故道滩地背水坡堤脚。万历十六年(1588),按照朝廷"每岁加培黄河遥堤高厚各五寸"规定,总河潘季驯主持修筑了徐州上下黄河两岸遥堤。此时,泗水亦即缕堤之间的黄河主河槽不复存在,而且同缕堤与遥堤之间的河滩一起被泥沙逐渐淤高。明给事中王世性曾上疏:"自徐而下,河身日高,而为堤以束之,堤与徐州城等。"潘季驯在《河上易感浮言疏》中也说:"河高于地者,在南直隶则有徐、邳、泗三州。"总河杨一魁认为,黄河已经"堤上加堤,水高凌空",所以,明代后期,徐州城的防洪开始承受着黄河洪水威胁的巨大压力,以致明万历十八年(1590),黄河"大溢,徐州水积城中者逾年,众议迁城改河"(《明史·河渠志》)。

所谓"改河",是因为,城区排水原由城郭之南的护城河直接排入泗水;黄河侵夺汴、泗以后,尤其到了明代后期,由于河床淤塞,水位抬高,导致地势低下的护城河无法将城区积水排入高于城区地面的黄河。所以,"改河"即另开新河,将洪、涝分开,高、低水分排,为城区排除积水打开一条新的出路。

240

万历十九年(1591),总河潘季驯主持并会同兵备陈文燧率军民开凿魁山(又称"奎山")支河,首起云龙山西石狗湖(亦称"苏伯湖",即今云龙湖),北出护城堤涵洞,经(云龙)山西麓,又北经外城,东经户部山后,左受城内积水,又南出土城,经奎山东,又东南过伊家桥,左受魏家河水,又南至贾家桥入萧县境,至符离集东注入睢河,长一万九百九十三丈五尺。护城堤是苏轼于北宋熙宁十年(1077)知徐州时,率军民修筑的一条"首起戏马台,尾属于城"(清《同治徐州府志》)的防洪长堤。由于这条河流经奎山东且东逼黄河大堤,故名为奎山支河,主要用于分泄徐州城内积水,由睢河注入洪泽湖。

二十四、徐州洪和吕梁洪的整治

黄河经过永乐九年(1411)治理后,使徐州至清河(在今江苏省淮安市)间的泗水既为黄河,又兼为南北运河,上自茶城(在今徐州市)与会通河会,下至清口与淮河会,也称为河漕。虽然南北大运河已经贯通,但是被视为河漕咽喉的徐州洪与吕梁洪依然影响着漕船北上的顺利通行。继唐、宋、元三代之后,明朝开始对徐、吕二洪进行大规模整治。

徐州洪位于今徐州市区和平桥一带黄河故道内。明《万历·徐州志》说徐州洪"在州东南二里许"徐州广运仓座修整后碑文记载广运仓在州治南二里许,徐州洪环其左,云龙山耸其右。

嘉靖以后的徐州地方志和明末顾炎武《天下郡国利病书》均记载徐州洪形像川字,有三道,中曰中洪,西曰外洪,东曰里洪,亦曰月河。这是唐代以来,采取工程措施所形成的人为地貌。

唐高祖武德七年(624)尉迟敬德主持,采用"爇火烂石"即焚烧川谷中的乱石再凿治而形成了"中洪"。宋哲宗元祐四年(1089),在"中洪"东侧开凿月河,向下与"中洪"相接,并修建石堤,两端置闸。

徐州洪虽经唐、宋两代整治,但依然是"巨石盘踞,巉岩龌龊,汴泗流经其上,冲激怒号,惊涛奔浪,迅疾而下,舟行艰险,少不戒即破坏覆溺"(明《万历徐州志》)。

明永乐十二年(1414)平江伯陈瑄主持凿疏月河,并在洪南北口建闸,以维持航运水位。正统七年(1442),漕运参将汤节主持在洪上流筑堰,将河水全部

241

逼归月河,并在月河南口设闸,以壅积水势。景泰元年(1450)水涨闸坏,在月河南口两次建闸也都损坏,其原因是由于以闸逼水流速过甚所致。为使水势平缓,保证船只顺利过洪,十月,由总督漕运右佥督御史王竑主持,把旧闸北长二百余步土岸凿成河道并将闸移置此处。此时,月河遂为里洪。

外洪整治始于正统元年(1436),《明英宗实录》载:"……中溜穿狭,水浅石峻,重船至彼,剥空方可往来,洪西原有小河,运木剥浅,甚为便利,……命管洪官,提督疏浚。"所谓"中溜"亦即"中洪";"洪西"即"中洪"之西。"运"即"东西为广,南北为运";"木"即"树木山石";"剥",即"山附于地,剥"(《周易·剥卦》)。"运木剥浅",大意指:南北间附于地且不深树木山石,容易凿疏。"外洪"经过整治后,河道自东北向西南,虽河面宽阔,但水下依然有大石存在,而且连互不绝,迤西漫滩大石,森立如群羊。

明成化四年(1468),工部管洪主事郭昇在奏书中说外洪位于西侧,水中有翻船恶石;河流两侧山石束水,水流湍急。六月,由其负责,以石修砌内洪东堤和外洪西堤;在其外则"钻以铁锭",在其内则"填以杂石";凿去外洪翻船恶石,用石铺平里洪堤岸;修砌两堤纤路。

成化二十年(1484),筑徐州洪石坝八十丈。嘉靖十六年(1537),主事戴鼇主持修砌两堤牵路石坝。

中洪、里洪(亦称"月河")和外洪,规定往来船只:下行从外洪顺放;上行走里洪;如果里、外二洪均浅阻,上、下行船只全部由中洪通行。

嘉靖十九年(1540),徐州里、外洪全部淤废。第二年(1541),管洪主事陈穆主持凿去中洪巉石,以使船只由内、外洪改走中洪。

虽然中洪得到整治,但依然山石险峻,为保持足够的通航水位,嘉靖二十一年(1542)九月,督理河道都御史王以旂主持,在中洪建石闸,并疏浚月河,以泄黄河洪水。嘉靖二十五年(1546),主事冯有年修砌月河东岸石堤十六丈。

吕梁洪在今徐州市东南吕梁山脚下,有上下二洪,相距凡七里,大致在今徐州市铜山区张集镇与伊庄镇上洪村至下洪村之间的黄河故道滩地内。

清人赵一清考订《水经注》时认为"吕梁洪之险道,元时已不能如古矣,至明嘉靖二十三年(1544),管河主事陈洪范恶其石破害运船,凿之使平,而禹迹荡然无存矣"。按照赵一清的说法,自元代开始,吕梁洪历史地貌发生变化。其实,吕梁洪历史地貌的演变是自唐、宋开始而终于明代。

唐高宗武德七年(624),尉迟敬德凿治吕梁上、下洪之间水道。为使往来船只避开吕梁上、下洪之间水道的湍浅险恶,北宋哲宗元祐四年(1089),滕希清主持开凿月河、修建石堤;并在上、下洪建闸,按时启闭,以通放船只。

明初,依然将唐代凿治的吕梁上、下洪作为通漕水道。永乐年间(1414—1415),平江伯陈瑄主持漕运,在唐代凿洪基础上,又继续凿治吕梁上、下洪之间水道;并且,为平复上、下洪之间的水势,又在洪口建石闸。

由于吕梁上洪地陡水急,船只难行,过洪艰险,宣德初年(1426),又由陈瑄主持在上、下洪以西开凿了一条渠道,水深二尺,河面宽五丈。目的是,冬、春水量小时,船只由上、下洪通过;夏、秋水量大时,船只从西渠通行。由于当时开凿的工程标准较低,宣德七年(1432)七月,陈瑄又主持进一步凿深西渠,并在上、下两端建石闸控制水位。

正统七年(1442),漕运参将汤节主持在吕梁洪旁造闸,积水以避险,但由于闸成而不能行,遂废弃。

成化八年(1472),管洪主事张达负责修砌石堤:上洪长三十五丈,下洪长三十六丈。主事谢敬负责修砌上洪堤岸三十六丈,宽九尺,高五尺,下洪堤岸三十五丈,宽一丈四尺,高五尺。成化十六年(1480)和二十一年(1485),由管洪主事费瑄负责,先后修筑堤坝,长一百六十五丈;坝西筑堤二十余丈,洪东铺砌石路四百二十丈;并修砌上、下洪中纤路。

嘉靖二十一年(1542)管洪主事冯有年主持修砌石堤;二十三年(1544),管洪主事陈洪范主持凿平吕梁上、下洪怪石二十二处。至此,水中怪石全部从上、下洪中除尽。从此,运道益便,舟行如出坦途。

从嘉靖十九年(1540)和二十三年(1544)先后整治徐、吕二洪的工程情况看,徐州"里、外洪"和吕梁"西渠"均已被黄河泥沙淤积。所以,此时凿去徐州洪中洪巉石、修建石闸;除尽吕梁上、下洪水下怪石,以便使二洪畅通。

二十五、昭阳、独山、微山湖的形成

元至正二十六年(1366),黄河自曹、濮,下及济宁注入泗水的河道到明代初年仍然存在。明洪武元年(1368),黄河又在曹州双河口决口入鱼台。当时,奉命北征的大将徐达,开塌场口引黄河入泗水济运。

由于黄河为多泥沙河道,决口分支,水散势弱,年复一年,使泗水以西平原逐年淤高,呈西高东低之势,形成了南阳湖以南的滕县与沛县之间洼地。泗水以东的沙河、漷河和薛河等泗水支流入泗受阻,便在滕县与沛县之间洼地形成了昭阳湖,即大小二湖东西相连,周八十余里,北属滕县,南属沛县,诸山之泉,俱汇于此,即形成今山东省鱼台、滕州与江苏省沛县之间的昭阳湖。

永乐八年(1410),建昭阳湖口石闸,东西二湖建板闸(成化年间将板闸改为石闸)。宣德中(1426—1435),平江伯陈瑄筑沛县境内昭阳湖长堤。弘治十六年(1503),筑沛县境内昭阳湖堤三十里。此时,会通河在昭阳湖西。

嘉靖四十四年(1565),黄河在丰、沛一带决口,自龙堌湖陵城至徐州间,分为十多股漫入南北向泗水航道(会通河)。为避开黄河干扰,嘉靖四十五年,开南阳新河,将航道移至南阳、昭阳两湖以东,独山脚下的陆地随之成为洼地。由于滕、邹两县来水被阻隔在新运河以东而无法穿过运河入湖,被迫滞蓄在新运河东岸独山脚下的洼地,形成独山湖。

在新运河以东,由于沙、漷、薛三河之水,夏秋水涨,流沙淤垫运河。于是,在皇甫、东邵一带筑坝,将沙、漷、薛三河之水滞蓄在微山一带,形成了几个相通的小湖泊,即郗山南为郗山湖、东南为吕孟湖、又东南为张庄湖、再向东南为微山湖。嘉靖到万历年间,黄河屡次决口并泛滥于鱼台、沛县,逐渐淤积昭阳湖。

万历三十一年(1603),黄河决山东曹、单二县,又冲沛县四铺口太行堤灌昭阳湖,横冲运道。万历三十二年,总河李化龙主持开洳运河,自沛县夏镇(今属山东省微山县)李家口至韩庄湖口(亦称"微口"),使运河进一步东移。郗山、吕孟、张庄和微山诸湖成为新运河西,上承南阳、昭阳两湖并蓄集各河来水的总汇,但排水出路不畅,洪水无法宣泄,水位抬高,使郗山、吕孟、张庄与微山诸湖连为一片。自此,微山湖成为南阳、昭阳、独山湖中最大的湖泊。

二十六、骆马湖成为季节性湖泊

骆马湖原属沂沭河冲积平原,范围为现在的湖面、骆马湖南堤与黄河故道之间以及与黄墩湖滞洪区连成一片。其东、西两个方向并列着南北向郯庐断裂带。沂、沭以及洳河、武河等邳苍地区来水流经这里,然后汇入泗水。

《汉书·地理志》说:"沂水出盖(古地名)南至下邳入泗。沭水出东莞南至下邳入泗。"下邳即今江苏省睢宁古邳镇,在骆马湖西黄墩湖内。南北朝时期,宋御史中丞何承天说:"泰山以南南至下邳,左沭右沂,田良野沃。"

宋、金对峙时期,骆马湖称马乐湖、乐马湖和落马湖。"骆"与"乐""落"为同音字,"乐""落"词义分别为"安乐之地"和"人聚居的地方"。金天会九年

(1131)夏四月,金军将领完颜昌(挞懒)曾经在这里屯兵垦殖。所以,取其兵马在此屯扎而得名马乐湖。

由于黄河从1128年开始在泗水河道长期行水,泥沙使河床逐渐抬高,河水流量大且水位高,尤其,汛期高水位行洪,致使沂河以及承纳邳苍地区来水的洳河、武河汇入黄河受阻。

元大德六年(1302)"沂武二河合流水大溢"(《淮系年表》)。明隆庆四年(1570)黄河在北岸下邳至直河口一带决口。当时,随即疏浚黄河匙头湾(黄墩湖一带)段河道,便堵塞决口,又先后修筑缕堤和遥堤,因而河水泄入黄墩、骆马湖平原的时间短暂。万历二十年(1592)"沂、沭并涨,邳宿一带悉沉釜底"(《淮系年表》)。《同治宿迁县志》也说"骆马湖受蒙沂诸山水汇为巨浸"。由于骆马湖中有董家沟、骆马湖沟、陈沟三条排水河道与黄河相通,可以将积水排入黄河;还可以把积水滞蓄在平原中的零星洼地,即周湖、柳湖、隅头湖等零星小湖泊。因此,对骆马湖形成湖泊并没有产生影响。

万历三十二年(1604),明朝开挖了从微山湖韩庄湖口经台儿庄、邳州到直河口入黄河的泇运河,切断了沂河、邳苍以及鲁南山区诸河流入黄河之路,使"沂、武、燕、艾、不老、房亭,交输互灌,并趋腹心,遂为众壑所归"(民国《邳志补》)。

泇运河不仅成为北纳鲁南山区群流、西引南四湖水的唯一通道,而且将骆马湖平原东西隔开,以泇运河为界,东为骆马湖,西为黄墩湖。在地形上,骆马湖与黄墩湖虽为连成一片的洼地,但被泇运河东西隔开以后,骆马湖北部、西北部受沂河与泇运河入湖泥沙的淤淀,形成了由西北向东南倾斜的盆形洼地。汛期,泇运河无法容纳上述群流,洪水被迫滞蓄在泇运河以东平原,并将原有周湖、柳湖、隅头湖等零星小湖泊连成一片,形成了汛期积水的季节性湖泊——骆马湖。其范围,东为马陵山脉,西界泇运河,南邻黄河,北至今天的陇海铁路一带。而黄墩湖则可以常年垦殖。

骆马湖冬春因湖底高洼不一则涸而成陆;夏秋遇潦,湖面横亘二十余里,汛期骆马湖水位暴涨,泇运河与骆马湖之间仅一堤之隔的大堤,随时都有溃决危险。于是,在宿迁城西至直河口骆马湖与黄河接界处,自东而西,开陈口、骆马湖口和董口,分别将源自骆马湖洼地的三条河沟与黄河接通,以排泄骆马湖洪水。崇祯末年,为继续排泄骆马湖洪水,又凿断马陵山麓,开拦马河引水东注侍邱湖。

二十七、沂河分流

沂河在万历年以前于邳州(在今睢宁县古邳镇境内)注入黄河。嘉靖三十一年(1552)九月,黄河在徐州房村集(在今铜山房村)至邳州新安(在今睢宁庆安水库一带)决溢,运道淤阻五十里。隆庆四年(1570)九月,黄河在邳州决口,自睢宁白浪浅至宿迁小河口,运道淤一百八十里。隆庆五年(1571)四月,黄河又决邳州,曲头集至王家口多处河堤被冲毁;自双沟以下北岸决三口,南岸决八口,支流散溢,大势下睢宁出小河口,匙头湾八十里运道全部淤积。隆庆六年(1572)七月,黄河暴涨,邳州、睢宁被水淹没。

黄河在吕梁洪以下北岸决溢,不仅使运道淤塞、河床抬高,而且河水挟带泥沙倒灌沂、武诸水。尤其,源自沂鲁山地的沂河,系属山洪河道,水量大,来势猛,而黄河则在万历年间继续泛溢于吕梁洪以下,房村、双沟、曲头、新安、王家、曹家等口以及青洋、白浪等浅,八九十里之间,两岸低洼。北堤决,则水出沂、武、直河;南堤决,则水出小河口。

万历元年(1573),黄河在徐州房村决溢;二年七月,决溢于睢宁县蒲棠、娄庄一带。万历十五年(1587),黄河在邳州与宿迁皂河之间决溢导致沂鲁山地来水无出路,沂河被迫由骆马湖经董、陈两沟入黄河。

崇祯年间,总理河道张国维在上疏分沂济洳运河时说:"邳宿运道,原有沂水一支,经沂州郯城,而南流于骆马湖。"张国维所指,即万历三十二年(1604)避黄开洳之前,沂河入黄河受阻后,便在张老坝(在今江苏邳州市陈楼境内)折向东南,绕庙防山,归入骆马湖。庙防山亦名妙峰山,在隔头湖中,山小而低下,有人居住,鳞萃乱石隐见冈阜间,有圣寿寺,为元时建。

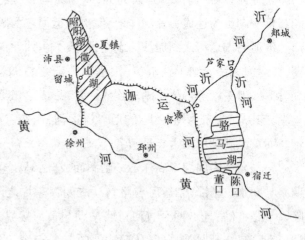

沂河分流示意图

246

泇运河开通后,总河张国维于崇祯十四年(1641)正月提出,沂河从芦家口(在今江苏省邳州市境内)分流,经官湖桥出徐塘口济运。当时,这一方案的实施,不仅漕运得其利,而且杀沂河奔趋骆马湖之势,以减轻沂河全流之害。

二十八、沭河下游的变化

　　南北运河开发、黄河侵夺淮泗以及硕项湖的形成,使南北朝时期分流入游水和泗水的沭河发生变化。

　　沭河入游水,到了唐武后垂拱四年(688),开泗州(治所在今江苏省宿迁市)涟水县新漕渠,以通海州(治所在今江苏省连云港海州区)、沂州(治所在今山东省临沂市)和密州(治所在今山东省诸城),南入淮河。此时,能够全线贯通泗、海、沂、密四州的河流,只有沭河通于游水。游水又南通淮河,北通大海,形成水道相通之派。

　　自隋朝以来称游水为涟水或涟河。新漕渠亦称官河,又因以盐运为主,亦名盐河。清《陈宣州志》说"官河长一百三十里,阔八丈,盐河所经,帆樯相望"。

　　唐宝应元年(762),修复海州境内官河堰坝。北宋天禧四年(1020),淮南劝农使王贯之主持在海州石湫镇西,疏通石湫河上游,使石湫河畅通于涟河。据《读史方舆纪要》记载,石湫镇在"州南二十里,旧有石湫。宋绍兴三十一年(1161),金人围海州,张子盖自镇江赴援,至楚州,先趋涟水,择便道以进,至石湫堰,击败敌兵,是也。今镇东北有九洪桥,即旧时堰水处"。石湫河上游在海州西南,下游石湫堰位于海州东南。可见,这时沭河经涟河又分流从石湫河向东,至海州东南九洪桥,即石湫堰入海。

　　北宋以前,海岸在板浦、响水口、云梯关、阜宁、盐城一线。宋、金时期,黄河侵夺淮河入海之路,泥沙堆积,使宿迁、沭阳、桃源、清河、安东等地来水均因入海出路受阻,被迫聚集于今江苏省涟水县北、沭阳与灌南县之间而形成大湖,东西约一百五十里,南北约一百里,又因形似头和颈的后部,故名硕项湖。

　　元时期,沭河在沭阳以西分出南北两支,南支入硕项湖,北支入硕项湖西北的桑墟湖,亦即青伊湖。沭河出桑墟湖,由涟河经新坝(在海州南四十里),入官河,至银山坝(在海州南二十里)入海。为通漕运,在海州治西北三里洪门即蔷薇河下游筑坝。

　　明洪武二十七年(1394)九月,疏浚山阳县(在今淮安市)支家河通涟水、海州;筑海州官河坝,官河自新坝向南入涟水支家河;在海州石湫镇筑沙湾河堰,

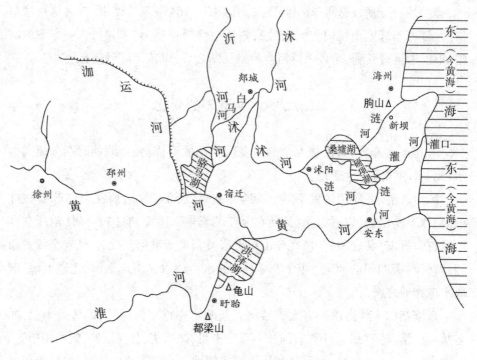

沭河下游示意图

以蓄官河水通舟；在海州城西北洪门堰南，筑闸御潮蓄水，以便舟楫。

临洪河处于蔷薇河下游，南通海州银山坝，北入大海，元朝末年埋没。明永乐三年（1405），在海州临洪场疏浚旧河；又疏浚盐河。永乐九年（1411），沭阳知县王泰奏报，沭河北连山东，南通淮安，为便于转运，洪武年间曾经疏浚，而今沭河壅塞，建议农隙时浚治。经朝廷批准后，由王泰负责在沭阳县境内疏浚河道四十余里。永乐十二年（1414）八月，浚淮安府海州城南官河 240 里。

景泰年间，淮安知府邱陵主持疏浚临洪河。嘉靖二十四年（1545），海州知州王同主持疏浚蔷薇河。嘉靖四十三年（1564），两淮巡盐御史苏纳川命知州高瑶疏浚自大伊山至板浦碑亭的景济官河。

万历十五年（1587），疏浚蔷薇河。万历十六年八月，黄河从清河县鲍家营漫流，经硕项湖，从涟河经海州新坝通入官河。蔷薇河之道淤废。二十一年（1593），安东（今涟水）知县陈从彝浚盐河。二十四年（1596），总河杨一魁分黄导淮，在桃源（今江苏省泗阳县）向东开黄家坝新河，自桃源县黄家嘴分泄黄河东北行，经周伏庄、渔沟、浪石，至安东（今涟水县）五港灌口入海。灌口在今涟水县东北约五十里，距今灌河口一百数十里，被黄河泥沙淤淀后入海口逐渐北移。此时,由安东向北的涟河,滞蓄在安东西北的硕项湖。三十八年(1610),海州知州杨凤建闸坝,浚盐河。四十三年(1615)安东县知县梁士浚盐河。四十五年(1617),淮北盐商集资挑浚官河,并筑板浦堰,捍潮蓄水,以便盐运。

在宿迁直河口注入泗水(黄河)的沭河,由于受黄河侵夺泗水影响,迫于入泗水河道埋没,改道经骆马湖董家沟、骆马湖沟和陈沟三条排水河道入黄河。正德年间(1506—1521)为取石筑城,郯城县令黄琮拆禹王台石坝,沭河无所抵御,从石坝处向西南分流经白马河汇入沂河,直入骆马湖。

明末,凿断马陵山麓,开拦马河,引骆马湖水东注硕项湖。

硕项湖不仅为沭河所汇和涟河之腹,而且,成为黄河夺淮沂沭泗水随之失去入海通道而漫流的尾闾。在硕项湖以东,有一条大潮河,因与南潮河相对,亦称北潮河,是古海湾潟湖在海相冲积平原基础上,发育起来且潮汐作用明显的一条天然入海河流,由灌口逐渐演变而取名灌河。于是,处于蓄水饱和状态的硕项湖,在其东部又冲出五丈、龙沟、义泽三条河流汇入灌河出海。

二十九、睢河与黄河

睢河是地质时期黄河从今河南省开封东分出的支津,《汉书·地理志》称睢水,《水经注》说睢水是从陈留县(今河南开封东南陈留镇)西蒗荡渠分流出来的。

蒗荡渠就是地质时期的黄河。

黄河于公元前463年改道,睢河成为泗水支流,自西向东,流经雍丘(今河南省杞县城)、襄邑(今河南省睢县)、宁陵(今河南省商丘市南)、栗县(今河南省夏邑县城)、太丘(今河南省永城县西北太丘集)、相县(今安徽省濉溪北襄王城)、符离(今安徽省宿州,北为符离集)、睢陵(今江苏省睢宁)、下相城(今江苏省宿迁境内)南入于泗水。睢河下游俗称小河,今宿迁市南有古小河口,再向南有白洋河口,均为睢河与泗水汇合之口。

金天兴元年(1232)春,蒙古军围攻金统治的归德(今商丘),从城西北决开黄河,河水至城西南入睢河。天兴三年(1234),蒙古军南下与南宋军作战,在开封北寸金淀决开黄河。斯时,黄河又脱离了睢河。

弘治二年(1489)五月,黄河在河南境内决开封及金龙口,入张秋运河;又向南决,自中牟至祥符(在今河南省开封西)界分成两支:一经尉氏等县,合颍水入于淮,一经通许等县,由涡河入于淮。又一支黄河自归德经亳州,亦合涡河入于淮;又向北决,自原武经阳武、祥符、封丘、兰阳、仪封、考城,其一支决入金龙等口,至曹州,冲入张秋运河。弘治三年(1490),户部侍郎白昂受朝廷之命主持修治河道,筑阳武长堤,以卫张秋运河;引中牟决河出荥泽阳桥,以达淮河;疏浚宿州汴河(隋唐时期的汴河,即通济渠)与睢河,使黄河自归德饮马池,经符离桥至宿迁入黄河,即黄河入汴,汴入睢,睢入河漕,河漕入淮。

白昂疏浚睢河不过二年,黄河从祥符和兰阳(今河南省兰考)铜瓦厢决为数道而又脱离了睢河,弘治七年(1494),总河副都御使刘大夏主持治理黄河,分黄水沿颍河、涡河和归德经徐州故道入淮;又筑阻挡黄河北流的太行堤,使黄河复归兰阳、考城,分流经归德、徐州、宿迁,南会淮水东注于海。弘治十一年(1498),黄河在归德小坝子等处决口,由睢河经宿州、睢宁至宿迁小河口入河漕,主流经涡河入淮。弘治十八年(1505),黄河主流北移由睢河至宿迁小河口入河漕。

正德三年(1508)开始,黄河北移于徐州入泗运河,并在徐州与沛县之间多支入泗。直到隆庆六年(1572),兵部侍郎万恭总理河道,主持修筑黄河大堤,从徐州到宿迁小河口,长三百七十里,修缮丰、沛大黄堤,才使黄河安流,全由徐、邳夺泗入淮。

万历三年(1575),黄河决于砀山,桃源(今江苏省泗阳)、清河一带,河道淤塞。四年,黄河又决桃源崔镇;五年八月,黄河再决崔镇,河道淤垫。

万历六年(1578),潘季驯开始第三次主持治理黄河,堵塞了所有决口,加修了两岸堤防。同时,他还担心黄河倒灌宿迁小河口和白洋河口而河水冲射皇祖陵。于是,南岸小河口到白洋河口不设堤防,以宣泄睢河之水,便在泗州(治所在今江苏盱眙县西北)和宿迁县境内白洋河口至归仁集修筑归仁堤,作为洪泽湖屏障,既阻挡黄河入湖,又拦约睢河注入黄河,并以归仁堤与黄河之间的三角地带为黄河和睢河的滞洪区。

归仁堤自西南向东北呈斜横状,从泗州乌鸦岭入宿迁县境至归仁集,土堤长五百余丈;自归仁集向东北至五堡,石堤长三千余丈;自五堡屈曲向东,至桃源县界孙家湾,土堤长二千七百余丈。《明史》说潘季驯"张大其说,谓祖陵命脉全赖此堤"。

万历十六年(1588),潘季驯第四次主持治理黄河,沿兰阳、考城、商丘、虞城、砀山、萧县、徐州、睢宁、邳州、宿迁等地,创筑黄河遥堤、缕堤、格堤等堤防工程,将黄河定格于徐州以下河漕一线。

潘季驯治理黄河,在河南以下的黄河下游一带,加帮创筑了黄河大堤(遥、月、缕格等堤),但是对于泥沙来源的中游地区却未加以治理,源源不断的泥沙,仅靠束水攻沙这一措施,不可能将全部泥沙输送入海,势必要有一部分泥沙淤积在下游河道;而且,堤上加堤,水高凌空,以致黄河局部决口改道不断发生。

万历二十一年(1593)春,工科给事中张贞观建议,开归德(今商丘)经徐州南达宿迁小河口,避开徐州至邳州段河道,导徐州以北浊河入小浮桥故道,以解除镇口之患。议论未定,这年五月,黄河在单县黄堌口决溢,流经萧县两河口(在萧县城北蓟门渡),分支入汴河故道(亦为贾鲁河故道)后,又分两支:一支出徐州小浮桥,一支达镇口闸。黄河大溜则由萧县、宿州入睢河,至宿迁县归入河漕。万历二十九年(1601),黄河在商丘萧家口决溢,由睢河至宿迁小河口入河漕。万历四十二年(1614),黄河决灵壁陈铺入睢河。

天启元年(1621),黄河决灵壁双沟(今江苏省睢宁双沟)、黄铺,由永姬湖经睢河出白洋河口和小河口注入河漕。天启三年(1623),黄河决徐州青田大龙口,冲入睢河且淤积河道。崇祯二年(1629)四月,黄河在睢宁辛安决口,七月中,睢宁城遭水淹坍塌,睢河淤塞。

三十、洳运河开通后的河漕

洳运河开通以后,粮艘尽数由洳运河北上。但是,徐、邳间的河漕(黄河)仍然没有失去漕运功能。当时漕运,半年由洳运河,半年由河漕(黄河)。具体办法,即每年三月初,开洳运河坝,使粮运官民船,由直河口而进,至九月初,筑塞洳运河坝;每年九月初,开吕公坝(在沛县境内旧河口吕公堂处)入黄河,以便回空与官民船往来,至次年二月中,则筑塞吕公坝。

潘季驯治河以后,黄河基本归于一流,由兰阳、归德、虞城、砀山、徐州、邳州、宿迁、桃园等地,至清河会淮河入海。但是,由于黄河在徐州上下游两岸堤距宽窄不一,而徐州洪与吕梁洪又壅阻水头,吕梁洪以下至睢宁地势低洼;从万历三十四年(1606)到崇祯九年(1636),黄河在徐州上下决溢频繁,尤其在徐(州)、邳(州)河漕之间更为严重。

万历三十四年(1606)六月,黄河在萧县郭煖楼人字口决溢,由浊河至茶城、镇口入运河。这次黄河决口的主要原因,是由于贾鲁故道及古汴河在徐州以上局部梗塞所致。

万历三十一年(1603)七月,黄河决单县与砀山毗界处苏家庄;第二年八月,又决单县朱旺口。当时,朱旺口以下黄河分二支:南支行经萧县赵家圈、将军庙、两河口达徐州小浮桥,即为贾鲁故道及古汴河;北支为万历五年(1577)由秦

251

沟大河自砀山崔家口东流,出雁门集,下合浊河,经徐州石城北、大谷山(大孤山)北,流至茶城。黄河南北两支,南有贾鲁堤及古汴堤;北有秦沟大堤。两堤相距六七十里,两河行于其中。万历三十三年(1605)总河侍郎曹时聘锐意挽黄河归于贾鲁故道,奏请朝廷批准后,自苏家庄至徐州近二百余里,由州县分地负责施工。由于州县官急欲完工,以致临近竣工,尚有徐州以上八九里未及疏浚。黄河在萧县郭煖楼人字口决溢后,壅而北溢,由浊河出茶城。

万历三十七年(1609),巡抚李三才主持疏浚李家口以下南阳新河,出徐州镇口闸通运。

万历四十年(1612)九月,黄河在徐州南岸三山下,冲缕堤二百八十丈,遥堤一百七十余丈,梨林铺以下二十里正河悉为平陆,邳、睢段河水耗竭。总河都御使刘世忠主持开韩家坝堤外小渠,引水入河漕,以通舟楫。万历四十一年(1613)总河都御使刘世忠主持堵塞三山决口,筑遥、缕各堤,计二万三千余丈;万历四十三年(1615),黄河决徐州狼矢沟堵塞后,第二年又决。万历四十五年(1617),由总河王佐主持在狼矢沟加筑月坝。

天启元年(1621),黄河决灵璧县双沟黄铺,水由永姬湖出白洋河口和小河口,总河侍郎陈道亨役夫筑塞。天启三年(1623)九月,黄河在徐州青田大龙口决溢,徐、邳、灵、睢并淤;吕梁城南隅陷沙,河水高于平地丈许;双沟决口,上下一百五十里,全部淤为平陆。工科给事中杨所修疏请朝廷谕旨河臣审度料理。

天启四年(1624)六月,由于徐州洪阻水,加之黄河两岸堤距上宽下窄,导致黄河水位暴涨,在奎山堤决溢,从东北灌徐州城,城内水深一丈三尺。水出南门至云龙山西北天安桥入石狗湖(今云龙湖);另由魁山(奎山)支河南流经睢河白洋河口入河漕。大水淹没州城历时三年,徐州治被迫迁至云龙山东。

天启五年(1625),总河房壮丽和朱光祚先后主持在宿迁归仁集至白洋河口之间修筑东西横堤(归仁堤),以逼睢水入黄河。同时,利用归仁堤与黄河之间的三角地带作为黄河与睢河滞洪区。

天启六年(1626),黄河决于丰县西洋庙口及十七铺,浊河淤塞,黄河由贾鲁故道及古汴河达徐州小浮桥。同年七月,黄河又决邳州东境北岸匙头湾,洪水倒入骆马湖。天启七年(1627)五月,总河郭尚友题报回空粮船全部如数通过徐州和吕梁二洪。同年,黄河在睢宁县西境南岸露铺决溢。

崇祯元年(1628)十月,总督河道李若星向朝廷奏报,通过徐州和吕梁二洪的漕船达六千七百余艘,运粮三百零四万六千余石。

崇祯二年(1629)四月,黄河决溢于睢宁露铺东辛安。到七月中旬,睢宁城

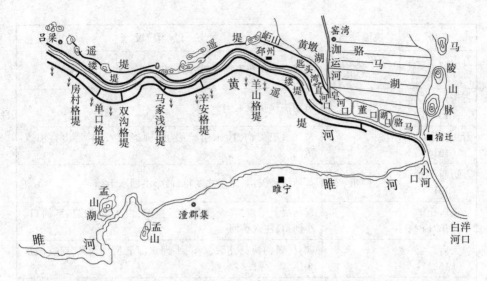

吕梁以下河漕示意图

墙全部坍塌。总河侍郎李若星呈请迁城避之,开邳州坝泄水入故道,堵塞曹家口匙头湾,逼水北注,以减睢宁之患。崇祯三年(1630)二月,李若星主持改挑黄河经今睢宁古邳境内的羊山南。羊山,明代在邳州城对岸,西北有半戈山,黄河在半戈山北。之所以开挑新河出羊山南至匙头湾南再接黄河,是因为天启七年(1627)黄河在睢宁露铺决溢,辛安迤上土疏水肆无法筑堤。崇祯六年(1633),御史吴振缨请修睢宁上下长堤,以保卫归仁堤。

崇祯九年(1636)六月,黄河决徐州长山堤,随即堵塞决口。万历时,潘季驯曾主持在长、塔(大)二山之间筑堤。据《续行水金鉴·河水工程》记载,明朝末年建徐州护城石工三段:徐州城北自泰山庙起至四大王庙止,长六百五十六丈二尺;又自东门外起,至拐角楼止,长二百五十五丈五尺;又迤下三里许,自梓潼阁起,至石矶嘴上,长六十一丈八尺。

万历三十四年至崇祯九年黄河决溢统计表

年份	决溢地点	决 溢 情 况
万历三十四年 (1606)	萧县	黄河北支至茶(垞)城、镇口
万历三十九年 (1611)	徐州	黄河决狼矢沟
万历四十年 (1612)	徐州	黄河在徐州三山决口,冲缕堤二百八十丈,遥堤一百七十余丈,梨林铺以下二十里正河淤为平陆,邳、睢河水耗竭

年份	决溢地点	决 溢 情 况
万历四十一年 (1613)	徐州、睢宁、 邳州	黄河在徐州祁家店决溢;邳州和睢宁大水
万历四十三年 (1615)	徐州	黄河决徐州狼矢沟
万历四十四年 (1616)	徐州	黄河决狼矢沟,决水由蛤鳗、周柳诸湖入迦河,出直河入 黄河
万历四十五年 (1617)	徐州	黄河决狼矢沟,淹东北乡村,吕梁洪河水干涸
天启元年 (1621)		黄河决灵璧双沟(今属睢宁)、黄铺,由永姬湖出白洋河口、 小河口,注入黄河
天启二年 (1622)		四月,黄河决徐州郭家嘴,平地水深七尺。六月,河决徐州 小店,睢、灵民多溺死
天启三年 (1623)	徐州青田 大龙口	九月,徐、邳、灵、睢并淤;吕梁城南隅陷沙,河水高平地丈 许;双沟决口,上下百五十里,悉成平陆
天启四年 (1624)	徐州奎山堤	东北灌州城,城中水深一丈三尺;大水淹没徐州城,历时 三年
天启六年 (1626)	邳州匙头湾	黄河灌骆马湖,邳、宿周围皆水
天启七年 (1627)	睢宁露铺	露铺决口,直到崇祯三年,河水涓涓不止,渐成巨川
崇祯二年 (1629)	徐州郭家觜、 睢宁辛安口	四月,河水灌石狗湖;睢宁城坍,睢河淤
崇祯四年 (1631)	丰县西洋口及 十七铺口	八月、九月,丰城邑大水
崇祯五年 (1632)		八月,邳州、睢宁尽为黄河淹没
崇祯七年 (1634)	沛、丰、萧三县	六月、八月,黄河决满坝及陈岸水口;沛、丰、萧三县大水
崇祯九年 (1636)	徐州、萧、丰	六月、八月,萧、丰大水,黄河决徐州长山堤口

崇祯十五年(1642)六月,明朝灭亡的前夜,仍有漕船过吕梁和徐州二洪,经镇口闸北上。

这年九月,李自成农民起义军围攻开封,营地扎在黄河大堤附近,河南巡抚高名衡令明援军在朱家寨掘开黄河灌之。起义军移营地于高岸,并在马家口决河灌城。当时,朱家寨决口宽二里许,居河下流,水面宽而水势缓;马家口决口宽一里多,居河上流,水势猛,深不可测。两处决口相距三十里,河水至汴堤之外,合为一流,决一大口,直冲开封城,由涡河入淮,徐州以下河漕干涸。

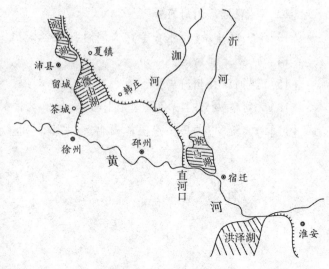

明代徐州运河示意图

崇祯十六年(1643)四月,工部侍郎周堪赓奉朝廷之命,堵塞朱家寨决口,修堤四百余丈。马家口工程尚未完成,东岸诸埽全部漂没,周堪赓只得集中力量修筑西岸。六月,周堪赓上疏:"马家决口百二十丈,两岸皆筑四之一,中间七十余丈,水深流急,难以措手,请俟霜降后兴工。"

黄河开封决口待于堵塞之时,崇祯十七年(1644)三月十九日,随着农民起义军开进北京,明王朝结束了长达二百七十六年的统治。

参考文献:

[1]元·脱脱等《宋史·河渠志》,上海:上海古籍出版社,1986年

[2]清·张廷玉等《明史》,上海:上海古籍出版社,1986年

[3]明·刘天和《问水集》,中国水利工程学会编印,1936年

[4]明·万恭《治水筌蹄》,朱更翎整编,北京:水利电力出版社,1985年

[5]明·潘季驯《河防一览》,北京:中国水利水电出版社,2017年

[6]明·官修《明实录》,北京:中华书局,2016年

[7]明·王琼《漕河图志》,姚汉源、谭徐明点校,北京:水利电力出版社,1990年

[8]明·宋应星《天工开物〈舟车·漕舫〉》,长沙:岳麓书社,2002年

[9]明·顾炎武《天下郡国利病书》,上海:上海古籍出版社,2012年

[10]清·顾祖禹《读史方舆纪要》,北京:中华书局,2005年

[11]清·叶方恒《山东全河备考》,济南:山东教育出版社,1989年

[12]清《乾隆沂州府志》

[13]清·傅泽洪《行水金鉴》,文渊阁四库全书

[14]清《嘉庆海州志》

[15]清《同治徐州府志》

[16]武同举《淮系年表(民国十七年)》,水利部淮河水利委员会存

[17]谭其骧《中国历史地图集》,北京:中国地图出版社,1982年

第三章　清代黄淮运交织的运河

一、康熙帝第一次南巡

顺治十八年(1661)正月初六,年仅二十四岁的福临皇帝病逝,他的第三子玄烨于初九日正式即位,改年号为康熙。

玄烨八岁即位,祖母孝庄太皇太后问他当皇帝有什么欲望,他回答说:"惟愿天下乂安,生民乐业,共享太平之福而已。"(清官修《清圣祖实录》)当时,摆在这位幼主面前的不是风平浪静、充满歌舞升平的国度,而是面临着国内政治、经济、军事严峻形势以及沙俄殖民主义势力扩张的惊涛骇浪。加之,从顺治以来黄、淮河水患,极其严重地危及邳州以下运河。

康熙元年至二十一年黄、淮河决溢统计表

年份	决溢地点	决 溢 情 况
顺治四年 (1647)		夏久雨,决里运河江都运堤
顺治七年 (1650)		决里运河高邮运堤数百丈
顺治十五年 (1658)	骆马湖西五里	董口淤塞(运河与黄河相通口门)
康熙元年 (1662)	宿迁、高邮	黄河决归仁堤,入洪泽湖,逆灌清口;冲决高良涧东南翟家坝,流成大涧九条,东注里运河。运河堤屡告溃决,高邮里运河险工清水潭决口尤甚
康熙四年 (1665)	安东、高邮	四月,黄河决安东(今涟水)茆良口。秋,高邮大水,决里运河堤
康熙五年 (1666)		运河自仪征至淮淤浅

续表

年份	决溢地点	决溢情况
康熙六年（1667）	桃源、江都	黄河决桃源烟墩。里运河决江都露筋庙
康熙七年（1668）	桃源、高邮	黄河决桃源黄家嘴,又决三义坝,沿河州县悉受水患。高邮飘风骤雨,十日不止,环城水高二丈,乡村漂淌
康熙八年（1669）	清河、高邮	黄河决清河三岔口。高邮清水潭决口
康熙九年（1670）	桃源、翟家坝	黄河决桃源县新庄口、七里沟。黄、淮大涨,湖浪撞卸高家堰石工六十余段,冲成决口五丈,湖水由翟家坝入高邮湖
康熙十年（1671）	桃源、清河、高邮	六月,黄河决桃源陈家楼和清河五堡。八月,又决清河七里沟。高邮清水潭决
康熙十一年（1672）	高邮	四月,清水潭决
康熙十二年（1673）	高邮、高良涧	修筑清水潭西堤,即将竣工又决。淮水决洪泽湖高良涧
康熙十三年（1674）	桃源、高邮	黄河决桃源新庄口及王家营,又自新河郑家口北决。高邮清水潭决口,受灾之惨
康熙十四年（1675）	宿迁、江都	黄河决宿迁蔡家楼,灌清河县治。里运河决江都邵伯镇
康熙十五年（1676）	宿迁、清河、高邮、江都	黄河决宿迁白洋河、于家岗和清河张家庄、王家营。淮河决高家堰三十余处。里运河漕堤崩溃,决高邮清水潭、陆漫沟,江都大潭湾、四浅、竹林寺、邵伯等处
康熙十八年（1679）	山阳	黄河决山阳戚家桥,堤工冲决五十余丈
康熙二十一年（1682）	宿迁	黄河决宿迁徐家湾,六月决萧家渡

黄河决溢,运河溃堤,运道淤塞,不仅使人民生命财产遭殃,农业生产受到破坏,国家税收无着,而且黄河危及运道,漕粮无法按期运往京师,这都直接关乎清朝的统治。十四岁的康熙皇帝亲政后,就意识到治河乃立国之本,便开始考虑治河问题。发生"三藩"之乱后,他以"三藩"、河务、漕运为三大要事,写在宫中的柱子上,用来时时提醒自己。

康熙二十三年(1684),康熙帝平定了"三藩"之乱,使台湾郑氏归附,安定了中原。三十一岁的康熙帝感到:自己虽对治河"时加探讨,虽知险工修筑之难,未曾身历河上,其河势之汹涌澶漫,堤岸之远近高下,不能了然"(《康熙起居注》)。

258

这年十月,康熙帝开始了第一次南巡。十七日,他到达郯城县红花铺(在今山东省郯城县),召见了总河靳辅、总漕邵甘、郯城知县方殿元等人,视察了骆马湖、拦马河减水坝以及张庄运口以下的黄河运道。

康熙帝细察黄河运道上的萧家渡、九里冈、崔家镇、徐升坝、七里沟、黄家咀、新庄一带险工地段后指出:"大略运道之患在黄河,御河全凭堤岸,若南北两堤修筑坚固,可免决啮,则河水不致四溃。水不四溃,则浚涤泥沙,沙去河深,堤岸益可无虞。"并对负责治河的靳辅强调:"尔当筹划精详,措置得当,使黄河之水顺轨东下。水行沙刷,永无壅决,则减水诸坝皆可不用。运道既免梗塞之患,民生亦无垫溺之忧,庶几一劳永逸,可以告河工之成也。"(《康熙起居注》)

康熙帝沿着黄河来到清口。这里位于今江苏省淮安市境内,因泗水入淮河之口而得名,亦称泗口,经明后期潘季驯等治理,成为黄、淮、运三河交汇的枢纽。康熙帝看到清河运口水流激急时,当即下令在这里添建石闸。

十一月十四日,康熙帝回宫时,把所作的《阅河堤诗》,亲洒翰墨,赠给总河靳辅。诗中写道:"防河纾旰食,六御出深宫。缓辔求民隐,临流叹俗穷。何年乐稼穑?此日是疏通。已著勤劳意,安澜早奏功。"可见,康熙帝不仅把治河看作治国安邦的大事,而且看到沿河人民生活穷困,企望早日把黄河治理好,使人民安居乐业。

二、皂 河

明崇祯末年,泇运河由顺济河向东南经董家沟口入黄河。董家沟在宿迁县西北,沟口位于骆马湖西(在今宿迁市区西),为当时泇运河与黄河相通的口门,设堤闸,名为董口。清顺治十五年(1658)董口被黄河淤塞,河督朱之锡在石牌口往南开新河二百五十丈,使运河改从骆马湖上溯至窑湾(在今新沂市窑湾镇)接泇运河。运艘航行路线,从汪洋湖面向西北行四十里入沟河,再行二十余里至窑湾口,接泇运河入邳州境。

骆马湖作为季节性湖泊,夏秋遇潦而水位暴涨,冬春则干涸而成陆。船只行于浅水面阔的湖中,舟泥泞不得前,纤缆无所施。

康熙十九年(1680),总河靳辅查得宿迁西北四十里皂河集有旧淤河形一道,便挑新浚旧,开河四十里;并在河口内设置没有闸门的闸墙,称为石礓,亦称裹头,即依靠闸墙缩窄河道来节制水流。

皂河集境内的旧淤河形名为皂河,"去治北四十里,出本县港头社,下流入

259

泗水,以土色黑,故名"（明《万历宿迁县志》）。明杨宏《漕运通志》说："皂河,无源,沭河水发则决沭口,由刘马庄趋马公港九十里南走皂河,至宿迁西北五十里入漕。"清《乾隆郯城县志》又说："墨河即皂河,在县东,旧通舟楫于宿迁,古郯子运道也。源出墨泉,在旧城东北一里许,色如墨故名。时有谓其水杀稼,遂用铁锅压塞……南入江南宿迁境,归入港头河、晏头河入骆马湖。"

清初,皂河集境内的皂河,已经是沟渠断续,仅有一道旧淤河形。在靳辅主持下,利用皂河旧道,挑新浚旧四十里,以原直河口与董口之间的皂河为口通黄河,从皂河口向北偏西开河至窑湾接泇运河。皂河的开通,上至窑湾接泇运河,下自皂河口(在董口以西二十里)通黄河,成为沟通泇运河与河漕(黄河)联系的运河。

康熙二十年(1681),靳辅主持在皂河迤东挖支河,经龙冈、岔路口至张家庄,长三千余丈,使皂河至张家庄入黄河,是为张庄运口,一名支河口。

靳辅将皂河出口改道于张庄运口,是因为,皂河入黄河处,即皂河口直截黄河,并与之呈丁字形状,黄河自西而东,皂河水自北而南,两溜相抵,而不相比,且黄河水强皂河水弱,黄河涨水很容易倒灌淤塞皂河口。

康熙二十年(1681)七月黄河水位暴涨,皂河口被黄水倒灌淤垫一千余丈,无法通舟。当时,纷纷议论仍由骆马湖为运道行舟。靳辅则坚持继续由皂河行运,并实地查勘测探水势指出:黄河由皂河口至骆马湖口,计程不过四十余里,而皂河黄水较之骆马湖口黄水,实高三尺,其皂河运口有淤垫之患。皂河迤东二十余里张家庄,其地面高程低于皂河口二尺有余,而黄河上下水势,大抵每里高低一寸,自皂河至张家庄二十余里,其水位更低二尺多,内外水位高低相准。于是,靳辅亲自监督在皂河口建拦黄坝,以阻止黄

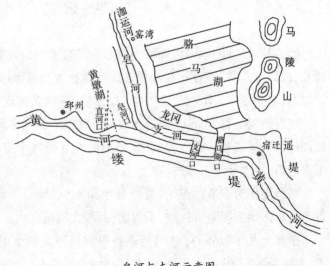

皂河与支河示意图

260

河水涌入皂河；又从皂河迤东，经龙冈、岔路口至张家庄，开挖新河三千余丈，使出皂河至张庄运口入黄河。

张庄运口作为皂河尾闾与黄河形如人字，黄河之水与张庄运口之水，均由西向东，与溜相比而不相抵；况且，又以皂河地高之水，下注于二十余里地势低下的出口，其迅流可以畅行进入黄河。

三、中　河

康熙十九年（1680）开皂河四十里；接着，在皂河迤东挖支河至张家庄接入黄河。虽然张家庄以上运河与黄河分离，但是张家庄运口至淮安清河县清口仍然借黄河行运。载重船只自清口溯黄河而上，由于黄河风大浪险，黄流湍急；加之，康熙六年（1667）以后黄河在张庄运口以下连年决溢，康熙二十一年（1682），黄河在宿迁县南岸徐家湾决口，虽然堵塞但又在北岸萧家渡决口。康熙二十二年（1683）三月，萧家渡决口合龙，黄河复归旧道，因大溜直下，清口附近七里沟等四十余处又出现险情。

黄河兼做运道，航道变化无常，浅洲淤沙，一遇暴风水涨，多致漕船漂淌。尽管每船增牵二十余丈，增加纤夫二三十人，但是漕舟依然难行，日行缓慢。

康熙二十五年（1686），总河靳辅采纳幕僚陈潢建议，向朝廷奏开中河，即避开张庄运口至清口一百八十里的黄河运道，在黄河北岸创筑遥堤，就遥、缕二堤之间开河行运。

在靳辅的主持下，首先，创筑黄河北岸遥堤，自宿迁县张庄运口至安东县（在今江苏涟水）平旺河，约长二百七十里。其中，自张庄运口至骆马湖口西岸，约长六里；骆马湖口东岸至拦马河迤上砂礓嘴，约长五里；高山头至刘老涧旧坝，约长四十二里；旧坝以下接平旺河。平旺河即安东县北境的盐河，与海州界盐河相接。在遥、缕二堤之间开挖中河，由张庄运口起经骆马湖过宿迁、桃园（今江苏省泗阳县）到清河县（在今江苏省淮安市）以西仲家庄。中河两岸筑子堤，中河头筑草坝，河尾建仲家庄闸。中河穿骆马湖口，一名十字河，中河头在骆马湖口之东，故须筑草坝以御骆马湖与黄河之水。

然后，从清河县西北起开河，经安东城，转而东北，筑护城堤，迄于平旺河，分泄黄河涨水，由安东南潮河入海，名为下中河，亦名盐河。中河与下中河相接，上接张庄运口及骆马湖，下经桃源、清河、山阳、安东，入平旺河（盐河）达于海。

康熙二十七年(1688)中河竣工。从此,漕船由中河自清口径渡北岸,过仲家庄闸,避开了黄河一百八十里之险。

四、康熙帝第二次南巡

康熙二十八年(1689)正月,康熙帝第二次南巡,在宿迁支河口,当着尚书张玉书和图纳、左都御史马齐、总河王新命以及靳辅等臣面谕:一是保留骆马湖三座减水坝于黄河遥堤之外,使骆马湖水由旧河形(拦马河)入海;二是在中河萧家渡、杨家庄、新庄三处,量留缺口两处,酌量水势以宣泄;三是在郯城禹王台旧基迎水处,将沭河堵塞断流,使之由故道入海。

康熙帝阅视中河时指出:"河道关系漕运民生,地形水势,随时权变。今观此河狭隘,逼近黄河,万一黄堤溃决,失于防御,中河、黄河将混为一。此河开后,商民无不称便,安识日后若何?"认为靳辅"创开中河,以避黄河一百八十里波涛之险,因而漕挽安流,商民利济。其有功于运道民生,至远且大"(《清圣祖实录》)。

康熙帝沿淮扬运河南行至高邮,面谕修补高邮州南北一带砖石残缺不全的堤防,行至洪泽湖高家堰并面谕修理石工。

康熙帝此次南巡,肯定了靳辅治河,并于三十一年撤掉王新命总河之职,仍令靳辅为河道总督。

五、康熙帝第三次南巡

康熙三十五年(1696)七月,黄、淮大涨,黄河溢宿迁县支河口竹络坝,中河水涨溢车路口;清口倒灌,高家堰决六坝,里运河决高邮州清水潭东西堤。三十六年(1697),黄河决安东县时家口,南潮河淤成平陆。

康熙三十八年(1699),康熙帝开始了第三次南巡。他对随行大学士伊桑阿等臣感慨地说:"朕念河道,国储民生攸关,亲行巡幸由运河以至高家堰运口等处,留心细阅……"

康熙帝阅视淮、扬运河,对总河于成龙谕示:"朕自淮南一路,详阅河道,测算高邮以上,河水比湖水高四尺八寸,自高邮至邵伯,河水湖水始见平等,应将高邮以上当湖堤岸,高邮以下河之东堤,俱修筑坚固。有月堤处,照旧存留,有应修堤岸,依照旧堤坚筑。至于邵伯地方,因无当湖堤岸、河湖合而为一,不必修筑堤岸,听其流行。高邮东岸之滚水坝、涵洞俱不必用,将湖水河水俱由芒稻河、人字河引出归江,入江之河口如有浅处,责令挑深,如此修治,则湖水河水俱归大江。"康熙帝还面谕于成龙挑浚芒稻、人字两河,并取直修减水坝,而于成龙多未付诸实施。康熙帝感慨地说:"于成龙不遵朕旨,致无成功。"(清官修《清圣祖实录》)

三月初一日,康熙帝阅视高家堰指出:"若治河专以筑堤,终属无益。如不将黄河刷深,徒费钱粮,且运口太直,黄水倒灌,兼之湖水淤垫,以致清水不能畅流,各河与洪(泽)湖之水,如何得能敌黄。若将清河至惠济祠埽湾,由北岸挑引入惠济祠后入(黄)河,而运河再向东斜流,入惠济祠交汇,黄水如何得能倒灌。朕欲将黄河各险工,顶溜湾处开直,使水直行刷沙。若黄河刷深一尺,则各河水少一尺;深一丈则各水浅一丈。如此刷去,则水由地中而行,各坝亦可不用。不但运河无漫溢之虞,而下河淹没之患,似可永除矣。"他强调:"今应将清口之西坝台,加筑挑水坝,修筑坚固,加长过于东坝台,将清口安置里边。洪泽湖择其水深之处,开直成河,使湖水畅流。黄河湾曲之处,直挑引河,使各险处不得受冲。其拦黄坝不得挑拆,时家码头暂缓堵筑,使黄水流定,汰黄堤筑成之日,再将时家码头决口堵塞。"

康熙帝详细察看黄、淮、运工程后对诸臣说:"今岁南巡,见黄河逼近清口,黄水倒灌,以致淤塞,洪泽湖水不出,自高家堰减水坝流入高、宝诸湖,自高、宝诸湖流入运河,以致下河田地,尽被淹没。"于是,他对诸臣强调:"治河上策惟以深浚河身为要。诚能深浚河底,则洪泽湖水直达黄河,兴化、盐城等七州县无泛滥之患,民间田亩自然涸出。若不治其源,徙治下流,终无裨益。今黄、淮交会之口过于径直,应将河、淮之堤各迤东湾曲拓筑,使之斜行会流,则黄不致倒灌矣。"(清官修《清圣祖实录》)

康熙帝根据靳辅的治河经验,结合自己实地调查和多年研究认为:"如不将清口排浚,湖水不出,高家堰并运河堤工虽加高厚,均属无益。"(《清圣祖实录》)他嘱咐总河于成龙:"黄河弯曲之处,俱应引河,乘势取直,高邮等处运河越堤弯曲,亦著取直。"

康熙帝回銮时登上清口附近黄河南岸,亲自钉下木桩,命从此向东,修排水坝。此坝后来被称为御坝,起到"挑令黄溜北趋,俾黄、淮顺利而交会"、防止黄河水倒灌入淮的作用。

六、康熙帝第四次南巡

康熙三十八年(1699)夏秋,黄、淮交涨,清口、运口皆淤,高家堰溃决十余处。里运河水涨,高邮护城堤坍塌,陆漫闸西堤一带土工打通,又决江都邵伯更楼。

康熙四十二年(1703),正值知天命之年的康熙帝开始了第四次南巡。他一路巡行运河、清口黄淮运和高家堰。他沿中河至桃源县境内,看到龙窝等处预冲危险,命张鹏翮增筑挑水坝;行至仲庄闸,看到闸口与清口相对,特命中河出水口移建杨家庄,以便使漕挽安流,商民利济。

三月,康熙帝乘舟由洪泽湖阅视高家堰时,面谕张鹏翮修整残缺石工,要求清口西坝趁此水浅,再加长数丈。他对总河张鹏翮遵照谕旨河工有所告成,给予充分肯定,称赞张鹏翮"遵奉朕言,坝工(清口挑水坝)筑成,黄溜遂直趋陶庄,清水因以直出,叠经伏秋大涨,并无倒灌之事,其浚张福口等引河,筑归仁堤,疏人字、芒稻、泾闸等河,开大通口,皆遵朕旨,一一告竣"。并将河臣必须铭记的箴言——《河臣箴》,赐予张鹏翮,加封太子太保。

康熙帝回京后对大学士、九卿宣布说:"朕此次南巡,遍阅河工大约已成功矣!"

七、新中河

靳辅主持开挖的中河,在朝廷上下引起不少争议,大多认为此功不在明代开清口之下;而按察使于成龙、漕督慕天颜则先后弹劾靳辅开中河为累民之举。为此,康熙帝于二十七年(1688)派尚书张玉书和图纳、左都御史马齐等前往巡视。当时大雨,中河决口,淹没清河民田数万顷。张玉书等人称,中河安流,舟楫甚便,但逼近黄流,不便展开,而里运河(即淮安至扬州段运河)及骆马湖之水俱入中河,窄恐难容,应于萧家渡、杨家庄、新庄各建减坝,使水大可宣泄;仲家闸口过于直,恐倒灌,应向东南斜挑以避黄流。

中河桃源至清河段南岸地势低下,水停聚而弥漫,且迫近黄河,难以筑堤,康熙三十八年(1699),总河于成龙主持开新河六十里,自桃源盛家道口下至清河,弃中河下段,以旧河北堤为南堤,添筑北纤堤,名为新中河。同时,新筑拦马河头以下中河北岸子堤一千八百八十二丈;创筑桃源县新中河北岸子堤,自盛家道口至桃(源)、清(河)交界处,长七千三百六十一丈;创筑清河县新中河北

264

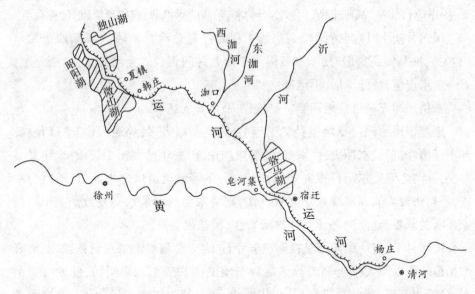

黄、运分离示意图

岸子堤,自桃、清交界处至旧河边,长三千四十一丈。另外,在南、北岸险要处签钉排桩,南岸在清河县境内长二千二百七十五丈,北岸在桃源县境内长五百五十九丈。

当时,中河自河头起三十二里至三义坝,河道宽深,盛家道口水道弯曲,河身浅而河水散漫,行运不畅,且接近黄河。康熙三十九年(1700),时任总河张鹏翮奏报朝廷,请改取中河上段和新中河下段,重新修浚,以通漕舟。张鹏翮接旨后,在三义坝筑拦河堤,将靳辅所开的旧中河上段改入于成龙所开的新中河下段,即三义坝以上用旧河,以下用新河,使上下新旧中河合为一河。至此,中河自宿迁张庄运口至清河县西三里许的黄河口门共长约一百五十七里。

由于仲庄闸清水出口,逼溜南趋,有碍运道,康熙四十二年(1703)秋,总河张鹏翮奉康熙帝第四次南巡之命,将中河运口改于清河县仲庄下游十里的杨家庄,改挑中河尾,经双金闸,由盐河穿缕堤出黄河,建杨庄闸。从此,明代借黄行运的"河漕"之名随着运河与黄河的完全分离而消失了。

八、康熙帝第五次南巡

康熙四十四年(1705),康熙帝开始了第五次南巡。

三月十一日,康熙帝在高邮对总河张鹏翮指出,淮扬运河东堤,保守最为紧要,堤岸应行加帮,高邮迤南,河水高于湖水,东西两堤卑薄,应加帮修砌,量建石工。

闰四月初十,康熙帝阅视高家堰工程时提醒总河张鹏翮:"康熙四十二年(1703),朕临阅高家堰时,尔奏石堤可于八九月间告成。今已三年,尚未完工,万一大水奄至,恃此草埽,讵能御之?"

张鹏翮却充满自信地回奏:"必能保固,断然无害。"

康熙帝谕示说:"草埽俱经二三年矣,腐烂深塌者多,猝遇大水,事难预料,如不谨慎修筑,被水冲决,狂费钱粮,姑置勿论,但去年已奏河工告成,今年又奏冲决,其谓之何?尔须日夜谨守保护。……尔等惟见清口之水流出,即以为功成,不思防御。倘高家堰六坝之水泛滥,则清水力弱而黄水必复致倒灌矣。高家堰所关紧要,宜谨治之,毋忽!"(清官修《清圣祖实录》)

闰四月十一日,康熙帝又视阅惠济寺石工,坐在河堤上对总河张鹏翮、河官淮扬道张弼以及大学士马齐等诸臣兴奋地说:"朕三十八年阅河,此处皆属黄水,今清水畅流,逼黄竟抵北岸,仅成一线,朕心甚为快然,观此形势,朕之河工大成矣。"(清官修《清圣祖实录》)

他鼓励张鹏翮继续勤修河务,并授赐御制诗扇给张鹏翮,以示淬砺。

康熙四十四年(1705)伏汛,洪泽湖大水,冲决古沟、唐埂、清水沟等处。

第二年(1706),江南江西总督阿山请奏"于泗州之西溜淮套开河,使淮水分流,两旁筑堤至黄家堰,与张福口水合,使出清口,此工开成,则淮河之水势既分,不但泗州、盱眙积水稍减,而洪泽湖之水不致泛滥,亦可有利于高家堰,而漕粮商民船只可免洪泽湖风波之险矣"。此河完工,约需银一百八十余万两,请求康熙帝亲临指示。

康熙帝认为五次南巡,对河道"应分应合,应挑应筑之处,知之甚明"(清官修《清圣祖实录》),所以不愿再次南巡;但在张鹏翮、阿山、桑额及九卿等反复疏请下,他感到溜淮套开河,事关创建,最终还是决定亲往阅视。

九、康熙帝第六次南巡

康熙四十六年(1707)二月,康熙帝第六次踏上了南巡黄、淮、运的征途。

在清口,康熙帝登陆详细察看黄、淮、运交汇工程,召集扈从文武臣工、河道总督、河工官员及地方大小官员,便问总河张鹏翮:"尔何所见奏开溜淮套?"

张鹏翮奏曰:"我皇上爱民如子,不惜百万币金,拯救群生,黎民皆送圣恩。"

康熙帝打断他的话说:"尔所言皆无用闲文,朕说问者,乃河工事务,尔可将此河当开与否，一一奏明。"

张鹏翮奏曰："先因降调通判徐光启呈开溜淮套图样，臣与阿山、桑额会同具奏，奉旨命臣等阅看，臣等因事关重大，所以再四恳请皇上躬临阅视，指授定夺。"

康熙帝说："今日沿途阅看，见所立标竿错杂，问尔时全然不知，问河官，亦皆不知。河工系尔专责，此事不留心，何事方留心乎？"

张鹏翮无法应答。康熙帝又问其他人也多支吾不清，其中看验水平、估料之人也多为名声恶极之人。康熙帝气愤地说："昨日阅武家墩，朕尚谓果如阿山等所奏，溜淮套可以开成。今日乘骑从清口至曹家庙地方，详看见地势甚高，虽开凿成河，亦不能直达清口，与伊等进呈图样迥乎不同，且所立标竿多有在坟上者。若依所立标竿开河，不独坏民田庐，且致毁民坟冢。……今欲开溜淮套，必至凿山穿岭，不惟断难成功，即或成功，将来汛水泛滥，不漫入洪泽湖，必致冲决运河矣。"

康熙帝进一步追问张鹏翮开此河能否永保河道相安无事。张鹏翮却一无所知，无以回答。康熙帝气愤地指出"今奏溜淮套开河，非地方官希图射利，即河工官员妄冀升迁。至河工效力人员无一方正者，何故留置河上"。

康熙帝以古今利弊对在场的官员说："明代淮黄与今时迥别，明代黄水势强，淮水示弱，故有倒灌之患。朕自甲子年南巡阅视两河形势，记忆甚明，渐次修治，今则淮强黄弱矣。然善后之策，尤宜亟讲，与其开溜淮套无益之河，不若将洪泽湖出水之处再行挑浚，令其宽深，使清水愈加流畅，至蒋家坝、天然坝一带旧有河形宜更加挑浚，使通运料，小河俾商民船只皆可通行，即漕船亦可挽运，为利不浅矣。"（以上谈话均引自清官修《清圣祖实录》）

从康熙帝这次南巡溜淮套开河态度看，不仅从自然环境的实际出发，而且与"民生"和"利商"统一起来考虑。

十、借清刷黄

中河与新中河的开挖，使淮河以北的运河脱离了黄河，不再借黄行运，但是清河运口（简称"清口"，以泗水入淮河之口而得名，又称泗口）距黄河入淮处很近，成为黄、淮、运交汇合流之地。

黄河自青藏高原流经内蒙古和西北黄土高原，挟带泥沙，向下流奔泻。势弱的淮河不敌势强的黄河，导致黄河倒灌淮河，泥沙淤塞运道。

267

康熙十六年(1677),靳辅接受康熙帝重托,以河道总督上《敬陈经理河工八疏》,提出除在运口筑坝阻止黄水以外,一面加高洪泽湖以东高家堰,使湖水位增高,流量加大,一面束紧水口,使湖水流速加快,以实现借用淮水清流刷去黄河淤沙。

这一年,靳辅主持筹塞高家堰诸决口,修筑高家堰旧堤,向南接筑堤工至翟家坝,向北增筑烂泥浅堤。康熙十七年(1678),创筑高家堰西南周桥至翟家坝堤工二十五里。

明时期的新庄闸运口距黄、淮交汇处仅二百丈,黄河仍然内灌,淤高运河。康熙十八年(1679),实施南运口改建工程:将运口由新庄闸(仍以天妃闸为名)移于烂泥浅之上,自新庄闸西南挑河达武家墩西北三里许的新运口;又自文华寺永济河头起,循旧河形挑河,南过七里旧闸,再折转达烂泥浅新运口,一名三汊河口。两河并行,互为月河,以舒缓急溜。烂泥浅一河,十分之二济运,十分之八敌黄。随后,改建七里闸,名为惠济闸;又于新运口内建清水新闸,名为太平闸。

康熙二十三年(1684)十一月,康熙帝驾至天妃闸时问:"天妃闸这样险,何不再造一闸,分杀水势?"

靳辅奏报:"已建有七里闸一座。"

康熙帝来到七里闸口连称:"这闸造得有理……"当他看到运口新闸时又问:"这闸是为何而造?"

靳辅奏报:"臣恐黄水大涨,天妃闸不能承当,所以又造这清水闸束水,专为天妃闸而设的。"(以上谈话均引自清官修《清圣祖实录》)

康熙帝又以运口水紧,令添建石闸于清河运口。

康熙二十四年(1685),为避免黄河倒灌清口,在清河县治西,建双金门大闸,闸下开引河一万余丈,如遇黄河异涨,开闸分减黄流归海,减少黄、淮汇合之处的黄水流量。二十五年(1686),在清河与山阳境内的高家堰东坡开河运料,自武家墩至周桥六十里,名运料河,亦名二河,东岸筑堤,名二堤,以做高家堰外护。

由于清口烂泥浅、帅家庄、裴家场三条引河,势分力弱,每逢倒灌,动辄淤垫运口。康熙三十五年(1696)十月,奏议挑浚裴家场引河,从大墩接筑长堤,逼使湖水并力敌黄;收束清口以杜绝黄水倒灌;自清口经武家墩、高家堰、高良涧、徐坝至翟家坝,修筑土石排桩、子堰工程及修砌减水坝六座。

黄强淮弱,清口仍然倒灌,康熙三十七年(1698),自张福口缕堤尾接筑斜横堤,收束清口,并于清口建东西束水坝,借以束清拦黄。

康熙三十八年(1699)三月,康熙帝阅视高家堰。总河于成龙按照康熙帝旨意主持挑浚裴家场、烂泥浅引河,并酌情堵塞高家堰六坝及唐埂等四坝,以节制淮水。

这年春,高家堰大堤修筑工程尚未完工,夏、秋又溃决十余处。同年冬,奏议大修高家堰,筹堵高家堰六坝。康熙三十九年(1700),奏议大修高家堰大堤石工,自小黄庄至古沟,大堤临湖面,采用柴草丁镶;五月,奏议修砌古沟至六坝石工,又奏议拆砌武家墩至小黄庄旧石工。同时,总河张鹏翮挑浚清口引河,预筹暂堵清口拦黄坝,暂堵运河头坝,防黄水倒灌,并议新挑三汊河,引水从七里河出文华寺运河济运。康熙四十年(1701),张鹏翮主持加帮武家墩至运口一带堤工,工程标准与高家堰堤工相平,以捍御湖水;又创筑拦湖坝,自新大墩至裴家场,束水御浪,敌黄济运;七月,开放陶庄引河,自挑水坝加筑堤工至清口西坝,并接长西坝,使清水畅出,以杜绝黄水倒灌。

康熙四十二年(1703),自洪泽湖引淮水的张福河、天然、张家庄、天赐、裴家庄、烂泥浅、三汊七条引河全部竣工。当时,七条引河控引淮水至清口,宽一百多丈,与黄河相会,高出黄河水面数尺。据总河张鹏翮描述,"自惠济祠上下,练影澄澜,与天一色,浊流一线,循北岸而已。"(清官修《清圣祖实录》)张鹏翮又将绘制的借清刷黄工程图呈报朝廷。康熙帝看了非常高兴,立时交由史馆保存。

康熙四十四年(1705),根据康熙帝指授的方略,在惠济祠前后建筑挑水坝二座,并加筑卞家汪旧挑水坝。

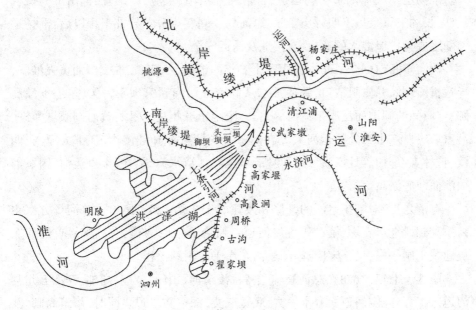

借清刷黄示意图

269

雍正四到九年(1726—1731),连续四年加修和大修了高家堰大堤。

乾隆五十年(1785),淮河干旱,黄河倒灌洪泽湖。于是,堵闭张福口四引河,疏浚通湖支河,蓄清水至七尺以上,开王家营减坝(在今淮安市黄河故道北)减泄黄水,出清口刷沙;在运口下游修兜水坝,雍清水入运,改名束清坝;再移下惠济祠前的东西束水坝三百丈于福神巷前,加长东坝以御黄河,缩短西坝以出清流,改名御黄坝。

嘉庆十年(1805),两江总督铁保在《筹全河治清口》疏中说:"嘉庆七八九年,河底淤高八九尺到一丈不等,是以清水不能外出。"(《皇朝经世文编》卷一百)当时,治河者担心延误漕运,不得不借黄河倒灌入湖之水,进行浮送,名为"借黄济运"。道光年间,淮水自清口基本不入黄河。咸丰五年(1855),黄河在兰阳铜瓦厢改道,清口以下淮河归海河道遂为黄河故道。

十一、淮扬运河

淮扬运河在明朝称湖漕。到清朝,由于该段运河纵贯淮安与扬州两府之间,故称淮扬运河;又因杨庄漕运船工称其北漕运艰险为外河,称其南漕运平稳为里河,所以又有里运河之称。

淮扬运河大体因袭明朝运道,自清河经山阳、宝应、高邮、江都出瓜洲口入长江,长约三百余里。明万历年间,总河杨一魁实施分黄导淮工程以后,淮扬运河随之成为排泄淮水的通道,直接危及漕运安全。

顺治年间(1644—1661)到康熙十五年(1676),由于黄、淮交汇而黄强淮弱,导致黄河倒灌并雍阻清口,致使淮水从高家堰西南翟家坝及古沟,东溢下灌高邮、宝应间的湖泊而泛滥于运河。尤其,康熙十五年夏,久雨,黄河倒灌洪泽湖,高家堰决口三十四处。运河大堤在高邮境内清水潭和陆漫沟、江都大潭湾、四浅、竹林寺、邵伯等处崩溃。清河县清口至高邮清水潭二百三十里运河,因黄河内灌而河底淤高。

有清之世,对淮扬运河的维修和改建始于顺治七年(1650),总河杨方兴主持筑高邮姚港口石堤;第二年挑浚河道。顺治十年(1653),在高邮界首运河东堤建减水闸一座;又于宝应、高邮运河东岸兴建闸洞工程。

康熙十七年(1678),总河靳辅主持挑浚清河、山阳、宝应、高邮、江都五州县河道。工程标准:河道面宽十一丈,底宽三丈,深一丈二尺。同时,修筑高邮、江都两岸堤坝,堵塞决口三十二处。由于清水潭逼近高邮湖,处于险工堤段,堤坝

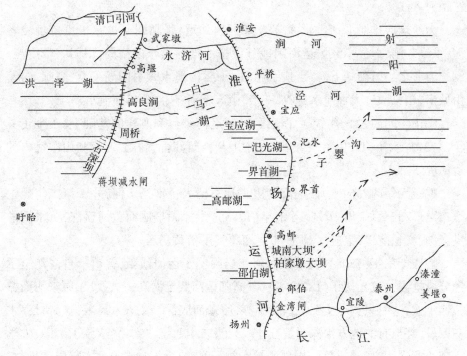

淮扬运河示意图

频年溃决,决口随即堵筑而随后坍塌,宽至三百余丈,大为运道之患。于是,靳辅主持在湖中离决口五六十丈为半月形,抱两端筑堤,东堤长六百零五丈,西堤长九百二十一丈五尺,又挑绕西月河八百四十丈,堤为永安堤,河为永安新河。

康熙十八年(1679),总河靳辅主持修建宝应东堤朱马湾石工一百二十丈,创建山阳运河凤阳厂、宝应子婴沟、高邮永平港、南关、八里铺、柏家墩、江都鳅鱼口七座减水坝,改建高邮五里铺、车逻港二座减水坝。二十年,增筑高邮南北滚水坝,对坝均开月河,以防舟行之险,凡是旧堤险工全部以石修筑。二十三年,总河靳辅主持挑浚江都金湾口下通芒稻河的十字河,并于金湾闸迤南建滚水坝一座。

康熙帝于三十八年(1699)阅视淮扬运河,面谕总河于成龙挑浚芒稻、人字两河,取直修减水坝,而于成龙多未付诸实施。

张鹏翮任总河后,在靳辅治理的基础上,对淮扬运河继续进行维修和改建。他主持堵塞了运河东堤决口,并修筑宝应、高邮、江都运河堤岸。为保护运河东堤,张鹏翮主持改八座减水土坝为四座减水石坝和一座土坝称下五坝,以分泄淮河洪水入海。运河在邵伯以南,靳辅时利用人字河、凤凰河分泄运河洪水经

271

芒稻河入江。

为使运河排泄淮河洪水入江入海工程并重,张鹏翮又进一步主持挑浚各河,维修各闸,形成了淮扬运河因地分段排泄淮河洪水的格局:山阳一带由泾、涧二河泄水经射阳湖下海;宝应一带,由子婴沟泄水入射阳湖下海;高邮一带,由城南、柏家墩二大坝泄水;江都一带,由人字河、凤凰桥等河泄水入江。

雍正年间(1723—1735),在康熙时对运河维修和改建的基础上,于雍正五年(1727)、八年(1730)和九年(1731),加帮修筑江都、高邮、宝应和山阳境内的运河堤岸。

乾隆元年(1736)七月,巡漕御史常禄奏请大挑淮扬运河,并于第二年挑浚运口至瓜洲三百余里。乾隆五十年(1785),洪泽湖旱涸而黄河盛涨,黄水倒灌洪泽湖,淤积清口,宝应、高邮一带运河不得不借黄济运。

嘉庆十三年(1808),两淮盐政阿克当阿鉴于运河浅阻,曾请示自清江至瓜洲分段挑浚。道光初年(1821),宝应、高邮运河底已淤高一丈数尺,原来河面宽三四十丈,这时只宽十丈至五六丈不等,原来河底深一丈五六尺者,这时只存水三四尺,甚至有的地方水深不及五寸。光绪二十七年(1901),庆亲王奕劻、大学士李鸿章奏请"废漕折色",即由漕粮实物征收,改为征收现银。实行田赋折射,南北大运河随之无须漕运。光绪三十四年(1908),两江总督方端建议疏浚淮扬运河,以维持商船通行。

十二、微山湖蓄泄控制

南阳、昭阳、独山、微山四湖先后形成于元、明两代。明嘉靖到万历年,黄河屡次决溢泛滥,昭阳湖逐渐淤积,微山湖逐渐扩大,不仅滞蓄洪水而且成为泇运河源头,是其重要的水源地。因此,清朝不失时机地拦蓄本地径流和调引黄河来水,注入微山湖蓄水济运,并在韩庄湖口和蔺家山修建控制工程。

康熙五十七年(1718)在茶城十字河上筑草坝拦截上游来水入微山湖,出湖口闸济运;乾隆二十四年(1759),自鲁西南至今江苏丰、沛沿太行堤南开河,导坡水入湖潴蓄;三十九年(1774),在黄河北岸潘家屯(今徐州市区西北)建碎石滚坝引黄河水入微山湖。嘉庆十二年(1807),在蔺家山坝尾老滩挑沟,引坡水入湖;十三年(1808),蔺家山一带坡塘雨水存积高于微山湖水面五尺以上,抽沟导引入湖潴蓄;十五年(1810)和十八年(1813),连续启放苏家山闸,引黄河水由水线河经蔺家山草坝归入微山湖。

韩庄湖口控制工程建于明代,即韩庄湖口闸,后称旧闸。乾隆二十四年(1759)于闸北建石滚坝,长三十丈,两头各修裹头五丈,共长四十丈,坝脊高于湖口闸底一丈,砌石二层,高二尺四寸,中砌石垛十四座,各长一丈二尺,宽四尺八寸,砌石八层,高九尺六寸,上建桥梁以通牵挽。是年,又于闸南开通湖引河,引湖水入河济运。口门有草坝,每年镶修。二十九年(1764),又于旧闸之北,滚坝之南,兴建新闸,统称湖口双闸,屡经拆修,金门各宽二丈二尺,各砌石十七层,高二丈四寸。三十年(1765),拆修湖口滚坝,添砌槽石,凿槽加板,湖水大则听其宣泄,湖水小则下板收蓄济运。

蔺家山控制工程始建于康熙五十八年(1719),在湖口筑坝截流蓄水。蔺家山坝在蔺家山西北张谷山东麓,东与内华山西麓相接,此处峡山口,适当微山湖南尾,有一条河绕张谷山西南麓,又归入荆山河。雍正二年(1724),创筑张谷山口草坝以控制微山湖水位,防止湖水耗泄。乾隆二十一年(1756),将蔺家山草坝拆展四十丈,疏浚微山湖南尾三股河:西股茶城河、中股小梁山河、东股内华山河。三河汇合为一,出蔺家山草坝。乾隆和嘉庆时期,蔺家山坝接长至一百二十三丈,仍以中筑柴坝启闭,柴坝长四十三丈。咸丰、同治年间(1851—1874),蔺家山坝经累次圈堵,坝身已加长至二百四十丈。同治七年(1868),徐海道高梯提请国库拨款,在张谷山西侧创建石闸。

微山湖水位控制,乾隆七年(1742)微山湖收水,以韩庄湖口闸水则为准,以一丈为度;三十年(1765)九月,议定微山湖收水,加收一尺,以一丈一尺为度;五十二年(1787),钦差刑部侍郎明兴督办水利,奏明微山湖水再加收一尺,以一丈二尺为度。嗣后,山东又议微山湖收水以一丈五尺为度,江南总河黎世序不以为然,恐淹及民田,然每年收水在一丈四尺以上。嘉庆二十一年(1816)八月,钦差兵部尚书吴璥奏请,微山湖收水,以一丈四尺以内为度。道光十九年(1839)仍以原志一丈四尺为度。咸丰六年(1856),由于微山湖淤垫,因此,加收湖水一尺,以志桩水深一丈五尺为度,以备接济漕运。宣统元年(1909),山东巡抚袁树勋改订微山湖湖口双闸启放水规定,湖水五尺以上,三日一放;三尺以上,五日一放;一尺以上,如遇大帮船只,由管闸员禀报核实定夺。

十三、骆马湖蓄泄控制

清时期,骆马湖因北受蒙沂之水,西受昭阳、微山诸湖之水而汇为巨浸,南北长七十里,东西宽三四十里。

早在明代,为将源自骆马湖洼地的三条河沟与黄河接通,以排泄夏、秋洪水,开陈口、骆马湖口和董口。

康熙二十二年(1683),为打开骆马湖排水出路,总河靳辅主持在明朝开挖的拦马河上创建拦马河减水坝六座。减水坝每座长约十八丈六尺,中立矶心六座,共成七洞,每洞宽一丈八尺。坝下开挖引河东行。坝上建有东奠、德远、镇宣、西宁、澄泓、锡成六座桥。其中,西宁桥在拦马河北,锡成桥在拦马河南,俗名五花桥。

拦马河减水坝是利用拦马河水位差而递建六坝,筑堰拦蓄成塘,即逐级拦水,相机排泄骆马湖涨水,形成六塘,又称六塘河。

康熙二十三年(1684),康熙帝南巡,驾临拦马河上,看到拦马河减水坝,于是询问总河靳辅:"这拦马河减坝的水,减往何处去?"靳辅回奏:"这水从县东湖(在今宿迁县东北三十里),由沭阳、海州一带入海。"

康熙二十六年(1687),靳辅因宿迁县拦马河以开中河,于是废东奠、德远、镇宣三桥,使骆马湖水由西宁、澄泓、锡成三桥下泄。

宿迁城西门向西至支河口(张庄运口),南面黄河,北临骆马湖,原无堤防。靳辅罢任后,由总河王新命主持于康熙二十七年(1688)筑遥堤,自张庄起,东穿骆马湖口,又东穿马陵山断麓。

康熙二十八年(1689)正月,康熙帝再次南巡,阅视骆马湖支河口,当着在场的张玉书、图纳、马齐臣、靳辅、王新命等臣强调,要保留骆马湖三座减水坝于黄河遥堤之外,使骆马湖水由旧河形(拦马河)入海。按照康熙帝谕旨,在支河口和骆马湖口临黄河各建竹络石坝。骆马湖口竹络石坝,中间留口门,减黄河涨水,由十字河入骆马湖,再出六塘河减水坝东流。十字河北通骆马湖,南通黄河,因中河直穿骆马湖口而得名。

康熙二十九年(1690),在宿迁县窑湾建竹络坝,泄运河水,由隔头湖入骆马湖。三十八年(1699),修筑支河北岸堤,自皂河石礄至张庄运口,长三千四百一十八丈。支河南岸即黄河北岸缕堤。支河,亦即康熙二十年(1681)靳辅主持,自皂河迤东开挖三千余丈运河,使皂河至张庄运口入黄河。

骆马湖口南通黄河,康熙二十八年(1689)在此设置的竹络坝,当骆马湖水位高于黄河水位,则湖水流入黄河;而黄河水位高于骆马湖水位,则河水溢入湖内。为使湖水入黄而黄水不入湖,四十二年(1703),修筑骆马湖竹络石坝,东络长二十二丈,西络长十丈,各宽三丈,口门二十三丈。四十四年(1705),康熙帝第五次南巡时称赞骆马湖竹络石坝"止有湖水畅流,黄水并无浸灌,则黄河之深通可知"。六十一年（1722），添修骆马湖竹络坝东裹头二十五丈，西裹头十五丈，以阻遏黄水内注。

骆马湖东岸低洼，湖水易泄，且西宁、澄泓、锡成三桥日久圮坏，总河齐苏勒于雍正五年（1727），在湖东六塘河西宁桥西高地，兴建骆马湖尾闾五座三合土坝，各长二十余丈或三十余丈不等。在五坝以上开挖尾闾引河五道，堤埂相连，南接黄河缕堤，北属马陵山，共长六百丈。以上五坝，秋冬堵闭收蓄湖水，重运过完之后，开放尾闾预腾湖面，水由六塘河下注入海。

同年，又在骆马湖口竹络坝口门外筑钳口坝，堵闭十字河通湖北口，在迤上王家沟建五孔石闸，金门十四丈五尺。在骆马湖内开挖引河四百丈，以宣泄湖水济运。

由于王家沟石闸年久矶心倾圮，两墙损坏，闸底冲刷成深塘，乾隆十四年（1749）在王家沟以下柳园头建三孔深底石闸，金门各宽一丈八尺，矶心二，各宽一丈五尺六寸，高二丈一尺六寸，砌石十八层，设板启闭。石闸将近十字河以上而稍向东南，闸门朝向东南，闸底与通湖引河河底相平。闸内开挖通湖引河，长一千二百六十九丈，以导湖水出闸济运。乾隆二十五年（1760），在王家沟闸迤西移建新闸，金门各宽一丈八尺，开挖引河一百三十丈，以引骆马湖水济运。

嘉庆元年（1796），在骆马湖尾闾五坝迤西五引渠内以及窑湾鞑车头、王家沟闸和柳园头闸临运处均建有草坝。骆马湖尾闾五坝为分泄洪水；鞑车头、王家沟和柳园头三处，则根据骆马湖与运河水位情况，引骆马湖水济运。从此，骆马湖各草坝的启闭展束，沿为惯例。

道光元年（1821），骆马湖渐淤放垦，湖内高地开始有人居住。道光二年（1822），清丈涸出滩地一千八百九十余顷。四年（1824），蒙沂山水涨发，骆马湖涨满，启放尾闾各坝排放。六年（1826）四、五月，启放柳园头、王家沟两闸，引骆马湖水济运。六月十二日，十字河志桩存水一丈九尺六寸，骆马湖存水一丈七尺六寸。十三日，骆马湖存水一丈八尺九寸，启放骆马湖尾闾五坝。

咸丰年，骆马湖排泄洪水通道仍为中运河与六塘河。每年汛期，遇蒙、沂山水涨发，汇归骆马湖内，滩地悉被淹没，及秋冬水势渐消，滩地涸出，播种二麦，直到中华人民共和国建立前，骆马湖因滞蓄洪水能力有限，致使沂、泗洪水恣意泛滥。

十四、泇运河济运水源

泇运河济运水源主要依赖黄河、微山湖和沂河。

275

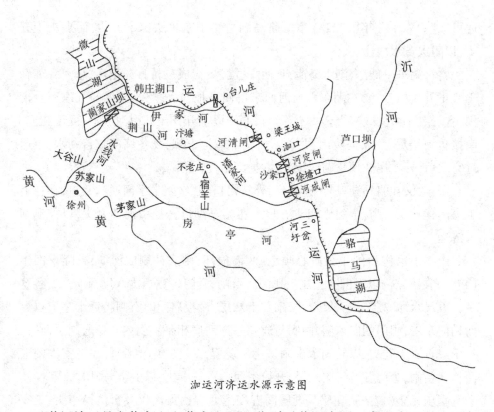

泇运河济运水源示意图

黄河济运是由苏家山和茅家山两地分别引黄河水源。康熙十七至十八年
(1678—1679)由总河靳辅主持在今徐州市区大谷山建减水坝；然后，又在苏家
山西建石闸，引黄河水经水线河东北流合微山湖南流之水，向东入荆山河接彭
家河，从汴塘东南流合房亭河入泇运河。乾隆二十二年(1757)，疏浚彭家河与
靳家河，济运之水从汴塘东北经望母山前入泇运河；二十九年(1764)，彭家河淤
废，疏浚潘家河，济之水从汴塘向东经宿羊山北再东南于泇运河河成闸下入
运。四十二年(1777)，靳家河淤废，济运之水由潘家河入泇运河。乾隆四十三
年(1778)以来，启放苏家山闸，黄河之水经荆山河出潘家河入泇运河。茅家山
在今徐州市区东南的王家山长樊大坝东，在此开引河，就山根石底凿槽，砌石裹
头钳口坝引流黄水，由房亭河入泇运河。

微山湖水源济运分两路：一路开茶城、小梁山和内华山三股河出蔺家山草
坝下接荆山河，东流至汴塘一分二，一为靳家河自汴塘东北流经望母山前，东南
流至梁王城西入泇运河；一为彭家河自汴塘东南流，右合房亭河入泇运河。靳
家河与彭家河淤废后，乾隆二十九年(1764)，又于彭家河上口左岸开潘家河东
行，由邳州境内宿羊山北经不老庄，又东南至河成闸下入泇运河，此段亦即不牢

276

河。一为通过韩庄湖口自今山东省微山县境内韩庄西,于乾隆二十二年(1757)开伊家河,沿今苏、鲁省界向东至今台儿庄闸下入汹运河。

沂河水源济运,是乾隆八年(1743)和十一年(1746)在今江苏省邳州境内芦口,将明崇祯十四年(1641)引沂河济汹运河所筑之坝,改建为石坝,分沂河出徐塘口入汹运河。乾隆二十二年(1757),将芦口坝裹头接长,中留口门三十丈,坝底填以碎石;乾隆三十年(1765),将坝底碎石刨开五丈,在坝南筑草坝拦截沂河水出徐塘口与沙家口济汹运河。

十五、汹运河治理

汹运河为明朝所开,清朝除了修补堤防、疏浚河道、沿线兴建闸坝等建筑物外,还在整体线路范围内开挖十里上下的新河。

康熙十九年(1680),总河靳辅主持修筑邳州徐塘口以下堤防,东堤自窑湾经猫窝至徐塘口,西堤自窑湾至猫窝;筑猫窝横堤,西抵唐宋山三千丈,亦称苏村格堤,以障卫黄墩湖一带农田和拦约横堤以北涨水漫坡入汹运河;为泄汹运河涨水由隔头湖入骆马湖,又于窑湾以北运河东岸建万庄、马庄减水矶心石闸,金门各宽十三丈五尺。二十二年(1683),在猫窝建滚水大坝,即减水坝,分杀伏秋水发盈溜水势,以防止漫堤。二十七年(1688),建猫窝、马庄、万庄竹络减水石坝。二十九年(1690),在窑湾建减水竹篓石坝,金门宽四丈八尺,中立矶心,以泄运河水由隔头湖入骆马湖。三十六年(1697),修筑汹运河西堤,自猫窝至窑湾口长四千二百一十丈。四十年(1701),补修汹运河东堤,自猫窝至窑湾口长三千九百六十六丈。六十年(1721),疏浚徐塘口之淤。

雍正元年(1723),总河齐苏勒主持在徐塘口向上开新河十里接彭家河再十里接汹运河;二年(1724),在汹运河上建拦河闸:梁王城西为河清闸、汹口南七里为河定闸、徐塘口南二里为河成闸,三闸金门各宽二丈二尺,月河均在闸河西,长约一百二十丈。

引水济运,虽然为汹运河航道补给了充分的水源,但是黄河与沂蒙山地的泥沙也随水流入运河,起了饮鸩止渴的负面作用,以致航道淤积日益严重。因此,乾隆年以来,对汹运河的治理愈来愈频繁。

泇运河治理情况统计表

时间	地点	治 理 情 况
乾隆八年 (1743)	邳州	疏浚泇运河与河清闸、河定闸、河成闸三闸月河
乾隆二十三年 (1758)	邳州、宿迁	修筑泇运河大堤
乾隆二十四年 (1759)	沛县、宿迁	在沛县运河东岸间段筑碎石工,在微山湖口闸北建滚水石坝,坝长三十丈,坝脊高于湖口闸底一丈。宿迁窑湾竹篓石坝被冲塌后,规定每年筑草坝,冬季关闭春季开启
乾隆二十五年 (1760)	邳州、宿迁	全线疏浚航道
乾隆二十九年 (1764)	沛县	在微山湖口闸北、滚水坝南,添建新闸,后名湖口双闸
乾隆三十年 (1765)	沛县	在微山湖口添砌槽石石垛十四座;三十一年,凿槽加板
乾隆三十三年 (1768)	邳州、宿迁	疏浚航道淤浅处
乾隆三十五年 (1770)	邳州、宿迁	疏浚航道
乾隆三十七年 (1772)	邳州、宿迁	十二月,疏浚黄林庄至猫窝间段浅工五十一段,以河底水深五尺为度,长四千四百四十七丈
乾隆四十九年 (1784)	邳州、宿迁	冬,疏浚航道
乾隆五十二年 (1787)	邳州、宿迁	疏浚泇运河望母山汶河口与沙家口等处浅工七段。猫窝以下马庄集建汇泽闸,以正河为月河,秋冬堵筑蓄水
乾隆五十七年 (1792)	邳州、宿迁	二月,疏浚航道淤浅。十一月,疏浚淤浅二十一段
乾隆五十八年 (1793)	邳州、宿迁	冬,疏浚航道浅工
乾隆五十九年 (1794)	邳州、宿迁	十一月,照例疏浚航道浅工
嘉庆四年 (1799)	沛县、峄县	修筑运河两岸土石排椿工程
嘉庆五年 (1800)	邳州、宿迁	十二月,疏浚航道浅工
嘉庆六年 (1801)	邳州、宿迁	十二月,疏浚航道浅工

续表

时间	地点	治理情况
嘉庆十年 （1805）	邳州、宿迁	十月，疏浚航道浅工
嘉庆十一年 （1806）	邳州	八月，黄河冲开苏家山滚水坝，黄流入运，倒漾停淤。十一月，疏浚迦运河望母山马蹄崖至河成闸七千三百九十丈
嘉庆十五年 （1810）	邳州、宿迁	春，浚深运河河槽
嘉庆十六年 （1811）	邳州	维修河清、河定、河成三闸及汇泽闸
嘉庆十七年 （1812）	邳州、宿迁	邳宿间运河水浅，筑挑束坝二十余道，以济重运
嘉庆十八年 （1813）	邳州、宿迁	十二月，按照向例加深一尺疏浚邳宿间河槽。猫窝等处古浅，格外加深一尺，间段疏浚一万二百九十二丈
嘉庆十九年 （1814）	邳州、宿迁	疏浚邳宿间运河浅工
嘉庆二十二年 （1817）	邳州、宿迁	十二月，在邳宿间运河实施捞浅切滩工程
嘉庆二十三年 （1818）	邳州、宿迁、沛县	挑浚邳宿间运河一万六百余丈，浚深二至四尺。在沛县境内运河西岸，将夏镇闸南吕坝改为三孔桥滚水石坝
道光三年 （1823）	邳州、宿迁	实施邳、宿间运河捞浅切滩工程
道光四年 （1824）	邳州、宿迁	按照"向例较准台庄闸墙錾凿红油记及黄林庄志桩例定尺寸"（《南河成案续编》），挑浚运河九千八百九十九丈
道光六年 （1826）	邳州、宿迁	正月，循例挑浚邳、宿间运河
道光八年 （1828）	邳州、宿迁	循例挑浚邳、宿间运河及古浅沙淤处
道光十一年 （1831）	邳州、宿迁	邳、宿间运河挑滩挖浅
道光十二年 （1832）	邳州、宿迁	择要捞挖邳、宿间运河古浅处
道光十四年 （1834）	邳州、宿迁	捞挖邳、宿间运河古浅处
道光十五年 （1835）	邳州、宿迁	正月，循例捞浅邳、宿间运河
道光十六年 （1836）	邳州、宿迁	正月，循例捞浅邳、宿间运河

时　间	地　点	治　理　情　况
道光十七年 （1837）	邳州、宿迁	正月,循例捞浅邳、宿间运河
道光十八年 （1838）	邳州、宿迁	正月,循例捞浅邳、宿间运河,并挑筑束水小坝七十六道
道光十九年 （1839）	邳州、宿迁	二月,循例捞浅邳、宿间运河,并挑筑束水小坝
道光二十年 （1840）	邳州、宿迁	正月,循例捞浅邳、宿间运河
道光二十一年 （1841）	邳州、宿迁	春,循例捞浅邳、宿间运河
道光二十七年 （1847）	沛县	修筑夏镇运河寨子民堰,建双孔减闸滚水石坝,以泄水入微山湖

对洳运河的治理,清政府从康熙十九年至道光二十七年(1680—1847),坚持不懈地投入了大量的人力和物力,保证了洳运河在长达近二百年里与南北运河的畅通,确保了每年数百万石漕粮北运。清初钱谦益在《洳河帆影》诗中写道:"汶洳会合应星文,国计全资运道分。百万储糈趋上庚,十年楼橹驻斜曛。篙声动地喧如沸,帆影侵霄乱似云。自是太平佳丽地,轰阗景物曜河濆。"这首诗,不仅指出了洳运河作为南北运河段的重要性,而且有声有色地描绘了漕运繁忙的景象。

十六、运河管理

清朝对运河的管理,包括管理机构设置、河道管理和水源管理。

在管理机构设置上,明代总河,清代称河道总督,是管理漕运河道的最高军政长官,原驻山东济宁,康熙十六年(1677)后移驻江苏清江浦。雍正时期,将河道总督分为三督,即江南、河东和直隶河道总督,具体负责掌治河渠,以时疏浚堤防,综其政令,营制视漕督。其中,江南河道总督,管理江苏、安徽两省黄、淮、运,简称南河,驻清江浦;河东河道总督,管理河南、山东两省黄、运两河,简称东河,驻济宁。地方河道管理机构为道、厅、汛三级,分段管理,并设有文职、武职。"道"相当于明代的都水司,如江苏徐淮道,武官有河标副将、参将;"厅"与地方的府、州同级,设同知、通判;"汛"同县级,设县丞、主簿。武职,"厅"设守备,"汛"设千总。各厅、汛夫役,按工种分为浅夫、闸夫、坝夫、堤夫、溜夫、泉夫、塘夫、湖夫等。

在河道管理上,康熙元年(1662)清政府做出严格规定:"三年内冲决,参处修筑官;过三年,参处防守官;不行防护,致有冲决,一并参处。"(《清史稿·运河》)对河道疏浚和堤防修守,制定了定期维修和常规管理制度,并将定期维修分为大修和小修,亦称大挑和小挑,或称大浚和小浚,视各段自然条件,每隔一年或数年不等,维修时间设定为九至十月。大挑和小挑制度的建立,使运河在维修期间船舶能正常航行,便于回空漕船、商船和民船南返。

河道常规管理制度为浅铺管理和堤防修守,规定沿运河州县设立浅铺,铺有浅夫。浅夫额数:徐州为3516名,邳州为835名。浅铺管理分为捞浅和起驳。捞浅,即为漕运期间水量较小时适时淘挖有碍船只通行的淤浅;再就是湖泊地区常年通航情况下常规性捞浅,通过疏浚维持深湖低堤,以满足防洪、蓄水等需要。起驳,是在运河沿线有浅处配置驳船,供漕船行至水位低浅处转运之用。堤防修守制度,是康熙十七年(1678)根据总河靳辅建议,运河沿线"按里设兵,分驻运堤"(《清史稿·河渠志》)。每兵各管两岸河堤九十丈,并负责栽种树木、草皮等护堤植被。雍正八年(1730),因袭明末铺舍制度,改为堤堡制,运河两岸设守堤堡夫,二里一堡,堡设夫二,住堤巡守,远近互为声援。

运河水源管理制度,是清政府在明朝的基础上进一步完善形成的。用以济运的湖水、泉水是运河的重要水源,均由国家管理,设有湖夫、塘夫、泉夫、河夫负责巡守,防止盗引并进行疏浚,设甲就地住宿。规定昭阳、独山、微山等湖泊,水涨引河水入湖,涸则引湖水入漕,随时收蓄,接应运河。

由于运河沿线水源用于漕运而影响灌溉用水,汛期又开坝保堤,使堤下民田受淹。因此,民田与运道之间的矛盾尖锐。康熙三十年(1691),清政府专门订立用水制度:每年三月初一至五月十五期间,三日放水济运,一日塞口灌田,其余时间竹络装石塞河,以大流济运,余水灌田。对于占湖滩种地,雍正元年(1723)规定:"凡沿湖近地已经成田者,不必追究;其未经耕种者,当湖水消落,速宜严禁,不可仍令侵占。"(《山东通志》卷一二六)这对沿运湖泊蓄水济运能力起到了一定的恢复作用。

十七、黄河水患

顺治元年堵塞了明末黄河在开封的决口。所以,清代的黄河继续维持明万历三十四年(1606)挑浚,由河南兰阳、虞城至徐州府砀山县西北坚城集,流经砀山、丰县、沛县、萧县、铜山、睢宁、邳州，至宿迁与桃源交界处的古城流入淮安府境内。

徐州境内的黄河水患，从顺治元年（1644）到咸丰五年（1855），主要集中在康熙、乾隆和嘉庆年间。尤其，嘉庆仁宗在位二十五年，黄河在今徐州区上下决溢竟达十二年。从嘉庆元年到七年（1796—1802）连年决溢。其中，嘉庆元年（1796）六月，黄河决砀山遥堤之北，由赵庄河北注，丰、沛城内水深三四尺；又决丰汛六堡下注微山湖，宿迁运河水涨溢。四年（1799）六月，黄河在砀山毛城铺东坝尾土堤决溢；八月在邵家坝决溢；又在北岸徐州子房山东黄山坝决溢；苏家山滚水坝被冲成跌塘，河水淹邳州。

徐州境内的黄河水患，为何集中在康熙、乾隆和嘉庆等年间？

其一，河防松弛。清初顺治执政的十八年中，黄河主要在河南省境内向北决溢。顺治六年（1649）开始，清朝将河防主要精力放在河南境内，堵复决口，使黄河全流重归徐州境内的黄河故道；并且，连续十年修筑河南、山东境内的黄河两岸堤防而松弛了徐州河防。顺治九年（1652），邳州城（今睢宁县古邳）被淹没，城墙坍塌，三日后水退又在睢宁决溢，河水从鲤鱼山南下，直逼五官营口，冲断遥堤和月堤。直到三年以后决口才被堵塞。顺治十五年（1658）黄河在睢宁峰山口决溢，向南将睢河淤成平陆。从此，拉开了自康熙年间开始黄河在徐州境内频繁决溢泛滥的序幕。

其二，河道淤积。明代黄河全流经徐州而东南入淮，到清代"清口以上至徐州黄河数百余里，河底高于内地丈许"（《经世文编》）。雍正年间，由于河底被泥沙垫高致使徐州城"卑如釜底"（《河防杂说》）。针对黄河的淤积，康熙皇帝于三十八年（1699）三月南巡时说"治河上策，惟以深浚河身为要，诸臣并无言及此者"。然而，到雍正七年（1729）七月，朝廷依然规定"黄河堤工每年加修五寸"。黄河淤积，年复一年，堤防愈加愈高。

其三，两岸堤防，上宽下窄或宽窄不一。就黄河河南至徐州而言，两岸堤防之间上宽下窄。当时河南境内，黄河两岸堤防均宽达数百丈，如果伏秋河水漫滩而上，直抵两岸堤工，其宽不下数十里；当流至徐州城上下时，两岸堤防逐渐由宽变窄，宽度不足百丈。就黄河在徐州境内而言，两岸堤防宽窄不一。在徐州境内，今天的黄河故道堤距一般为3~6公里；最宽处，在铜山何桥附近达十二公里；黄河过徐州城向下，两岸堤防由窄渐宽，当流至睢宁境内的峰山与鲤鱼山一带时，两岸堤防又窄至百余丈。上游宽而受下游壅阻，下游窄而水位暴涨，从而形成上、下游互为影响的梗阻。如：黄河流经徐州城，北为山觜，南为州城，中央河道仅宽六十丈。康熙年间的河道总督靳辅把大谷山、九里山和陡山喻为"觜"。

"觜"为"觜宿",即二十八星宿之一,白虎七宿第六宿,有星三颗,"参为白虎,小三星隅置,曰觜觿,为虎首"(《史记·天官书》)。从河流地理形势看,黄河自西北接纳千支万派,浩浩汤汤流入徐州,又被大谷山、九里山和陡山逼至其南面的狭窄河道中,以其汹涌奔腾的咆哮之势无时无刻不在威胁着徐州城。

道光年间,黄河在徐州决溢年份较康、雍、乾、嘉等四代相对减少。其原因,一是黄河主要在河南境内决溢;二是徐州境内的黄河分洪闸坝得以正常运行,起到了削减洪峰的作用;三是于道光二年(1822)春、冬帮宽加高了黄河两岸堤防。

咸丰元年(1851)八月,黄河在砀山北岸蟠龙集决溢,大溜冲为大沙河,北出四支达昭阳湖,南出三支达微山湖,丰、沛、铜、邳等州县被水淹没。决口四年未堵,直到咸丰五年(1855)黄河在河南兰阳(今河南省兰考县)铜瓦厢改道由大清河入渤海,流经徐州境内的黄河遂为故道。

顺治至咸丰年间黄河决溢统计表

时间	决溢地点	决 溢 情 况
顺治二年 (1645)	刘通口	六月,沛城大水
顺治三年 (1646)	刘通口	午沟至徐一带河流枯竭
顺治四年 (1647)	单县	九月,黄河自单县入丰,注太行堤,深丈余
顺治七年 (1650)	萧县	七月,黄河在萧县决溢
顺治九年 (1652)	睢宁 邳州	自鲤鱼山下,逼武官营(南岸),冲决遥、月等堤,北徙坏邳州城
顺治十五年 (1658)	萧县、徐州、睢宁	九月,黄河在徐州、萧县、睢宁峰山口决溢,睢河被淤
康熙元年 (1662)	睢宁	黄河在睢宁孟家湾口决溢
康熙二年 (1663)	睢宁	黄河在武官营和朱家营决溢
康熙三年 (1664)	睢宁	黄河在朱家营决溢

续表

时间	决溢地点	决 溢 情 况
康熙六年 （1667）	萧县	秋，黄河在萧县石将军庙决溢，徐州受淹
康熙七年 （1668）	睢宁	六月，黄河在花山坝决溢，邳州城郭庐舍被水淹没
康熙九年 （1670）	萧县 徐州	秋，黄河决溢
康熙十年 （1671）	萧县	八月，黄河决溢
康熙十一年 （1672）	萧县 邳州	秋，萧县两河口堤防漫溢；黄河决溢塘池，邳州城陷于洪水之中
康熙十三年 （1674）	砀山	黄河决毛城铺
康熙十四年 （1675）	徐州、睢宁、 宿迁	黄河决徐州潘家堂，决睢宁花山漫淹邳州城，决宿迁蔡家楼
康熙十五年 （1676）	宿迁	黄河决宿迁白洋河、于家岗
康熙十六年 （1677）	砀山 萧县	七月，黄河决砀山毛城铺，砀山和萧县大水
康熙十七年 （1678）	萧县	铜山、沛县大水
康熙二十一年 （1682）	宿迁	黄河决宿迁徐家湾、萧家渡
康熙二十四年 （1685）	邳州	八月，邳州大水，村落淹没于水中
康熙二十八年 （1689）	邳州 睢宁	夏、秋，邳州和睢宁大水
康熙三十三年 （1694）	睢宁	黄河在花山口决溢漫房亭河
康熙三十四年 （1695）	睢宁	黄河在花山口决溢
康熙三十五年 （1696）	徐州 花山	秋，石狗湖涨，坏郡城东南庐舍
康熙三十七年 （1698）	徐州	河决徐州李家楼口
康熙三十八年 （1699）	睢宁	秋，河决南岸睢宁王家堂

时间	决溢地点	决 溢 情 况
康熙四十五年（1706）		黄、淮、睢、泗、汶、沂诸水并涨
康熙四十六年（1707）	丰县	八月,河漫溢吴家庄
康熙五十一年（1712）	睢宁	睢宁大水
康熙五十二年（1713）	睢宁	夏,睢宁大水
康熙五十九年（1720）	丰县	六月,入微山湖
雍正元年（1723）	邳州	黄河在朱家口决溢
雍正三年（1725）	睢宁	六月,黄河在朱家海决溢,东注洪泽湖
雍正五年（1727）	清水套	秋,淹沛县护城堤,坏民庐舍
雍正八年（1730）		邳州、睢宁大水,河决宿迁
乾隆元年（1736）	砀山	四月,黄河从毛城铺闸口汹涌南下,沿河堤防多出冲塌,潘家道口平地水深三至五尺
乾隆五年（1740）	徐州 砀山	夏,黄河在徐州漫溢淹没庄稼;峰山闸两堰崩塌。秋,砀山水灾
乾隆六年（1741）	睢宁	夏,黄河在睢宁漫溢淹没庄稼
乾隆七年（1742）	丰县 铜山	黄河在黄村、石林决溢
乾隆八年（1743）	徐州	秋,黄河在徐州漫溢
乾隆九年（1744）	徐州	黄河在徐州漫溢
乾隆十年（1745）	铜山	吕梁一带,复因冰凌阻塞,黄水陡涨三四尺,淹及已涸麦地,漂没民房。十月,徐郡南岸无堤之处多皆泛滥
乾隆十一年（1746）		五月、六月,邳州堤工民埝决溢,淹没田庐
乾隆十七年（1752）	徐州	六月,黄河漫溢淹没田庐

时间	决溢地点	决 溢 情 况
乾隆十八年 （1753）	铜山	九月,黄河决溢由铜山张家马路南注灵璧县,归洪泽湖
乾隆二十一年 （1756）	砀山、丰县 铜山	秋,砀山、丰县均大水;黄河在北岸孙家集决溢灌入微山湖 下注荆山桥,铜山、邳州被淹
乾隆二十二年 （1757）		秋,徐州沿黄河各县均遭水灾
乾隆二十五年 （1760）	徐州	城西门外、外滩石工坍塌
乾隆三十一年 （1766）	铜山	八月,黄河在韩家堂决溢,河水由睢宁、宿州、灵璧、虹县入 洪泽湖
乾隆三十六年 （1771）	宿迁	七月,黄河涨,溢出支河口大堤
乾隆四十五年 （1780）	睢宁	六月,黄河在郭家渡决溢,分三股注入洪泽湖
乾隆四十六年 （1781）	睢宁	六月,睢宁县魏家庄大堤漫溢,河水冲塌淤没孟山湖和归仁 堤,河水大溜入洪泽湖
乾隆四十七年 （1782）	铜山 邳州	铜山和邳州均大水
乾隆四十八年 （1783）	睢宁	黄河在黄家马路决溢,河水冲睢河
乾隆五十四年 （1789）	睢宁 砀山	夏,黄河在南岸周家楼决溢 伏秋,黄河决溢毛城铺民堰
乾隆五十五年 （1790）	砀山	六月,吴家集月堤北民堰被黄河漫溢冲塌
乾隆五十九年 （1794）	丰县	六月,漫沛县,注微山湖,并入邳、宿运河
嘉庆元年 （1796）	丰县、砀山	嘉庆六月,河决丰汛六堡下注微山湖,宿迁运河水涨溢。河 决砀山遥堤之北,由赵庄河北注,丰、沛城内水深三四尺
嘉庆二年 （1797）		砀山南岸杨家坝、曹县北岸二十五堡 七月,河水由单、鱼、曹、沛等县下注邳州
嘉庆三年 （1798）		秋,河水下注微山湖,铜、丰、沛、邳被淹
嘉庆四年 （1799）	砀山 徐州	六月,黄河在毛城铺东坝尾土堤决溢;八月在邵家坝决溢。 黄河在北岸子房山东黄山坝决溢;将苏家山滚水坝冲成跌 塘,河水淹邳州
嘉庆五年 （1800）	睢宁	

时间	决溢地点	决 溢 情 况
嘉庆六年（1801）	睢宁 萧县	黄河,六月在睢宁决溢;九月在萧县南唐家湾决溢
嘉庆七年（1802）	丰县	九月,黄河在贾家楼决溢
嘉庆十一年（1806）	宿迁	黄河南岸,七月河决周家楼;八月河决郭家房,从归仁堤入洪泽湖
嘉庆十六年（1811）	萧县 邳州	七月,黄河在萧南李家楼决溢;黄河在绵拐山决溢,邳州被淹,河水由花山湖归顺河堤三岔河入运河
嘉庆十八年（1813）	徐州	九月,徐州淫雨,黄河决溢
嘉庆二十年（1815）	睢宁	四月,黄河在北岸叶家社决溢
嘉庆二十二年（1817）	砀山	八月,黄河在砀山南王平庄决溢
道光五年（1825）	睢宁	六月,睢宁大水,平地水深一二尺
道光十二年（1832）	铜山	黄河南岸天然闸西堰被刷三处,河水漫入萧县境内
咸丰元年（1851）	砀山	八月,黄河在北岸蟠龙集决溢,大溜冲为大沙河,北出四支入昭阳湖,南出三支入微山湖;淹没沛县栖山新治;丰、沛、铜、邳等州县被水淹没
咸丰三年（1853）	砀山	春,黄河在北岸蟠龙集决溢,丰县漂溺人畜无算
咸丰四年（1854）	砀山	黄河北岸蟠龙集决口未堵,徐州北境皆被河水淹没

十八、河务管理

为加强黄河河务管理,清朝设河道总督;沿黄河各省设管河道,分管河务事宜;沿黄河两岸按所辖地界,分别设管河同知、通判县丞、主簿等职务,分段负责管理河务。

徐州府隶属江苏行省,下辖砀山、丰、沛、萧县、铜山、邳州、睢宁、宿迁八县。徐州府设徐属河务同知负责管理黄河修防;并且,设厅、汛、堡等三级河防机构。厅,为府级河防机构,负责管理两县或三县以上黄河堤岸工程。汛,为县级河防

287

机构,负责本县境内黄河堤段修防和管理。

康熙年间,徐州府在黄河南、北两岸设汛。南岸设砀山县汛、萧县汛、徐州郭工汛、徐州小店汛;北岸设丰砀汛和徐州大坝汛。在宿迁县境内,设宿虹河务同知,管理黄河南北两岸及归仁堤工程,南岸设蔡家楼汛和陈家道口汛,北岸设拦黄坝汛和大古城汛。

康熙十七年(1678),河道总督靳辅按军政部署在徐州府设立徐属河营,设守备一员,管辖自河南、山东交界至邳、睢二州县的徐属河道工程;设千总和把总,专管各汛地河道工程;战守兵一千八十八名。河营为专职官兵组成,分段驻守在黄河南北两岸的砀山汛、萧县汛、徐州郭工汛、徐州小店汛、丰砀汛和徐州大坝汛,与地方河防机构形成"军地联防"。

砀山县汛,负责黄河南岸虞城县界至萧县界修防和管理,河长八十里,缕堤长一万四千四百七十丈;由主簿和把总负责,有堡夫 80 名,堡房 40 座,河兵 163 名。

萧县汛,负责黄河南岸砀山县界至铜山县界修防和管理,河长六十五里,缕堤长一万一千六百八十九丈;由主簿和把总负责,有堡夫 64 名,堡房 32 座,河兵 133 名。

徐州郭工汛,负责黄河南岸萧县界三官庙至徐州三山头修防和管理,河长六十六里,缕堤长三千四百五十八丈;由铜山县县丞和河营千总负责,有堡夫 60 名,堡房 30 座,河兵 138 名。

徐州小店汛,负责黄河南岸徐州三山头至灵璧县修防和管理,河长四十九里,缕堤长八千八百六十丈;由主簿和把总负责,有堡夫 48 名,堡房 24 座,河兵 320 名。

丰砀汛,负责黄河北岸单县至铜山县李道华家楼修防和管理,河长七十三里,缕堤长一万三千一百九十三丈二尺;由主簿和把总负责,有堡夫 78 名,堡房 39 座,河兵 147 名。

徐州大坝汛,负责黄河北岸铜山县李道华家楼至邳州修防和管理,河长一百九十八里(其中,李道华家楼至苏家山九十里不筑堤。);由主簿、吕梁巡检和把总负责,有堡夫 52 名,堡房 26 座,河兵 282 名。

乾隆二年(1737)开始,设丰、砀通判,专管丰、萧、砀和铜山北岸大谷山以上堤岸工程;徐属河务同知改为铜沛同知。乾隆五十二年(1787)开始,睢宁同知专管睢宁黄河南岸河务;邳、睢同知改为邳北同知专管黄河北岸堤埽。设邳北

288

厅,管辖睢宁和邳州境内黄河北岸工程,自铜沛厅大坝汛至宿迁境宿北厅皂河汛,缕堤长一万九百五十二丈,其中,以山丘为堤四千七百四十六丈;下设董家堂汛和五工头汛。乾隆五十五年(1790),设丰北厅、萧南厅、铜沛厅,分厅设汛负责黄河两岸堤坝修筑;设邳北厅,管辖睢宁和邳州境内黄河北岸堤坝修筑;设睢南厅,负责灵璧和睢宁境内黄河南岸堤坝修筑。

嘉庆八年(1803),将睢南厅所属睢宁境内戴家楼汛管理范围内,兵十堡至宿迁界三千五百九十二丈堤防划归宿南厅管理;增设宿南通判,以南岸堤埽分归管辖;改宿虹同知为宿北同知,专管北岸堤埽,分设皂河汛和大古城汛。

堡为最基层堤防管理机构,又称铺,每二里设一堡房;每堡房设堡夫二名,常宿堡内,负责日常巡守。堡夫由河上汛员管辖,平时搜寻大堤獾洞鼠穴,修补水沟浪窝,积土植树;汛期河水异涨,鸣锣示警,以集众护堤。清政府规定,堡夫每年除寒暑两月外,每月积土十五方。堡夫在堤坡上自种果树,每年所得收入作为生活来源,可以携带家属住于堤上。堤内外十丈,属于官地,培柳成林,防风育材。

河兵在千总和把总的带领下,平时修防,并与堡夫检查堤坝是否存在獾洞鼠穴、水沟浪窝、树根朽烂、冰雪冻裂等隐患。

为防患于未然,每年初春"惊蛰"之后,按堤坡长短,排定人数,自上而下,依次持长三尺的尖头细铁签排立挪步前进。每挪一步即立住,在堤坡之中、左、右,用力签试三签,发现洞穴,由兵夫刨挖,寻其根底。当时,还有一种消除大堤隐患的措施,即采用驯养猎犬和用火熏辣椒等办法捕捉獾鼠。

十九、坚筑黄河堤坝

黄河由河南、山东流入徐州府境内,经砀山、丰县、沛县、萧县、铜山、邳州、睢宁、宿迁,至桃源县入淮安府。其间的黄河堤防均为明代所建:砀山至徐州城,南岸为古汴河堤;北岸是明隆庆年间修筑的秦沟大堤,砀山北岸秦沟大堤之南有临河民堤。徐州城至宿迁两岸缕堤,为明隆庆六年(1572)创筑:南岸从徐州奎山到宿迁城西南;北岸从吕梁到直河口。两岸遥堤,为明万历六年(1578)创筑:南岸从今徐州市区三山到宿迁皂河口东南;北岸以堤连接山岗,从吕梁到直河口;直河口以下至宿迁与桃源交界处之古城,以马陵山为限隔,以骆马湖为停蓄,不设堤防。黄河南岸小河口、白洋河口一带,不设堤防,留为睢河宣泄之路,并筑归仁堤,以障遏睢河与黄河之水。邳、宿黄河北岸由直河口、皂河口、董口、骆马湖口、陈口通骆马湖。明崇祯三年(1630)改黄河经邳州城(今睢宁县古邳境内)的羊山南至匙头湾南。

徐州府境内的黄河,南岸自河南虞城县界至宿迁县洋河钞关界;北岸自山东单县至淮安府桃源崔镇。黄河在北岸砀山、丰县一带决口,则横冲运河;在南岸萧县、铜山、睢宁、宿迁一带决口,则注入洪泽湖,直接威胁黄淮运交汇的运口及淮、扬运河。所以,清朝治黄是在保证运河漕运的前提下,除整修利用明代修筑的遥、缕堤外,还修筑太行堤、归仁集遥堤和月堤。

在南岸,将砀山至徐州城之间的古汴河南岸故堤,整修为黄河南岸遥堤。

在北岸,将明隆庆年间修筑的秦沟大堤整修为遥堤;利用砀山北岸遥堤(即秦沟大堤)之南临河民堤修筑缕堤,自砀山接筑至铜山县李道华家楼一万三千二百七十四丈;修筑丰、沛二县太行堤。

归仁集遥堤为明万历六年(1578)修筑,自泗州乌鸦岭入宿迁县境,至归仁集,土堤长五百余丈;由归仁集向东北至五堡,石堤长三千余丈;由五堡屈曲向东至桃源界孙家湾,土堤长二千七百余丈。此堤作用为拦约黄水,并且截睢水入黄河。康熙年间,修筑归仁集遥堤北接五堡土堤,向西南至泗州境乌鸦岭,长三千五百九十七丈六尺;内自乌鸦岭至归仁集石工头,土堤长五百九丈;又筑归仁格堤,自五堡至白洋河口;又自归仁集至五堡格堤,建石工三千八十八丈六尺。又修筑南束水堤,五堡至桃源界三千七百五十七丈;北束水堤,自格堤三堡至桃源县黄河边,长三千七百七十六丈七尺。

黄河在河南境内河面宽广,河流距堤较远,尚易于防守,而入江苏徐州府境内,险工林立,且城、镇(集)多濒临大河。因此,不得不以加帮险工、埽台、建埽工、加筑民筑临河子埝、开引河、筑挑水坝等工程措施,严加防守。

从康熙十七年(1678)到嘉庆二十五年(1820),几乎每年都要修筑黄河堤坝。

康熙年开始,在黄河南岸,设砀山县汛、萧县汛、徐州郭工汛、徐州小店汛;在黄河北岸,设丰砀汛和徐州大坝汛,具体负责其境内黄河堤坝修筑。

砀山县汛,河道自虞城县界至萧县界长八十里,缕堤长一万四千四百七十丈,堤坝修筑情况见表(1)。

表（1）

时　　间	堤 坝 修 筑 情 况
康熙十七年（1678）	筑吴家集月堤一千三百丈
康熙十九年（1680）	筑毛城铺至老堤头萧县汛界缕堤四千四百九十二丈；建南岸砀山县境内毛城铺减水石坝；南岸筑东镇口格堤八百六十四丈，以泄毛城铺减坝之水
康熙二十三年（1684）	在南岸，利用明隆庆年间修筑的缕堤，沿河滩修筑砀山至毛城铺石闸一万五百六十丈八尺、毛城铺石闸至萧县界三千八百五十六丈
康熙三十八年（1699）	在定国寺险工段，建月堤一千九十丈
康熙五十二年（1713）	在定国寺险工段，建挑水坝
康熙五十六年（1717）	在定国寺险工段，建埽台二百九十四丈
雍正元年（1723）	加帮内陈家注至萧县界堤工三千五十七丈

萧县汛，河道自砀山县界至铜山县界长六十五里，缕堤长一万一千六百八十九丈，堤坝修筑情况见表（2）。

表（2）

时　　间	堤 坝 修 筑 情 况
康熙十九年（1680）	在南岸东镇口，筑格堤八百六十四丈，以泄毛城铺减坝之水
康熙二十三年（1684）	将汴河南岸故堤整修为黄河南岸遥堤；利用明隆庆年间的南岸缕堤，沿河滩修筑砀萧县界至铜山县界一万一千六百八十九丈
康熙三十八年（1699）	在李家楼埽工后，筑月堤一千四百十丈
康熙四十四年（1705）	接顺河集一千四十丈月堤，修筑旧埽工七十六丈、埽台四百六十一丈
康熙四十七年（1708）	在南岸徐家庄埽工后，筑月堤五百七十一丈
康熙四十九年（1710）	在徐家庄，建挑水坝
康熙五十一年（1712）	在田家楼月堤处，建挑水坝
康熙六十年（1721）	在田家楼埽工后，筑月堤五百三十八丈
雍正二年（1724）	接筑徐家庄埽工后月堤二百七十五丈
雍正九年（1731）	在徐家庄，建埽工一百九十八丈

徐州郭丁汛，河道自萧县界三官庙至徐州三山头长六十六里，缕堤长三千

四百五十八丈,堤坝修筑情况见表(3)。

表(3)

时　间	堤 坝 修 筑 情 况
康熙二十三年(1684)	将汴河南岸故堤整修为黄河南岸遥堤;利用明隆庆年间修筑的缕堤,沿南岸河滩修筑缕堤铜山界三官庙至王家山三千四百五十八丈
康熙三十六年(1697)	在南岸,将徐州城原有护城石堤加高三尺六寸;增筑挡军墙南渡口石岸十二丈九尺
康熙三十七年(1698)	在南岸,帮筑下洪奎山店民修戗堤一百二十七丈
康熙三十八年(1699)	在下洪奎山店民修戗堤外,改挑支河二百丈;在南岸修筑遥堤七里沟接奎山店至三山一千四百九十丈,内接奎山店堤二十九丈;加筑韩家山至段家庄旧有民修堤四百九十三丈;在南岸,修筑缕堤苗家山至冰雹山(即十八里屯)一千五十丈
康熙三十九年(1700)	在险工郭家嘴,建石岸五百三十九丈三尺;修筑杨家楼至段家庄月堤四百五十丈
康熙四十八年(1709)	在南岸,修砌徐州北门外洪福寺石堤六十六丈
康熙五十二年(1713)	建段家庄挑水坝
康熙五十五年(1716)	在奎山店堤岸建挑水坝
康熙五十六年(1717)	在险工郭家嘴建迎水领水坝和挑水坝
康熙六十年(1721)	在南岸田家楼,建月堤五百三十八丈;在韩家山,建迎水和领水坝各一座,共长七十丈
康熙六十一年(1722)	在胡家楼对岸,开引河七百丈,以保南岸胡家楼险工
雍正元年(1723)	在南岸,加筑缕堤陈家洼至萧县界三千五十七丈
雍正五年(1727)	修砌徐州北门外胡家巷口石堤一百四十八丈、东门外小关口石堤十四丈、下洪石矶觜十丈

徐州小店汛,河道自徐州三山头至灵璧县长四十九里,缕堤长八千八百六十丈,堤坝修筑情况见表(4)。

表(4)

时　间	堤 坝 修 筑 情 况
康熙十七年(1678)	在南岸,加筑缕堤:卫工头至峰山一千三百四十五丈、峰山至武官营三千二百一十一丈三尺
康熙二十三年(1684)	在南岸,修筑明隆庆年间缕堤三山至灵璧县八千八百六十丈
康熙二十四年(1685)	在南岸,自武官营至于家堂,筑月堤三千三百五十六丈

时　　间	堤 坝 修 筑 情 况
康熙三十一年(1692)	在南岸杨横庄,修筑月堤三千四百三十六丈
康熙三十六年(1697)	在南岸杨家洼,加帮险工三百二十三丈,埽台三百五丈;修筑小店险工三百一十丈;修筑小店南岸月堤二道:一道长三百九十丈,一道长三百六十丈
康熙三十七年(1698)	在南岸,加帮杨横庄险工四百三十五丈,埽台四百十四丈;加筑小店迤东至灵璧民筑临河子埝四千五十三丈
康熙三十八年(1699)	在南岸,筑杨家洼月堤七百二十丈;筑曹家庄月堤四百六丈;修筑韩坝旧险工月堤三百五十六丈;筑李家楼月堤三百七十丈;筑王家堂月堤一千六百七十二丈
康熙四十一年(1702)	在杨横庄对岸,开引河一千八十丈
康熙四十四年(1705)	在杨横庄、曹家庄、潘家马路三险工相连的北岸沙嘴逼溜顶冲处,开引河一千八十丈,引水东流;在杨家洼筑月堤七百二十丈
康熙五十七年(1718)	在南岸黄家庄,建埽工二百五丈,月堤四百六丈
雍正四年(1726)	在杨横庄对岸,建埽工三百六丈;在西雁羽险工,筑挑水坝四十二丈,筑月堤二道,长二百九十丈
雍正五年(1727)	修南岸潘家马路险工六十四丈,建埽工二百丈、筑月堤三百十丈;在灵璧境内筑缕堤一千八十丈;筑清水潭月堤六百丈
雍正六年(1728)	修曹家庄险工八十六丈,建埽工一百丈
雍正九年(1731)	筑杨家洼月堤三百丈

丰砀汛,河道自单县至铜山县李道华家楼长七十三里,缕堤长一万三千一百九十三丈二尺,堤坝修筑情况见表(5)。

表(5)

时　　间	堤 坝 修 筑 情 况
康熙二十年(1681)	在砀山北岸遥堤(即秦沟大堤)之南,利用临河民堤修筑缕堤,自砀山接筑至李道华家楼一万三千二百七十四丈
康熙二十三年(1684)	将黄河北岸秦沟大堤,整修为黄河遥堤
康熙三十九年(1700)	修北岸吴家庄险工一百二十五丈五尺
康熙四十年(1701)	修吴家庄、谷家庄相连险工一百八十五丈;加帮埽台二百四十八丈,筑月堤九百四十三丈
康熙四十六年(1707)	修筑吴家庄月堤四百三十丈
康熙四十七年(1708)	在吴家庄对岸的丁家阁,开引河一千三百五十丈
康熙六十年(1721)	修筑丰、沛二县太行堤

徐州大坝汛,河道自铜山县李道华家楼至邳州长一百九十八里,因为,黄河在徐州城以上宽阔,以下狭窄,为防止河水上涨徐州城以下河道难容,所以,李道华家楼至苏家山九十里不筑堤,使黄河之水向北漫溢。堤坝修筑情况见表(6)。

表(6)

时　　　间	堤坝修筑情况
康熙十七年(1678)	加筑北岸邳州沈家堂至徐州界缕堤三十余里
康熙十八年(1679)	在黄河北岸大谷山至苏家山,筑堤四百四十七丈,堤顶建碎石滚坝,减水由荆山桥河入运河;在羊山向南与缕堤之间筑格堤一百七十丈
康熙十九年(1680)	筑黄河北岸遥堤,董家山至卢家山三百八十二丈,卢家山至邳州一千四百八十二丈;筑缕堤邳州沈家堂至直河口十三里
康熙二十年(1681)	李道华家楼至大谷山九十里,地势高亢,以"空之弗堤"形式做分洪口,以护下游徐州城;筑羊山月堤五百二十一丈;筑长樊大坝外月堤一千六百八十九丈
康熙二十五年(1686)	北岸关王庙至大坝上坝头民修堤五百九十五丈;修长樊大坝险工三百二十丈;筑邢家楼月堤八百丈
康熙二十六年(1687)	筑北岸绵山至拐山缕堤二百七十六丈,鲤鱼山至黄山格堤一百三十八丈,蛟龙山至马家山缕堤三百四十三丈
康熙三十六年(1697)	自十一堡埽工至三官庙,筑月堤六百四十丈
康熙三十七年(1698)	筑戚家堡月堤五百二十七丈
康熙三十八年(1699)	在黄河北岸,修筑九山头至出头山遥堤一千六百八十九丈;截断镇口闸旧运口;帮培狼矢沟民堰;建狼矢沟埽工二百二十五丈;修筑缕堤:北岸大谷山至苏家山堤长四百四十七丈,陡山至子房山一千三百十五丈;加帮黄山口民修小堰九十丈;加帮华家楼至长山头民修堤为缕堤二千五十二丈;筑塘池抵羊山月堤四百七十丈
康熙三十九年(1700)	修北岸吴家庄险工一百二十五丈五尺;九月,黄河全溜直冲吴家庄险工,堤岸坍塌一百七十余丈
康熙四十年(1701)	修吴家庄、谷家庄相连险工一百八十五丈;加帮埽台二百四十八丈,筑月堤九百四十三丈
康熙四十四年(1705)	修筑赵家庄旧遥堤二百七十丈和赵家庄后月堤八百六十三丈五尺
康熙四十六年(1707)	八月,黄河在吴家庄决开堤岸一百三十丈,当年补筑新堤四百三十丈
康熙五十八年(1719)	在北岸,黄山至骆驼山之间,修筑缕堤九十丈;建长樊大坝挑水坝

294

时　　间	堤　坝　修　筑　情　况
康熙五十九年(1720)	在北岸狼矢沟修筑迎水坝和月堤八百丈
康熙六十年(1721)	在月堤张王庙东至七坝之间,筑格堤五百丈
康熙六十一年(1722)	在长樊大坝堤北筑接下月堤三百丈,对岸开引河七百二十丈
雍正元年(1723)	在长樊大坝,筑接下月堤四百七十一丈;挑挖邳州险工引河
雍正三年(1725)	在长樊大坝堤北筑接下月堤二道,一道长一百七十丈;一道长三百八丈
雍正四年(1726)	自董家堂至宋家湾,筑月堤七百五十七丈一尺
雍正五年(1727)	在董家堂建埽工。在朱家海险工:筑夹坝月堤和防风埽,并于黄河大溜顶冲处削陡岸为斜坡;坡上种植柳树促成柳枝沾挂泥滓形成沙滩,以逼使黄河大溜归入中泓

乾隆年设丰北厅、萧南厅、铜沛厅,分厅负责黄河两岸堤坝修筑;设邳北厅,管辖睢宁和邳州境内黄河北岸堤坝修筑;设睢南厅,负责灵璧和睢宁境内黄河南岸堤坝修筑。嘉庆年将睢南厅所属睢宁境内戴家楼汛管理范围内,兵十堡至宿迁界三千五百九十二丈堤防划归宿南厅。

丰北厅负责管理砀山、丰县、铜山等三县境内的黄河北岸工程;下设丰上汛、丰下汛和铜汛,自单县马良交界处至铜沛厅大坝汛的大谷山,缕堤长二万七千四百丈二尺。其中,丰上汛,在砀山县境内,山东单县马良集至丰下汛毛家马路,缕堤长八千六百六十丈;丰下汛,自上汛界至铜汛黄村坝尾缕堤长八千一百八十五丈二尺(分属砀山县、丰县和铜山县);铜汛,在铜山县境内,自丰县下汛黄家坝至大谷山铜沛大坝汛,缕堤长一万五百九十九丈。堤坝修筑情况见表(7)。

表(7)

汛地	时　　间	堤　坝　修　建　情　况
丰上汛	嘉庆二年(1797)	在六堡二坝筑月堤八百七十九丈;自吴家寨至贾家楼,筑外月堤七千二百七十六丈
	嘉庆七年(1802)	将吴家寨至贾家楼外月堤改筑缕堤;在二坝筑外月堤一百三十丈
丰下汛	乾隆八年(1743)	在石林工后筑月堤八百三十丈
	乾隆九年(1744)、乾隆十一年(1746)	在黄河北岸,自李道华家楼至铜山黄村坝,接筑缕堤三千五百二十七丈二尺

295

汛地	时　间	堤坝修建情况
	乾隆二十二年（1757）	在梁家马路,筑下月堤四百六十丈
	乾隆二十五年（1760）	在杨家庄,筑月堤五百二十丈
	乾隆三十二年（1767）	接筑杨家庄月堤四百八十五丈
	乾隆五十五年（1790）	在石林工后筑月堤内格堤
	嘉庆十五年（1810）	在石林南坝圈圩一百五十六丈
	嘉庆二十年（1815）	在堤南兵九堡,筑月堤四百六十丈
铜汛	乾隆三十九年（1774）	在潘家屯建碎石滚坝（宽以二十丈为度,俟徐州城水志消至六尺时,俾过水二尺入微山湖;徐州城志桩长至七尺以上即行堵闭）
	嘉庆十二年（1807）	自夫二十堡至大谷山,包砌碎石一千八百四十丈

　　萧南厅负责管理砀山、萧县和铜山黄河南岸堤、埽工程;下设砀上汛、砀下汛和萧汛,自河南虞城县界至徐州郭工汛界,缕堤长两万七千九百六十四丈四尺。其中,砀上汛自河南虞城县界至关家马路砀下汛界,缕堤长七千二百丈;砀下汛自砀上汛关家马路至老堤头萧汛界,缕堤长七千二百十七丈六尺;萧汛自砀下汛界至铜沛厅属郭汛,缕堤长一万三千五百四十六丈二尺。堤坝修筑情况见表（8）。

表（8）

汛地	时　间	堤坝修筑情况
砀上汛	乾隆二年（1737）	在毛城铺,北自大堤南至三岔河坝尾,筑子堰一千九百九十九丈
	乾隆二十二年（1757）	在吴家集月堤北筑民堰,自荣家坝缕堤起,由东北折而向东至毛城铺北三十里的王平庄三坝尾下交界长三千三百九十八丈
	乾隆五十五年（1790）	吴家集月堤北民堰被黄河漫溢冲塌;同年冬,筑大坝二百八十五丈,挑水坝九十五丈。第二年,又筑坝一千五百七十丈,同时整修民堰
	嘉庆十七年（1812）	将十六年（1811）李家楼漫溢的月堤堵合并改筑缕堤
	嘉庆二十五年（1820）	将砀山王平庄对岸取直,挑河溜行新渠,使南岸险工淤闭
砀下汛	乾隆五十七年（1792）	在缕堤北王平庄三坝尾至萧汛界,筑临河月堤六千四百九十七丈,以后又改筑临河缕堤

续表

汛地	时　间	堤　坝　修　筑　情　况
萧汛	乾隆八年（1743）	将雍正二年接筑的徐家庄埽工后二百七十五丈月堤，改筑缕堤
	乾隆二十一年（1756）	在徐家庄埽工后，接筑月堤四百四十丈
	乾隆三十三年（1768）	接筑月堤五百丈
	嘉庆六年（1801）	堵塞李家楼埽工处泄水涵洞

　　铜沛厅负责管理铜山县境内黄河两岸工程，南岸，自萧南厅萧汛胡家楼至睢南厅王家堂汛，堤长一万七千三百八十八丈七尺；下设原康熙年间设置的郭汛和小店汛。郭汛，自萧南厅萧汛胡家楼至三山头小店汛，堤长七千三百二丈七尺；小店汛，自郭汛三山头至睢南厅王家堂，堤长一万八十六丈。北岸，自丰北厅铜汛界大谷山至邳北厅属的董汛邢家楼交界，堤连山丘计一百八里；其中，堤长一万二百九十一丈；下设北岸大坝汛、董家堂汛和五工头汛。大坝汛，大谷山向下六千七百五十三丈；董家堂汛，自铜沛厅大坝汛至五工头汛的宋家湾，堤长五千二百二丈。五工头汛，自董家堂汛七坝至宿北厅皂河汛的直河口，缕堤长五千七百五十丈。

　　乾隆五十二年（1787）设邳北厅，管辖睢宁和邳州境内黄河北岸工程，自铜沛厅大坝汛至宿迁境宿北厅皂河汛，缕堤长一万九百五十二丈，其中，以山丘为堤四千七百四十六丈；下设董家堂汛和五工头汛。堤坝修筑情况见表（9）。

表（9）

汛地	时　间	堤　坝　修　筑　情　况
郭汛	乾隆三十四年（1769）	在天然闸西堤南，筑月堤二百九十二丈
	嘉庆二十四年（1819）	在胡家楼至天然闸缕堤一千七百二十九丈内，建胡家楼碎石滚坝五百六十丈
小店汛	乾隆九年（1744）	筑孙家湾月堤三百八丈
	乾隆十九年（1754）	筑张工月堤七百五十丈
	乾隆二十五年（1760）	在康熙年间所筑黄家庄月堤下，接筑韩家堂月堤八百十九丈
	乾隆三十二年（1767）	筑小店工月堤五百丈，并将康熙三十六年所筑七百九十二丈月堤改作缕堤

297

汛地	时　间	堤　坝　修　筑　情　况
	乾隆四十六年(1781)	在韩家堂月堤内,筑格堤一百八十三丈
	乾隆四十八年(1783)	筑全家楼月堤九百丈
	嘉庆十二年(1807)	将乾隆十九年筑张工月堤七百五十丈中四百六十丈改作缕堤
大坝汛	乾隆八年(1743)	将雍正三年的长樊大坝堤北下月堤筑接四百二十四丈至白马泉以东山根
	嘉庆六年(1801)	在康熙年间兴建的大谷山碎石滚坝上筑缕堤,自大谷山至苏家山长六百十丈;又自大龟山至小龟山筑格堤一百八十丈;又自小龟山至凤凰山筑缕堤三百四十五丈
	嘉庆十二年(1807)	在黄山至骆驼山之间,接筑缕堤一百三十五丈
	道光三年(1823)	筑时家山至朱家山格堤二百六丈;筑陆家山至庞家山缕堤五十五丈
董家堂汛	乾隆二十一年(1756)	在宋家房筑缕堤二百丈
	乾隆二十四年(1759)	在宋家房筑外月堤一百三十六丈
	嘉庆十七年(1812)	筑缕堤:庙山至绵山五十八丈、绵山至虎山三百五十四丈
	嘉庆二十五年(1820)	在马家山中间空当,筑缕堤五十一丈
五工头汛	乾隆十二年(1747)	在沈家堂埽工后,将雍正四年修筑的月堤五百八丈改为缕堤
	乾隆十九年(1754)	接下鱼鳞月堤二百五十八丈

　　睢南厅,负责管理灵璧和睢宁境内的黄河南岸工程,下设王家堂汛和戴家楼汛;自铜沛厅小店汛的铜灵交界处至宿南厅属的周家楼汛界,缕堤长二万二百九十四丈。嘉庆八年(1803),设宿南通判,将睢南厅所属睢宁境内戴家楼汛管理范围内,兵十堡至宿迁界三千五百九十二丈堤防划归宿南厅周家楼汛。王家堂汛,自铜沛厅小店汛至戴家楼汛,缕堤长一万二千一百七十三丈;戴家楼汛,原自王家堂汛至宿南厅蔡家楼汛,缕堤长一万一千七百十四丈。嘉庆八年(1803),将兵十四堡以下三千五百九十三丈缕堤,划归宿南厅周家楼汛;戴家楼汛缕堤长八千一百二十一丈。堤坝修筑情况见表(10)。

表（10）

汛地	时　　间	堤 坝 修 筑 情 况
王家堂汛	乾隆元年(1736)	在夏家楼以南,筑月堤六百七丈
	乾隆四年(1739)	在夏家楼以西,筑月堤二百四十丈
	乾隆七年（1742）	筑朱家楼小月堤一百四十丈
	乾隆八年(1743)	在双沟以西,接康熙四十五年所筑月堤,于缕堤北筑缕水堤七百五十丈
	乾隆二十一年(1756)	筑官庄月堤五百六十丈
	乾隆二十三年(1758)	筑耿家河月堤四百五丈
	乾隆三十二年(1767)	在刘谢埽工后筑月堤三百丈
戴家楼汛	乾隆七年（1742）	在邹家庄后筑月堤五百十丈;在邹家庄后筑月堤五百十丈
	乾隆二十二年(1757)	在戴家楼埽工后,筑月堤四百丈
	乾隆四十一年(1776)	筑陈家庄西月堤一百八十七丈
	乾隆四十四年(1779)	在陈家庄以上筑月堤二百六十七丈;接乾隆二十二年所筑月堤又筑二百二十丈
	乾隆四十六年(1781)	在郭家渡埽工后,筑月堤五百五十丈;补筑魏家庄冲塌合龙月堤二百四十七丈,并在月堤内筑格堤一百十二丈
	乾隆四十七年(1782)	接上年工程,筑斜格堤七十五丈
	乾隆五十七年（1792）	在邹家庄后,筑月堤四百五丈
	嘉庆元年(1796)	在江家房,圈圩四百四十丈
	嘉庆七年(1802)	在戴家楼埽工后的戴二堡以南,筑月堤二百二十八丈
周家楼汛	乾隆二十一年(1756)	在朱家坝后,修筑雍正五年所筑月堤五百二十丈
	乾隆四十年(1775)	接筑月堤三百二十二丈
	乾隆四十六年(1781)	筑格堤一百八丈
	乾隆五十四年(1789)	在周家楼险工筑月堤及以下月堤七百七十四丈
	嘉庆十年(1805)	在朱家坝后圈堤一百七十丈
	嘉庆十二年(1807)	在郭家房险工后,筑月堤六百五十丈

二十、黄河分洪

在徐州境内,清朝对黄河防洪采取的工程措施,除坚筑河堤外,又在南北两岸兴建减水闸坝。

河道总督靳辅向朝廷上书陈述黄河大势与徐州地形时说:"徐州以上,直至河南荥阳县之西,河道俱宽数百丈,若遇伏秋异涨,漫滩而上直抵两岸堤工,其宽不下数十里,迨至徐州,北系山觜,南岸系州城,中央河道仅宽六十丈,将千支万派、浩浩汤汤无涯之水,紧紧束住不能畅流,既艰于下达,自难免上壅,是以明朝二百余年间,徐城屡屡溃冲,而徐州迤上南岸之漫溢,迄今岁岁见告也。"显然,在砀山至睢宁间的狭窄河段内,兴建减水闸坝的目的,就是为了作为黄河异涨时分泄洪水之用,以防止黄河在徐州与宿迁之间决溢泛滥。

康熙十八年(1679),在黄河北岸,徐州城西北大谷山至苏家山,建减水石坝,使黄河异涨洪水漫过坝面,由水线河自大谷山南,东流经荆山河口,出彭家河口入运河。十九年(1680),在黄河南岸,砀山毛城铺建减水石坝,减水入小神湖、灵芝、孟山等湖由睢河经归仁堤五堡减水坝、便民闸入洪泽湖。二十年(1681),在黄河北岸,今丰县与铜山之间,建石林减水石坝和黄村减水土坝,当黄河水位异涨时,洪水漫过坝面,流入微山湖。

以上减水坝经运行证明不足以宣泄黄河异涨洪水。于是,又于康熙二十三年(1684)在毛城铺减水石坝(旧坝)以西,添建毛城铺石闸,如遇黄河水位异涨则开闸分泄洪水。在徐州城西、黄河南岸的楚王山西麓和十八里屯,分别建王家山和十八里屯天然减水闸。王家山和十八里屯减水闸,均分泄黄河洪水经闸河、马厂湖、永固湖、睢河,由归仁堤减水坝入洪泽湖。在大谷山至苏家山碎石滚坝东端,建苏家山石闸,如遇黄河水位暴涨,开闸分泄洪水入水线河。二十四年(1685),在黄河南岸,睢宁县境内鲤鱼山与峰山、龙虎山之间建减水闸四座。嘉庆二十年(1815),在十八里屯建滚水坝。

减水闸坝兴建情况表

地点名称	工程标准及变化情况
大谷山至苏家山减水石坝	长四百四十七丈,顶部筑碎石滚坝。乾隆二十七年重修,坝脊长五百二十丈。嘉庆六年在坝顶筑缕堤,减水坝遂废
毛城铺减水石坝	口宽三十丈。康熙三十二年坍塌;乾隆二年重建,口宽仍为三十丈,嘉庆四年淤废。康熙三十三年,在毛城铺减水石坝(旧坝)以北,建新减水坝,口宽一百三十五丈。乾隆二十三年改为碎石坝脊,口宽五十丈。嘉庆四年淤废,六年筑堤

地点名称	工程标准及变化情况
石林减水石坝和黄村减水土坝	原李道华楼至大谷山九十里无堤,其中,建有石林石坝和黄村土坝;乾隆八年、二十三年先后筑堤封闭,以后为石林险工
毛城铺石闸	深底石闸,乾隆二十三年拆废
王家山天然减水闸	金门宽三丈二尺,闸墙高二丈二尺,经历年加高至四丈一尺二寸
十八里屯天然减水闸	两座,年久淤没。分泄黄河水位异涨洪水经闸河、睢河入洪泽湖
十八里屯滚水坝	头坝位于十八里屯闸,金门宽二十八丈,东墙高二丈四尺,西墙高一丈八尺;二坝位于苗家山东麓,金门宽三十丈
苏家山石闸	原有石闸二座,金门各宽四丈,嘉庆八年只存一座。嘉庆十五年曾分水入微山湖,以后未再启放
峰山龙虎山天然减水闸	鲤鱼山与峰山龙虎山之间,依山凿石闸四座,口门共宽十二丈八尺

黄河南岸闸坝分洪之水,经沿程落淤澄清,均注入洪泽湖,再由清口助淮以清刷黄。黄河北岸闸坝分洪之水,经微山湖或水线河注入泇运河。

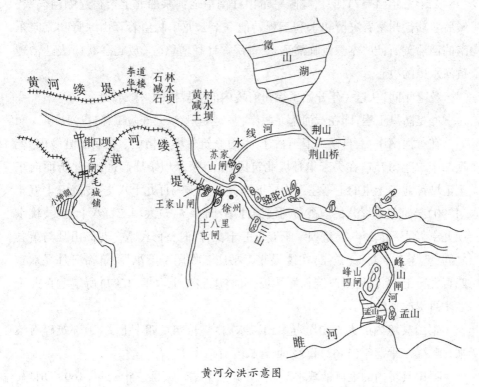

黄河分洪示意图

301

清朝在创建减水闸坝时,还试行以测土方之法,移而测水。其测水方法是:"先量闸口阔狭,计一秒流几何,积至一昼夜所流多寡,可以数计矣。"(《东华录》卷十六)这是说,先在分水闸口,量出其长宽尺度,计算出闸口在一秒钟内流出多少水量,积至一昼夜流出多少水量。以此为依据,计算出计划在闸口分出的流量,"务使所泄之数,适称所溢之数"(靳辅《治河方略·量水减泄》)为有计划地分洪提供了必要条件。

二十一、乾隆与徐州水利

有清一代,黄河在徐州府境内频繁决溢。其中,乾隆皇帝当朝六十年,平均每三年决溢一次。尤其,乾隆五年到十一年(1740—1746),黄河在徐州府境内的砀山、丰县、铜山、睢宁连年决溢或漫溢,淹没庄稼,漂没民房。十七年(1752)和十八年(1753),又连续两年在铜山县泛滥于田庐。二十一年(1756)秋,黄河在北岸漫溢铜山县孙家集,河水直趋微山湖,荆山口河淤为平地,迦运河以西、黄河以北的徐州广大地区被淹,铜山、邳州尤为严重。

二十二年(1757)四月,乾隆皇帝由江南沿运河乘船北上至宿迁顺河码头,然后登陆徐州察看灾情和水利工程。他登上云龙山眺望着青山绿野和流向东南的滔滔黄河,以"本意登临豁远志,宣房深计翻增愁"(《放鹤亭歌》)表达治理黄河水患的决心。

乾隆年间,从这一年开始了徐州府境内的大规模的兴修水利。

一是防洪工程,即在黄河南北两岸,坚筑堤坝,以固守险工,防止河决。

在黄河南岸,上自砀山下至宿迁,大力修筑月堤和格堤。在砀山县境内,乾隆二十二年(1757)在吴家集月堤北筑民堰,自荣家坝缕堤起,由东北折而向东至毛城铺北三十里的王平庄三坝尾下交界长三千三百九十八丈;乾隆五十五年(1790)吴家集月堤北民堰被黄河漫溢冲塌;同年冬,筑大坝二百八十五丈、挑水坝九十五丈;第二年,又筑坝一千五百七十丈,同时整修民堰。在砀山县与萧县之间,乾隆五十七年(1792)在缕堤北王平庄三坝尾至萧汛界,筑临河月堤六千四百九十七丈,以后又改筑临河缕堤,又将康熙三十六年(1697)所筑七百九十二丈月堤改作缕堤。

铜山县境内的大谷山至苏家山减水石坝,长四百四十七丈,顶部筑碎石滚坝。乾隆二十七年(1762)重修,坝脊长五百二十丈。

砀山县境内的毛城铺减水石坝,口宽三十丈。康熙三十二年(1693)坍塌,三十三年(1694),在毛城铺减水石坝(旧坝)以北,建新减水坝,口宽一百三十五丈。乾隆二十三年(1758)改为碎石坝脊,口宽五十丈。

在黄河北岸,原李道华楼至大谷山九十里无堤,其中建有石林石坝和黄村土坝,乾隆二十三年筑堤封闭。三十九年(1774)在铜山县潘家屯建碎石滚坝,宽以二十丈为度,俟徐州城水志消至六尺时,俾过水二尺入微山湖;徐州城志桩长至七尺以上即行堵闭。

二是除涝工程,即在黄河南北岸开挖或疏浚排涝河道。

明朝以前,徐州境内的区域排涝均以泗水为干流。由于泗水河道被黄河长期侵占,黄河泥沙淤积河床,大堤不断增高,以致到了明后期,两岸排水受黄河高水位阻挡而被迫形成了各自的排水系统。不仅排泄区域内涝,而且排除黄河决溢形成的洪水。

在黄河以南:

睢河于乾隆中期在乌鸦岭西改道,由泗县谢家沟入洪泽湖(即沿今老睢河线)。谢家沟以东睢河故道接纳龙河来水,由归仁集出安河,经金锁镇入泗洪县安河洼汇于洪泽湖。

龙河在睢宁境内开挖于乾隆二十三年,自龙家集东南流,支流有白塘河、沈家河、固沙河自北注入。龙河长九十余里,作为安河一大支流主要排泄睢宁县境内积水。

奎河开挖于明万年间,自云龙山西至萧县境入睢河,长一万九百九十三丈五尺,主要排泄州城和铜山县境内积水。乾隆二十二年(1757)再次疏浚,支流有魏家河、望州河。

在黄河以北:

燕子河是邳州北部排水河道,经呦鹿山寨东折而西南,在韩家寨西分两支:南支经艾山东入武河;西支经卞家湖入艾山河(即艾水)。乾隆二十二年(1757)疏浚卞家湖以上河道。

华家坡河源于砀山境内,位于丰县城西南,向东流入清水河。清水河东流接食城河。食城河经沛县南部,在铜山与沛县交界处入微山湖。乾隆二十二年至二十三年(1757—1758),挑挖华家坡河、清水河支流马庄寺沟、八里堂沟、五营堤沟、潘家洼沟、李家口沟、聂家洼沟以及食城河。

顺堤河位于明弘治八年(1495)为阻遏黄河北流创筑的太行堤南侧,源自单县,自西向东横穿丰县北部,在沛县境内注入微山湖。乾隆二十二年挑挖,五十五年(1790)再次疏浚乾隆二十三年挑挖位于丰县城东的支流华山沟。

营子河位于丰县北部,源自单县流经丰县至沛县注入昭阳湖。乾隆二十三年(1758)挑挖支流孙家洼沟和胡家阁沟。

房亭河位于黄河与荆山口河之间,承泄铜山县与邳州来水,自西向东,在邳州境内注入泇运河。乾隆二十二年疏浚,又于二十七年(1762)、四十年(1775)接次疏浚。

荆山口河是承泄丰县、沛县、铜山县部分地区以及微山湖内涝和洪水的重要河道。开挖于明万历三十二年(1604),上自牛角湾(今山东省微山县夏镇南微山湖中)经张谷山、范家山(今徐州市区北蔺家坝枢纽处)与水线河会流后东南流至吴家窑分南北两支:南支入彭家河,由辛贾山东南流会房亭河至邳州三岔河入泇运河;北支称靳家河,经汴塘东北流至邳州望母山南东流入泇运河。

乾隆二十一年(1756)秋,黄河在北岸漫溢铜山县孙家集,荆山口河淤为平地。二十二年(1757),开挖茶城、小梁山和内华山小河,出蔺家山草坝下接荆山口河。茶城河又于二十五年(1760)和二十九年(1764)屡次疏浚。乾隆二十二年,还同时疏浚荆山口河下游彭家河与靳家河。二十九年彭家河淤废,又于其上口左岸开潘家河东行,由宿羊山北经不老庄,又东南至河成闸下入泇运河,俗称不老河。

在徐州府兴修水利期间,乾隆皇帝又于二十七年(1762)、三十年(1765)来徐州阅视。四十九年(1784)乾隆皇帝第四次驾临徐州。斯时,二十二年(1757)开始实施的水利工程皆已竣工。

二十二、沂河出路

清朝初年,沂河仍因袭明朝末年分二支注入骆马湖。一支在今江苏邳州市陈楼镇境内张老坝折向东南,绕庙防山,归入骆马湖;一支为崇祯十四年(1641)引沂水济运,分流沂河自芦家口(在今江苏省邳州市境内)经沙家口、徐塘口入泇运河。康熙十九年(1680),在窑湾(在今新沂市窑湾镇)之北泇运河东堤递建万庄、马庄、猫儿窝三座减水坝,泄水入隔头湖以达骆马湖。二十九年(1690),在窑湾建成竹络坝后,沂水由运河经隔头湖泄入骆马湖。

乾隆十三年(1748),在沂河上流江风口,俗名夹缝口,各建迎水和滚水坝石工,分沂水经武河注入泇运河;并修筑武河、燕子河、芙蓉河堤堰。乾隆二十二年(1757),修沂河西岸江风口,将芦家口坝裹头接长,中间留口门三十丈,坝底填以碎石。三十年(1765),将芦家口坝坝底碎石刨开五丈,在坝南筑草坝拦截沂河,逼沂水全由徐塘口入运河。四十六年(1781),堵塞芦家口,以使沂水专注骆马湖。

沂水汇聚骆马湖后，其下泄出口是在明天启五年（1625）开通济河，自直河马颊口起，上接泇河，下通骆马湖口入黄河。天启六年（1626）春，开新河（陈沟）十里达于陈口入黄河。崇祯五年（1632），在骆马湖南开顺济河，西在马颊口与泇河通，东迄宿迁，与黄河大致平行，沿河有直河口、皂河口、董口、陈口等与黄河相通。崇祯末年，泇运河由顺济河向东南经董家沟口入黄河。董家沟在宿迁县西北，沟口位于骆马湖西（在今宿迁市区西），为当时泇运河与黄河相通的口门，设堤闸，名为董口。

清顺治十五年（1658）董口淤塞，在石牌口往南开新河二百五十丈，接黄河通运。使运河改从骆马湖上溯至窑湾接泇运河。康熙十九年（1680），骆马湖淤淀后，又在宿迁县开皂河四十里，上至窑湾接泇运河，下至皂河口入黄河；两岸筑堤，西堤至邳州猫儿窝，东堤经猫儿窝至邳州徐塘口。康熙二十年（1681），皂河口淤淀后又于皂河迤东开支河至张庄支河口入黄河。

中河自张庄经骆马湖口开通后，康熙二十八年（1689），在骆马湖口建竹络石坝，分减骆马湖水入中河。雍正五年（1727），在宿迁西宁桥迤西建三合土五坝，坝上挑引河，堤埂相连，南接黄河缕堤，北属马陵山，相机蓄泄骆马湖水；又于骆马湖口竹络坝口门外筑钳口坝及汰黄堤，堵闭十字河通骆马湖北口，另在迤上王家沟建五孔石闸，挑引河宣泄骆马湖水入中河。雍正八年（1730），沂、沭河水大涨，沭水溃郯城县禹王台竹络坝，骆马湖水涨溢。江南河道总督嵇曾筠奏，恢复骆马湖十字口门，使湖水流入中河。

沂河除由泇运河经骆马湖入黄河与中河外，康熙二十二年（1683）在宿迁县拦马河递建六座减水坝。拦马河是明崇祯末年为排泄骆马湖洪水，凿断马陵山麓，开河引水东注侍邱湖。六座减水坝每座长十八丈许，中立矶心六，共成七洞，每洞宽一丈八尺，坝下挑引河，又于坝上建桥。东奠、德远、镇宣三桥处于东南，西宁、澄泓、锡成（俗名五花桥）三桥位于西北。筑堰成塘，相机排放骆马湖涨水。坝下开引河即六塘河。

硕项湖被黄河淤淀后，康熙二十四年（1685），总河靳辅将硕项湖湿地丈入兴屯案内，筑屯堤围垦，并在硕项湖开南北两河。这两条河在沭阳钱家集以上为六塘河，自宿迁永济桥东行，经桃源、清河、安东境内，至沭阳钱家集分支。南支称南六塘河，由高家沟东入场河；北支称北六塘河，会汤家沟、丁家沟，亦东入场河。南、北六塘河自场河分别出五丈河、龙沟河入灌河，东至灌河口入海。

康熙二十六年（1687），总河靳辅因宿迁县拦马河开中河，遂废东奠、德远、

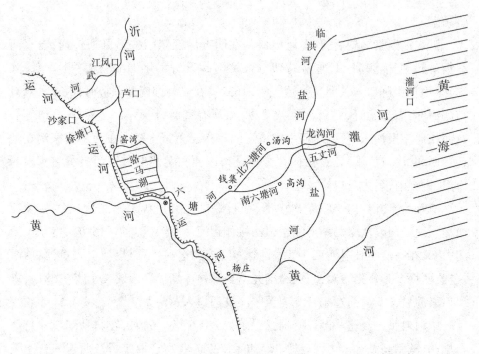

沂河出路示意图

镇宣三座坝桥,骆马湖水由西宁、澄泓、锡成三坝桥下泄入海。由于靳辅主持于宿迁拦马河递建的六座减水坝桥已废其三,尚存西宁、澄泓、锡成三座坝桥,日久或亦圮坏。雍正五年(1727),总河齐苏勒主持在西宁桥西筑三合土坝五座,接着在坝上各挑引河,导水东注,称之为骆马湖尾闾。雍正八年(1730),江南河道总督嵇曾筠奏,开宽西宁桥迤西拦湖堤坝,使湖水由六塘河迤下分流入海。这时,六塘河自庙湾头下至清河县北境,分为南、北六塘河,南支穿盐河,由五丈河入灌河;北支穿盐河,由龙沟河入灌河,至灌河口入海。乾隆二十二年(1757),开骆马湖尾闾五引河草坝,修建尾闾坝迤东永济桥,改十二孔为七十四孔,又疏浚六塘河。

咸丰元年(1851)闰八月,黄河决丰北厅蟠龙集,由微山湖下注骆马湖,出骆马湖尾闾全归六塘河,决南岸赵家口,次年筑塞。咸丰三年(1853)黄河再决丰北,黄水仍由骆马湖尾闾下注,六塘河涨漾如故。

二十三、沭河下游河道

沭河原在宿迁直河口注入泗水,由于黄河侵夺泗水,沭河入泗受阻,被迫滞

306

蓄于已经形成季节性湖泊的骆马湖,而湖底和水位日渐抬高,致使沭河出路受阻,将泥沙沉积在司吾山与嶂山入首处(即断峡)并逐渐淤高。沭河只得在今新沂市小湖一带形成湖泊;同时,沭河泥沙在湖泊内沉积,其河床纵向坡度逐渐小于湖底坡度以后,小湖一带湖泊又淤为陆地;再者,沭河又受南面嶂山丘陵高地阻挡,便朝着地势较低的今新沂市邵店口头一带东流汇合《水经注》所载"东南径司吾城东"的沭河。

明末清初,在黄河北岸(今宿迁至泗阳之间)兴建徐升、崔镇、古城、刘老涧、温州庙等减水坝,向东北方向分泄黄河洪水,使沭河在沭阳县以下受到压抑和破坏。康熙年间,由于从黄河大量分泄洪水,致使硕项湖淤垫,沭河无法入湖,只得转向东北经蔷薇河入临洪河至临洪口入海。为畅通蔷薇河,康熙十三年(1674),海州知州孙明忠疏浚蔷薇河。二十二年(1683),知州赵之鼎又疏浚蔷薇河。

康熙二十七年(1688),为减轻运河和骆马湖洪水负担,由总河王新命主持,在明正德年间于郯城县故城东禹王台拆毁的石坝处兴建竹络石坝,以迫使沭水全流南下,至沭阳县西北龙堰分南北二支。北支称分水沙河入青伊湖,经蔷薇河,由临洪口入海。南支在沭阳城西分前沭河与后沭河。前沭河过沭阳城,经

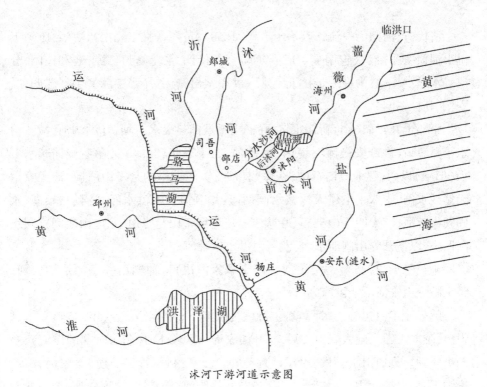

沭河下游河道示意图

307

十字桥与砂礓河、大涧河(两河以后统一开挖成柴米河)经盐河入海。后沭河北流入青伊湖,然后与分水沙河共出青伊湖,经蔷薇河,由临洪口入海。

乾隆十年(1745),巡抚陈大受上奏,在郯城大山头北马陵山腰断处,开新河分泄沭水。当时,朝廷考虑马陵山佃头岭不易开凿;加之,赣榆地势低洼,而且沙河容纳有限,一旦分沭入沙,必然导致沭水在赣榆境内泛滥。因此,未能实施。

乾隆二十二年(1757),加筑沭阳县前、后沭河堰工,疏浚前、后沭河、分水沙河、沭河下游海州蔷薇河。四十七年(1782),奏报疏浚砂礓河与蔷薇河。六十年(1795),筑沭阳县青伊湖堰十九里;柴米河改由周家口,合于北六塘河。咸丰六年(1856)筑前沭河南堤,自龙王庙至十字河。同治十一年(1872),重修前沭河南堤;十二年(1873),挑通丁当河头,宣泄柴米河涨水,名东万公河;又于分水沙河之东,开河分沭水北达青伊湖,名西万公河。光绪元年(1875),修筑前沭河、港河两岸民堰,并间挑砂礓河、前沭河、港河、蔷薇河。

二十四、睢河改道

清代,黄河归为一流。顺治十五年(1658),黄河在睢宁峰山口决溢,睢河下游小河淤为平陆,被迫南徙。康熙年间,总河靳辅主持修归仁堤,建利民闸,分泄睢水入洪泽湖;为进一步扩大睢水入洪泽湖出路,总河张鹏翮又主持建归仁、安仁、利仁三闸。

康熙十九年(1680)靳辅主持,在砀山毛城铺建滚水石坝,开洪沟河,减黄河水至濉溪口(在今安徽濉溪境内)入濉;二十三年(1684)又在毛城铺减水石坝(旧坝)以西,建毛城铺石闸;在徐州城西、黄河南岸的楚王山西麓,建王家山天然减水闸,十八里屯建天然减水闸两座;均分泄黄河洪水经闸河、马厂湖、永固湖入睢河;二十四年(1685),在睢宁县境内鲤鱼山与峰山、龙虎山之间建减水闸四座,以下开峰山闸河水道,泄黄河洪水入睢河。

雍正三年(1725)六月,黄河在睢宁朱家海决口,冲刷出一条河道即安河。睢水随之由安河下泄洪泽湖。

乾隆元年(1736),总河高斌主持挑浚睢河下游谢家沟。八年(1743),工部提出,睢河由归仁闸入安河。后来,开谢家沟分水入汴河(隋唐时期的汴河),全归洪泽湖。每遇山水骤发,沿湖洼地淹没。于是,挑深潼河下游,接安河;浚谢家沟下游,以排除积涝。二十二年(1757),浚睢河,修睢堤;又浚虹县(今安徽省

308

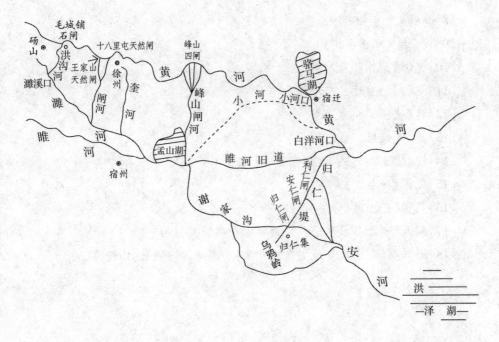

睢河改道示意图

泗县)谢家沟,达汴河,又乌鸦岭经归仁闸下安河,分两支入洪泽湖。二十三年(1758),浚宿迁民便河、罗家河、乌鸦岭河,均入安河。

乾隆五十四年(1789)夏,黄河在睢宁周家楼漫溢,冲塌归仁堤以下南束水堤,致使安河一支水量浸微,到乾隆末年,睢河改道南趋谢家沟,由汴河入溧河洼,又从青阳(今江苏省泗洪)分泄于安河洼。从此,睢河脱离了泗水,移至洪泽水道,并入淮河水系。

参考文献:

[1]清·官修《清圣祖实录》,北京:中华书局,1985 年

[2]民国·赵尔巽等《清史稿·河渠志》,上海:上海古籍出版社,1986 年

[3]清·靳辅《靳文襄公治河方略》,乾隆三十二年,崔应阶根据靳氏家族"八卷本"重编刊本

[4]清《雍正扬州府志》,扬州:广陵书社,2015 年

[5]清·傅泽洪《行水金鉴》,文渊阁四库全书

[6]清·徐端《安澜纪要》

[7]清《嘉庆海州志》

[8]清《道光丰县志》

[9]清《道光铜山县志》

[10]清《同治徐州府志》

[11]清《同治宿迁县志》

[12]清《光绪邳州志》

[13]清《光绪睢宁县志》

[14]清《山东通志》,济南:齐鲁书社,2014年

[15]民国《沛县志》

[16]民国《铜山县志》

[17]武同举《江苏水利全书》,南京水利实验处,1944年

[18]谭其骧《中国历史地图集》,北京:中国地图出版社,1982年

第四编　运河衰落

运河两岸的河流,原以泗水为干流的入河支流。由于受黄河与南北运河的影响,河流水系发生变化,改变了运河两岸的地理环境。清咸丰五年,黄河在河南开封府兰阳铜瓦厢集决口改道。随着社会动荡,盛极元明清三代的南北运河开始走向衰落。民国时期,面对衰落的运河,虽疏浚六塘河及沂、沭河尾闾,培修中运河、沂、沭河、微山湖堤防,但是终因战火遍及沂沭泗流域,使导淮计划付诸东流。

第一章 运河两岸河流的变化

一、黄河以南河流

在徐州境内,黄河以南河流原为泗河水系,由睢河至宿迁小河口入泗。明代正德年(1506)开始,黄河全流逐渐归于汴、泗河道。明隆庆四年(1570)至清嘉庆十一年(1806),黄河于南岸决口,多支散溢;此间,清朝又建闸分泄洪水,便在黄河以南形成了排水入洪泽湖的安河和睢河水系。

明隆庆四年至清嘉庆十一年黄河南岸决溢统计表

年 份	决溢地点	决 溢 情 况
隆庆四年（1570）	邳州	八、九月,黄河在睢宁先决白浪浅(今庆安水库一带),又决青羊浅。随即,溢溃裂决而南,为王家口、张摆渡口、马家浅口(在今睢宁苏塘北)、曲头集口(在今睢宁苏塘西)
隆庆五年（1571）		四月,黄河又自灵璧双沟(在今睢宁)而下曲头集至王家口,向南决关家、曲头集、马家浅、阎家、张摆渡、王家、房家、白浪浅
万历元年（1573）	房村	七月,黄河决徐州房村
万历十八年（1590）	徐州	黄河于徐州大溢
万历四十年（1612）	徐州	九月,黄河决徐州三山
万历四十二年（1614）	灵璧	黄河决灵璧陈铺
天启元年（1621）	灵璧	黄河决灵璧双沟、黄铺
天启三年（1623）	徐州	黄河决徐州青田
天启四年（1624）	徐州	六月,黄河决徐州奎山堤,东北灌州城,城中水深一丈三尺

续表

年　份	决溢地点	决　溢　情　况
崇祯二年（1629）	睢宁	四月，黄河决睢宁，至七月中，城坍塌
康熙元年（1662）	睢宁	七月，黄河决归仁堤
康熙二年（1663）	睢宁	黄河决武官营及朱家营
康熙三年（1664）	睢宁	黄河决朱家营
康熙十四年（1675）	徐州、宿迁	黄河决徐州潘家塘、宿迁蔡家楼
雍正三年（1725）	睢宁	黄河决朱家海，东注洪泽湖
乾隆十八年（1753）	铜山	九月，黄河决张家马路
乾隆四十五年（1780）	睢宁	六月，黄河决郭家渡
乾隆四十六年（1781）	睢宁	五月，黄河决魏家庄，大溜注洪泽湖
乾隆五十四年（1789）	睢宁	夏，黄河决周家楼
嘉庆十一年（1806）	宿迁	七月，黄河在周家楼以东决溢

安河因纵穿洪泽湖北部地区的安湖（古称"安陂"）而得名，河道系黄河南泛由黄河与睢河洪水冲刷形成。清时期，安河在归仁大口子（今泗洪归仁镇东）以上分为西、北两支，西支为潼河，北支为罗家河。

潼河即《水经·睢水注》所说潼水，"上承潼县西南潼陂，东北流经潼县故城北，又东北经睢陵县，下会睢水"。潼县在今睢宁西南，潼陂即孟山湖一带，睢陵即今睢宁县。清时期，潼河东流，经今江苏省睢宁李集、黄圩进入安徽省泗县汕头集，又于江苏省泗洪归仁集大口子入安河。

罗家河自睢宁赤山北泄白塘湖水，东入宿迁经潘家山北，东南入安河，曾于乾隆二十三年（1758）疏浚。清《同治徐州府志》说罗家河，自泗州东入宿迁县界，东经潘家山北，又东南入归仁河。归仁河取名于今江苏省泗洪境内归仁集。宋、元两代在潼河南岸形成村落，明万历四年（1576）宿迁知县喻文伟在此地建集，依孔子"克己复礼，天下归仁焉"而取名"归仁"。安河即归仁河下游之通称。

罗家河在睢宁境内称龙河，自睢宁龙家集南流，经小王集东五里永宁桥、朱家集东三里袁家店，继续东南流经龙头山东北，至南家庙，白塘河自北注入。龙河继续东流经汤家集北，转向东南，经朱大开庄、王尔庄、丘家集南，在王家前林

314

圩南五里处,沈家河自北注入,流至找沟集北,涸沙河自北注入。龙河继续东流入宿迁境内。龙河曾于清乾隆二十三年(1758)疏浚;道光十八年(1838)整修。

白塘河泄白塘湖水。白塘湖位于睢宁庆安集东南。白塘河自白塘湖南,流经李家楼、小李集、管路口、王家圩、高家塘、毛竹冈、金家洼、袁家楼、土山、邱家圩,至南家庙入龙河。白塘河曾于清道光年间疏浚。

沈家河为清乾隆四十六年(1781)黄河决睢宁魏家庄所冲之河,自睢宁魏工向南,流经沈家湖,继续向南,流经戚姬院、八里店和王家林西,邱家集东北,南流入龙河。

涸沙河亦称观音沟,以后称中渭河,从沈家河分出,自沈家河流向东南,经高作集东、毛家洼东南,至找沟集北入龙河。

清雍正三年(1725)黄河决睢宁境内朱家海,冲刷成沙河,自睢宁境内朱家海东南流,经王官房集西南、九城庄东,再向东南,流经宿迁蔡家集南、耿车集北,再向东南入归仁河。后来,沙河在睢宁称东渭河,在宿迁称西沙河。

安河在大口子以下为干流,左纳四河沟、西沙河、西民便河、王沟、太平沟来水;右纳沈家沟来水,东南流至顾勒子西折向南流经安河注入洪泽湖。民国八年(1919)新开顾勒引河,分安河东流入洪泽湖。

睢河水系于明朝开始形成,隆庆五年(1571)黄河在马家浅(在今睢宁苏塘北)决口,冲刷成田家河亦称范家河,自大王集北东南流,经邢家圩、小王集至范家庄,继续南流经魏家圩,转向东南经龙头山西、官山集、武家圩北入安徽泗县境内。万历元年(1573)黄河又决铜山房村冲刷成房村河,大致沿现在的申家沟,进双沟合牛市屯河,东注田家河,康熙二十四年(1685)开峰山引河,牛市屯河遂入峰山引河。

奎河原为泗河水系,发源今徐州市铜山汉王一带山丘区,上游有叮铛湖、石狗湖(今云龙湖)等洼地,下游入汴、泗河,为徐州城内外的排涝河道。明万历十八年(1590),黄河大溢,水积徐州城中逾年。总河潘季驯挑魁山支河,亦称奎河,因流经今徐州市区奎山东而得名,又因奎河以东逼近黄河大堤故名支河。当时挑浚奎河导源云龙山西石狗湖,北出苏堤,经南城墙外,东流经户部山,左受城中排水,转向南流经奎山东,又东南过伊家桥,左受魏家河水,继续南流至贾家桥于萧县境内入睢河,长一万九百九十三丈五尺。魏家河源于铜山东南的梅花山西北,流经棠梨、张寨,又西南流入奎河。

明末及清乾隆二十三年(1758)先后疏浚奎河,道光四年(1824),知府俞颖达又请帑挑挖奎河,自城西南石狗湖涵洞桥至东南萧县界贾家桥,长一万余丈。

咸丰五年（1855）黄河北徙，叮铛湖来水经玉带河流入石狗湖，再由奎河下泄。石狗湖东北侧原有苏堤挡水，奎河穿苏堤处建有涵洞，每至汛期奎河宣泄山洪不及，洪水被迫滞蓄在苏堤以南。同治五年（1866），徐海道李鸿裔捐帑重新挑浚奎河。

明天启三年（1623），黄河决徐州青田在今新城区和铜山区境内冲成大龙口、六堡、杨洼、水口、夏洪等洼地，其下向南排水，形成后来的琅溪河、闫河、运料河以及申家沟。

清康熙二十三年（1684），为分泄黄河洪水削减洪峰，总河靳辅在今徐州市区以西楚王山东、西麓建十八里屯和王家山建石闸，其下开东、西闸河分泄黄河洪水。十八里屯以下东闸河分泄黄河洪水经叮铛湖滞蓄后，再经虎山腰石脚的天然滚水坝下泄，与王家山闸下的西闸河合流，经马厂湖、永固湖入睢河。

清康熙二十四年（1685），总河靳辅在睢宁县境内鲤鱼山与峰山、龙虎山之间建减水闸四座，闸下开河，自峰山闸南流经曲头庄，过邳州营地，经朱家圩东、乔山西、丁字山西、土山东、刘胡山东，至张家营圩西入灵璧境内，达于睢河。

清雍正三年（1725），黄河在睢宁朱家海决口，大溜由宿迁、泗县流入洪泽湖，睢河乌鸦岭一带砂姜被水冲刷，聚于归仁集一带。清乾隆中期，睢河改道于乌鸦岭西，由泗县谢家沟入洪泽湖。谢家沟以东睢河接纳睢宁境内田家河，龙河来水，由归仁集出安河，经泗洪安河洼入洪泽湖。

二、南四湖以西河流

南四湖即南阳、独山、昭阳、微山四湖的总称。在其形成之前，西部丰、沛两县境内的泡河，是承泄上下游洪涝入泗的东西向大河。

泡河与南面的汴河和北面菏水平行东流，自今山东省单县经江苏省丰县境内丰西泽，谓之丰水，至沛县故城南东注泗水。又因沛民食盐由泗水通过泡河运入，故在沛县境内泡河又称盐河，后改称沿河。

明正德四年（1509）六月，黄河自单县徙入泡河，经丰县至沛县飞云桥入运河（泗水）。嘉靖十四年（1535），总河都御史刘天和自河南朱仙镇疏汴河合泡河，至沛县飞云桥达于泗水。

嘉靖三十七年（1558），黄河在山东曹县新集决口后，由于东北地势低下，除徙入泡河外，又众流奔注成河，分为大溜沟、小溜沟、秦沟、浊河、胭脂沟，均东注运河（泗水）。嘉靖四十四年（1565），黄河自曹县棠林集而下，分南北两支：南流绕沛县戚山入秦沟,北流绕丰县华山东北分出十三支,横绝逆流,散漫湖坡。此时,泡河被黄河荡决,水道遂淤。隆庆三年(1569),黄河冲塞秦沟并向南决溢入浊河,又自河南省考城、山东省曹县和单县向东至丰、沛、铜境内冲出营子河、华家坡河、清水河和食城河(石城河)。万历二年(1574),沛县知县倪民望浚新渠十里,东北至留城入运。万历四年(1576),知县马昺筑护城堤,截泡河旧道。从此,泡河徙于堤外,仍东注于运河(泗水)。

清时期曾对营子河、华家坡河、清水河和食城河进行治理,并挑挖了顺堤河。

营子河位于今丰县北部,源自单县刘家大营,流经丰县三十里至贺堌,在沛县境内入昭阳湖。汇入营子河的支流有清乾隆二十三年(1758)挑挖的孙家洼沟和胡家阁沟。

华家坡河位于今丰城西南约二十余里,自丰县西南砀山费家楼东入丰县境内,乾隆二十三年(1758)挑挖,华家坡河继续向东二十里归清水河。光绪二十年(1894)淤废。

清水河距今丰县城南二十里,上接华家坡河,向东流接食城河,长四十余里,明万历十七年(1589)曾筑月堤两千五百丈。汇入清水河的支流有乾隆二十二至二十三年(1757—1758)挑挖的马庄寺沟、八里堂沟、五营堤沟、潘家洼沟、李家口沟和聂家洼沟。

食城河又名石城河,上接清水河,长八十余里,经今沛县南部,在铜山与沛县交界处入微山湖,乾隆二十二年(1757)、五十五年(1790)挑浚。嘉庆元年(1796)六月,黄河决溢于丰汛六堡,水由丰、沛夺食城河东注昭阳湖和微山湖。

顺堤河源自山东省单县十七里堡堤口,在今徐州境内,于乾隆二十二年(1757)、五十五年(1790)先后挑挖和疏浚。

咸丰元年(1851),黄河在砀山北岸蟠龙集溃决,向丰、沛倾泻,食城河埋没无存。黄河又从丰县二坝冲成大沙河注入昭阳湖。由于大沙河河床被黄河泥沙淤高,泡河东流受阻,被迫在大沙河以西向北漫流入昭阳湖,以后称复新河。

复新河下游分出两支,一支北经鱼台南注入南阳湖,名西支河;一支东北入昭阳湖,名东支河。由于大沙河向东倾泻片流入湖,故在其东侧冲刷出东西向的杨屯河、挖工庄河、沿河、鹿口河、鹿湾河、韩坝河、郑集河和桃源河。

三、泇运河以北河流

明万历三十二年(1604)开泇运河,上自今山东省微山县境内李家口经今韩庄湖口、台儿庄至今江苏省宿迁皂河西直河口入黄河。此段运河,因流经今江苏省邳州市境内泇口会泇河并利用其中一段,故明时期称泇运河,清代以后称中运河。

泇运河自今邳州泇口南流,将原本黄墩湖与骆马湖连在一起的平原洼地东西隔开,在泇运河以东由于北部、西北部受沂河与泇运河入湖泥沙的淤淀,形成了由西北向东南倾斜的盆形洼地。汛期,上游洪水滞蓄在洼地内,将原有小片洼地连成一片而形成季节性湖泊骆马湖。

在骆马湖以上,泇运河自西北向东南截断了邳、苍间沂、武、艾、泇诸河,成为众壑所归。由于泇运河狭窄,不足以西引微山湖之溜,北遏邳、苍之间来水,致使沂、武、艾、泇交相互灌,出现了或众流成河或人工开挖的东、西泇河、官湖河、城河、沙沟河、龙凤鸭河、燕子河、汶河、祁家河、陶沟河、礓石河等河流。

沂河从芦家口(在今江苏邳州市境内)分流入泇运河:南支名官湖河,北支为城河。城河西南流于响水溜会武河、沙沟河来水,西流至汤楼又分为两支:北支向西流,经龙凤鸭河会燕子河、东泇河及汶河来水,再通过祁家河入泇运河;南支向南至沙河口入泇运河。

武河源出山东峄县马旺山许家泉,流经邳州西北二十五里,汇为蛤湖又溢为鳗湖,引流五十里,至下邳城西南乾沟口注入泗水。武河曾于清乾隆二十二年(1757)疏浚,自山东郯城县界孟家桥南流,经北冯场寨东,向东南与沂河在芦口分支合流,而后向西南经今邳州市邳城分两支:一支向西北入燕子河;一支向南为城河,在刘家口分水入柴沟河,在祁家口分水入依宿湖,自邳城南继续南流入泇运河。

燕子河源出山东兰山(今属山东省苍山县),流经今郯城县西入邳州境,经呦鹿山寨东折而西南,在韩家寨西分两支:西支经卞家湖入艾山河(即艾水),南支经艾山东入武河。卞家湖以上河道,曾于清乾隆二十二年(1757)和同治十年(1871)疏浚。燕子河有支流芦塘河和鹅蛋河。芦塘河,源出今山东省苍山县境内,在今邳州市境内经呦鹿山东,由西南入燕子河。鹅蛋河,亦名三沟河,在今邳州市境内经呦鹿山西,又南至卞家湖入燕子河。

艾山河即柴沟河,宋、金时期称艾水,自兰山芙蓉河分流西南经今邳州境内艾山西、邳城西,南流由武河入泇运河。

泇河在今山东省境内分东、西泇河。东泇河源出今山东省费县箕山,南流入芙蓉湖,至三合村与西泇河会。西泇河上游在今山东省境内,系山区暴源性河流。东、西泇河合流而南与武河会流。明代开泇运河,东、西泇河与武河会流之水,在今邳州泇口处被泇运河切断而纳之。

汶河一名营河,源自今山东省峰县抱犊崮山,南流入今江苏省邳州境内,经黄石山西流,由泇口考究泉入武河。武河淤改从艾山东西南流,而引自汶河入泇运河。

陶沟河源出今山东省枣庄市东北山谷至陶沟桥流入今江苏省邳州境内,向东南经赵村湖,南流入泇运河。礓石沟源出今山东省枣庄市境内,在疃上入邳州市境内,南流至黄道人桥入泇运河。

四、泇运河以西河流

泇运河以西处于丘陵平原,分布着自西向东的不牢河、房亭河、民便河和阎家河等注入泇运河的河流。

不牢河上游在今徐州城区北部,自蔺家山有南北两条河流:南为水线河,又称引线河、茶家山引河和新河);北为茅村河。水线河与茅村河在荆山口汇合后称荆山河,折而东北,经大、小黄山南,又东北,经虎山北,又东北,左合屯头湖河水,又东至吴家窑分两支:一支由泉河、官庄至汴塘分南北两支入邳州境,南支为彭家河,北支为靳家河。荆山河至吴家窑分出的另一支,由辛贾山东南流会房亭河至三岔河(今邳州市境内)入泇运河。

明正德与隆庆年间,水线河曾排泄黄河秦沟大河洪水经荆山河、彭家河、靳家河、房亭河下泄。清康熙十七年至十八年(1678—1679),总河靳辅创建大谷山减水坝,减黄河水,出荆山口,由彭家河入泇运河。康熙二十三年(1684),在大谷山东南苏家山西建石闸,闸下开河,减黄河水东北流,合微山湖下注之水,利用水线河东流出荆山口,由荆山河经彭家河,自汴塘东南流,又合房亭河入泇运河。

荆山河于明万历三十二年(1604)由总河曹时聘疏凿,河宽数百丈,上承水线河与茅村河来水,由彭家河、靳家河、房亭河注入泇运河。清乾隆二十一年(1756),黄河在铜山北岸孙家集漫口,微山湖下游河道淤塞。二十二年(1757),疏浚荆山河、彭家河、靳家河,使荆山河东流至汴塘分出彭家河与靳家河入泇运河。嘉庆二十一年(1816),荆山河淤成平陆后,又于道光二年(1822)疏浚。

屯头湖河位于今徐州市贾汪区境内,开挖于清道光二年(1822),当时屯头湖水无所泄,民田被淹,士民呈请知县高攀桂勘准,挑挖下段入荆山河。

彭家河于清乾隆二十二年(1757)疏浚,自汴塘东南流,右纳房亭河水入泇运河,乾隆二十九年(1764)淤废,又于彭家河上口左岸开潘家河东行,由今邳州境内宿羊山北经不老庄,又东南至徐塘集河成闸下入泇运河,俗称不老河(亦即不牢河)。后来,自荆山桥以下至河成闸下入泇运河的河道统称不牢河。河成闸,是清雍正二年(1724)在泇运河上兴建的拦河闸,位于今邳州市境内徐塘口南二里。

靳家河自汴塘茸山坝分荆山河水,北经茸山东,再向东北分支南汇成泽为靳家湖河,又东北流经望母山南,再东南流至梁王城西入泇运河。该河曾于乾隆二十二年(1757)疏浚;四十二年(1777)淤废后,在汴塘河头筑坝,使荆山河来水全部由不老河入泇运河。

房亭河自吴家窑从荆山河分出,东南至下河寨,南入邳州境内为萧家河,亦即房亭河,至三岔河入泇运河。另有一支发源今徐州市区东部乔家湖及荆山桥西端与子房山相属山脉之南,向东经王家林东西滩头寨南,承泄茅家山、回山诸水过曹家庄、贺家口至大墩流入邳州境内。房亭河左岸有一手禅河和牛陵河(陶公河)。清康熙三十四年(1695),黄河决花山口,漫房亭河,大墩上下淤塞,以致徐州东常患积水。之后,黄河又决于徐州西李道华楼,荆山口以上河道淤塞,每遇霖雨,群山诸水无所泄而积水成灾。康熙四十六年(1707),徐州人曹警旭"跪迎圣驾"请开浚房亭河。康熙帝令总河张鹏翮主持疏浚,五十三年(1714)竣工。同时,乡宦张之麟捐资,筑花山子堰一千八百丈,以阻止黄河泛滥于房亭河。

民便河开凿于清乾隆二十年(1755),位于房亭河与黄河之间,在旧城湖以西原为白山河,以东为旧城河。白山河源于睢宁境内牛肺山东,东流经龙泉山、石闸山南、白山、甘山北、猫墩山南、半戈山北,上承白山湖、仲山湖周围山区来水,东南流注于今古邳境内旧城湖。

白山湖和仲山湖均位于睢宁境内。白山湖在白山北、龙泉山南,源起于周山头,自疏通白山河,则白山社等处遂无积水之患。仲山湖在蛟龙山东。

旧城湖亦称旧州湖,宋、金对峙时期,金人在下邳故城西三里泗水之滨筑新城。明洪武十三年(1380),卫指挥使王恒于新城加筑砖墙,周五里二十八步,筑三门:北门曰"镇北",西门曰"通沂",南门曰"望淮"。清康熙七年(1668)七月,

320

黄河决睢宁花山坝,黄水溢城,城郭坍塌,陷为湖;十一年(1672)秋、十四年(1675)六月,黄河又相继决羊山西塘池和花山坝,将城沉于水底。

旧城河分旧城湖水东北流,过周桥、王桥至陈集受混泥河水,又东至窑湾南刘家口,分渠南出为阎家河。二渠同经黄墩湖入宿迁境内,至民便闸、安家闸入运河。

民便闸位于宿迁运河西岸,为双孔石闸,清雍正十年(1732)建,金门各宽一丈五尺,高一丈八尺,砌石十五层。安家闸亦为双孔石闸,建于乾隆二十三年(1758),金门各宽一丈五尺,高二丈四尺,砌石十七层。两年后,又建力家沟双孔涵洞,每孔各宽三尺,高三尺六寸,砌石三层。安家双孔石闸在北,力家沟双孔涵洞在南,其间有民便双孔石闸,均以宣泄旧城湖和黄墩湖积涝之水入运河。

五、泇运河以东河流

泇运河以东的沂、沭河洪积平原,北、西、东三面环山,北为沂蒙山地,南为苏北平原,地势北高南低,沂、沭两河平行南流,分别注入骆马湖和南趋向东入海。依地势及沂、沭两河流向,在沂、沭两河之间和沭河以东分别为白马河与墨河以及沭河以东的黄泥蔷薇河水系。

白马河位于沂、沭河之间,自今山东省郯城县城东北五十里祭旗山南,有三源:一自山前保山前庄东,过兰山境方庄、柳沟、泉儿头至鲍庄,会花园寺山河水,行二十余里,至郯城境颜家庄;一自正北兰山境高家庄、三老汪、水头南行十里至颜家庄;一自正东兰山境南流至颜家庄。三河在颜家庄合为一流,西南流今江苏省邳州境内小倪庄之郇家楼,再南行至分水龙王庙汇入沂河。明正德年间(1506—1521),郯城县令毁禹王台(在郯城县东七里)取石砌城,沭河无所抵御,会白马河、合沂河入骆马湖。

墨河明代称麦河,源出墨泉,在郯城旧城东北一里许,色如墨,故名墨河,南入宿迁境,归入港头河、晏头河入骆马湖。按照清《乾隆郯城县志》说法,墨河即皂河(在宿迁皂河集境内),在郯城县东,春秋时期通舟楫于宿迁,为郯国国君郯子的运道。

黄泥蔷薇河上游(今江苏省东海与沭阳界小吴场以上)称黄泥河,下游(小吴场以下)为蔷薇河。

黄泥河上源有支流高流河、淋头河、蛤蜊沟和虞姬沟汇入。

高流河上游名北沙河,自今东海县桃林沿马陵山东麓,南流经今新沂市境内高唐沟,至下塘庄折而东,过高流集北,东至岔流,又东北与淋头河会流后,分东西两支。西支有蛤蜊沟水注入,东支经今沭阳境内阴平北,又东经贤官亭之张家庄与西支相会后,并趋平墩荡(湖),下有数股小泓引入黄泥河。

淋头河发源今东海县境内羽山以南,南流入今新沂市境内,经阿湖陈家沟、高流中保,东南流至岔流与高流河相会,其北接浦沟之水,南受高唐沟水,然后东入平墩荡(湖)。

蛤蜊沟发源今新沂市境内获邱山(踢球山)东,东流经三岔,再向东注入高流河西支。

虞姬沟发源今新沂市境内获邱山(踢球山)和宋邱山西麓,与沭河平行东北流经平墩荡(湖)入黄泥河。

黄泥河自平墩荡(湖)东北流至今东海县吴场村,其南桑墟湖与青伊湖、硕项湖相连,上承沭水,下泄入海。清中期,诸湖淤淀为季节性湖泊,夏季积水为湖,秋冬则涸为陆地。

青伊湖以下为蔷薇河,东接大海,西入涟河。明、清时期,蔷薇河北通赣榆临洪镇,东流至洪门坝及独树浦入海。明时,疏浚蔷薇河1980丈,深6.5尺,底宽3尺,并在蔷薇河入海口筑5道堤坝挡御海潮。清时,海州知州孙明忠、马会云、李永书、何廷谟等均征工挑浚蔷薇河,但洪灾始终未被根治。民国时期,南城人武同举在《吁兴江北水利文》中指出,苏北沂沭洪水灾害的主因是下游不畅,应在治理沂沭同时挑浚蔷薇河,并在临洪河建闸坝挡潮防淤以控制蓄泄。

参考文献:

[1]清·张廷玉等《明史·河渠志》,上海:上海古籍出版社,1986年

[2]民国·赵尔巽等《清史稿·河渠志》,上海:上海古籍出版社,1986年

[3]清·顾祖禹《读史方舆纪要》,北京:中华书局,2005年

[4]清《道光丰县志》

[5]清《同治徐州府志》

[6]清《同治宿迁县志》

[7]清《光绪邳州志》

[8]清《光绪睢宁县志》

[9]清《乾隆郯城县志》

[10]武同举《淮系年表(民国十七年)》,水利部淮河水利委员会存

第二章　黄河改道

一、黄河决口蟠龙集

清咸丰元年(1851),黄河在丰北厅下汛三堡即今安徽省砀山县蟠龙集决口。

黄河在这里决口并非偶然。早在康熙年间,朝廷把主要精力放在了徐州以下的黄、淮、运治理上。康、乾两代帝王南巡,也只阅视黄、淮、运及江南河工。虽然对于预防黄河在徐州以上溃决,康熙帝于康熙四十一年(1702)曾谕示:"明朝治河俱自徐州以上在河南地方修筑,我朝自康熙元年(1662)以来,俱在徐州以下修筑。然治下流必须预防上流,若上流溃决,下流必致壅滞。嗣后徐州以上地方,河臣亦当留意。"然而,并未引起朝廷上下的重视。

雍正七年(1729),将黄河上下游河务划归南河、东河两个河道总督分管,职责是掌治河渠,以时疏浚堤防。南河,管理江苏、安徽两省的黄、淮、运河务,河道总督驻清江浦;东河,管理河南、山东两省的黄、运两河河务,河道总督驻济宁。这种机构的设置,无法实施黄河上下游河务的统一管理,失却了统筹全局的机能。

从乾隆中期以后,黄河行政管理日趋腐败,官吏上下串通舞弊,在官方奏报中,难以看出河工开支的真实情况。当时"南河岁修经费五六百万金,然实用之工程者不及十分之一,其余以供官员挥霍,……竭生民之膏血,以供贪官污吏之骄奢淫僭,天下安得不贫苦"(《清朝野史大观》)。

乾隆四十六年(1781)七月,黄河在河南仪封决口。同年,沛县城也陷于黄水,被迫移治栖山。嘉庆年间(1796—1820)黄河形势在徐州砀山县以上开始恶化。嘉庆元年(1796)到道光年间(1821—1850),黄河决溢地点上下无定。嘉庆元年六月,黄河决徐州丰汛六堡,刷开运河余家庄堤,水由丰、沛县北注山东金

323

乡、鱼台,漾入昭阳湖和微山湖,穿入运河,漫溢两岸;四年(1799)八月,黄河决徐州砀汛邵家坝;六年(1801)九月,又决萧县南唐家湾;八年(1803)、十八年(1813),又先后在河南卫辉府封丘和归德府睢州决口。嘉庆二十三到二十五年(1818—1820),黄河连续三年决口于河南开封府仪封和兰阳。从道光十二年到二十三年(1832—1843),黄河决口地点又先后移至开封府祥符和中牟。

黄河上流溃决则导致下流壅滞,泥沙淤积下流河道;其上流决口堵塞,下流则由于河床被泥沙抬高而更显现愈淤愈决的趋势。河政腐败,朝廷经费拮据。道光末年,黄河在开封府以下河道已经出现难以维持的局面。

咸丰元年(1851)闰八月十九日,黄河在蟠龙集决口,"丰下汛三堡迤上无工所处,先已漫水,塌宽至一百八十五丈,水深三四丈不等"(《清文宗实录》),正河断流,大溜由丰、沛县之华山、栖山冲为大沙河,北出四支入昭阳湖,南出三支入微山湖。

斯时,丰县沙淤壅遏,县城陷溺;位于栖山(今沛县西南)的沛县城被黄水淹没,治所被迫迁到夏镇(今山东省微山县)。昭阳、微山两湖漫溢,沛县、鱼台及滕县等地汇为大湖,居民均异地逃生,不再顾恋乡土。两江总督曾国藩在奏疏中说:"咸丰元年,黄河决于丰工,下游沛县等属正当其冲,微山、昭阳之湖地,铜、沛、鱼台之民田,均已汇为巨浸,一片汪洋,居民流离转徙,以为故乡永成泽国,不复顾恋矣。"

黄水又出微山湖东溢泇运河下注骆马湖,由六塘河归海,丰、沛、铜、邳等州县均被淹没。此次堵塞决口,朝廷动用国库帑藏四百万两;然而,堵口又被河水冲开。到第二年(1852),又用帑三百万两堵塞决口。咸丰三年(1853)三月,决口堵塞。按河督杨以增请求,敕建河神庙。五月大雨,水涨溜急,黄河在蟠龙集丰北大坝蛰塌三十余丈,再次决开已经堵塞的决口。此时,太平军占据南京、扬州,切断了运河航运。

蟠龙集决口,不但没有堵住反而暴露了三次堵口过程中,官吏上下贪污、弄虚作假、管理混乱等舞弊行为。挖挑引河,原估挑深三丈"其实入地止一丈有余,且上宽下窄,中高边洼,弊端不可枚举……河工拨给之款,拨多发少……竟有要工一处发帑银三千余两除所扣外只余数两者"(《再续行水金鉴·卷九十一》)。可见,当时的黄河修防工程很难维持下去。

二、黄河决口铜瓦厢

咸丰四年(1854)，黄河北岸蟠龙集决口未堵，徐州北境皆被河水淹没，丰县漂溺人畜无算。五年(1855)六月，黄河在河南开封府兰阳铜瓦厢集决口。

铜瓦厢集在兰阳县黄河北岸，今河南兰考县东坝头以西。黄河西来至此，漫转东南，明朝时期这里就是河防上的险要之地。万历十五年(1587)，黄河决溢于封丘、偃师、东明、长垣等地。其中，就曾在铜瓦厢集决口附近的清河集、板厂等地决溢。从这一带向东北，地形低洼，开封到兰阳一段北岸河决也多由此低洼地带，向东北至张秋冲断运河。

清雍正三年(1725)七月，黄河漫溢铜瓦厢以东兰阳板厂后大堤。决口堵筑后，自头堡起至七堡止，依旧有堤形创临黄越堤一道。这道越堤的头堡至四堡长四百七十一丈，即为铜瓦厢险工。

乾隆时期，黄河在徐州上下游频繁决溢。乾隆十八年(1753)，吏部尚书孙嘉淦根据当时的黄河情况，提出开减河引水入大清河的主张。他说："自顺、康以来，河决北岸十之九。北岸决，溃运者半，不溃者半。凡其溃道，皆由大清河入海者也。盖大清河东南皆泰山基脚，其道亘古不坏，亦不迁移。前南北分流时，已受河之半。及张秋溃决，且受河之全，未闻有冲城郭淹人民之事，则此河之有利无害，已足征矣。"并指出："今铜山决口不能收工，上下两江二三十州县之积水不能消涸，故臣言开减河也。"(《清史稿·河渠志》)孙嘉淦认为，如果能利用大清河作为减河，那么被淹面积就会减小。因为，大清河仅流经东阿、济阳、滨州、利津等地；即使漫溢也不过四五个州县，这样可以减两江二三十州县积水，解淮安、扬州两府之急难。孙嘉淦建议，在黄河下游开辟分洪道，以牺牲局部缩小黄河灾害；然而，在当时未能实现。他所选定的减水河道大清河，正与后来咸丰五年(1855)黄河大改道的路线不谋而合。

嘉庆末年，铜瓦厢险工范围扩大，越堤头堡至四堡埽坝相联，皆为铜瓦厢上下坝。《续行水金鉴·卷四十五》说："该处河溜上提下移，或开行，或逼堤，或仓猝而来，或旋踵而去，势不可测，防守之法，未可稍忽也。"

道光年间，铜瓦厢上下坝仍然为溜势顶冲的险要之地，黄河淤积愈加严重。道光五年(1825)，东河总督张井奏称："臣历次周履各工，见堤外河滩高堤内平地三四丈之多。"(《再续行水金鉴·卷六十二》)二十一年(1841)，东河总督文冲又说："黄河滩面高于平地二三丈不等，一经夺溜，建瓴而下。"(《再续行水金

325

鉴·卷八十一》)这时,兰阳以下河道的纵比降异常平缓,河道滩面一般高出背河地面七八米,两岸堤防,从临河看虽只一两米高,对背河来说,却已在十米上下了。洪水期间,河水高出堤外地面八九米,很容易发生决溢。加之两岸堤防的间距,愈向下游愈窄,排泄洪水的能力尤其低下。

针对当时的黄河形势,近代思想家魏源认为:"地势北岸下而南岸高,河流北趋顺而南趋逆,故挽复故道,北难而南易。上游北决,则较下游其挽回尤不易。然则河之北决,非就下之性乎?每上游豫省北决,必贯张秋运河,趋大清河入海,非天然河槽乎?"(《再续行水金鉴·魏源筹河篇》)

这时,魏源已经认识到,由于地势水性使然,如果黄河一旦在河南省北徙,那么必夺大清河入海。他认为:"近日黄河屡决,皆在南岸,诚为无益;即北决,而仅在下游徐、沛、归德之间亦无益;惟北决于开封以上则大益。何则?河、济北渎也。而泰山之伏脉界其中,故自封丘以东,地势中隆高起,而运河分水龙王庙,遏汶成湖,分流南北以济运,是河本在中干之北,自有天然归海之壑。"(《再续行水金鉴·魏源筹河篇》)魏源认为,如果黄河自封丘东北流于山东入海,那么将是一条最佳出路。他主张:"乘冬水归壑之月,筑堤束河,导之东北,计张秋以西,上自阳武,中有沙河、赵王河,经长垣、东明二县,上承延津、下归运河,即汉、唐旧河故道,但创遥堤以节制之,即天然河槽。张秋以东,下至利津,则就大清河两岸展宽,或开创遥堤。"(《再续行水金鉴·魏源筹河篇》)

魏源认为,"由今之河,无变今之道,虽神禹复生不能治,断非改道不为功。人力欲改之者,上也,否则待天意自改之,虽非下士所敢议,而亦乌忍不议"(《再续行水金鉴·魏源筹河篇》)。在魏源看来,既然铜瓦厢改道以前的黄河河道不会维持很久,大改道已成必然趋势,倒不如因势利导,使黄河有计划地人工改道,北流入海;否则,黄河一旦崩决自找出路,则后果不堪设想。然而,魏源的这种切合实际的见解,在当时已经无法实现。封建官僚制度生就的官吏贪污腐败,使咸丰时期的国力衰败到无可救药的地步,国家财政捉襟见肘,加之鸦片战争和太平天国运动的迅猛发展,致使焦头烂额的清廷无力顾及工程浩大的黄河人工改道。

咸丰五年(1855)六月中旬,黄河水位从十五日开始,在河南境内祥符(今开封)、陈留(今开封陈留镇)、兰阳(今兰考县)一线,骤然上涨。十七日夜晚,又下了一场大雨,水势更加汹涌,两岸漫滩,一望无际。十八日,兰阳铜瓦厢三堡以下的无工堤段,顿时塌三四丈,仅存堤顶丈余,签桩厢埽,抛护砖石,均措手不及。当日晚,南风大作,风卷狂澜,波浪掀。十九日,洪水冲溃堤防;到二十日,全河夺溜。黄河主流由西北转向东北,先后淹及封丘、考城、长垣等县;又在长垣县兰通集分两支:一由赵王河下注,经山东曹州府迤南穿运;一由长垣县小清集行至东明县雷家庄,又分两支:一由东明县南门外下注,水行七分,经曹州府迤北与赵王河下注漫水汇流入张秋镇穿运,一由东明县北门外下注,水行三分,经茅草河,由山东濮城及白阴阁集、逯家集、范县迤南,渐向东北行,至张秋镇穿运。

黄河冲决张秋运河,直接危及漕粮北运。决口之初,朝廷即拟兴工堵筑,期于年内合龙。

此时,洪秀全领导的太平天国运动,定都天京之后,自扬州出发北伐,经安徽北上,一路连破州县,在河南归德(今商丘)战败清军,随后沿黄河西进,攻打开封,又渡过黄河进逼天津。同时,在安徽、河南、山东西南部和江苏北部一带的捻军,于咸丰五年(1855)会集在安徽蒙城雉河集(今安徽省涡阳),推张洛行为盟主。此后,捻军成为淮河流域反清斗争的主力。

为此,清政府正极力扩充军队,已拨军饷 2963 万余两,户部库存正项待支银仅剩 22.7 万余两,以致"度支万分窘迫,军饷无款可筹"(王先谦《东华续录·咸丰朝卷二四》)。因此,无力旁顾黄河决口之事。铜瓦厢决口的当年七月,咸丰帝奕詝下诏:"黄流泛滥,经行三省地方,小民荡析离居,朕心实深轸念,惟历届大工堵河,必需帑项数百万两之多,现值军务未平,饷糈不继,一时断难

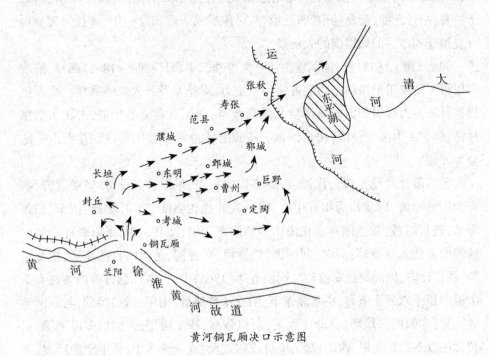

黄河铜瓦厢决口示意图

327

兴筑。若能因势利导,设法疏消,使黄流有所归宿,畅通入海,不致旁趋无定,则附近民田庐舍,尚可保卫,所有兰阳漫口,即可暂行缓堵。"(《续行水金鉴·黄运两河修防章程》)于是,铜瓦厢决口暂行堵复,决口从七八十丈到七月初已刷宽到一百七八十丈。

从此,黄河穿过南北运河夺大清河至山东武定府利津县入海,结束了宋、金以来南流六七百年的历史,形成了今天的黄河下游河道。

三、运河两岸的战事

太平天国在江南的根据地被清军瓦解,天京陷落,江北太平军在遵王赖文光的率领下与捻军会合。

捻军是以破产农民、游民等为主要成分发起的起义,活跃在安徽、河南、山东西南部和江苏北部一带。咸丰三年(1853),捻军因受太平军北伐推动,起义队伍逐渐壮大。咸丰四年(1854),捻军攻陷丰、沛两县。咸丰五年(1855),随着黄河改道,这支起义队伍成为运河一带反清斗争的主力。十一年(1861)三月,捻军攻陷夏镇。此地故名夏村(在今山东省微山县),明嘉靖年开新河后建为镇,其地处运河东岸。据沛县《光绪志稿》记载:"捻匪陷夏镇,人民死伤极惨。十一月,结联东匪,盘踞邑中,四处掠夺,村庄尽成灰烬。"这一年,沛县治又被迫自夏镇迁到沛县旧城以南的大桥寨。

同治二年(1863)秋,捻军攻占沛县大屯寨二十余日;四年(1865)四月,清政府以科尔沁亲王僧格林沁的蒙古骑兵为主力,对捻军发起大规模进攻。捻军把僧格林沁主力吸引到山东菏泽西北的高楼寨,利用有利地形伏击,击毙了僧格林沁,骑兵主力陷入包围,伤亡惨重。清政府紧急调派曾国藩以钦差大臣关防督师北剿。

曾国藩针对捻军流动作战、行踪不定的特点,采取重点设防、坚壁清野、画河圈围的对策,以徐州为指挥中心,将重兵驻扎在临淮、周口、徐州、济宁、归德等地,进行堵截,重点围攻。在微山和昭阳湖铜山、沛县一带,采取查圩和坚壁清野的办法孤立捻军;同时,利用淮河、沙河、贾鲁河、运河的自然地形,挖壕筑墙,进行设防,以限制捻军流动。同治五年(1866)七月,两江总督曾国藩在奏章中说:"臣于六月十五日,由水路东下,沿途水势盛涨,南阳、微山等湖,与运河连成一片,春间所修堤墙,自韩庄以下,两岸较高,沙土质松,大雨后多以坍塌,自黄林庄以下二百余里,两岸较低,堤身或露数尺,或全淹水中,目下茫茫巨浸,贼

匪断难飞渡,将来秋深水落,竟须另行全修。"(《东华续录》)

这年,捻军分为东、西两支。八月,赖文光部东捻与张宗禹部西捻在河南开封大会师,一举冲破曾国藩布置的沙河与贾鲁河防线,大败河南巡抚李鹤年的河防军。然后,乘胜东向,突破运河防线进入山东。九月,赖文光率东捻自山东曹州、济宁攻入江苏沛县。

同治六年(1867),李鸿章率领淮军吸取了曾国藩失败的教训,认为要消灭倏忽不定的捻军,必须增添马队,马步配合,左右夹击,前后堵截,才能扭转尾随追逐劳而无功的局面。在战略上,他坚守曾国藩"画河圈地"的主张,实行"扼地兜剿",驱逐捻军至水复之处。同年十二月,东捻军被李鸿章所灭。

四、黄河改道后的南北运河

咸丰五年(1855),黄河改道北徙,结束了黄淮运在清口(今淮安市境内)交汇的格局,清口以下黄河枯竭,河底淤高,淮河无法再流入昔日的河道。这时,淮河以北的伽运河与中河并称为中运河,其水乘建瓴之势,直下杨庄,分水东流,由黄河故道入海;其经流南下入顺清河,至马头镇会洪泽湖水,同入淮扬运河(里运河)。

黄河在铜瓦厢决口改道北徙,徐州境内中运河失去了引黄济运的水源。因而,骆马湖以上中运河济运水源主要依赖于微山湖。咸丰六年(1856),微山湖淤淀,加收湖水一尺,以志桩水深一丈五尺为度,以备接济漕运。

同时,又因黄河改道北徙,咸丰十年(1860),裁撤徐州河务八厅,以徐州府同知为运河厅,驻宿迁,专管邳州、宿迁两县河道。同治四年(1865)正月,两江总督曾国藩鉴于淮徐扬海道,辖境辽阔,难以管理,奏请朝廷复设淮扬河务道员,经批准后分设五厅,专管运河修防工程。其中,徐州同知所属河务汛地,归徐海道管辖。

光绪三年(1877)正月,漕督文彬上奏朝廷,河成、汇泽、利运、潆流四闸,将按顺序修竣。同年,又修筑黄林庄以下河清闸。光绪六年(1880)二月,署漕运总督薛允升奏请挑捞运河。光绪十一年(1885)九月,两江总督曾国荃奏请挑浚了运河淤浅段。第二年十二月,重修河清、河成二闸。光绪十六年(1890)夏,山东雨水山水同时并发,下注中运河,洪水挟泥沙淤积运道。当年十二月,两江总督沈秉成奏挑中运河淤沙。他认为,邳州、宿迁间的运河,河面为最宽且浅,提出将淤高之处,趁水涸之际,先行抽出河形,使可行之溜专归一泓,借以攻涤淤沙,将来漕船行至宿迁,再由微山湖放水济运,不致因河身宽浅而直泄无余。第二年十二月,两江总督刘坤一奏筹江北运道,将运河厅属的邳州、宿迁一带运河淤浅处,筑坝挑浚。光绪三十四年(1908),又对航道淤浅处进行挑浚。

光绪年间,尽管对中运河航道与建筑物多次进行维修养护,但是每年夏季沂河山水挟沙而行,洪水侵扰,水过沙停,导致运河航道严重淤积损毁,南北大运河只能保持区段通航。徐州境内的中运河不再是沟通南北运输的大通道。宣统三年(1911),随着津浦铁路通车,加之洪水危害,中运河趋于断航。南来船只,只能季节性通航至今天的邳州市运河镇。

五、导淮计划付诸东流

1912年1月1日,中华民国临时政府在南京成立,改用阳历,当年称中华民国元年。这一年,江淮水利局测量了中运河水道;并裁撤江北运河五厅,改分上、下游分管运河修防。上游辖境,自邳汛黄林庄起,至平桥(淮安平桥镇)汛南界黄浦止;下游辖境,自宝应汛黄浦起,至江都汛瓜洲口止。

民国二年(1913),导淮局督办张謇发表《治淮规划之纲要》,提出淮、沂、泗分治。

民国三年(1914)二月,以工代赈,用银十万元,整修邳、宿、泗三县运河堤工,工段上自邳县徐塘,下至泗阳县众兴迤下。五月,山东与江苏在台儿庄会商苏鲁运河筹治事宜,拟定双方治运须统筹分治,江苏治运,要在使上游无壅遏之灾;山东治运,要在使下游有消纳之量。

民国十年(1921),淮河大水后,张謇发表《淮沂泗沭治标商榷书》,主张疏浚沂、泗、沭淤浅段。民国十四年(1925),全国水利局发表《治淮计划》,提出沂河最大流量2500立方米每秒;由周口、骆马湖分入六塘河700立方米每秒,由窑湾分入中运河再汇入六塘河400立方米每秒;沭河最大流量2700立方米每秒,经蔷薇河入海2000立方米每秒,入前、后沭河700立方米每秒。(水利部淮河水利委员会《淮河规划志》)

民国十五年(1926)伏秋,黄河决山东东明县刘庄,直灌济宁,由运河下注,中运河两岸,风雨交加,邳县、宿迁和泗阳间运河多处溃决。第二年3月,时值北伐战争,直到1929年6月才将邳汛运河各缺口堵塞。

民国十八年(1929)7月,国民政府在南京成立导淮委员会。第二年5月,爆发了阎锡山、冯玉祥、李宗仁等联合反对蒋介石的中原大战。反蒋军以陇海线为中心,计划南取长沙,北攻济南,以夺取徐州为第一期作战目标。双方厮杀于归德(今河南省商丘)、民权及鲁西南一带。此时,沂沭泗治理计划仍未停息。同年10月,导淮委员会编制了《导淮工程计划》,内容包括沂沭河治导、泗运河治导及航运工程发展计划(以下数据均引自《淮河规划志》)。

沂沭河治导:沂河下游排洪河道,自邳县境内齐村起,经周家口至三岔渡段,设计排洪流量4500立方米每秒,三岔渡以下至龙沟段包括中运河刘老涧分洪1000立方米每秒,总设计流量5500立方米每秒,龙沟以下由灌河入海。沭河下游排洪河道,自红花埠起,循大沙河,穿青伊湖,经蔷薇河至临洪口入海,设计排洪流量4500立方米每秒。

泗运河治导:中运河为苏鲁两省航运要道,南四湖洪水,拟结合航运要求,整治韩庄运河和中运河,确定下泄流量1000立方米每秒,由中运河经刘老涧,分入六塘河,下会沂水出灌河入海。韩庄运河、中运河堤防,按排洪1000立方米每秒水位加超高1.5米修筑;在德胜、河定、刘老涧各建船闸,以利常年通航;在德胜、河定闸旁各建活动坝,以利泄洪;在刘老涧闸上游运河东岸,按排洪1000立方米每秒建活动坝,以便向六塘河分洪;原有韩庄湖口及中运河沿程各闸一律拆除,以畅泄洪流。

航运工程:旨在沟通黄河、长江南北两大水运通道,拟自微山湖至长江,沿线建德胜(枣庄境内)、河定(邳县境内)、刘老涧(宿迁境内)、淮阴、邵伯(扬州境内)等船闸及节制闸,以保持常年航道水深不低于3米,能行驶900吨巨轮。微山湖至刘老涧闸段航道,由微山湖供水;刘老涧至邵伯闸段航道,由微山湖及洪泽湖协同供水;邵伯闸以下可与长江水位衔接。

民国二十年(1931)四月,国民政府审议通过《导淮工程计划》。八月,淮河流域发生了比民国十年更大的特大洪水,中运河水涨,东堤自宿迁城迤上对岸起,至邳县徐塘口止,计决口二十九处,漫缺五十五处;西堤自宿迁皂河集迤上起,至邳县迦河口迤下对岸止,计决口二十处,漫缺二十八处;邳县不老河左岸决口十四处,漫缺十五处,右岸决口十八处,漫缺十六处。

民国二十一年(1932)冬,相继疏浚六塘河、沂沭河尾闾,培修中运河、沂、沭河、微山湖堤防。

民国二十二年(1933)七月下旬,陕西暴雨,黄河支流泾、洛、渭、汾等河并涨;此时,内蒙古包头至陕西潼关间河水也在上涨。八月十日凌晨,黄河陕县水文站测定最高洪水位(大沽口标高)为298.23米,流量22000立方米每秒(引自1952年7月《新黄河〈一九三三年及一九四二年黄河在陕州最大洪水的初步研

331

究)》)。黄河洪水过河南洛阳后,在北岸温县冲决十余处;到达南岸郑州附近,河水飞涨八尺,水面与平汉铁路桥平,七十七、七十八两桥洞被湍急水流东移数寸。十一日,黄河先溃兰封小新堤;接着,南北堤又决开三口,水入考城,逆流又入归德。黄河堤埝全溃,漫溢之水,淹及山东曹县、巨野、定陶、单县。十七日,黄水泛流江苏丰县,东趋徐州,环城黄河故堤,十余里间决开七处。

民国二十四年(1935)七月,黄河又在山东鄄城董庄决口,分黄河水十之七八,破堰东流,阻于民修格堰,折而南,决官堤六大口,分两股:小股由赵王河穿东平县运河,合汶河又归黄河正河;大股平漫菏泽、郓城、嘉祥、巨野、济宁、金乡、鱼台等县,由运河入江苏,又由南阳湖、昭阳湖递注于微山湖,淹丰、沛、铜三县、灌邳县、宿迁县。黄水由中运河注入六塘河,沭河放溢四出。泗阳、淮阴、涟水、沭阳、东海、灌云等县皆受灾严重。

民国二十六年(1937),导淮工程正要全面实施时,日军大举侵华,不仅使导淮工程被迫全面停工,而且已建工程及原有河道、堤防遭到严重破坏。

抗日战争结束前夕,国民政府于1944年在《中国善后救济工程实施计划》中,将运河、沂、沭河复堤工程列入实施计划,后来因经费不济而中止。

1945年,正当抗日战争胜利结束时,沂沭泗流域发生大水,紧接着又连续两年。1947年9月,国民政府淮河水利工程总局拟定《战后导淮工程十年建设实施计划概要》,分两期完成沂沭泗导淮工程计划:第一期,沂、沭河整治;中运河疏浚、培堤及灌溉工程。第二期,中运河整治及灌溉工程;微山湖水电站建设。不久,因解放战争烽火遍及沂沭泗流域而导淮工程计划未能得以实施。

参考文献:

[1]民国·赵尔巽等《清史稿·河渠志》,上海:上海古籍出版社,1986年

[2]民国·郑肇经、武同举等《再续行水金鉴·154卷·魏源筹河篇》

[3]民国·郑肇经、武同举等《再续行水金鉴·154卷·金安清文》

[4]清·王先谦《东华续录》,上海:上海古籍出版社,2007年

[5]民国《沛县志》

[6]白寿彝主编《中国通史》,上海:上海人民出版社,1989年

[7]水利部淮河水利委员会《淮河规划志》,北京:科学出版社,2005年

第五编　运河复兴

黄河长期在汴、泗运河行水,黄土高原的泥沙沉积使之成为地上悬河,且决溢泛滥于两岸,明代避黄河之险开挖泇运河,使泗水改道,从而打乱了自然形成的沂沭泗水系。

1948年,沂沭泗流域遭遇洪水。南四湖洪水经中运河与沂河、邳苍地区来水汇合,再经骆马湖由六塘河、中运河下泄,流量仅为1000立方米每秒;沭河下游靠蔷薇河、善后河分流入海,流量只有200~300立方米每秒(数据引自《江苏省志·水利志》)。沂涨犯沭,沭涨犯沂,沭河常与沂河涨水连成一片。沂沭并涨,则出现"沂沭不见面,见面一大片"的惨不忍睹景象。1949年夏,刚获得解放的徐淮地区又遭遇沂沭泗大水。沂河、沭河、不牢河、中运河及下游六塘河,共决口漫溢150多处,受灾面积达927万多亩,受灾人口300多万,淹倒房屋25万多间(数据引自《淮河年鉴》)。徐淮平原南自黄河故道,北至陇海铁路,洪水茫茫,沂沭泗下游尽为泽国,连续五年颗粒无收!

中共中央获悉沂沭泗流域发生大洪水后,立即发出电令:"现在解放了,如果不认真治水,根治水害,政权就无法巩固,应抓紧当前战争刚刚结束的有利时机,采取以工代赈的办法,积极着手治水。"

从此,在沂沭泗流域拉开了运河复兴的序幕。

早从1945年开始,林一山、耿光波、江国栋以及苏北水利工作者等治河精英,先后着手研究治理沂、沭河,提出开辟新沭河和新沂河。山东省实业厅拟订《导沭经沙(河)入海》规划方案,并经中共华东局批准。沂沭河水利工程总队编制《导沭经沙入海工程计划初稿》。

1949年冬开始,实施"导沭整沂"和"导沂整沭",逐渐形成沂沭泗地区洪水出路的总体部署后,于1954年兴建江风口分洪闸,分泄沂河洪水由武河入中运河。根据泗河水系的变化,水利部治淮委员会于1954年在《沂沭汶泗洪水处理初步意见》中,制订了南四湖区和沂沭运中下游洪水处理方案;1957年3月编制《沂沭泗区流域规划》。同年7月,规划还未来得及实施却遭遇了沂沭泗流域有记载以来的特大洪水。

1957年12月,水利部治淮委员会对沂沭泗流域规划进行初步修正。接着,对淮河流域航运重点开展黄河至长江段的京杭大运河整治工程建设规划;对邳苍郯新地区提出统一排水规划。1971年,水利电力部海河勘测设计院在《淮河流域规划》中提出，扩大沂、沭河和南四湖洪水出路，以总体概括"沂沭泗河洪水东调南下工程"；后来，又在此基础上形成了沂沭泗防洪规划。

徐州运河的复兴，不仅形成了以中运河、京杭运河不牢河和湖西航道为大动脉沟通黄河与江、淮的运河，而且将运河建设成具有防洪、排涝、调水、灌溉、城市供水等综合性功能的生态河道，并且对黄河故道进行了生态修复。

在徐州境内，运河历经建设，形成了以中运河、京杭运河不牢河和湖西航道为大动脉，徐洪河为京杭运河分流以及区域干线连接沂、沭、泗水系的水上运输网，覆盖徐州全境，南接江淮，北通黄河。以中运河为骨干，由邳苍分洪道、黄墩湖滞洪区形成沂沭泗洪水南下工程防洪体系。

骆马湖和南四湖，通过筑堤建闸等一系列水利工程建设，由天然状态的湖泊变成大型水库湖泊，由人工调蓄发挥着防洪、灌溉、航运、工业以及生活和生态供水等综合效益。

徐州运河两岸的排涝，原本汇聚泗水。这条天然大河及其支流沂、沭、汴、睢诸水，河槽深广，水流通畅。黄河侵夺汴、泗，泛滥于徐州；加之，开发南北运河使泗水改道，改变了沂、沭、汴、泗、睢诸河的出路，打乱了运河两岸的自然排涝系统。新中国成立后，在合理安排沂沭泗流域洪水出路的前提下，根据自然排水规律，将运河两岸划分为湖西、运西、邳苍、郯新、濉河、安河、沂北等相对独立的区域排涝系统。

运河沿岸，自南而北分布着洪泽湖、骆马湖和南四湖。新中国成立后，将三大湖泊的天然状态建设为具有蓄水灌溉功能的大型水库；从而，运河以三大水库型湖泊为依托形成了洪泽湖、骆马湖和南四湖三大灌区。

国家南水北调是在江苏省"引江济淮，江水北调"的基础上，以京杭运河为输水干线，从长江下游引水北送天津作为东线工程，并在徐州境内形成双向输水。同时，为充分发挥骆马湖在东线输水干线上的调蓄作用和确保江苏向山东送水达到合格水质，除兴建骆马湖水资源控制工程还兴建截污导流工程。

黄河侵夺汴、泗，打乱河流水系，改变了徐州城区的自然环境，古老的山水之城失去了昔日的生态环境。新中国成立后，在城区实施一系列的水生态建设，逐渐实现人与自然的和谐共存。

叠加在汴、泗运河之上的黄河，于清咸丰五年（1855）改道北徙，在徐州境内遗留下横亘东西的故道。由于黄河长期在汴、泗两河行水，沉积了黄土高原的泥沙，使河堤与堤外平原高差悬殊，两岸支流无法汇入，形成了独立的水系。中泓弯曲而堤防残缺不全，水土流失严重，淤积不畅。中泓两岸滩地为粉砂土和沙壤土,干旱无雨,飞沙弥漫,降雨后成为板沙,流水时成为淌沙,生态环境恶劣。

20世纪50年代开始,对黄河故道采取中泓治理、分泄洪水、兴建梯级控制、建库蓄水和建站引水等生态修复措施,形成了集防洪、排涝、灌溉引水、生态旅游等具有水利特色的生态环境。

第一章　拉开运河复兴的序幕

一、一代治河精英的设想

1945 年春,山东省抗日民主政府战时行动委员会成立了水利委员会,曾经在北平师范大学读书、立志"不做大官做大事"的林一山,与毕业于国立北平大学的山东省实业厅副厅长耿光波分别担任正、副委员长,开始着手研究治理沂、沭河。

1946 年秋,正值沂、沭河洪水泛滥,毕业于中央大学土木系、苏北海堤工程委员会主任工程师、苏皖边区水利局副局长江国栋,随军北上后任山东省水利局局长,"虽在战乱中,江国栋却已萌发了苏鲁两省共同治理沂沭泗河的设想,并且和同事们查勘测量,勇敢地提出了开辟新沭河的方案。苏北的水利工作者,在当地党政领导下,也酝酿开辟新沂河的计划"(引自全国政协原副主席钱正英《沂沭泗河道志·序》)。

1947 年 3 月,山东省实业厅拟订《导沭经沙(河)入海》规划方案。1948 年,中共华东局批准了导沭规划方案,并由山东省人民政府主持实施。1949 年 3 月,沂沭河水利工程总队编制完成《导沭经沙入海工程计划初稿》。

二、"导沭整沂"与"导沂整沭"的总体部署

1949 年 11 月,华东水利部召集山东、苏北、平原三省区,在徐州召开沂、沭、泗河治理会议。

沂河是沂沭泗水系中最大的山洪河道,自北至南流经山东省沂源、沂水、沂南、临沂、苍山、郯城,江苏省邳县、新沂,长 333 公里;其中,山东省境内 287.5 公里,江苏省境内 45.5 公里。流域面积 11820 平方公里,其中,山东省境内

10772 平方公里,江苏省境内 1048 平方公里。流域北部为鲁沂山区,西北部为泰沂山区,地形西北高,向东南倾斜。沂河在临沂以上为山区、丘陵,以下进入平原;上游水流湍急,暴涨暴落,水土流失严重,下游水流平缓,泥沙淤积河床。

沭河发源沂山南麓,南流至山东省临沭大官庄,长 196.3 公里,流域面积 9250 平方公里,其中,大官庄以上 4519 平方公里。流域面积大于 100 平方公里的支流,主要分布于左岸丘陵山区。沭河流域降水集中,上游坡陡,来水快,洪峰高,下游与沂河尾闾串通,从临洪口、埒子口和灌河口入海,山洪暴发,宣泄不及,同沂河一起溃决泛滥。

泗河源自山东新泰南蒙山太平顶西麓,西南流至南四湖时,分东西两支注入独山湖和南阳湖。南四湖承受周围入注的河流,湖东主要有洸府河、泗河、沙河、城河、薛河等;湖西主要有赵王河、洙水河、万福河、大沙河等。南四湖北起今济宁市以南小口门,南至今徐州市区以北蔺家坝,南北长约 110 公里,东西最宽处 23 公里,最窄处 3 公里。当时,南四湖水面面积在南阳湖水位 34 米时,约 1200 平方公里,其中,微山湖面积最大,约 500 平方公里。南四湖除受周围天然河流入注的水量外,北端有运河注入,排水由南端的不牢河和韩庄运河入中运河。

沂河源高流急,洪水下泄快且流量大;沭河虽源短流急,但流域面积小;泗河流域有南四湖调蓄,洪水下泄慢。

据此,徐州会议认为以治沂为主,势所必然。并确定"治沂必先治沭,而后泗运"和"沂沭泗分治,沂沭分道入海"的原则,提出:沭河,按山东省临沭大官庄防洪流量 4500 立方米每秒安排,其中,由大官庄东流 3500 立方米每秒经沙入海;其余 1000 立方米每秒,由原河道南流经苏北入海。沂河,按临沂防洪流量 6000 立方米每秒安排,由老沂河、新沂河至灌河口入海。泗河,防洪流量 1000 立方米每秒,分由不牢河、韩庄运河,经中运河至苏北入海。

1950 年 1 月,华东水利部在沂沭河治导技术会议上确定:骆马湖、黄墩湖为拦洪水库;沂河洪水自山东省临沂刘家道口开分沂入沭水道向沭河分流 1000 立方米每秒,自江风口向武河分流 1500 立方米每秒入中运河,其余 3500 立方米每秒由新沂河下泄。1951 年 2 月,华东水利部在沂沭汶泗治理会议上,将导沭经沙河(在今江苏省赣榆境内)入海河道定名为新沭河,确定分泄沭河洪水 2800 立方米每秒;南流河道老沭河承泄沭河洪水 1700 立方米每秒。

沂沭泗地区洪水,通过规划安排,逐渐形成了"导沭整沂"与"导沂整沭"的总体部署。

三、马陵山切岭　开辟新沭河

沙河在今江苏省赣榆境内,1951 年 2 月将"导沭经沙河入海"河道定名为新沭河。鲁中南行署共组织 91.19 万民工,连续八期,在山东省临沭县大官庄兴建沭河坝和溢流堰(人民胜利堰);在大官庄北沭河左岸,向东实施马陵山切岭工程;开挖引河和修筑石梁河至小东关大堤;修筑下游大沙河至临洪河旧道堤防;临洪河复堤、裁弯及乌龙河改道。

1953 年 3 月,导沭委员会改为山东省导沭整沂委员会。徐州划归江苏后,其境内的工程由江苏组织实施,从 3 月至 11 月,连续两期,组织 3.2 万人,完成了新沭河下游中弘开挖及筑堤工程。

新沭河工程,历时 4 年,兴建了大官庄沭河坝和人民胜利堰,以横截沭河部分洪水,控制导沭分流;向东开挖引河 14.2 公里,分沭水入沙河,经临洪口入海,全长 66 公里。引河上段 6.4 公里为马陵山切岭,以石方开凿,最大深度 14 米,底宽 55 米。引河以下为大沙河扩大,堤距 380 米至 2000 米。

新沭河开通后,沭河部分洪水东调入海,既减轻了沭河下游的洪水压力,也减少了新沂河的排洪流量。

四、整治沂河

当声势浩大的马陵山切岭、开辟新沭河正在紧张地施工时,在山东省境内又开始整治沂河。

当时,骆马湖以上沂河分属山东省和苏北行署,苏、鲁两省省界在华沂附近。因此,江苏省邳县境内的沂河堤防工程由山东省导沭整沂委员会负责,华沂以南新、老沂河由苏北导沂整沭委员会负责。

1951 年到 1953 年,在山东省导沭整沂委员会的领导下,培复山东省境内沂河大堤,左堤从苏、鲁交界处齐村至颜口,右堤从吴道口至临沂城,共培复堤防100 公里。同时,疏浚沂河淤浅段,完成沂河李园村东裁弯,大新庄、华沂切滩,花园、重坊、铺里退堤以及武河口临时溢洪道加填土方,开挖沂河李庄至临青公路段中泓。

1951 年 11 月,按沂河临沂洪峰流量 6000 立方米每秒,开挖分沂入沭水道,向沭河分流 1000 立方米每秒。分洪河道长 19.6 公里,上起沂河左岸临沂市彭道口北,过韩家埠入临沭县境内,经黄庄、曹庄,又东南,至前河口南入老沭河。

分沂入沭水道的开挖,将沂河部分洪水东调注入沭河,减轻了沂河洪水下泄骆马湖的压力。

五、嶂山切岭 开辟新沂河

为开辟沂河新的入海出路,1949 年 8 月,苏北区开始勘察沂河入海线路。

当时,宿迁经五花桥至嶂山,东为傅家湖,西为骆马湖,均为沂、泗洪水泛滥之区。沭阳徐口以东,洪水茫茫,望无涯际,平地行舟,良田均成泽国。

根据综合查勘、测量、座谈等调查研究资料,选定新沂河入海路线:自华沂向东南,沿马陵山西经骆马湖,切开峒峿山与嶂山之间的马陵山断麓,穿过峒峿山与马陵山,沿嶂山以东岭地,至口头入老沭河旧道,过颜集,由龙堰镇出老沭河折向东南,至沭阳城北穿前沭河向东,再穿盐河、小潮河,经滨海草滩,由大潮河至灌河入海,后又改从堆沟经灌河入海。

11 月 25 日,华东水利部林平一委员查勘新沂河入海口,提出新沂河入海口改在燕尾港。此时,新沂河开工在即,又重新测量、放样,修改新沂河入海线路,争分夺秒抢时间,保证了新沂河按时开工。岁月流逝,大河长流,实践证明新沂河入海口改在燕尾港完全正确。

1949 年 11 月,一场声势浩大的导沂工程在江苏省境内展开。

斯时,苏北地区已经是连续五年遭受水灾,群众生产、生活十分困难,灾区人民缺衣少食。在灾情非常严重的情况下,中共苏北区党委和行署采取"以工代赈,治水结合救灾"的办法,动员睢宁、宿迁、泗阳、灌云、淮阴、沭阳、新安、邳睢、涟水、淮宝等 10 个县和苏北军区、淮阴军分区,共计 55 万人次,参加新沂河工程施工。

新沂河自华沂经骆马湖,折而向东越嶂山切岭,经宿迁、沭阳、灌云、灌南、响水等地,至堆沟入灌河,由燕尾港入海,全长 183 公里,规划排洪流量 3500 立方米每秒。

新沂河华沂至骆马湖段为开辟的沂河新道,筑堤束水,漫滩行洪,堤距由760 米渐扩至 1800 米;两岸堤防,按华沂洪水位 28.48 米培筑,堤顶超洪水位1.5 米,堤顶宽 6 米。陇海铁路南 2 公里以下开挖中泓,底宽 120～150 米,河底高程 21.0 米。沂河干流在李庄以下,按行洪 3500 立方米每秒,堤顶超高 1.2米,顶宽 6 米复堤。同时,堵闭芦口坝,不再分泄沂河洪水由城河入中运河。华沂以下老沂河按行洪 500 立方米每秒整修堤防。后来,将华沂至骆马湖段新沂河改名为沂河草桥段。

骆马湖嶂山出口以下新沂河,长 144 公里。新沂河上段 7.93 公里为嶂山切岭。在峒峿山与嶂山之间马陵山断麓的坚土和砂姜上,第一期,按行洪 710立方米每秒,横切断麓,第二期,按骆马湖水位 23.0 米,泄洪 1350 立方米每秒,继续扩大嶂山口门。

新沂河自骆马湖东越嶂山切岭,在口头以下,按行洪 3500 立方米每秒,采取"束水漫滩"的排洪措施,平地开泓筑堤。从嶂山到入海口,堤距 1100~3150米;堤顶高程 23.0~6.5 米;堤顶宽 6 米;内外边坡 1:3。1950 年 5 月,新沂河工程竣工。从此,沂、沭、泗洪水有了排洪入海的通道。同年汛期,新沂河经受第一次洪水考验,沭阳出现洪峰流量 2551 立方米每秒。

六、整治沭河

山东省"导沭整沂"工程,实施马陵山切岭,开辟新沭河,分泄沭河洪水从大官庄向东至临洪口入海;在沭河大官庄筑坝,东端开溢洪道,建人民胜利堰,控制老沭河分泄沭河南下洪水流量 1700 立方米每秒,并承泄"分沂入沭"来水1000 立方米每秒。流经山东省郯城于红花埠入江苏省新沂境内。

老沭河在江苏省境内长 47 公里,河道弯曲,河槽狭窄,上游多为山丘,雨季山洪暴发,下游堤防极易溃决。1950 年至 1953 年,在山东省境内,按沭河大官庄洪峰流量 4500 立方米每秒,自大官庄向上,修筑左、右岸堤防 44.6 公里。江苏省境内,开辟新沂河后,培修加固老沭河堤防;同时,将老沭河在新沂邵店口头截入新沂河,东流于燕尾港入海。

从此,沭河下游有了固定的排洪入海通道。

七、武河与江风口分洪闸

武河为天然河流,古称武水,亦称涑水,发源山东省费县西南柱子岗下天井汪,行六十里,东入兰山(在今山东省临沂)界,东分二支:一支入于沂河;一支南流为武河,有兰山江风口沂水注之。武河入今江苏省邳州境后,经艾山东南流至葛峄山(峄山)西汇入祠水,由旧邳州城(在今睢宁古邳镇境内)西武原水口注入泗水。

明万历三十二年（1604）开通洳运河，武河被截断，遂为"引沂济运"通道。康熙二十八年（1689），黄河决溢，邳州城塌陷，遂将州治迁至洪福山（今邳州市境内邳城山）之阳。武河绕城而过，称城河。乾隆十三年（1748），在沂河西岸兰山县江风口，俗名夹缝口（在今山东省郯城县王家沙沟村西北），建迎水、滚水各坝石工，控制沂河水量下经武河入洳运河；又修武河、燕子河、芙蓉河堤堰。乾隆二十二年（1757），重修江风口碎石坝。后来，坝工失修遂废，分泄沂河洪水失去有效控制。数百年来，每逢沂蒙山区大雨，沂河经武河分洪，加上区间来水，洪水滚坡而下，遍地漫流，洪涝不分，灾害严重，多年流传着"决了江风口，水从兰山走，冲了二郎庙，捎带旧邳州"等谚语。

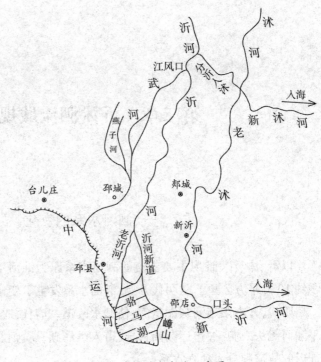

沂、沭河洪水分流示意图

为缓解沂河洪水泛滥邳苍地区的局面，1954 年 11 月到 1955 年 6 月，山东省在江风口建成分洪闸，按 2000 立方米每秒设计，2400 立方米每秒校核，分泄沂河洪水，利用武河入中运河。

参考文献：

[1]清·乾隆《郯城县志》

[2]治淮委员会《沂沭汶泗流域洪水处理初步意见》，1954 年

[3]水利部淮河水利委员会沂沭泗管理局《沂沭泗河道志》，北京：中国水利水电出版社，1996 年

第二章 沂沭泗流域规划

一、泗河水系的变化

以沂、沭、汴、睢为主要支流的泗河水系原为淮河下游最大的支流,流域面积约 10 万平方公里。从明代开始,泗河水系发生了变化。

明代,开南阳新河与迦运河,使泗水改道。清代,睢河下游小河被黄河淤为平陆而无法入泗,被迫逐渐南移,改道入洪泽湖。黄河长期行水于泗河,改道北徙后的故道则自成独立水系。

汶河源出今山东省旋崮山北麓沂源县境内,向西南流经东平南,在梁山东南入济水。其地势东高西低,北高南低,北依泰山,东靠鲁山、蒙山,西、南为丘陵和平原。明代在今山东省东平县以东的汶河下游戴村筑坝,拦截汶河之水南下至南旺分流,北至临清入卫河,南过济宁入泗水。

民国二十四年(1935)七月,黄河在山东鄄城董庄决口,分黄河水十之七八,分两股下注:其中一股由赵王河穿东平县运河,合汶河又归黄河正河。此时,汶河济运河道渐淤,仅分小部分西南流入运河,大部分西北流又回归原入济水河道。由于济水被咸丰五年(1855)黄河北流山东入海所夺,致使汶河水流下泄受阻,于是在东平故城西汇集而成东平湖。东平湖又与黄河相通,水位低时,黄河倒灌入湖。以后,东平湖定为黄河下游滞洪区。汶河与东平湖随之属黄河流域。

沂、沭河中下游河道几经迁徙,迂回曲折,互相侵扰,归海出路淤塞。1949年,开辟新沭河,自山东临沭大官庄向东南下接沙河,经江苏省东海、赣榆至连云港临洪口入海;开辟新沂河,在邳州华沂村堵闭老沂河口门,向南开辟新沂河草桥段,使沂河全部流量入骆马湖;在骆马湖以东开辟新河道,自嶂山经新沂口头村会老沭河,向东横穿沭阳、灌云至堆沟入灌河,再由燕尾港入海。

344

从此,沂、沭、泗河脱离淮河并与黄河故道、濉河、汶河分离,形成了独立的沂沭泗水系,流域范围缩小至黄河故道以北、黄河大堤以东,北部为沂蒙山丘区,西部为湖西平原,南及东南部为平原区,流域面积7.2万平方公里。

二、洪水处理方案

根据泗河水系的变化,水利部治淮委员会于1954年提出《沂沭汶泗洪水处理初步意见》,制订了南四湖区和沂沭运中下游洪水处理方案。

南四湖由南阳、独山、昭阳和微山四湖组成;流域范围:北至汶河,西至黄河东堤,西南至黄河故道东堤,东及东南为泰山及邹滕诸山脉,与沂河、中运河接界;流域面积:湖东9106平方公里,湖西14985平方公里,湖面积当水位在36.0时为1688平方公里。湖东各河多为山溪性河流,坡陡流急,挟沙量大,中游河槽宽浅;湖西各河均为黄河淤积平原上的坡水河,洪峰平,水流缓,水系紊乱,难以划分流域界线,洪水时一片汪洋,汛后干涸无水。南四湖本身,由于四湖连成一湖,水面北高南低,水中芦苇丛生,运堤阻隔,浅滩高碍,水流下泄缓慢。以拥有26000平方公里的南四湖流域面积,而大洪水时泄量仅300~400立方米每秒,以致每年洪水常待至次年夏季,甚至隔年后始能泄尽。南四湖水位长时间居高不下,以致湖西入湖各河水位壅高,内涝难以排泄。

沂沭运区域,北界沂、蒙、鲁山,西至泰山和邹滕诸山与邳苍地区相邻,东临黄海,南至黄河故道,包括沂沭河流域及新沂河南北地区,面积约30500平方公里;地势,北部多山及丘陵,南部为平原;沂、沭、运为主要干流。沂、沭两河上游为山区,坡陡流急,洪水暴涨暴落;下游为平原,沂、沭、运三河互相贯通;加之,邳苍与南四湖地区来水均以中运河为下游。虽然开辟了新沂河、新沭河、分沂入沭水道,重新安排了旧日的河流水系,控制了一般性洪水,消除了部分内涝,但是由于当时时间短促,资料缺乏,估计沂河洪水,在临沂洪峰流量6000立方米每秒。其实,在后来得到的资料证实,1937年临沂洪峰流量曾经达到8500立方米每秒。显然,原来估计的临沂洪峰流量偏低。

《沂沭汶泗洪水处理初步意见》提出,南四湖采用一级湖方案,疏浚四湖,加固堤防,扩大出口河道并建闸控制出口泄量;以微山湖水位为准,蓄水位暂定33.5米;在微山湖水位33.5米时,出口河道泄量暂定为800立方米每秒,湖水位升高,泄量亦增,至多以1200立方米每秒为限;在出口处建蔺家坝闸和韩庄闸,控制不牢河及韩庄运河泄量,在微山湖水位33.5米时,合计泄量为1000立方米每秒;湖堤,南阳湖大致沿 34.0 米等高线,昭阳湖北段大致沿 33.5 米等高线,昭阳湖南段大致改沿 33.5 米等高线修筑,滨湖地区低于湖最高湖水位者,应采取分区筑圩、截水、挖沟等办法,分别排水入湖,内涝无法排除之地区,采用抽排办法解决。

对沂沭运洪水处理,确定沂河在临沂发生 100 年一遇洪水,流量达 9200 立方米每秒时,分沂入沭 2450 立方米每秒,沂河李家庄以下承泄 4650 立方米每秒,江风口分洪 2000~2100 立方米每秒,华沂以下老沂河至少排泄 500 立方米每秒,嶂山最大泄洪 2000~3000 立方米每秒。新沂河口头以下最大泄量为 4500 立方米每秒。沭河在大官庄流量为 4500 立方米每秒时,新沭河分洪 2800 立方米每秒,老沭河承泄 1700 立方米每秒。根据方案,计划在山丘区修建龙门、傅旺庄、东里店和石岗等 4 座多目标水库;加大分沂入沭水道;建江风口分洪闸;按排洪 5000 立方米每秒,加强李家庄以下沂河堤防;建老沂河华沂分洪闸;骆马湖用堤、闸与沂河分开;按特殊分洪要求建城河、芦口分洪闸,特大洪水时,要求两闸能各自分洪 1000 立方米每秒;按排洪 3000 立方米每秒,扩大嶂山切岭;完善骆马湖大堤及其他有关堤防、涵闸等防洪控制工程;扩大新沂河;按排洪 3800 立方米每秒,加固新沭河;在大官庄人民胜利堰顶加做控制工程,以控制沭河泄量;按分洪 600 立方米每秒,兴建中运河刘老涧分洪闸。

三、流域规划

沂沭泗流域面积近 7.2 万平方公里,北为沂蒙山丘区,西为南四湖西平原,东南为苏北平原。流域内,山丘区约占 1/3,平原区约占 2/3。其中下游河道水系,经过 1949 年至 1955 年的初步治理,使洪水基本得到控制。为进一步解除洪、涝、旱灾,水利部治淮委员会于 1955 年 11 月,由勘测设计院主持,江苏、山东、河南三省的水利和交通部门参加,编制《沂沭泗区流域规划》,包括防洪除涝、灌溉、航运等。

防洪除涝规划的方针:上中下游统筹兼顾,蓄泄兼筹,上游以蓄为主,中游蓄泄并重,下游以泄为主。

南四湖地区,在湖东山区修建水库,削减洪峰,蓄水兴利,推行水土保持,防止水土流失;中、下游整治河道,扩大排泄能力,增强防洪安全,修筑湖堤,防止湖水漫溢。湖西平原适当调整水系,疏浚河道,建立健全排水系统,防治涝渍灾害。滨湖地区圈圩建站,改种水稻。湖区应清除芦苇等阻水障碍,酌情疏浚,改善排水条件,加强周边堤防,加大出口泄量;湖口建闸控制,蓄水兴利。

韩庄运河、中运河措施为河道疏浚结合筑堤。河道疏浚,邳县滩上上下分别排洪1500和2210立方米每秒。其中,韩庄至台儿庄之间的伊家河和韩庄运河,分别排洪200和1300立方米每秒。遇5年一遇以上洪水,中运河需洼地滞洪。20年一遇以下洪水,使用邳县境内林庄湖滞洪。江风口分洪以下拟建邳苍分洪道,筑堤束水漫滩行洪,使沂河洪水汇合沿途涑河等坡水入中运河。

邳苍地区的大沙河在上游山区和丘陵区,拟结合灌溉蓄水建峄城水库,以拦洪削峰;西泇河在上游山东省苍山万村拟建万村水库拦洪蓄水,中、下游左岸支流就近改道入汶河,以利排泄坡水;东泇河在上游山丘区拟建童疃水库,控制面积275平方公里,下游内窝以下培修堤防;堵塞燕子河、沙淘河、祁家河相连的各岔道,裁弯取直赵村至上吴埝段,在赵村以上改道至老滩上入中运河;燕子河拟自山东省境内为儿桥疏浚河道,下经东西石梁、为女桥、江苏省邳县境内汴家桥、大袁庄,由祁家河入中运河;在王家桥旗杆处,拟建分洪控制工程,分泄洪水200立方米每秒入城河;陶沟河以疏浚扩大河道为主;房亭河拟疏浚河道,扩大排泄能力。

骆马湖水库以防洪为主,兼顾蓄水,发展灌溉、航运、水产。为确保下游苏北淮阴平原安全,防洪规划采用暴雨中心在沂河流域作为设防依据。骆马湖拟按1000年一遇洪水设计、10000年一遇洪水校核,加高加固堤防及有关建筑物。骆马湖综合利用原则:航运水深,确定湖内死水位20.5米、死库容2.4亿立方米;防汛要求,确定湖内汛期限制蓄水位22.48米,汛后兴利库容9.0亿立方米,1000年一遇设计洪水位25.03米,10000年一遇校核水位25.87米,总库容50.20亿立方米。嶂山切岭,按湖水位22.5米,泄洪5500立方米每秒扩大;微山湖水位33.5米时,排洪1500立方米每秒;当暴雨中心在沂河或邳苍地区洪水大于50年一遇时,南四湖关闸控制泄洪;沂河铁山、姜庄湖水库控制李家庄以下泄量不超过6000立方米每秒;沭河龙门水库,按2500立方米每秒流量排洪,配合骆马湖控泄,使新沂河泄量不超过5500立方米每秒,并据此加固新沂河堤防;骆马湖区西北沿23.0米等高线圈堤,南接黄河故道堤,北接房亭河堤,筑剑秋洼防洪堤;100年一遇洪水时,破西堤及秋洼堤。骆马湖泄洪由嶂山和宿迁闸控制。

沂、沭河上游洪水来量大,拟在上游修建水库,拦洪削峰,兼顾蓄水兴利。

沂、沭河下游地区,南与西南以黄河故道右堤为界,西至马陵山脉及沭河东分水岭,北至青口河,东至黄海,流域面积15400平方公里,西北一隅地势高仰,岭地起伏连绵;东南为广大平原,地面西高东低,比降平缓。防洪除涝措施,拟在蔷薇河上游修建安峰山水库,控制流域面积 130 平方公里;新开河上修建高流河和淋头河水库,分别控制集水面积 170 和 199 平方公里;拟将黄泥河与蔷薇河水系划开,各自下排。

沂沭泗流域灌溉发展规划是根据地形和水源,将南四湖,沂、沭河中上游和沂、沭河下游分为三大灌区。

南四湖灌区分布在湖东和湖滨地区;沂、沭河中上游灌区分布在沂河及邳苍、沭河地区;沂、沭河下游灌区包括黄河故道,北到青口河,西至马陵山及骆马湖,东滨黄海,分骆马湖、新沭河、小型水库和引淮灌区。

沂沭泗流域内的大运河航道,南起淮阴,北迄袁口,长 439 公里,分淮阴至运河镇、运河镇至济宁、济宁至袁口三段。其中,运河镇至济宁段河线,原经台儿庄、韩庄入微山湖,再经昭阳湖、独山湖、南阳湖直达济宁。现拟改经不牢河、蔺家坝入微山湖,沿湖西开挖深槽至济宁。

不牢河下段拟由小王庄改道至大王庙入中运河,并在大王庙修建船闸。不牢河在鲍口子以下河底较高,拟予加深,并截直朱家湾、韩园、魏庄等急弯段。不牢河干线在荆山桥以上拟利用徐州市区老不牢河,加以裁弯疏浚。微山湖西高楼至洙水河口段为排涝泄洪综合利用航道,拟沿湖西开挖底宽 50 米、底高 28.0 米航槽;洙水河口至济宁结合泉河排水开挖新河道;微山湖西堤结合航道疏浚取土培修。

中运河航道结合排洪排涝拓宽浚深,计划河底宽 132~280 米,河底高程在地面下 5~6 米,边坡 1:3。枣庄煤炭由台儿庄装船。通航船队由载重 1600 吨驳船组成,分为两次过闸。船闸闸室净长 185 米,闸室净宽 15 米。

《沂沭泗区流域规划》于 1957 年 3 月完成。同年 7 月,沂沭泗流域连降大雨,南四湖一带超过 100 年一遇,南四湖发生有记载以来的最高水位,微山湖水位高达 36.86 米;沂、沭河出现实测中最大值的洪水;邳苍地区、中运河两岸被淹严重……

参考文献:

[1]治淮委员会《沂沭汶泗洪水处理初步意见》,1954 年

[2]治淮委员会《沂沭泗河流域规划》,1957 年

第三章　运河两岸的人民抗洪

——1957 年大洪水

1957 年夏秋之交,徐州运河两岸,暴雨滂沱,洪波汹涌。

沂、沭河洪峰的连续出现,南四湖水位的急剧上涨,加之徐州市区及所辖各县普降暴雨,致使运河两岸,不仅面临上游 183.76 亿立方米洪水量(按 30 天计)的威胁,而且承受着严重的内涝……

在洪涝并发面前,徐州人民在党和政府的领导下积极投入抗洪抢险斗争前线,经受了一场严峻的考验。

一、摧不垮的精神大堤

1957 年 7 月,南四湖流域普降暴雨。

6 日至 23 日,南四湖以东,降雨几乎与常年降雨量相等:山东省邹县 769.7 毫米,南陶洛 735.4 毫米;江苏省丰、沛和铜山县,暴雨如注,倾泻不止。

在山东省金乡县境内,苏北堤河漫决,洪水涌入丰县。

安徽省砀山县的坡水流入丰县。山东省单县的洪水汇入太行堤河,使丰县境内的太行堤河水位急剧上涨。

在江苏省丰县境内,复兴河、苗城河相继决口。沛县和铜山县西部坡水遍流而下,汇集在滨湖洼地和港河两侧。汇入南四湖的各条港河,由于遭到南四湖水位顶托而全部满溢。大沙河洪水从丰县郭楼向西漫延,沿着沙支河和义河故道漫流入湖。

在沛县境内,大沙河先是在油坊口决口,然后在刘邦店、闵堤、大朱集和龙堌决口。

大沙河是清咸丰元年(1851)黄河在安徽省砀山县蟠龙集北堤决口形成漫滩河流,河道宽浅,堤防支离破碎。1855 年黄河北徙,洪水不再东流,但三义寨

349

以下苏、鲁、豫、皖四省 1688 平方公里的黄河故道滩地来水,依然由大沙河流入南四湖。1957 年,暴雨倾注黄河故道,居高临下的洪水倾泻大沙河,而大沙河出口又受南四湖洪水顶托,以致堤防四处决溢,险象环生。

面对无情的洪水,湖西人民没有退却!

20 世纪 80 年代,沛县鹿楼乡村民回忆当时抢堵大沙河在油坊口西南决口时的情景:"7 月 16 日下午,大沙河洪水猛涨,我们灯塔社男女老少都赶到河埝上抢修堤防,一天一夜过去了,堤打多高,水涨多高。最终,大沙河还是决口了。为保住村庄和农田,我们把地里的高粱连秆带穗一起拔来堵决口。决口越冲越大,社员们只好把家里的门板卸下来,人在水里组成一道人墙,用身体顶住门板填土,才把决口堵住。"

7 月 19 日,山东省人民委员会电致徐州:入南四湖径流可达 50 余亿立方米。同日,微山湖水位涨至 34.9 米。

7 月 20 日,江苏省人民委员会电令徐州地委、专署,要求全力加固微山湖堤和苏北大堤。

同一天里,沛县组织 4 万多人护卫湖西大堤。

此时,微山湖水位在令人发怵地急剧上涨,风助水势,狂风卷着恶浪猛烈地冲击着大堤。护卫大堤的群众,顶着暴雨,踏着泞泥,把泥土从大堤以外运送到大堤上。

入湖港河、大沙河的溃决和内涝形成的大片积水,由于受微山湖水位顶托,无法入湖而汇集在大堤以外。筑堤无土可取,大堤内外洪水汪洋,洪水随时将吞噬大堤以及护卫大堤的 4 万多人。

就在这危急时刻,山东省济宁防汛指挥部又急电徐州:上游尚有积水 40 亿余立方米,估计南阳湖水位将超过 37.5 米,昭阳湖 37.0 米!

南阳与昭阳两湖水位上涨,必将加剧微山湖水位上涨。因为,微山湖处于南四湖最南端,上游来水将汇集于此,再经蔺家坝和韩庄两出口下泄。3.17 万平方公里的南四湖流域,从 7 月 10 日到 19 日,降雨量已经超过 1000 毫米,再加上南四湖西北部黄河流域来水,经小汶河、运河的何家坝和刘口汇入南阳湖,湖水总量将超过 100 亿立方米。然而,蔺家坝和韩庄两出口行洪流量只有 1000 立方米每秒。

按照江苏省防汛指挥部和徐州地委指示,沛县人民政府带领 4 万护堤群众从湖西大堤退守到苏北大堤;并且,迅速转移湖西大堤与苏北大堤之间村庄里的群众。

苏北大堤原称为大边,自丰县西北向东至沛县龙固折向东南,再向南至铜山县张谷山。1935 年,黄河在鄄城董庄决口侵入南四湖,丰、沛、铜等三县对大边加高培厚,改称苏北大堤。1957 年大洪水前,大堤多处遭到破坏,几乎夷为平地。

7 月 21 日,沛县人民政府带领 4 万名护堤群众抢筑苏北大堤;同时,组织力量继续抢修大沙河东堤,以防湖水倒灌漫溢。

铜山县组织近 5 万人抢筑湖西大堤和苏北大堤之间的中堤(今王楼至八段公路)。

丰县组织力量抢筑复新河两侧的苏北大堤。

7 月 24 日,微山湖水位上涨到 35.83 米。洪水冲垮了沛县 4 万人日夜抢筑的苏北大堤,包围了沛县县城。

无情的洪水冲垮了第一道防线的南四湖大堤和第二道防线的苏北大堤;然而,无法冲垮干群之间、军民之间组成的精神防线。护卫苏北大堤的 4 万人转移到徐沛公路。他们在这里阻止洪水漫延,决心能保一段就保一段,能保一片就保一片。于是,在沛县境内的徐沛公路上,争分夺秒地抢筑第三道防线。

在沛县城内,面对城外一片汪洋,沛县副书记李德伦、副县长洪睦显,率领全城居民日夜奋力防守,同解放军 970 多名官兵齐心合力,坚定了守城的信心,安定了民心。

7 月 26 日,沛县城内的抢险继续紧张地进行着,全城军民日夜坚守,筑起一道长达 2500 多米的环城围堤,把高于城内地面 1 米多的洪水拒于城外。在城外,沛县又组织 1.58 万人抢筑五里井到沛徐公路的子埝,加筑了郑庄经玄帝庙接八段附近第三道防线子埝。

铜山县军民固守的苏北大堤,挡住了凶猛的洪水,保护了苏北大堤以西近 20 万亩农田和十几万人民的生命财产安全。

二、众志成城

蔺家坝位于徐州市区北部,是清康熙年间为微山湖蓄水济运和宣泄洪水,在张谷山与妈妈山之间,兴建的一道长 700 米、宽 5 米的土坝。坝身下端距妈妈山数十米处留有建草坝的口门。汛期拦约洪水,汛后放水济运。民国前夕,土坝遭到破坏。1956 年,水利部治淮委员会规划在蔺家坝建闸。但工程还没来得及实施,便出现了南四湖接近百年一遇的特大洪水。蔺家坝口门犹如生命的咽喉,一旦失控,徐州市区、陇海和津浦两大铁路干线以及不牢河沿岸的工矿企业将葬身鱼腹。

7月20日,微山湖水位涨至34.27米,徐州地委派水利局工程技术人员火速前往蔺家坝,并决定由铜山县迅速在蔺家坝抢做束水工程,以有节制地控制微山湖洪水下泄。

7月21日,微山湖水位急剧上涨至34.86米。此时,湖西大堤岌岌可危,铜山县正在湖西地区全力抢筑湖西大堤与苏北大堤之间的中堤而无暇他顾。

7月22日,蔺家坝口门剧烈扩大,洪水毫无节制地向不牢河汹涌下泄。张谷山村的群众被迫转移到山上。在汹涌的洪水面前,水利工程技术人员则奋不顾身地测量行洪口门断面和流速,并向地委汇报水情,提出束水方案,请求火速运送堵口器材和落实堵口人力。

7月23日,徐州市正在准备召开人民代表大会。微山湖洪水急剧上涨,节制洪水的蔺家坝口门剧烈扩大,洪水向不牢河汹涌下泄。

在洪水来临的紧要关头,徐州市委当即决定推迟召开全市人民代表大会,把防洪作为压倒一切工作的中心任务;并与徐州地委召开紧急会议,决定由市委统一指挥蔺家坝束水工程和市区、矿区防洪。将"徐州市防汛防旱总队部"改为"徐州市防汛指挥部",由市委第二书记、市长张洪范任指挥,成立贾汪、大黄山、孙圩子和苏家乡防汛指挥部分部,负责防守不牢河各段堤防。

紧急会议结束后,张洪范市长立即赶赴蔺家坝,在现场听取专区工程技术人员对束水方案的汇报,当即与现场抢险人员研究决定:固守东岸,用竹笼装石块进占抢堵西岸,保留口门宽30米,限制不牢河安全泄量400~500立方米每秒;由解放军工兵就地开山取石,徐州建筑公司出人抢修;连夜抢运毛竹、铅丝等防汛器材。

当晚,驻徐部队工兵营和1600余名建筑工人赶到抢险工地。同时,防汛器材运到工地。

同一时间,为防止不牢河倒灌市区,徐州市委组织1300多名党政机关干部,分赴苏家乡、荆山桥和岗头等险工地段,抢筑不牢河堤防,堵闭小河子口。

7月24日,微山湖水位继续上涨,水位高达35.83米,蔺家坝口门继续扩大。不牢河洪水包围了沿岸环城区赵庄和苏家乡等村庄。徐州市防汛指挥部果断决定:苏家乡根据水情和地形退守第二道防线和第三道防线;确保岗头段不牢河东堤,防止不牢河洪水进入青山泉和贾汪矿区;固守屯头河沿线堤防。

7月26日,微山湖洪涛翻滚,狂风卷着恶浪把蔺家坝口门冲宽到160米,口门西侧抢堵进占还没来得及加固的坝体，被洪水冲开，向不牢河倾泻的洪水，流量达 800 立方米每秒。

当天，在抢险工地成立"蔺家坝束水工程指挥部"。工程技术人员对抢险方案进行紧急会诊，进一步肯定方案是可行的，认为关键在于加快进度，而至关重要的还是抢险器材跟不上。

几乎同一时间，洪水冲毁了茅村通往蔺家坝运送器材的道路，运送器材的车辆被阻隔在茅村。为了不贻误蔺家坝抢险战机，在茅村设立器材转运站，迅速组织 140 多条船向蔺家坝抢运器材。

7 月 27 日，洪水冲垮苏家乡第二、三道防线，地面高程在 35.5 米以内的 20 多个村庄全部被淹。为阻挡洪水闯进市区，在市区以北万寨沿引线河至不牢河处，抢筑第四道防线。在山口处堵死引线河。在岗头以西的第一道防线溃决后，退守抢筑第二道防线。青山泉煤矿暂时停止生产，组织矿工配合当地群众抢修第三道防线。屯头河和贾汪矿区的东排洪道被不牢河洪水倒灌，贾汪煤矿连夜组织 6000 多名矿工抢筑屯头河北岸和东排洪道堤防。

同一时间，荆山桥告急！

荆山桥坐落于市区以北 10 公里的不牢河上，始建于明、清两代。历代将其称为"南北通衢，驿递要道"。当时，在运河大桥没有建成前，荆山桥仍然是南北必经之路，运往矿区的防汛器材要从这里经过。

不牢河洪水猛烈地撞击着坐落在水中的古老的桥墩，漩涡把桥墩上的块石一块块卷下来，又向下游抛去，桥墩在剧烈的抖动中摇摇欲坠……

此时，满载防汛器材的车辆被阻挡在不牢河南岸。

防汛器材运不过去，就会使矿区防洪处于被动，洪水随时都有摧毁矿井的可能。在十万火急的时刻，徐州公路局和养路段的职工们立即赶赴现场加固桥梁，保证了运送防汛器材车辆道路畅通。

7 月 28 日，微山湖水位 36.74 米，蔺家坝口门泄洪流量 800 立方米每秒。在束水工地上，东岸，裹头护坝紧张地进行着！西岸，竹笼块石抛入激流，艰难地向东进占！

同一天夜里，贾汪矿区排洪道出现渗水和管涌。

在紧急关头，参加抢险的贾汪五星农业社会计刘学友、生产队长李运荣和冯辉毅然跳入水中，"为人民的利益，共产党员和共青团员快跳下来！"随着他们的呼声，人们纷纷跳进水中。

济南军区某部坦克教导团的指战员闻讯跑步赶到，同在洪水中的人们肩并肩地组成两道人墙,一直奋战到第二天早晨。

7月29日,微山湖水位36.84米。蔺家坝束水工程依然艰难地进行着:一排排竹笼被紧张而有序地推入激流,从口门奔泻出来的洪水,振聋发聩地怒吼着,在大坝上抢险的人们,随时都有可能坠入湍流……

7月30日,蔺家坝口门被束得越来越小,向不牢河倾泻的洪水流速却越来越急。束水工程更加艰难:抛下去的竹笼被激流卷走;单排竹笼不行,把几排捆在一起抛;然后,再用毛竹和缆绳,把抛下水的竹笼块石与大坝锚成整体。为加快束水进度,工地上掀起了劳动竞赛热潮,并提出口号:"日进10米,提前完成抢险工程!"

8月2日,蔺家坝口门缩小到64米。

8月3日,微山湖超过历史最高水位——36.86米!

8月6日,蔺家坝口门束水成功。微山湖向不牢河倾泻的洪水流量,被控制在预定的500立方米每秒内。洪水在不牢河两岸束水归槽。

众志成城:保护了城市!保住了陇海、津浦两大铁路干线的正常通车!保证了煤矿恢复生产!

三、保卫沂河

7月2日至25日,沂、沭河流域连降暴雨。

沂河上游垛庄最大降雨量693.7毫米。18天内,沂河连续出现8次洪峰,临沂最大洪峰流量1.55万立方米每秒,最高水位65.65米,超过历史最高水位1.02米。

沭河上游莒县最大降雨量723.4毫米,超过了百年一遇的暴雨频率。沭河连续出现8次洪峰,大官庄最大洪峰流量3390立方米每秒。

沂、沭河是源于鲁南山区的两条山洪河道,源短流急,强大的洪峰流量严重地威胁着地处两河下游的邳县和新沂县。此时此刻,两县人民面临一场严峻的洪水挑战。

7月7日,沂河出现第一次洪峰,邳县和新沂县组织10万多人,严阵以待在沂、沭河两岸。

7月11日,沂河出现第二次洪峰,流量5440立方米每秒。张家坝发生险情:护堤群众见大片滩面被洪水冲毁,纷纷跳入水中打桩做埽,用组成人墙和捆桩埽的办法护卫堤防。同时,组织人力抢运块石和柳枝,以随时准备扎柳石枕护岸。

7月13日,山东省临沂、洪瑞和大官庄等地普降暴雨,降雨量达210毫米至310毫米。

7月14日,徐州地委第二书记刘锡庚、副专员汤海南、水利局长吴振亚率领地、专机关30多人冒雨赶到邳县、新沂县指挥抗洪抢险。

同一天内,沂河在临沂出现第三次洪峰,流量1.05万立方米每秒。江风口分洪2590立方米每秒,其余流量继续沿沂河向下游倾泻。齐村附近滩地被冲塌800余米。张家坝滩地全部冲光,打入河底四五米深、15米长的木桩,在洪水恶浪的冲击下摇晃,最终漂流在水面上;凶险的洪水又将护坡柳枝席卷一空。险情剧烈扩大,坝脚形成大跌塘,沂河大堤张家坝面临决口!

张家坝为历代险工地段,相传清乾隆年间沂河涨水,地方官见张家坝危在旦夕,无奈投河自尽。当时,要不是沂河在上游决口,或许从张家坝冲出一条新的河道。

张家坝能否守住直接关乎陇海铁路、邳县城区、中运河以及万亩农田的安危。而现在保卫大坝的唯一办法是抢抛柳石枕。可是,运来的块石已经抛光,眼下正急需块石。在万分焦急的时刻,当地群众毫不犹豫地拆掉自己的房屋,将砖瓦送到抢险工地。新沂县炮车乡又有1000多人赶来支援。张家坝再次安度沂河洪峰。

7月16日凌晨,沂河在临沂出现第五次洪峰,流量1.13万立方米每秒,江风口分洪后还有6000立方米每秒的洪峰流量沿沂河向下游倾泻。此时,齐村、授贤和郭家等地段有十几处严重渗水,个别地段在2米宽、1米长的范围内发生管涌。邳县立即组织2万多人,采用前堵后疏加做滤水设备的办法,使沂河大堤安然无恙。

这时,张家坝的抢险工程正在紧张地进行着:人们把一排排柳石沉排抛入水中;洪大浪急,柳石沉排被激流冲走,坝脚处的跌塘被冲大7米多,坍坡范围急剧扩大到300多米。

当时,沂河设计流量5000立方米每秒,而现在洪峰流量达6000秒立方米。况且,张家坝险工地段已经遭受了4次洪峰形成的激流冲刷,护堤抢险经受严峻的考验!

为了保住陇海铁路,为了使邳县城区免于灾难,为了减轻中运河和骆马湖的防洪负担,邳县县委书记王亚明、副县长卫正和全体抢险人员一致表示:要不惜一切代价保住张家坝!

此时此刻,沂河大堤似乎在咆哮的洪水中颤动,而抢险的人们却干劲冲天,信心十足。他们忘记了几天几夜没合眼的疲劳,与洪水抢时间扎抛柳石沉排,单个的柳石沉排抵挡不住洪水,就把几个捆在一起。雨夜中,从炮车火车站到抢险工地的路上,民工们冒着暴雨,用平板车把一车车块石步履艰难地运往抢险工地。

7月19日23时,沂河在临沂出现第七次洪峰,流量1.555万立方米每秒。江风口分洪后,沂河还有7110立方米每秒流量向下游倾泻。

在邳县境内,数万名干部群众日夜奋战在沂河两岸。

在新沂河草桥段,新沂县干部群众和解放军1万多人,日夜坚守在新沂河两岸。

沂河洪水终于被两县人民征服,犹如斗败的蛟龙,垂头丧气地咆哮着,驯服地流向骆马湖。

四、坚守沭河

7月11日,沭河在大官庄出现第一次洪峰,流量3140立方米每秒。

7月12日,接连出现两次洪峰。新沂县组织干部群众和驻军部队连夜上堤,加筑子堰,抢筑险工。同时,组织力量向沭河大堤运送抢险器材。

7月15日,徐州防汛指挥部电告新沂防汛总队部:"总沭河大官庄第四次洪峰(3500立方米每秒以上)16日4时到达新沂,希加强防守。"

随即,新沂县委召开紧急会议并进一步分析水情:沭河只能安全行洪2500立方米每秒,而第一次洪峰大官庄流量3140立方米每秒时,下游险工油坊庄、苏营和五里窑的沭河水面与大堤相平;此次,洪峰流量如达3500立方米每秒,那么险工地段势必溃决。为确保陇海铁路和新沂县城,会议决定,抓紧时间抢修险工,加筑子埝,坚守堤防。如果情况紧急,开沭河东堤分洪入新开河。

县委一声号令,人民积极响应。县委第一书记罗明、书记鲍有成、县长左永立等领导同志,率领全县机关工作人员、驻新沂部队、各行各业的职工和农民顶风冒雨,连夜抢筑沭河大堤。

7月16日,总沭河洪峰以排山倒海之势向新沂县城扑来,到达新安镇洪峰流量2820立方米每秒,水位30.84米。洪水面离堤顶0.4米,距陇海铁路桥底0.3米。然而,沭河大堤却屹然不动,波涛汹涌的洪流,按照新沂人民的意志,顺从地从口头村附近汇入新沂河。

在党和人民政府的领导下,军民紧密团结,经过日日夜夜的艰苦奋战,终于赢得了坚守沭河的胜利。

五、黄墩湖滞洪

黄墩湖,位于中运河以西,地跨徐州、宿迁两地,原与骆马湖连成一片,属沂沭河冲积平原。明代开浚运河,将这片平原洼地东西隔开,从此,黄墩湖尽为田庐。1952年,骆马湖皂河控制工程建成后,确定骆马湖一湖拦洪,黄墩湖作为非常滞洪区,当骆马湖超过设计防洪水位22.5米时,则开放黄墩湖滞洪。

7月14日,江苏省长惠裕宇电令徐州地委书记胡宏,要根据水情随时开放黄墩湖。

随即,徐州地委在邳县召开紧急会议,要求邳县全力保证陇海铁路畅通和城河以下中运河东堤安全,根据雨情和水情,随时准备开放黄墩湖,以减轻洪水对骆马湖南堤压力,保证骆马湖下游安全。会议决定由副专员汤海南代表地委在邳县具体领导抗洪和开放黄墩湖等项工作。

7月15日8时,江苏省防汛指挥部电令淮阴、徐州专区:"黄墩湖应按规定水位开口分洪!"

16日18时,中运河在运河镇水位涨至24.28米。沂河第五次洪峰下泄后,骆马湖水位急剧上涨:22.47米! 22.5米! 22.7米! 22.92米!

恶浪洪水猛烈地撞击着骆马湖南堤,大堤似乎发出支撑不住的痛苦呻吟……水库饱和了!

晚上,在邳县防汛指挥部里,专区负责同志、县委及黄墩湖地区的基层干部召开黄墩湖滞洪会议。在紧张而严肃的气氛中,权衡利弊,上下统一思想,坚决服从上级决定,以全局利益为重,决定由县长李清溪具体负责黄墩湖分洪。

7月17日,在黄墩湖内的龙化附近挖开了中运河西堤,黄墩湖地区人民把洪水引进了自己的家园!

7月18日,黄墩湖水位与骆马湖相平。

7月21日夜,由于临沂出现的第七次洪峰和南四湖经韩庄运河、不牢河下泄的洪水汇入中运河,使骆马湖水位又急速回升到22.9米。为坚决保住骆马湖南堤,在中运河以东,邳县人民从城河南堤主动撤防到官湖河南堤,开放曲坊湖滞洪。

7月23日,南四湖经不牢河向下游倾泻的洪水,在邳县境内新集和倪桥两村先后决口。为延长南四湖洪水进入骆马湖时间,邳县以台儿庄至赵墩的铁路基为防线,控制西水东流;又以陇海铁路为屏障,阻止北水南流。

7月27日,在赵墩车站附近,洪水位只差0.2米就要淹没陇海铁路。为保住铁路安全,邳县人民把洪水放到铁路以南,7月30日又切开房亭河南北的中运河西堤,将房亭河以北积水排入黄墩湖。

8月4日,按照江苏省防汛指挥部的指示,为帮助邳苍地区的积水早日排除,在房亭河北岸的李洼和南堤的牌坊开口,把上游来水滞蓄到黄墩湖。

从7月17日到8月4日,黄墩湖地区人民以牺牲局部,保全整体的精神,把洪水引进自己的家园,层层拦蓄,节节防守,为骆马湖的安全赢得了时间,有效地遏制了湖水水位的暴涨,保住了骆马湖南堤,保护了骆马湖下游人民生命和财产安全。

六、"方舟"救民

苏美尔神话中的祖苏德拉,受神明警告而建造了一艘船舰,并因此逃过了一场会将人类消灭的洪水。现实中的党和政府建造的社会主义"方舟",时刻没有忘记遭受洪水灾害的人民……

1957年7月16日,决定黄墩湖分洪的同时,徐州专区派水利局长吴振亚连夜赶赴皂河火速联系调船,以转移黄墩湖滞洪区内的村民。

中运河在陇海铁路以北决口后,邳县人民政府立即组织力量,调动了数百条木船,把被洪水围困的村民安全转移到艾山、宿羊山、望母山、车夫山一带高地。驻徐州空军部队出动飞机,向灾民空投救生圈、帆篷和馒头等食品。

7月23日,南京部队发出命令,要求当地驻军积极支援,并且派工兵赶赴抢险工地。

当天晚上,不牢河南堤决口,用火车运来的连云港133条海船和解放军的18艘汽艇,把可能进水的村庄里的村民转移到安全地带。

7月24日,微山湖西部苏北大堤失守后,沛县县长乔文彦和副县长宋传秀分别组织转移被洪水围困的村民。

当时,有的人躲在屋顶,有的人在树上搭起棚子,不愿离开。为了把这些村民转移到安全地带,县长乔文彦站在齐腰深的水中,以耐心细致的动员,深深地感动了恋家难舍的人们。就这样挨村挨户,将15万人转移至安全地带。

沛县胡官屯村农民张进财一家被洪水围困,儿子患麻疹并发肺炎,生命垂危。县委得知后,立面连夜派人用船把孩子送往医院。张进财感动地说:"今天的政府救了我全家啊!"

"虽然 1957 年受了那么大的灾,可俺全庄人靠上级救济,没有挨饿的……"这是 1987 年一位上了年纪的农民的回忆。

曾经参加 1957 年抗洪抢险的老同志回忆,当时飞机在沛县龙堌乡上空向灾民们空投物资时,人们齐声高呼:"共产党是大恩人,恩情永远报不完!"

第四章 深入规划

一、沂沭泗流域规划初步修正

1957 年洪水后,水利部治淮委员会于同年 12 月编制《沂沭泗流域规划初步修正成果和 1962 年以前工程安排意见(草案)》:

南四湖出口按照微山湖水位 33.5 米时下泄量由原规划 1000 立方米每秒扩大到 2000 立方米每秒开挖;南四湖清除芦苇障碍,开挖深槽,防洪标准为 100 年一遇。在昭阳湖湖腰狭窄处拦湖修建土坝,并兴建溢洪道、节制闸、船闸、组成二级坝水利枢纽工程,把南四湖分为上、下级湖,以蓄泄兼筹,实现防洪、灌溉、排涝、水产、航运等除害兴利的目标。

中运河按平槽泄量 2000 立方米每秒开挖,堤防为防御 100 年一遇洪水标准。

沭河在中游修建小龙门水库,结合上游水土保持及中小型水库按 50 年一遇洪水处理。

骆马湖兴建宿迁枢纽,防洪标准为 300 年一遇;扩大嶂山切岭,在骆马湖水位 23.0 米时下泄 5400 立方米每秒,新沂河安全泄量 6000 立方米每秒,防洪标准 300 年一遇,蓄水位暂定 22.5 米。

规划初步修正成果,不仅从沂沭河本身防洪考虑,而且考虑了南四湖洪水下泄时骆马湖的承受能力,选定沂河为暴雨中心,以 20 年一遇防洪和相应沭河 10 年一遇洪水作为防洪标准。并且,提出 1962 年以前工程安排意见:

南四湖湖腰清除芦苇障碍 3000 米,开挖深槽 50 米,湖西堤顶高程按 39.6 米培修,出口泄量按 33.5 米泄 1500 立方米每秒开挖,南阳湖 100 年一遇洪水位 37.35 米,80 年一遇洪水位 37.0 米,结合抬高水位或滞洪达到 100 年一遇的防洪标准。

中运河在邳苍地区按平槽泄量 1500 立方米每秒开挖。

沂沭河按 20 年一遇洪水处理,分沂入沭扩大至沂河临沂站 17000 立方米每秒时分泄洪水 5500 立方米每秒,并在黄庄调流至沭河拦河坝以上入沭河;江风口闸分泄洪水 3500 立方米每秒;新沭河扩大至大官庄水位 57.5 米时按 6400 立方米每秒行洪。沭河建小龙门水库。沂河李家庄以下堤防按 8000 立方米每秒培堤。沭河在新沂境内按行洪 2500 立方米每秒全线加固。新沭河加固堤防并根据引河扩大情况,下段修建新分洪道,改道直接出临洪口。

骆马湖嶂山切岭先至骆马湖水位 23.0 米时泄 4200 立方米每秒,并建节制闸和土坝。新沂河按 6000 立方米每秒扩大。

二、京杭运河整治

1855 年黄河北徙经大清河入海以后,漕运中断,大运河在山东省境内淤废,在江苏省境内只能通航小轮船。20 世纪 50 年代初开始,对京杭运河进行查勘,提出恢复运河南北通航规划。

1958 年 4 月,为减轻津浦铁路运输压力,交通部在上海召集苏、鲁两省负责人商谈运河建设规划,提出第二个五年计划期间整治开发京杭运河的意见,并成立大运河委员会,由交通部部长王首道任主任委员,水电部副部长钱正英和江苏、浙江、山东、河北各有一位副省长参加领导负责大运河工程规划研究,以推动工程建设。

与此同时,江苏省成立大运河工程指挥部,省交通厅厅长王治平任指挥、水利厅厅长陈克天任副指挥。同年八月,运河规划建设会议确定:苏北段自苏鲁界沛县刘香庄起,经不牢河、中运河、里运河,至扬州都天庙入长江,苏南段循运河原道至江浙交界的南浔,全长 691 公里,按二级航道标准设计。

航运规划要求,南四湖湖西段运河,结合修筑湖西大堤进行开挖。不牢河段运河,自铜山县蔺家坝至邳县大王庙长 72 公里,结合排洪、排涝、灌溉输水进行整治。里运河按高邮湖水位 9.0 米,相应入江水道排洪流量 11000 立方米每秒,堤顶超高 2 米设计,高邮以北退建东堤,以南退建西堤,下段瓦窑铺至都天庙开辟新道入江。

在山东省境内,梁济运河北起黄河南岸梁山县路那里村,南至济宁县李集与湖西航道相接,长 88 公里。规划要求,运河以航运为主,兼顾防洪排涝,北段在老运河西侧开新河,南段循老运河裁弯取直。

三、邳苍郯新地区统一排水

邳苍郯新地区位于沂沭泗河中游,中运河、骆马湖和新沂河以北,峄城沙河以东,祊河和分沂入沭水道以南,沭河以西及其东部的黄墩河流域,总面积近5000平方公里。区内除沂河、沭河、邳苍分洪道等流经其间外,还有陶沟河、东泇河、西泇河、武河等多条排水河道,范围包括江苏省邳县、新沂县和山东省苍山、郯城两县以及枣庄、临沂的一部分。耕地面积 430 万亩,是以生产粮食为主的农业区。

20 世纪 40 年代末开始,在沂沭泗流域先后实施"导沭整沂""导沂整沭"工程并建成大中小型山谷水库,初步解决了下游洪水出路和控制了上游洪水。然而,邳苍郯新地区依然存在严重内涝。1963 年涝灾面积达 325 万亩,为中华人民共和国成立以来之最,粮食减产 2.0 亿公斤,相当于年平均产量的1/3。又由于排水而引发的省际边界水利问题,既影响苏、鲁两省人民的生产生活,又激化了地区之间安定团结的社会矛盾。因此,必须通过规划统筹解决邳苍郯新地区的排水问题。

1963 年 11 月,水利电力部为理顺边界地区的排涝水系,提高排涝标准,将邳苍郯新地区的统一排水规划委托水利电力部上海勘测设计院编制,并要求在研究各河排水出路的同时,必须侧重研究运女河、西泇河、文河等下游并流改道、圈圩,对上游排水的影响;上游涸湖还田,对削减当地滞洪滞涝能力,增加下游排水负担的影响;并全面提出比较合理的治理方案。

1964 年 4 月,苏、鲁两省在上报中共中央、国务院、华东局、水利电力部《关于江苏、山东两省边界水利问题处理意见的报告(以下简称《报告》)》中原则提出:"坚持政治挂帅,团结之水,统一规划,综合治理,上下兼顾,小利服从大利,分期实施,先下后上,下游必须给上游排水出路,允许上游疏浚河道,上游治水必须主动与下游协商,照顾下游的实际困难,共同治理,共同战胜自然灾害。"

1965 年 4 月,上海勘测设计院根据水利电力部对规划的要求和苏、鲁两省在《报告》中提出的原则,编制完成《邳苍郯新地区统一排水规划报告》:在邳苍地区的分洪道以西,陶沟河可允许其上游的唐稀湖地区,按五年排涝要求进行垦殖,并相应加固陶沟河堤防;运女河经僵石沟,在丁桥附近改道入陶沟河;西泇河维持 1958 年改道线路。但需处理改道北侧杨宋沟两岸的排涝问题;文河、白家沟应废除 1958 年的改道线路,沿原文河、白家沟线路疏浚到顾桥以南向东

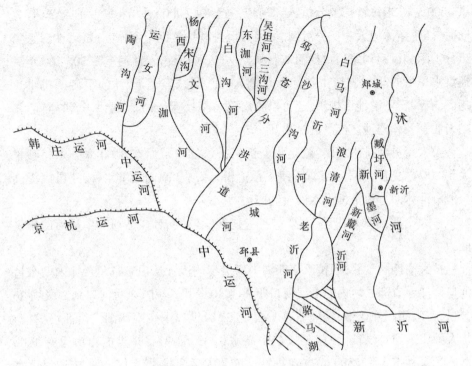

邳苍郯新地区统一排水规划示意图

南改道,在大墩涵洞附近同时进入分洪道;东泇河在上游改道入吴坦河。吴坦河在江苏省境内相应退堤和加固堤防。在分洪道以东,武河上游被分洪道东堤切断,其下游排泄分洪道桃汛,中游在山东省境内改道入沙沟河;并相应治理江苏省境内沙沟河。在郯新地区,适当加复白马河堤防,对沿线内涝采取以作物改制、农田水利等综合措施,无须继续扩大现有河槽;浪青河在现有工程基础上,适当进行改善,不另考虑其他治理方案;扩大新墨河出路;拓宽新戴河,分泄新墨河50立方米每秒来水;相应治理臧圩河。

四、扩大沂沭泗河洪水出路

1971年,水利电力部海河勘测设计院在《淮河流域规划》中提出,要扩大沂、沭河和南四湖洪水出路。

扩大沂、沭河洪水出路,包括沂、沭河洪水东调工程和扩大新沂河排洪出路。

沂、沭河洪水东调工程,自沂河刘家道口至新沭河临洪口长90公里,按排洪4000立方米每秒扩大分沂入沭河道,按排洪6000立方米每秒扩大新沭河;同时,修建新沭河大官庄分洪闸、沭河人民胜利堰拦河节制闸、分沂入沭彭家道口分洪闸和沂河刘家道口拦河节制闸。这样,可以使沂、沭河上游50~100年一遇洪水总量的80%直接由新沭河东调入海。既减轻了沂、沭河下游的排洪负担,又有利于下游地区排涝;还可以腾出骆马湖、新沂河部分蓄洪、行洪空间,接纳南四湖及邳苍地区南下的洪水。

扩大新沂河排洪出路,就是将新沂河排洪能力从原有6000立方米每秒扩大到8000立方米每秒,使新沂河除承泄沂、沭河和南四湖洪水外,还可以提高分泄由淮沭河分流淮河洪水的机动能力。

扩大南四湖洪水出路,主要是扩大南四湖湖腰、韩庄运河和中运河的排洪能力。

扩大南四湖湖腰,即扩大南四湖中部最窄湖段。从山东省鱼台境内的东鱼河口到江苏省沛县境内的沿河河口距离为40公里,其中,东鱼河口到二级坝26公里,在南四湖外挖槽,湖堤西移1公里;二级坝以下在南四湖内沿西堤挖槽。扩大韩庄运河排洪能力,就是按微山湖水位33.5米,将排洪能力由原有1000立方米每秒扩大到2500立方米每秒。扩大中运河排洪能力,就是按运河镇水位26.5米,将排洪能力由原有5000立方米每秒扩大到7000立方米每秒。这样,可以为南四湖湖西平原2000多万亩耕地的排涝创造条件;可以提高南四湖周边和韩庄运河、中运河两岸地区的防洪安全程度。

扩大沂、沭河和南四湖洪水出路,从总体部署概括为"沂沭泗河洪水东调南下工程"。

五、沂沭泗河洪水东调南下

沂沭泗河洪水东调南下工程规划的总体部署,是扩大沂、沭河洪水东调入海和南四湖洪水南下出路,使沂、沭河洪水尽量就近由分沂入沭和新沭河东调入海,腾出骆马湖部分蓄洪空间和扩大新沂河行洪能力,接纳南四湖南下洪水。

20世纪70年代,东调南下工程陆续开工兴建。1980年,国家调整基本建设计划时,除南四湖部分工程和新沂河扩大工程外,其他工程均列为停缓建。这时,从水文水利计算、工程造价和经济效益等方面,对1971年的东调南下工程规划,通过进一步分析,证明沂、沭、泗河洪水东调南下工程的总体布局是科学、合理的,是解决鲁南、苏北洪水出路,提高防洪标准的正确途径。因此,仍维持1971年规划,并对部分工程规模、范围和措施做出必要的补充和调整,形成了沂、沭河、南四湖、韩庄运河和中运河、骆马湖及新沂河等防洪规划。

沂、沭河防洪规划范围,为沂河骆马湖以上,沭河新沂河以上及新沭河大官庄以下;规划内容,包括沂沭河上游、沂沭河洪水东调工程、沂沭河下游河道及邳苍分洪道治理。

沂沭河洪水东调工程规划,沂河上游由田庄、跋山及其支流岸堤、唐村、许家崖和昌里等大型水库调蓄下泄;沭河上游由沙沟、青峰岭及支流小仕阳、陡山大型水库调蓄后下泄。然后,加水库以下区间来水,得出沂河临沂、沭河大官庄洪峰流量和水量,经沂河刘家道口、沭河大官庄枢纽进行分配。

沂河刘家道口枢纽:已建成的分沂入沭彭家道口闸设计流量4000立方米每秒,校核流量5000立方米每秒;规划增建沂河刘家道口闸,设计流量12000立方米每秒,校核流量14000立方米每秒。沭河大官庄枢纽:已建成的新沭河大官庄泄洪闸,设计流量6000立方米每秒,校核流量7000立方米每秒。扩建石梁河水库泄洪闸,使其泄洪能力,由库水位24.0米时泄洪3000立方米每秒扩大至5000立方米每秒。规划增建沭河人民胜利堰节制闸,设计流量2500立方米每秒,校核流量3000立方米每秒。

沂、沭河下游河道及邳苍分洪道治理:沂河下游刘家道口至江风口设计排洪流量12000立方米每秒;江风口至骆马湖设计排洪流量8000立方米每秒。沭河下游大官庄以下设计排洪流量2500立方米每秒。邳苍分洪道设计分泄沂河洪水4000立方米每秒,东泇河口以下区间来水1500立方米每秒,共计5500立方米每秒。

南四湖出口扩大,相应20年一遇、50年一遇及1957年洪水时,分别降低南阳湖水位0.24米、0.82米和0.79米。湖区畅通洪水的措施为扩大湖腰、扩挖西股引河上段、沿上下级湖中心线清除苇草宽度1500米。按防御1957年洪水加高加固湖西大堤,堤顶高程:上级湖40.0米、下级湖39.0米,堤顶宽8米。湖东堤的修建,大型矿区段堤顶高程按1957年洪水,上级湖40.0米,下级湖39.8米;一般地段堤顶高程按防御50年一遇洪水,上级湖39.0米,下级湖38.8米。在上、下级湖内,按防御50年一遇洪水修建庄台,以改善湖区渔民安居条件。

韩庄运河和中运河,承泄南四湖洪水和由江风口分洪闸分泄经邳苍分洪道下泄的沂河洪水以及区间8000平方公里来水;并且,承担运河航运和南水北调东线输水。

韩庄运河自微山湖韩庄闸至苏、鲁省界陶沟河口与中运河相接,长42.5公

365

里。根据南四湖防御 1957 年洪水要求，按微山湖水位 33.5 米、省界水位 27.3 米、排泄 2500 立方米扩大，相应微山湖水位 36.8 米时，可以排泄 5600 立方米每秒。中运河自苏、鲁省界陶沟河至二湾入骆马湖，长 54 公里，除承泄韩庄运河下泄南四湖洪水外，还承泄邳苍分洪道分泄的沂河洪水和邳苍地区 8000 平方公里洪涝水。因此，规划确定苏、鲁省界至大王庙的设计排洪流量 6000 立方米每秒，大王庙至二湾 7000 立方米每秒。

骆马湖汇流面积 51400 平方公里，库区面积 294 平方公里，相应水位 25.0 米时，库容 15.0 亿立方米，退守宿迁控制时，总库容 16.6 亿立方米，防洪标准为 1957 年型 100 年一遇洪水，防洪水位按原规划设计洪水位为 25.0 米，汛限水位 22.5 米。

新沂河主要承泄骆马湖下泄洪水和沭河来水；同时，相机排泄淮沭河分泄洪泽湖洪水 3000 立方米每秒。因此，防洪规模仍确定今后全线扩大到 8000 立方米每秒。

参考文献：

[1]水利部治淮委员会《沂沭泗河流域规划》，1957 年

[2]水利电力部上海勘测设计院《邳苍郯新地区统一排水规划报告》，1965 年

[3]水利电力部海河勘测设计院《淮河流域规划》，1971 年

[4]水利部淮河水利委员会《沂沭泗水系防洪除涝规划》，1988 年

第五章 运河网的形成

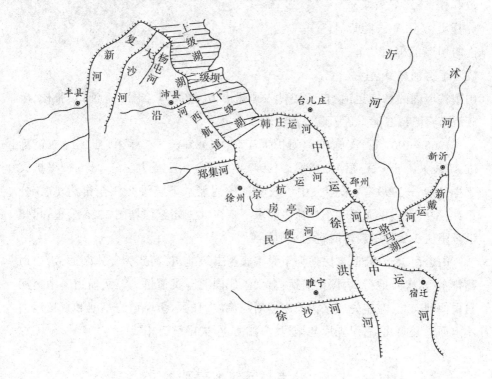

徐州运河示意图

一、中运河

中运河,原为明、清时期的泇运河。民国时期,河道失修,堤防残破,淤积严重,呈现残破不堪的景象;加之,屡遭南四湖和泇、沂等沂蒙山区河流危害,每遇洪水,峰高流急,或溢或溃;旱则断流,难以通航。

新中国成立后,开始对中运河进行大规模治理,猫窝以上利用泇运河,以下另开新河,并对原有河道进行整修与复堤。

1957年冬开始,退建中运河东、西堤;加复陶沟河至大谢湖段东堤和城河口至庄楼段东堤;实施小街航道裁弯、庄楼到窑湾段东堤复堤和陇海铁路以南的切滩工程。从此,确定了运河堤线:上接

中运河邳州段

山东省境内的韩庄运河,自黄楼村入邳州市境,经泇口、滩上、运河镇、张楼,至新沂市窑湾镇二湾附近入骆马湖,长55公里。

1965—1967年,实施中运河扩大工程。1985—1987年,按照三级航道标准,疏浚大王庙至民便河船闸段。1994年实施台儿庄至大王庙18.5公里扩大工程;1996—1999年,采用大中型绞吸式挖泥船水下疏浚张庄至窑湾16.5公里;中型绞吸式挖泥船和小型抓斗船水下疏浚大王庙至徐塘闸12.5公里;邳州港至张庄3.2公里裁弯取直与平地开河。

中运河历经治理,自民便河至大王庙为二级航道,河床为复式断面,水小河槽排水,水大滩地行洪,深槽航运;自大王庙向北至黄道桥为三级航道。中运河自民便河向北,左岸先后接沟通中运河与徐洪河的六级航道房亭河和京杭运河不牢河。又向北,右岸先后与城河、西泇河、车夫山航道相接。

二、京杭运河不牢河

20世纪50年代,随着国民经济的发展,储量丰富的徐州煤炭,亟待开采南运。为减轻津浦铁路的运输压力,国家大运河建设委员会决定将江苏徐州至扬州段的京杭运河列为第一期扩建工程,通航标准为2×2000吨级的二级航道。在徐州境内,蔺家坝至邳州大王庙段,在原不牢河基础上开辟新航道。

历史上,微山湖水出蔺家(山)坝分两支,南支为引线河(又称"水线河"),北支为茅村河,两支在荆山桥合流称荆山河,东北流会屯头河来水,至汴塘分南北两支:南支彭家河,东南流会房亭河来水于三岔河入泇运河;北支靳家河东北

流经望母山前,东南流至梁王城西入泇运河。彭家河与靳家河淤废后,清乾隆二十九年(1764),又于彭家河上口左岸开潘家河东行,由宿羊山北经不老庄,又东南至河成闸下入泇运河,称不老河,亦即不牢河。

京杭运河不牢河

1958 年,徐州专区编报《不牢河流域规划大纲》与江苏省大运河指挥部编制《京杭运河江苏段规划要点》确定:京杭运河不牢河段上起蔺家坝,经班庄至徐州北清山头,利用茅村河;清山头以下穿津浦铁路至荆山桥另开新河,斜向东北至太阚口接老不牢河到刘山,刘山以下至大王庙直开新河。从蔺家坝到大王庙规划河长 72 公里,全线按二级航道标准设计。

1958—1961 年,徐州专区先后组织徐州市、沛县、丰县、铜山、睢宁、邳县、东海和赣榆等市县,分三期历时四年,对不牢河进行全线综合治理。在开挖河道的同时,兴建蔺家坝、解台、刘山梯级控制工程。1972—1973 年,实施蔺家坝至刘山闸两岸正常通航水位上下块石护岸。1983 年,根据江苏省京杭运河徐杨段续建工程的规划设计要求,将不牢河段按照二级航道标准清淤疏浚,翻修、续建块石护坡。

连接京杭运河不牢河和湖西航道的蔺家坝船闸

京杭运河不牢河段沿线设置刘山、解台和蔺家坝复线船闸,为二级通航建筑物。

刘山船闸位于邳州市宿羊山镇境内,与抽水站、节制闸组成京杭运河不牢河和南水北调东线输水第七级枢纽。解台船闸位于徐州市贾汪区大吴镇境内,与抽水站、节制闸组成京杭运河不牢河和南水北调东线输水第八级枢纽。蔺家坝船闸位于徐州市铜山区柳新镇境内,与节制闸组成京杭运河不牢河和南水北调东线输水第九级枢纽。

三、湖西航道

湖西航道,是当时鉴于中运河台儿庄至邳县大王庙河道淤浅曲折,穿南四湖航线长,风浪大,影响航运安全,因此,改由山东省济宁开辟新航线,从南四湖上级湖姚楼河口沿湖西至蔺家坝入不牢河,再由不牢河至邳县境内大王庙与中运河相接。

20世纪50年代末至60年代初,在南四湖湖区内开挖的湖西航道,大致呈南北走向,介于微山、昭阳两湖与湖西大堤之间,自蔺家坝船闸向北过二级坝枢纽至苏、鲁省界姚楼河口,长79.4公里,其中二级坝以下长56.5公里,以上长22.9公里。

1967—1976年,先后3次按五级疏浚二级坝枢纽以下航道,底宽20~30米,水深2.5米,可以通航100吨级驳船队。2010年,将蔺家坝船闸至沛县房村29公里扩建为二级航道;航道由60米拓宽至110米,底宽61米,水深4米;两岸采用生态护坡。

湖西航道,自蔺家坝船闸向北,沿线西侧与郑集河、沿河、大沙河、杨屯河、复新河等支线航道相接。

郑集河,是南四湖以西、大沙河以东、黄河故道以北地区主要排、引水河道,郑集闸至湖西航道10.3公里,为沟通徐沛河

湖西航道

370

与湖西航道的六级航道,水深2.5米,底宽35~40米。

沿河,古名泡河、丰水。由于沛民食盐曾通过泡水运入,又称为盐河,后为书写方便改称沿河。沛县城西关闸以下9.75公里为五级航道,东西沟通丰沛河与湖西航道。

大沙河,自苏、皖两省交界处二坝,东北流经江苏省丰县于沛县龙堌镇程子庙东北入昭阳湖,长61公里。其中,丰、沛界至湖西航道28.5公里为六级航道,水深1.5米,底宽30米,是徐州市西北地区的主要支线。

杨屯河,是沛县北部地区排入上级湖的东西向防洪、排涝、引水灌溉的主要河道,其中,灌婴寺至湖西航道14.61公里为航道,是徐州市西北地区的水上运输干线。

复新河,是大沙河以西丰县防洪除涝的主要河道,其中,义河口至丰城闸32.69公里为航道,是京杭运河通向丰县的水上运输干线;在丰县常店镇李楼村境内建有船闸,接近六级航道标准。

四、徐洪河航道

徐洪河作为京杭运河分流航道,开辟于1969年浚深睢宁县境内凌城七咀以下安河。

1975年,江苏省治淮指挥部在《江水北调江苏段规划报告》中提出,增辟徐洪河,沟通淮、沂水系,实现以向北送水为主、结合地区排涝、排洪、航运等综合利用。从1976到1993年全线开通徐洪河,凌城七咀以下至顾勒河口56公里,利用并拓宽浚深安河为徐洪河;疏浚七咀至沙集南17公里;在睢宁境内袁圩处黄河故道切滩4.21公里;平地开挖房亭河南至沙集枢纽45.46公里。徐洪河开挖至邳州境内刘集,再以邳州境内刘集至中运河的房亭河为航道,沟通中运河与徐洪河的航

徐洪河航道

运联系。

徐洪河开通后，不仅南北沟通淮河与京杭运河的联系，而且成为京杭运河的分流通道，南自宿迁境内的洪泽湖顾勒河口，经金锁镇、大口子、睢宁七咀、沙集，穿过黄河故道至邳州境内刘集船闸，航道长 122.67 公里。以后，徐洪河航道升级改造，由原五级升级为三级航道。

黄河故道北闸

徐洪河自南而北建有沙集、黄河（故道）北闸、刘集 3 座船闸。

沙集船闸，位于睢宁县沙集镇境内、节制闸与抽水站东侧，1992 年 1 月按五级航道标准兴建，闸室长 160 米，宽 16 米，设计年通航能力 600 万吨。

黄河故道北闸，位于睢宁县崔埝村黄河故道北侧，1991 年 9 月开工兴建，共 4 孔，中间两孔按排水、输水要求设计，两边孔按五级航道通航要求设计。

刘集船闸，位于邳州市八路镇刘集村，在房亭河南侧，是沟通徐洪河与中运河航运的枢纽工程，2003 年按五级航道标准兴建，设计年通航能力 602 万吨。

徐洪河自沙集船闸向北 1.7 公里左岸与徐沙河相连。

徐沙河是 1958 年江苏省统一规划从徐州经铜山、睢宁、宿迁、沭阳至灌云县埚子口入海的省级航道，当时称徐埚河。由于徐埚河开挖土方量大，挖压土地多，并且牵涉苏、皖两省边界。从 1959 年到 2004 年，仅在睢宁县境内形成徐洪河至王集镇双洋河口 47.7 公里的排引水河道，其中 31.43 公里为六级航道，是徐州市黄河故道以南、徐洪河以西、睢宁地区的水上运输干线。

五、区域干线

窑湾老道，为四级航道，属区域运输干线，自新道口至二湾标下游 150 米，通航里程 6.64 公里。

骆马湖北航线，为四级航道，是新沂市经骆马湖连接中运河的水运通道，自二湾至蔡庄闸，通航里程 23.25 公里。

新戴运河，为新沂地区水运干线，自新沂市区向西南进入沂河。1959年开挖新戴河作为排引水河道。1976—1978年，拓浚新戴河，自骆马湖北航线至沭河长32.93公里，河底宽20米，河底高程19.0米；在马港庄西兴建船闸，单孔净宽10米。从此，新戴河遂为六级航道，

新戴运河

改称新戴运河。1989年疏浚马港船闸至大墩引河段，河底高程降至18.0米，底宽20米。2010年将马港船闸至连徐高速公路桥段航道，由六级扩建为河底宽40米、水深2.5米的四级航道。

参考文献：

[1]徐州专区《不牢河流域规划大纲》，1958年

[2]江苏省大运河指挥部《京杭运河江苏段规划要点》，1958年

[3]江苏省治淮指挥部《江水北调江苏段规划报告》，1975年

第六章　沂沭泗洪水南下工程

一、中运河防洪

中运河,不仅为运河航道,而且承泄南四湖和邳苍地区洪水以及邳苍分洪道分泄的沂河洪水;沿线还有不牢河和邳苍分洪道以及陶沟河、老西泇河、城河、官湖河、房亭河、民便河等河流汇入。

新中国成立前,中运河堤距仅 200 米左右,堤身高出地面约 3 米,河槽宽50~120 米,行洪能力 500 立方米每秒。

1957 年,沂沭泗流域大洪水,中运河在运河镇最大流量 1660 立方米每秒,超过当时河道行洪能力;邳州境内的泇口、大王庙、楚埠等处堤防溃决;洪水四溢,运河两岸一片汪洋。

按照"筑堤防洪、挖河排涝、结合航运"的原则,1957 年冬,退建城河口至万庄东堤 25.3 公里。1958 年,退建窑湾老沂河口至二湾东堤 4.35 公里;退建苏、鲁省界至宿迁曹店子西堤 61.5 公里。东、西两堤退建后,城河口以上东西两堤堤距 1100~1300 米,城河口以下 1500~1800 米。中运河陇海铁路桥处设计流量 4041 立方米每秒。1959 年,加复陶沟河至大谢湖段东堤和城河口至庄楼段东堤;实施小街航道裁弯、庄楼到窑湾段东堤复堤和陇海铁路以南的切滩工程。

为适应微山湖水位 33.5 米时,韩庄闸与韩庄运河下泄 2000 立方米每秒的流量,1965—1967 年,实施中运河扩大工程,运河镇行洪流量 5000 立方米每秒,相应水位 26.5 米,骆马湖水位 25 米,堤顶高超设计洪水位 2 米,顶宽 8 米,外坡1:5,内坡 1:3。运河镇、窑湾镇设挡浪墙;沿河险工段块石护坡。

1977 年扩建微山湖韩庄节制闸为 14 孔,按微山湖水位 33.5 米时向韩庄运河下泄洪水 2500 立方米每秒,将比 1957 年洪水下泄能力扩大近 20 倍。

中运河不仅是南四湖洪水通道,而且承泄邳苍地区和沂河部分洪水入骆马湖。南四湖洪水的快速下泄使沂、泗洪水在中运河与骆马湖同期相遇成为可能,势必加重了中运河与骆马湖的防洪压力。根据沂沭泗流域洪水的客观规律,国家把"东调南下"工程作为处理沂沭泗洪水的战略工程:扩大分沂入沭和新沭河,使沂沭河上游80%的洪水经新沭河东调入海;扩大南四湖出路,在微山湖水位33.5米时下泄2500立方米每秒,相应扩挖韩庄运河、中运河和新沂河,使其排洪能力分别达到5600、7000和8000立方米每秒。

1985—1987年,疏浚中运河大王庙至民便河船闸段。

1991年,淮河流域大洪水以后,国务院做出《关于进一步治理淮河和太湖的决定》,将沂沭泗洪水东调南下工程列入重点治理项目,淮河水利委员会编制了《沂沭泗洪水东调南下近期工程复工报告》。

1994年4月,中运河扩大工程正式开工,先期实施台儿庄至大王庙18.5公里扩大工程。1996—1999年,采用大中型绞吸式挖泥船水下疏浚张庄至窑湾16.5公里;中型绞吸式挖泥船和小型抓斗船水下疏浚大王庙至徐塘闸12.5公里;邳州港至张庄3.2公里裁弯取直与平地开河;邳州市区险工段,位于中运河左堤,西起煤港围墙,东至六堡河涵洞长4.7公里,增做垂直铺塑或高喷灌浆垂直防渗帐幕、加固堤防、迎水坡建挡浪墙;新沂市窑湾镇险工段位于窑湾镇区,西起口西涵洞,东至窑湾抽水站长3.1公里,增做垂直铺塑2025米,堤身充填灌浆3013米,堤防加固1850米,增建挡浪墙,维修、新建块石护坡1955米。

中运河经过大规模整治,自大王庙至民便河河床为复式断面,水小河槽排水,水大滩地行洪,防洪标准已经达到50年一遇。

二、邳苍分洪道

1957年沂、沭河发生大洪水。为减轻沂河压力,江风口闸被迫5次开闸分洪,历时15天,最大分洪流量3380立方米每秒,总计分泄沂河洪水9.4亿立方米。

由于江风口闸下武河安全泄量仅200立方米每秒,致使洪水漫坡倾泻。在当时邳县境内行洪区宽达25公里,洪水入中运河后又遇南四湖洪水,邳北及运河两岸,尽成泽国,235.9万亩耕地有188.6万亩被淹。

1958年,为缩小行洪范围,固定分沂入运排洪路线,苏、鲁两省共同开辟邳苍分洪道。

邳苍分洪道自江风口分洪闸至多福庄13公里利用武河,按堤距800米(最窄处480米)加固堤防;多福庄至中运河平地筑堤,堤距由1200米逐渐展宽至2000米。

在邳县内,邳苍分洪道占地59.9平方公里;行洪滩地7万亩耕地以"一水一麦"作为保麦措施;行洪区内的邹庄、连防、邳城三公社3475户22530人,于1958年到1974年分三批迁至堤外安置。

1974年,实施邳苍分洪道复堤工程。同年4月,加筑西堤大谢湖至汶河口15.5公里;12月,加筑东堤柳林庄至艾山西17.2公里。1988年11月,苏、鲁两省同时治理西偏泓55.4公里。

1996年,加筑邳苍分洪道依宿坝以下至中运河11.9公里东大堤和扩挖东偏泓。1998—1999年,先后实施邳苍分洪道东、西偏泓和大堤加固:第一阶段为西偏泓扩挖、西大堤加固及相应配套建筑物工程。按照3年一遇除涝标准挖足西偏泓,省界设计流量310立方米每秒,入中运河处680立方米每秒,相应水位省界34.0米,中运河滩上集24.51米;西大堤加固长度33.4公里,堤顶超设计洪水位2.5米,堤顶宽6米。第二阶段为东偏泓开挖、东大堤加固和西偏泓下游水下疏浚及相应配套建筑物。东偏泓自省界至依宿坝24.6公里,按3年一遇除涝标准挖足,省界流量24立方米每秒、水位33.57米,米滩涵洞处流量32立方米每秒,水位28.0米。东大堤加固长度20.7公里,堤顶高程超设计洪水位2米,顶宽6米。

2008年,邳苍分洪道按50年一遇防洪标准,滩面清障、旧庄台清除、防汛泥结碎石道路修筑以及东迦河、三沟河、汶河、燕子河等四条支河回水段堤防加固。2010年底,工程全部竣工。至此,邳苍分洪道防洪标准达到50年一遇,行洪流量达4000~5500立方米每秒。

邳苍分洪道开辟后,重新安排邳苍地区的洪水出路,将陷泥河、南涑河、燕子河、东迦河、汶河、白家沟、西迦河等河流洪水纳入分洪道内。

邳苍分洪道大堤

陷泥河发源山东省临沂大岭沙卜庄西,南流经册山东,在临沂与郯城边界处入邳苍分洪道,长 31 公里,流域面积 193.2 平方公里。

南涑河发源山东省临沂大岭南郭庄北,南流出临沂境,入郯城县,至黄山老屯村南入邳苍分洪道,长 41.7 公里,流域面积 250 平方公里。

燕子河发源山东省苍山与临沂交界的丘陵山区,在山东省境内长 56.5 公里,流域面积 311.55 平方公里。该河上承神山、寨子和官庄一带来水,东受沂、武河洪水侵扰,西纳东泇、吴坦两河,下游进入洼地,是邳苍地区水系最为紊乱的河道,两岸无堤,水大即溢。邳苍分洪道开辟后,燕子河在庞庄附近汇入分洪道,与吴坦河、东泇河合流的西支成为邳苍分洪道中泓。分洪道以下东支至古宅入今邳州境经刘沟于汤楼入城河。

东泇河发源山东省苍山县与费县交界的凤凰庄一带,流入今邳州境内称柴沟河,在邳州境内沙墩、卞家湖之间与三沟河(山东省境内称吴坦河)汇流后分成东西两支注入中运河。邳苍分洪道开辟后,东泇河与三沟河在卞家湖注入邳苍分洪道,卞家湖以上东泇河长约 50 公里,流域面积 450 平方公里。

汶河发源山东省苍山县西龙山方庄以北山区,是排除东泇河与西泇河之间坡水的河道,在苍山县三合村与孤山河、阳明河汇合后,进入今邳州境内,在四户以西分两支:西支于岔河镇入西泇河后南流入中运河,东支于油坊村入中运河,省界以上河长 25 公里,岔河以上流域面积 258 平方公里。1959 年,将汶河向东改道入东泇河,然后进分洪道。汶河改道后受东泇河和分洪道高水位顶托,导致 35.0 米高程以下地区严重内涝。1964 年,汶河恢复故道并自顾桥以南改道,沿大墩截水沟于大墩涵洞附近入邳苍分洪道。汶河在邳州境内长 16.88 公里,流域面积 167 平方公里。

白家沟位于汶河与东泇河之间,发源山东省苍山县下庄南湖,原河道经今邳州四户南流至倚宿山以东林庄湖。1959 年,白家沟收入汶河改道段,流入东泇河。由于受分洪道和东泇河高水位顶托,汶河改道以北 35.0 米高程以下的坡水宣泄困难。1964 年,将白家沟与汶河同时改道,由贾家向南至顾桥与汶河平行,以两河三堤形式,在大墩涵洞附近入分洪道。白家沟在邳州境内长 16.4 公里,流域面积 63 平方公里。

西泇河发源山东省苍山县北部巨山、红山一带山区,南北朝时称武原水,后易名泇水,与武水合流入泗。明后期避黄开泇,遂为泇运河支流,经今邳州良壁、岔河镇与汶河并流至泇口入中运河,长约 98 公里,流域面积 664 平方公里。1958 年,兴办西泇河改道工程,将西泇河于邳州岔河镇以北改道东流,并拦截杨宋沟来水于林子入邳苍分洪道。

邳苍分洪道的开辟,不仅分泄沂河洪水南下入中运河,成为沂沭泗洪水东调南下的重要组成部分,而且承泄邳苍地区上游山东洪水,保护了苏、鲁两省80万亩农田,结束了邳苍地区洪水漫流的历史。

三、黄墩湖滞洪区

中运河以西有一片平原,被徐州和宿迁两市将骆马湖上游洪水临时滞蓄在邳州、睢宁、宿豫三县(市、区)交界地带,以减轻骆马湖下游防洪和新沂河行洪压力而形成的非常滞洪区。

这里原与骆马湖连成一片,属沂沭河冲积平原。当时,沂、沭河及承纳邳苍地区来水的武原水和武河在这片平原与泗水纵横交织,形成了平畴沃野。宋、金之际,黄河夺泗以后,洪水不断侵扰平原而形成低洼之地。明万历三十二年(1604)开挖从微山湖韩庄湖口经台儿庄、邳州到直河口入黄河(泗水)的迦运河,东西隔开了这片平原洼地。斯时,沂蒙山地南流入黄河的沂、武诸河皆被截入迦运河,沭河已向东改道。迦运河以东平原洼地逐渐形成骆马湖;以西平原洼地内除了坐落于黄河北岸的邳州城外,尽为民田,东滨迦运河,西为山区,南临黄河,北有漫坡。夏秋洪涝,平原洼地排水,虽然有黄河决口冲刷遗留下来的小闫河,又有清雍正十年(1732),为宣泄内涝入运河,在宿迁运河西岸建民便双孔石闸以及乾隆二十年(1755)在黄墩湖内开挖的民便河,但是工程标准极其低下,排水效果甚微,依然积涝成灾。后来,便将这片平原洼地称之为黄墩湖。

1949年,导沂整沭,规划骆马湖和黄墩湖为临时滞洪区。骆马湖皂河控制工程形成后,确定骆马湖一湖拦洪,黄墩湖作为非常滞洪区,当骆马湖超过设计防洪水位22.5米时,开放黄墩湖滞洪。1957年,沂沭泗流域大洪水,黄墩湖滞洪水位达23.15米。同年,治淮委员会在《沂沭泗流域规划》中,确定骆马湖和黄墩湖常年蓄水。1958年,江苏提出骆马湖一湖蓄水,腾出黄墩湖种植农作物,并经水利部批复同意。1971年,治淮委员会在《沂沭泗洪水东调南下》规划中,确定骆马湖百年一遇防洪水位25.0米,黄墩湖不再作为滞洪区。1974年,沂、沭河大水,骆马湖最高水位25.47米。虽然黄墩湖没有滞洪,但是新沂河防洪异常严峻。1985年,淮河水利委员会在修订流域规划时鉴于"沂沭泗洪水东调南下工程实施尚需一个过程",因此,又将黄墩湖作为非常滞洪区。

滞洪区地跨徐州、宿迁两市,东与中运河相邻,北以房亭河为界,西至邳

（州）睢（宁）公路,南至黄河故道北堤,面积384.58平方公里(含骆马湖一、二线之间面积)。其中,徐州境内的邳州市面积174.7平方公里,13.4万亩耕地,10.8146万人;睢宁县面积97.7平方公里,9.7万亩耕地,5.2万人。(数字均为2000年以前统计)

滞洪区防洪工程是根据水情和黄墩湖实际运用需要,从20世纪60年代开始进行建设。

1963—1965年,在邳州境内填筑滞洪庄台,安排559户。1967年,利用邳洪河与民便河堤,在邳州和睢宁境内垫筑庄台,安排862户。

1986年起,省、市、县三级筹资,在滞洪区纵深地带,结合农村翻建住房,在原有庄台基础上,由群众自办为主,国家适当补助,修建三底一顶或三底两顶的平顶避洪楼,一户一幢,每幢避洪面积不少于72平方米,砖混结构,浆砌石基础,一层顶采用加重楼板,层面高程不低于26.5米,另加0.5米的挡浪墙,滞洪时利用二层平台就地避洪。工程造价,由国家补助1/3,其余均为农户自筹。至2000年,共兴建农户避洪楼1784幢。滞洪区内乡镇机关、企事业单位自筹资金,兴建了二层以上楼房。

撤退道路修筑以国家投资为主。撤退道路建设和管理,徐州市确定,县与乡、乡与乡之间的道路,由交通部门负责建设和管理;乡与村及村与村之间的道路由水利部门负责建设,由乡镇管理。并按防御特大洪水要求,徐州市防汛指挥部储备救生衣4000件和配备4艘救生艇。

滞洪信息传递。20世纪60年代,依靠锣鼓传递;70年代利用农村有线广播;80年代,逐步开展预警及通讯设施建设,先后建设人防警报器系统、通讯网络和市、县、乡滞洪专用防汛通讯网。90年代以后,利用滞洪区内已装程控电话线路并增设移动通信基站,实现无线与有线相结合。

当骆马湖水位达到25.5米时,且上游来量大,预报最高湖水位将超过26米时,启用滞洪区。1998年,为有效控制滞洪量,避免炸堤滞洪造成的突发性灾害以及抢险救灾和及时退水,在民便河口兴建12孔滞洪闸,设计流量2000立方米每秒。在徐洪河穿越黄河故道处兴建黄河北闸,黄墩湖滞洪时闸门全部关闭,以防止洪水南窜。在邳(州)睢(宁)公路房亭河桥南至古邳引河东堤,修建滞洪区西侧控制线。为解决民便河排水与挡洪矛盾,在邳睢公路民便河桥东侧,按照20年一遇排水兴建挡洪涵洞。

为减少滞洪损失,确保人民生命安全,江苏省成立骆马湖联合防汛指挥部。市、县两级成立黄墩湖滞洪指挥部,实行行政首长负责制,直接领导指挥滞洪区内各乡镇组织人员撤退及转移安置。指挥部下设通讯、运输、工程、后勤、安置、保卫、卫生与防疫、情况综合等专业组，分别由市、县电信、交通、水利、供销、粮食、民政、公安、卫生等主要负责人任组长。滞洪及抢险所需物资，由省、市防汛指挥部应急调度，群众生活安排及必需品由供销、粮食、民政部门负责调度，卫生防疫由卫生部门负责。

从准备命令发布到滞洪，必须在18小时内完成各项任务。水利工程管理单位负责关闭黄河北闸、毛窝地涵、刘集地涵、房顶闸、民便河挡洪涵洞。邳州和睢宁组织检查滞洪区西侧封闭堤、房亭河南堤和古邳镇保护圩堤。同时，按《人员转移安置预案》利用撤退道路，按规定路线组织群众转移。避洪楼专供物资堆放和巡查留守人员临时避洪。转移到滞洪区外的群众，实行村对村、户对户，对口安置。

滞洪完成后，及时关闭滞洪闸，封堵进洪口门，通过徐洪河黄河北闸、邳洪河闸及皂河抽水站全力排除滞洪区内积水，以尽快恢复生产，重建家园。

沂沭泗洪水南下工程示意图

380

参考文献：

[1]《汉书·地理志》,上海古籍出版社,1986 年

[2]《宋书·何承天传》,上海古籍出版社,1986 年

[3] 徐州市水利局《邳苍分洪道排涝保麦近期工程初步设计》,1986 年

[4] 徐州市水利局《邳苍分洪道西偏泓排涝一期工程初步设计》,1986 年

[5] 徐州市水利局《邳苍分洪道工程总体设计》,1992 年

[6] 淮河水利委员会《沂沭泗河洪水东调南下复工报告》,1992 年

[7] 徐州市人民政府《徐州市黄墩湖滞洪区运用预案》,2000 年

第七章 大型水库湖泊形成

一、骆马湖

骆马湖位于江苏省北部沂河与中运河交汇处,介于徐州与宿迁两市之间,北起新沂市埝头和窑湾,南到宿迁皂河,东濒马陵山脉,西临中运河。

骆马湖原为平原洼地,由于河流改道以及人类活动等因素影响形成天然湖泊。新中国成立后,在天然湖泊之上兴建控制性工程:

一线洪水控制工程,是新中国成立初期在宿迁境内先后建皂河束水坝、节制闸和船闸、杨河滩节制闸,将皂河至杨河滩长 18.4 公里的中运河北堤作为骆马湖南堤,形成了以皂河节制闸和船闸、骆马湖南堤、杨河滩节制闸相连接的骆马湖临时蓄洪水库控制线,亦称皂河控制线,设计洪水位 24.5 米。骆马湖水位23.0 米时,一线控制水域面积 375 平方公里,库容 9 亿立方米。1965 年与 1990年,先后全面整修加固骆马湖南堤迎水坡,堤身垂直铺塑防渗加固。

二线洪水控制工程,亦称宿迁控制线。1959—1961 年,建成宿迁节制闸和船闸、六塘河闸,修筑封闭堤、利用中运河西堤与南堤,形成二线控制洪水,设计防洪水位 25.0 米,校核洪水位 26.0 米。骆马湖水位超过 24.5 米,并预报上游来水量将使湖水位继续上涨时,即退守二线控制。二线控制水位 25.0 米时,水域面积 450 平方公里,包括骆马湖一线与二线之间约 20 平方公里,库容 15.03亿立方米。

骆马湖西堤、北堤和东堤于 20 世纪 50 至 70 年代,按照常年蓄水规划先后兴建与加固。1998 年整修沂河堤防时,将新沂市境内加友涵洞以北至新戴河口列为沂河东堤,加友涵洞至北坝涵洞划定为骆马湖东堤。

嶂山闸为骆马湖泄洪入新沂河的控制工程,位于宿迁嶂山集西,始建于1961 年 4 月,最大设计泄洪流量 8000 立方米每秒,相应闸上洪水位 25.1 米;校核流量 10000 立方米每秒，相应闸上洪水位 26.0 米。该闸建成后，实际发生最大泄量为 1974 年汛期 5760 立方米每秒，相应闸上水位 25.25 米。

骆马湖作为水库型湖泊，承纳流域面积 5.14 万平方公里来水。南四湖、沂河和邳苍地区洪水经骆马湖调蓄后，由嶂山闸泄

骆马湖

洪经新沂河入海。并且，发挥着防洪、灌溉、工农业生产、航运、城市供水和南水北调蓄等综合作用，为沂沭泗地区生态平衡提供了可靠保障。

二、南四湖

南四湖名称由来，是以山东省济宁市为中心，以北有东平、南旺、蜀山、马踏、马场五湖，称北五湖；以南有南阳、独山、昭阳和微山四湖，总称南四湖。其中，南阳和独山两湖位于山东省境内，昭阳和微山两湖介于苏、鲁两省之间。其周边行政区，有山东省济宁和枣庄两地区、江苏省徐州市区以及丰县和沛县。

南四湖形成于元、明、清时期。新中国成立后，通过兴建湖西大堤和韩庄、蔺家坝、二级坝控制以及湖腰扩大等工程，将原来天然状态的湖泊变成水库型湖泊，并以其综合性功能发挥了蓄引水、防洪、排涝、灌溉、工业与生活供水、通航、水产养殖以及平衡生态和旅游等综合效益。

湖西大堤即南四湖西堤，自南阳湖北端石佛村至微山湖南端蔺家坝，全长 130 公里。其中，79 公里形成于 1957 年在江苏省沛县和铜山县境内培筑加固的二道埝。20 世纪五六十年代和七十年代，在沛县和铜山境内，全线和局部整治加复大堤。90 年代末，对姚楼河至大沙河口 8.05 公里险工段进行加固处理；按照 50 年一遇防洪标准，在江苏省境内全线加固大堤。

韩庄控制位于微山湖东南、韩庄运河与伊家河上端，包括伊家河节制闸和船闸、韩庄节制闸。明代称湖口，亦称微口。万历三十二年（1604）开泇运河，始建韩庄湖口闸，从夏镇（微山县境内）李家口引水经湖口入泇运河。1957 年，治

383

淮委员会提出:微山湖水位35.5米时,韩庄出口泄量1500立方米每秒,在湖口建闸控制。1958年8月,建成伊家河节制闸。1960年9月,建成韩庄节制闸。1970年10月,建成伊家河船闸。1971年治淮规划:微山湖水位33.5米时,韩庄出口泄量2500立方米每秒。1977年扩建韩庄节制闸为14孔。

湖西大堤

蔺家坝控制位于南四湖湖西大堤南端、张谷山与蔺山之间,由拦河坝、节制闸、船闸组成。清康熙五十八年(1719),由于开旧运河导沛县积水,恐水并泄,无以济运,故于张谷山东筑坝。雍正年创建草坝,乾隆年间又进一步修筑。1959年8月,按微山湖水位35.5米时泄洪500立方米每秒设计,建成蔺家坝节制闸。1988年,在节制闸西侧兴建船闸,以后又兴建复线船闸。

二级坝是1958年至1972年,在南四湖狭窄段(因南四湖湖盆状如哑铃,故称湖腰)建成的枢纽工程,以提高枢纽工程以上灌溉率、增加湖产和渔产、便利支河航运。枢纽工程由4010米长拦湖坝、堰口宽300米滚水坝、4座总长2179米节制闸和船闸组成。由于在湖腰截南四湖水面实行二级控制,故二级坝以上水面称上级湖,包括南阳、独山两湖和部分昭阳湖;二级坝以下水面称下级湖,包括微山湖和部分昭阳湖。

湖腰扩大是因为南阳湖流域面积大,承受洪水多,容量小,为短时间迅速降低南阳湖水位,故在昭阳湖以西二级坝上下游,拓宽加深湖腰断面。湖腰扩大段长40公里;二级坝至沿河口14公里,在湖内沿京杭运河扩挖500米宽、30米底高深槽。

南四湖成为水库型湖泊仍属泗河水系,以冲积平原为主,湖西是黄泛地区,地势平缓,地面高程33.5~37.0米;湖东为蒙山西麓平原,部分地区山丘濒临湖岸。湖泊南北长126公里,东西宽5~25公里,湖面面积1280平方公里。设计水位:上级湖36.5米、下级湖36.0米,相应库容23.1亿立方米和30.78亿立方米;兴利水位:上级湖34.5米、下级湖32.5米;死水位:上级湖33.0米、下级湖

31.5米。入湖河流,在山东省境内,湖东有洸府河、泗河、白马河、潮河、北沙河、新薛河;湖西有梁济运河、洙赵新河、万福河、东鱼河等,分别汇入南阳、独山、昭阳和微山湖。在江苏省境内,湖西地区有复新河、姚楼河、大沙河、杨屯河、沿河、鹿口河、郑集河。南四湖承纳苏鲁豫皖等四省31700平方公里洪水,防洪库容36.86亿立方米。出湖河流,在山东省微山县境内有韩庄运河和伊家河;在江苏省徐州市境内有京杭运河。出湖河流均在江苏省邳州境内汇入中运河。

针对南四湖淤积、污染以及出现的干涸,江苏省从保护南四湖生态系统出发,提出了保护措施并付诸实施。

防沙措施:南四湖以西地区,在徐州市境内,包括丰县、沛县和铜山部分地区,流域面积3382平方公里。因受黄河冲积影响,西南部地区为沙质土,滨湖地区为黏性土。从20世纪50年代开始,对湖西河道进行大规模整治;70年代,在梯级河网基础上,开挖平底深沟,凡河(沟)下部有黏土,取黏土做河道护坡;90年代,对主要沟、渠做混凝土或格埂护坡。通过地方立法,规定河湖堤坝水土保持的工程和管理措施,确定了不同等级河道的管理范围,为湖西地区河网水系的水土保持提供了可操作性的法律依据。

治污措施:南四湖作为南水北调东线调水的调节水库与清水通道,保护南水北调水质就意味着保护南四湖水环境。地处湖西地区的丰、沛两县,在采取封堵复新河与沿河排污口门、污水处理回用、节约用水等一系列措施基础上,进一步实施尾水资源化利用及导流工程,扩建和兴建污水处理厂,将尾水回用于工业和城市景观、生态湿地系统净化工程和农田灌溉,并将复新河与沿河控制单元中多余尾水收集输送到南水北调徐州段尾水导流系统中。

南四湖水源来自湖面降水、入湖河流拦截的地表径流和南水北调的江水。当南四湖地区干旱少雨时,南四湖水源主要依靠南水北调。

20世纪60年代起,江苏省实施跨流域、区域调水工程:沿京杭运河从江都(江都站)到微山湖(沿湖站),建成10座梯级抽水站,形成了以京杭运河为江水北调的通道;70年代开始,从洪泽湖引水,通过沙集、刘集、单集、大庙四级抽水站,抽水入解台闸上京杭运河不牢河段,形成了以徐洪河为江淮水北调的通道;实现了长江与南四湖水资源的有效、合理配置。

1985年5月,国家农委批准水利部意见,明确"上级湖用水以山东为主,在蓄水位34.5米时,江苏用水1亿5000万立方米;下级湖用水以江苏为主,在蓄水位32.5米时,山东用水1亿5000万立方米"。水资源分配意见,不仅统筹整个水系、兼顾上下游左右岸,包含着开发利用和保护南四湖水资源权利与义务的法律意义,而且随着经济社会的发展和南四湖生态环境的构建,具有深远的社会和现实意义。

2002年,南四湖地区严重干旱,湖泊干涸,湖区生态环境濒于毁灭。虽然山东省实施引黄(河)济南(四湖),但是由于黄河水量有限,仅延缓了上级湖部分湖区生态环境继续恶化的时间。为此,淮河水利委员会提出利用江苏省江水北调工程向南四湖应急生态补水方案,计划补入南四湖水量1.1亿立方米。从长江86天的应急生态补水,使湖内水量由补水前的5000万立方米增加到2亿立方米。应急生态补水使湖内水环境容量增加,改善了水质,恢复了通航,保护了生物多样性,拯救了濒临灭绝的物种,从而使人与自然的和谐得到有效保障。

参考文献:

[1]水利部治淮委员会《沂沭泗河流域规划》,1957年

[2]水利部治淮委员会《沂沭泗流域规划初步修正成果》,1957年

[3]水利部治淮委员会《淮河流域规划》,1971年

[4]水利部淮河水利委员会《沂沭泗河防洪除涝规划》,1982年

第八章　运河两岸的排涝

一、湖西地区

湖西地区,泛指苏、鲁两省南四湖以西、黄河以南、黄河故道以北的三角平原地带,其中徐州境内的丰县、沛县全部和铜山部分地区,面积约 3382 平方公里。

徐州境内湖西地区,由于黄河决口冲成的大沙河成为本区原东西向排水的分水岭,形成了大沙河东西两个排水单元:大沙河以东地势西高东低,流域面积 2067 平方公里;以西地势由西南向东北倾斜,流域面积约 1250 平方公里;大沙河则自成水系直接将二坝以上黄河故道来水排入南四湖。

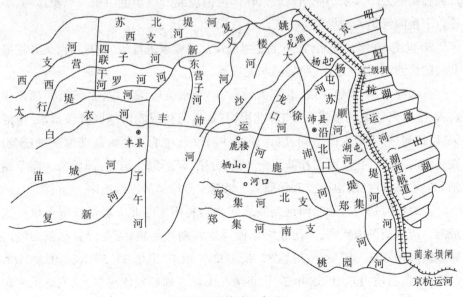

湖西地区排涝示意图

387

湖西平原的原始河流地貌的改变,河流相互串通,水系紊乱,河道弯曲浅窄,上游宣泄不畅,下游南四湖水顶托,行洪排涝标准低下。

新中国成立后,重新调整湖西地区水系并进行全面治理。

大沙河以东的杨屯河、沿河、鹿口河、郑集河和桃源河,均为平行东西排水入南四湖的河流。

杨屯河原名姚桥河,在沛县境内,上游分南北两支:南支自灌婴寺经安国至二郎庙,穿越徐沛河抵刘庄;北支起自大沙河右岸陈庄,经头道圩子村前至刘庄和南支会为干河,过杨屯、大屯矿区注入昭阳湖。

沿河古名泡河、丰水。因沛民食盐曾通过泡水运入,又称盐河,沛城以西又称丰沛运河。大沙河形成后,沿河自沛县鹿楼北,东经沛城、湖屯注入微山湖。

鹿口河位于郑集河与沿河之间,西起大沙河东岸,自西南向东北流经丰、沛两县,注入微山湖。

郑集河位于丰县、沛县和徐州市铜山区接合部,上游分南北两支:南支起于丰黄公路西的荒庄村;北支起自陆楼,由西向东至松林相会南支,合流东入微山湖。

桃源河位于湖西地区南部铜山区境内,原上游自黄河故道滩地下游与郑集河流域串通,在郑集河南排水入微山湖。南北向顺堤河开挖后,堵闭桃源河入湖口门,改经阎大庄排入顺堤河。为进一步解决桃源河流域排涝,以后又将桃源河在徐沛公路以东小庄附近改入徐沛河南段经万村于范山东入京杭运河,小庄以下桃园河仍入顺堤河。

20世纪50年代开始,在对上述河道按排涝要求进行治理的同时,又开挖南北向的徐沛河、苏北堤河、顺堤河和龙口河。

徐沛河沿37米等高线,北起大沙河,南至京杭运河不牢河,截其西部地面高程37.0米以上高地涝水,与苏北堤河、顺堤河构成湖西地区分级排水,由沿河、鹿口河、郑集河入微山湖,以保证徐沛河以东洼地不受西部坡地来水侵袭。在郑集河、鹿口河、沿河与徐沛河交叉处,分别兴建郑集、苗洼、沛城西3座节制闸和翻水站,以拦蓄地面径流和翻引下级湖水至徐沛河以西地区。

苏北堤河是为排除徐沛河与其之间内涝利用原苏北大堤沿线取土坑开挖成河。清末至民国年间,为防止湖水漫溢南四湖西部地区,在沛县和铜山境内按地面高程修筑三道埝:头道埝32米至32.5米,二道埝33.5米,三道埝34米(仅在铜山县境内)。1935年7月,黄河在山东省鄄城董庄决口,三道埝无法防守,又沿35.0米地面高程,从丰县北经沛县龙堌折向东南到铜山张谷山修筑了挡洪大堤,即苏北大堤。

苏北堤成河后,在杨屯河、沿河、鹿口河南北堤及郑集河北堤,兴建涵闸与苏北堤河相通,以自行排水入湖。在湖水位较高时,利用抽水站向湖内抽排;还可以通过挖工庄西闸和挖工庄河、五段西闸和五段河调度排水入顺堤河。在铜山境内郑集河以北,平行开挖了2条苏北堤河,东侧苏北堤河用以承泄沛县境内高地来水,直接排入郑集河;西侧苏北堤河承泄铜山境内马坡洼地内涝,亦入郑集河。东、西两条苏北堤河入郑集河处均建涵闸控制。

顺堤河开挖在南四湖西大堤西侧,以运用分级排水来消除苏北堤河与湖西大堤之间洼地内涝。河道自姚楼河起,沿33.0米等高线向南,穿越大沙河、杨屯河、沿河、鹿口河、郑集河,至铜山县范山附近入蔺家坝闸下京杭运河。在顺堤河与各入湖河道相交处建地下涵洞形成立体交叉,截苏北堤河与顺堤河之间涝水,由顺堤河自排至蔺家坝闸下入京杭运河。以后增建郑集河第二地下涵洞和穿杨屯河、大沙河地下涵洞,以提高顺堤河排水能力;同时,使杨屯河以北和大沙河以西滨湖地区渗水得到排除。

为减少顺堤河与入湖河道交叉,将挖工庄河、鹿湾河、韩坝河、小四段河、五段河、八段河、岱海河等封闭,通过徐沛河、苏北堤河两级拦截,并入鹿口河、沿河和郑集河。郑集河以南的桃源河入湖口门封闭,下段调尾直接排入京杭运河。以后又修正原来规划,保留五段河和挖工庄河的入湖口门,建入湖节制闸。当下级湖水位低于32.5米时,五段河和挖工庄河来水直接入湖,湖水位高于32.5米时,由顺堤河下排。

龙口河位于沛县西部,沿39.0米等高线,南起河口乡,北至龙堌,成为沛县梯级河网控制的最上一级河道,以利于沛县西部地区的排涝降渍。

四纵(顺堤河、苏北堤河、徐沛河、龙口河)与五横(杨屯河、沿河、鹿口河、郑集河、桃园河)梯级河网体系的形成,从根本上消除了大沙河以东地区的内涝。

在大沙河以西,全面治理复新河和姚楼河。

复新河源自安徽省砀山县黄河故道以北,向东北流经江苏省丰县、山东省鱼台县注入南四湖上级湖。复新河上段在砀山县境内,中段贯穿丰县南北,下段在鱼台县境内注入昭阳湖。复新河流域面积1812平方公里,其中安徽省境内170平方公里,江苏省境内1183平方公里,山东省境内459平方公里。20世纪50年代到70年代初,先后疏浚复新河南四湖至苏、皖省界;堵塞十字河口以下西支河,疏浚十字河口以上西支河、东支河、太行堤河、苏北堤河、义河、白衣河、西支河、罗河、西营子河。开挖上游子午河、丰徐河西段以及大沙河以西丰沛河;开挖四联干河和史南河。兴建复新河李楼节制闸。

1973 年,苏、鲁、皖三省确定复新河干支河道,按照"新 5 年一遇排涝"和"20 年一遇防洪"标准治理。1974 年开始,实施复新河及苗城河等部分支河治理。1977 年开始,疏浚丰沛河、西营子河、子午

复新河上的李楼节制闸

河、义河、苗城河,兴建丰城、赵庄、韩庄、王岗集、黄楼、苗城、宋楼等节制闸。1999 年,整治四联干、西支、西营子等复新河支河。2000 年以后,实施李楼水利枢纽改建工程,以发挥复新河拦蓄、泄洪、补水、通航等效益。

姚楼河,位于沛县北部大沙河以西,原为大沙河决口形成的漫洼状洪涝河道,自大沙河西岸郭庄,向东北流经苏、鲁边界闵堤口、苗港、王三庄、朱王庄、三河尖、姚楼注入南四湖上级湖,流域面积 113 平方公里。20 世纪五六十年代,将姚楼河下游苏北堤河至湖西大堤段改道取直,挖河结合筑堤;并疏浚姚楼河中段。80 年代,从龙固边界到王三庄,挖河结合筑堤。1999 年,在加固大沙河以北南四湖西大堤的同时,加固姚楼河口南堤。

湖西东西向排水分水岭的大沙河,是 1851 年黄河在蟠龙集决口向东北冲刷形成的河道,自丰、砀边界二坝流经丰县至沛县龙固镇前程子庙东注入昭阳湖,长 61 公里。20 世纪 70 年代末开始,在丰、沛两县境内实施大沙河综合治理工程。

在丰县境内,1977—1980 年,兴建华山拦河坝和节制闸,将丰黄公路至华山16 公里河道作为河川水库,以防洪为主,结合发展灌溉。1988—1991 年,实施华山闸上至阚楼段,挖河蓄水、填滩造田、筑堤防洪。1991 年,在岳庄镇夹河村西建成夹河控制闸。1992—1994 年,治理华山闸下至丰沛边界。

在沛县境内,1979 年,实施大沙河挖河、复堤和造田综合治理。同年冬,修筑大沙河湖口至龙固八孔桥堤防。1989 年冬和 1990 年冬,先后治理龙固八孔桥至丰沛段。1994 年,治理丰沛河至沛丰边界。1999 年,完成大沙河湖口至龙固八孔桥堤防整修加固。2002 年,完成丰沛界至何庄河道扩挖和堤防加固。

大沙河上的李庄控制闸

为提高大沙河蓄水、防洪、排涝能力和改善水环境,2014—2015年在丰、沛两县境内,扩挖大沙河和堤防复堤,使河道排涝达10年一遇,堤防防洪达20年一遇。大沙河拦河闸为苏、鲁两省水资源控制闸,大沙河沿线阚楼、夹河、华山、鸳楼、李庄5座控制闸,为拦蓄地表径流,形成了梯级河川水库,不仅成为丰县东部、东南部和沛县西部、西南部地区的灌溉水源地,而且对防洪除涝起着重要作用。

二、运西地区

运西地区即中运河西部地区,在徐州市境内跨铜山、邳州和睢宁,包括中运河以西、蔺家坝以下、不牢河南北及丁万河以东、苏鲁省界以南、黄河故道以北地区,面积约2661平方公里。这一地区来水,除北部山区232平方公里分别排入微山湖和伊家河、南部山区50平方公里向南排入黄河故道外,南北部山区和中部平原均排入不牢河、房亭河、彭河、邳洪河、民便河、小闫河。

不牢河原称不老河,"老、牢"音同,《民国江淮水利图》则通名不牢河。民国十五年(1926)伏汛,黄河在山东省东明决口,下注微山湖,冲决蔺家坝、不牢河,直到第二年不牢河沿线仍一片汪洋。水势大,时间长,为当时近60年来所未有。民国二十四年(1935)七月,黄河在山东鄄城董庄决口,洪流分南北两股,北股小流量洪水入东平湖,仍归正河;南股挟大流,流量多达10000~2000立方米每秒,由独山、南阳、昭阳诸湖,奔注微山湖,洪水漫过蔺家坝,经不牢河下泄,两岸堤防溃决,洪水遍漫运西地区。

1958年将不牢河辟为京杭运河,按10年一遇排涝开挖河道,沿岸兴建瓦庄、三八户、小坊上、郑集等引排水涵洞和跌水工程。

不牢河上起徐州市区北部蔺家坝,下至邳州市境内大王庙;沿线支河,上段有湖西地区的顺堤河和桃源河,进入市区后有丁万河、荆马河、徐运新河,过解台闸有贾汪区境内的屯头河。不牢河两岸多系松质壤土或沙壤土,由于泥沙淤

391

积河道,至 1973 年仅蔺家坝至刘山闸河床淤积量达 300 多万立方米,以致河道排涝能力下降。

1983 年,不牢河按照二级航道标准清淤疏浚,整修沿河支河涵洞、跌水,实施水土保持工程。1986 年完成不牢河沿线大沟入河口门的整修加固,新建和加固跌水,新建和整修加固涵洞。至此,不牢河排涝标准超过 10 年一遇。

房亭河主要宣泄山洪和两岸内涝,历经变迁形成南、北房亭河。北房亭河上游为双楼河,自小吴家西南三里分不牢河水东南流,经岐山南、马山南、塔山南、青山西至小沙庄穿陇海路东入邳州境,又东南十余里与南房亭河汇合。南房亭河上游有二源:一为田河,源出今徐州市区东、西店子,东流经东贺村、侯集至吴楼入南房亭河;一为白马泉河,源出王山,经杏坡湖与源出大坝湖之秃尾河合流至吴楼会田河入南房亭河。南房亭河经毛庄、东西滩头、沟上入邳州境,东流至过满山南会北房亭河,又东流经高桥、武河口折向东北,经虎邱、胡湾,东行至三岔河入中运河。房亭河支河,铜山境内有三多河、陶公河(牛凌河);邳州境内有一手蝉河、小武河、秃尾河、淤泥干河、彭家河、白马河、花河、苏家河。房亭河干河在上、中游被山区流沙淤塞,支河水无出路,下游两岸无堤。

1951 年,房亭河干河在邳州土山镇附近利用并扩大白马河东段的顺堤河,将原由三岔河入中运河改经苏村隔堤以北顺堤河于猫儿窝入中运河。1955 年,鉴于房亭河上游连年受灾,在上游兴办杏坡湖、乔家湖圩田外,浚深白马泉至刘蝉河口段河槽。1957 年,全线疏浚房亭河干河。1965 年,为减轻铜山徐庄、大许境内刘蝉河内涝;同时,有利于乔家湖洼地排涝,将房亭河上游陇海铁路以上自侯集桥改道向北经庙山跌水入不牢河。1967 年,邳州境内按 20 年一遇防洪标准治理干河,设计排涝流量 335 立方米每秒,防洪流量 538 立方米每秒。1990—1992 年,在徐洪河续建工程中,扩挖刘房集以上房亭河,又进一步提高了除涝能力。

房亭河干河历经治理,自西向东由徐州市区东部沿荆山引河穿陇海铁路大庙桥,经单集、刘集于房亭河地涵东入中运河,长 74 公里,流域面积 716 平方公里。

房亭河支河于 20 世纪 60 年代对原有水系进行调整:在铜山境内的房亭河北侧,疏浚陶公河、刘蝉河,改道一手蝉河,将其来水分段排入房亭河;房亭河南侧疏浚帮房亭河。在邳州境内的房亭河北侧,疏浚淤泥干河、古运河,将原来淤泥干河、秃尾河和晓武河来水经古运河入房亭河。在古运河以东,新挖滩土河、胜利河,疏通彭河,建房亭河地下涵洞,使宿占河与中运河之间,房亭河以北 188

平方公里来水由地下涵洞穿房亭河经邳洪河至邳洪闸下入中运河。在房亭河南侧，疏浚白马河，堵闭花河、苏家河上游入房亭河排水口门，使花河、苏家河排水改入混泥沟和民便河。70 年代开始，治理古运河、白马河、帮房亭河，开挖宿占河；在邳州境内实施帮房亭河改道，疏浚古运河，开挖跃进河；在铜山境内开挖二八河和白马河。

彭河有老彭河与北彭河之分。

老彭河源起铜山耿集（今贾汪区塔山境内）张堰南，流至郭口入房亭河。1958 年，中运河退堤抬高了行洪水位，为避免彭河水出路受阻，同年冬，在邳县境内开挖北彭河，从郭口经太庄圩向南入房亭河；开挖宿占河、滩土河，将彭河、宿占河以西来水改排入宿占河，宿占河与滩土河之间来水改排入滩土河。1966 年，按 10 年一遇排涝标准设计、过水流量 134 立方米每秒，建成房亭河毛窝地下涵洞，将新彭河从大庄圩改道向东到郭庙经地下涵洞入邳洪河。此时，彭河流域内涝由彭河经毛窝地下涵洞排入邳洪河后至邳洪闸下自排入中运河。1981 年，在邳县境内兴建刘集抽水站，在毛窝地涵上游西侧开挖丰产大沟，将抽水站引河与彭河相接。当骆马湖退守宿迁大控制，邳洪闸和房亭河地下涵洞相应关闭时，彭河流域内涝，可以由刘集、刘山和赵墩外河沿等抽水站协助抽排。

邳洪河是 1958 年结合中运河复堤开挖的人工河道，北起房亭河毛窝地涵，南至邳洪河闸长 27.2 公里，承泄民便河及毛窝地下涵洞来水，至邳洪闸下入中运河。流域范围：不牢河以南，房亭河以北，宿占河以东，中运河以西和民便河流域，面积 529.7 平方公里。1959 年，开挖邳洪河毛窝至马桥段。1963 年，按流量 129 立方米每秒疏浚邳洪河下段，并将民便河在马桥附近纳入邳洪河；同时，兴建邳洪河节制闸。当皂河闸泄洪或骆马湖退守大控制后，关闭邳洪河闸，以防止洪水倒灌黄墩湖地区。1966 年，对邳洪河全线疏浚。至此，形成了以邳洪河为骨干，排泄彭河、民便河的新水系，为运西和黄墩湖地区创造了自排条件。

1985 年，皂河复线船闸引航道开挖占用了邳洪河出口段后，另开邳洪河出口段新河，并按设计流量 310 立方米每秒重建邳洪河闸。新闸与黄墩小河闸合并建设，共 8 孔，其中东侧 5 孔排泄邳洪河来水，西侧 3 孔排泄黄墩小河来水。

民便河东滨中运河、北临房亭河、南界黄河故道，其西部山区来水及下游内涝，因排水出路不畅，每至汛期滞蓄于黄墩湖洼地，只能一季麦收。1951—1952 年，按保麦标准疏浚民便河甘桥至刘庄段。同时，封闭原有入中运河口门，开挖黄墩湖小河，引民便河来水经皂河闸下的黄墩湖南闸入中运河。虽然民便河两岸洪涝威胁有所缓解,但是民便河与小阎河流域面积 500 平方公里,黄墩湖小闸排水能力则不足 100 立方米每秒,内涝依然频繁。1958 年,采取民便河、小阎河分治原则,将民便河下游入黄墩小河处堵死,民便河改道从马桥入邳洪河并建邳洪闸在皂河闸下入中运河。

民便河有支河混泥沟、双洋河和新塘河。20 世纪五六十年代开始,在疏浚民便河的同时,将邳州境内混泥沟于八路境内改道直入徐洪河;又按 5 年一遇排涝标准,疏浚双洋河和新塘河。

小阎河位于民便河南、黄河故道北,跨睢宁、宿迁,在睢宁境内刘堰至五工头分两支:一支向东南为五工河,一支向东北至高吴庄又折向东南,经马浅、季河、阎小庄,到阎集又与五工河相会入黄墩小河,于皂河闸下注入中运河。1958 年宿迁圈圩,在马浅将原有河道堵死,并建阎集机站,抽水入小阎河,致使睢宁万余亩农田无法排水。20 世纪 60 年代,将民便河与小阎河排水分开,小阎河独流入黄墩小河,改建黄墩小河闸,并按 10 年一遇排涝标准、设计流量 97 立方米每秒疏浚河道。70 年代,小阎河被开挖张集引河切断,张集引河以西来水从张集涵洞再入引河以东小阎河。张集引河被利用为徐洪河后,小阎河在张集西从

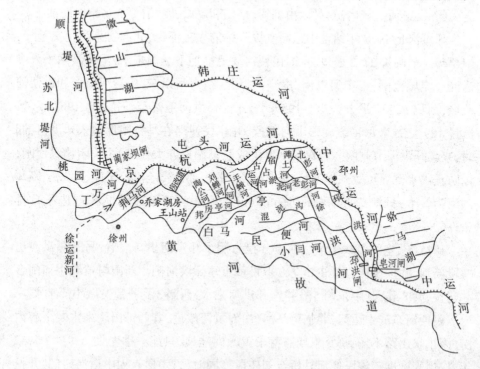

运西地区排涝示意图

394

地涵穿过徐洪河,再经黄墩小河于邳洪闸下注入中运河。

三、邳苍地区

邳苍地区指中运河和陶沟河以东、沂河以西、骆马湖以北地区。在徐州境内,包括邳州市全部和新沂市窑湾、草桥等沂西地区。区内沂河分流,武河、燕子河、艾山河(柴沟河)、东西珈河、汶河、陶沟河以及官湖河、城河、沙沟河、龙凤鸭河、祁家河、礓石河等河流上承鲁南山地来水,下受中运河顶托,每至汛期,无法承受上游洪水,以致下游洪水漫流,水系紊乱,内涝成灾。邳州境内的运河两岸李圩湖、白滩湖、林庄湖、曲坊湖、沙沟湖等洼地均成为洪水滞蓄之地。

新中国成立后,堵闭沂河向中运河分洪的芦家口;在武河分洪道兴建江风口闸,控制沂河分洪水量,以避免沂河洪水直接威胁邳苍地区。然后,根据邳苍地区的洪涝情况,全面梳理河流水系,形成洪涝分治的格局。

对洪水治理,将跨省西珈河、汶河、白家沟、东珈河、三沟河、燕子河,改道入邳苍分洪道,以排除上游洪水。对邳州境内的内涝治理,重新调整河流水系以及疏浚旧河和开挖新道。

城河治理始于1951年堵闭芦家口,不再分泄沂河洪水。邳苍分洪道建成后,城河只承泄沂河以西分洪道以南以东、城河以北武河、沙沟、黄泥沟、燕子河、小涑河来水,在汤楼分南北两支:北支向西流,经龙凤鸭河会燕子河、东珈河及汶河来水,再通过祁家河入运;南支向南流,经老邳城至沙河口入运。从20世纪50年代末开始,因汤楼以下北支淤废,故以治理在汤楼分出的城河南支为主。

官湖截水沟是1960年沿地面高程26.5米,自城河至华沂闸吴楼开挖的河道,将官湖镇以上、小坊上以西官湖河堵死,官湖河上游、城河与沂河之间来水,沿官湖截水沟经华沂闸入老沂河。20世纪六七十年代开始,对官湖截水沟进行全线治理,并在官湖截水沟入中运河处建5孔节制闸。1977年3月,为防御沂河特大洪水,确保运河镇、陇海铁路及徐塘电厂防洪安全,以扩大官湖截水沟为防洪屏障,并改名为纲河。

沂河原从华沂经炮车、纪集、王楼至窑湾北口西入中运河,河床弯曲,堤身残缺不全。"导沂整沭"从华沂北向南至苗圩开辟沂河新道,华沂以下沂河即称为老沂河,并分泄沂河洪水500立方米每秒。1954年兴建华沂节制闸,设计过闸流量700立方米每秒。1957年汛后,在新沂境内,从王楼向东南开挖老沂河分洪道,排水直接入骆马湖。从此,老沂河成为邳苍地区的排涝河道。20 世纪 80 年代开始实施老沂河疏浚,并按 20 年一遇防洪标准整修加固堤防。

西泇河在岔河镇以北改道东流入邳苍分洪道后,岔河镇以南老西泇河沿白滩湖堤仍至泇口北入中运河。1973 年冬,将老西泇河在林庄以上裁弯取直;林庄以下按 20 年一遇防洪标准筑堤。由于西泇河改道导致杨家沟和宋家沟两岸内涝无法排除。故于 1976 年兴建穿西泇河改道段地下涵洞,将杨、宋沟两岸、赵家沟以南共 101 平方公里的内涝水经地下涵洞入岔河镇以南老西泇河再注入中运河。

燕子河于庞庄附近被截断为邳苍分洪道中泓,分洪道以下燕子河东支至古宅入邳州境经刘沟于汤楼入城河。1965 年,按 5 年一遇排涝疏浚刘沟至汤楼段。1979 年治理小涑河时,邳州境内米滩以上燕子河,统称小涑河。

运女河发源于山东省苍山县沈家坊,原河道南入邳州境经邢楼、火石埠至梁王城南入中运河。1958 年冬,将运女河自小庄附近改道,向东至岔河镇入老西泇河,经白滩湖利用山头村退水闸排水入中运河。由于小庄至岔河段地形逐步高仰,排水线路长,加之白滩湖蓄量有限,改道段以北内涝无法排除。1961 年,开大固珊截水沟、截运女河在固珊村以上来水至沙家王入陶沟河。1971 年,在邢楼以南沿用礓石沟旧道在丁桥附近汇入陶沟河,并按 5 年一遇排涝、20 年一遇防洪标准疏浚。

陶沟河发源山东省苍山县马家庄北部丘陵地带,流入江苏省邳州境内,沿苏、鲁省界南流至王庄附近入中运河。汇入陶沟河的支河,东侧有兰陵沟、大固珊截水沟和运女河;西侧有燕井河、新沟河、季河。陶沟河源近流短,每逢汛期,常在邳州境内泛滥成灾。从 1955 年冬开始,在邳州境内对陶沟

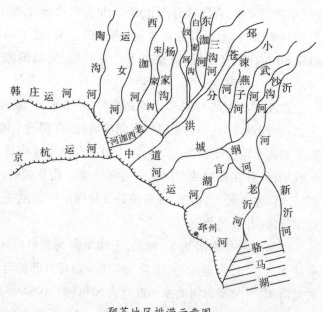

邳苍地区排涝示意图

396

河水系进行全面治理。

四、郯新地区

郯新地区在江苏省新沂市境内的范围,为沂河以东,老沭河以西及其东岸的黄墩河流域,白马河、浪青河、墨河、黄墩河纵穿苏、鲁两省,分别汇入沂河和老沭河。由于上游来水面积大,下游排水不畅,以致洪涝并发在该地区频繁出现。

新中国成立后,在新沂市境内将白马河、浪青河和墨河下游改道,扩大黄墩河排水出路,开挖新戴河和骆马湖东排水河。

白马河位于沂、沭河之间,源自分沂入沭水道以南马陵山区的诸葛店、柳黄埠一带,自东北向西南,纵贯山东省郯城县全境,至江苏省邳州吴楼北入沂河。

1951年在华沂附近开辟新沂河,白马河改于小河庄前入新沂河。1953年春,为降低白马河下游出口水位,将白马河出口下移至杨庄入新沂河,流域面积668平方公里。1956年,在山东省境内白马河与沂河之间开挖亭三和石堰排水沟,并由大官庄五堰里沿马陵山麓修建截水沟,将上游山区116平方公里来水截入沭河,白马河流域面积减为552平方公里。20世纪90年代开始,白马河按20年一遇防洪标准,在邳州境内筑堤。

浪青河源自山东省郯城县张林村附近,至青石桥西南有支流汇入,南流经合沟新沂市境入新沂河。1956年疏浚干、支河道,兴建毛墩涵洞。1969年,邳县和新沂疏浚浪青河江苏段,将出口下移至关庄入新沂河,扩建毛墩涵洞;在沂河东堤西侧建隔堤,当沂河流量超过6000立方米每秒时,毛墩涵洞以下浪青河西堤溢漫以避免阻碍沂河排洪。1997年改建毛墩涵洞为7孔,设计排涝流量73立方米每秒。

墨河源自山东省郯城县境内,有支流郯新河,窑西排水沟、幸福河汇入,在新沂小张庄北入江苏省新沂市境内,自北而南,经港头、戴沟、埝头南入骆马湖。新沂河草桥段开辟后,墨河在江苏省新沂境内全线改道入沭河,改道段称新墨河,在苏、鲁省界附近小张庄,与山东境内墨河相接,东南流至房庄东侧有柳沟河汇入,东南穿陇海铁路至张墩与臧圩河相会,至龙泉沟北入沭河,流域面积357平方公里。1955年疏浚张墩至入沭河口段。1956年疏浚苏、鲁省界至张墩段。1972—1973年建马港闸与新戴河相通,汛期如遇新墨河上游来量较大时,可以开启马港闸向新戴河分泄50立方米每秒洪水。

臧圩河发源山东省郯城县袁堂附近，由北向南，流入新沂至小马庄附近汇入新墨河，苏鲁省界以上有大房沟、小房沟、羊红公路东沟等支流汇入，流域面积 70 平方公里。1959 年，开挖新戴河切断臧圩河通向新墨河的排水出路，臧圩河上游来水在候墩以东约 2

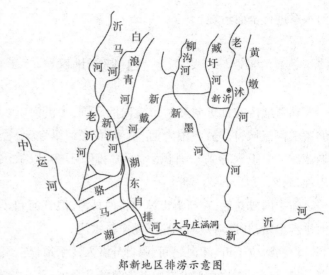

郯新地区排涝示意图

公里处入新戴河，再转向西至西马港附近入新墨河。

新戴河作为排引水河道开挖于 1959 年，自新沂市区入沭闸向西南至戴沟连接沂河，相机分泄新墨河上游来水进入骆马湖。1966 年，按 5 年一遇除涝标准，治理新戴河以北臧圩河。1974 年开始，拓宽疏浚新戴河。

黄墩河位于老沭河以东，源自山东省郯城县马陵山，向南流入江苏省新沂市境内，穿流东陇海铁路、沭（阳）新（沂）公路，至塔山闸北入老沭河，流域面积 117 平方公里。在苏、鲁省界以北有蒿汪沟、常汪沟、尖底沟、孙塘埠、石马涧等支流汇入。1958—1963 年间，山东省境内疏浚尖底沟，延长了黄墩河至马圩子上游排水沟渠，开挖环山截水沟并接入尖底沟和常汪沟。虽然改善了上游地区的排除内涝条件，但是下游地区未能相应治理。20 世纪 70 年代开始，在新沂时境内疏浚黄墩河。

湖东排水河是骆马湖东堤以东地面高程 25.0 米以下地区向嶂山闸下排水的一条干河，北起新戴河南堤，沿骆马湖东堤顺堤开挖至嶂山闸下经大马庄涵洞排入新沂河，排涝面积 40 平方公里。该河按 3 年一遇排涝标准开挖于 1970 年，沿线穿越各回龙堰处兴建柳沟、陆沟、大刀湾、郑沟和黑马河地下涵洞，自排 25 米以上岭地水入骆马湖。

五、濉河地区

濉河地区位于黄河故道以南，西自徐州市区西部的楚王山西麓王家山闸河,东至运料河,流域面积约 670 平方公里,区内排涝由濉河注入洪泽湖。

濉河古称睢水,上自今河南省开封东流入江苏省睢宁境内后,再向东北至宿迁小河口注入泗水。明代以后,黄河夺泗形成独流之势,小河口淤塞,睢水向南改由白洋河口入黄河。清代末年,睢水变迁自濉溪口(今安徽省淮北市濉溪)东南流,故濉溪口以下称濉河。在濉溪口以上,濉河接洪沟河(原砀山毛城铺闸下引河)、碱河及巴清河,东南流经今安徽省宿州境内符离,再东流经时村、浍塘沟至江苏省泗洪青阳镇分两支:一支向东至安河注入洪泽湖;另一支向东南至临淮头入洪泽湖。

1951 年春,在安徽省境内新开浍塘沟向南至水口魏的濉河新道,形成浍塘沟以下濉河新道与旧道同时向下游排水的格局。新濉河又称奎濉河,是原濉河流域分级治理后分离出来的独立水系,自江苏省徐州市区云龙湖,流经徐州市区、安徽省宿州市埇桥区、灵璧、泗县,至江苏省泗洪瑶沟东入洪泽湖溧河洼,长约 172.5 公里,流域面积 2972 平方公里。

20 世纪 60 年代,为解决濉河流域上、下游地区间的排水矛盾,对濉河流域实行分级治理,第一级将濉河安徽省境内张树闸以上来水截入新汴河;第二级将濉河浍塘沟以上及沿线部分高地来水由新濉河入洪泽湖溧河洼;第三级将浍塘沟以下来水由老濉河入溧河洼;第四级将濉河洪庄以下至洪泽湖来水由濉河尾闾和老汴河排入洪泽湖。接着,将新濉河与老濉河在泗洪小韩庄附近改道分流,以两河三堤平行流至七里沟汇合注入洪泽湖溧河洼。1998—2008 年,实施新濉河自奎河口以下拓宽疏浚及堤防加固工程。

奎河和运料河是濉河在徐州境内的主要支流。

奎河开挖于明万历十八年(1590),自今徐州市区云龙湖北出苏堤,向东利用东西段古护城河,向南经奎山东、十里铺、黄桥至安徽省宿州境内流入濉河。奎河在徐州市境内于 1951 年开始疏浚,并于 1958 年在奎河上游兴建云龙湖水库,拦蓄山区径流,以减轻下游河道排水压力。

云龙湖水库建成蓄水后,对下游河道的排涝有所改善。但安徽皇藏峪一带 68 平方公里原由桃山集东排的山水在苏、皖省界处向北送入铜山境内的灌沟河,再进入奎河,并且沿省界筑堤阻水,受山丘区高水顶托,奎河上游的内涝排除困难。1982—1983 年,实施奎河下游复堤工程。1991 年,奎河列为淮河治理骨干工程。2001—2002 年,在徐州市境内按除涝 3 年一遇、防洪 20 年一遇标准全线治理。

奎河沿线有灌沟河、琅溪河、阎河等主要支流汇入。

灌沟河上游分南北两支:南支源自安徽省萧县皇藏峪,亦称倒流河,自南向北至桃山集北与北支会;北支又称西沟河,源自铜山汉王韩楼,向东南流经铜山三堡,穿过津浦铁路,至苏、皖边界注入奎河。

琅溪河源自黄河故道堰下魏堤头,向西南流至安徽省境内注入奎河。20世纪五六十年代曾按5年一遇排涝标准疏浚。由于宋桥以上琅溪河河道弯曲,排水不畅,故于1971年结合大龙口水库灌区配套,将河线改从大龙口水库南涵洞向南经沟北头、塘坊、冯庄至宋桥,再经棠张、马兰至安徽省境内注入奎河。1983年实施宋桥至马兰段清淤和复堤加固工程。大龙口水库改建成大龙湖后又与琅溪河相接。

阎河自徐州新城区潘塘六堡向南入安徽省境内注入奎河。该河曾于20世纪50年代治理,70年代按3年一遇排涝标准治理。

运料河承泄徐州市铜山区东南部和睢宁县西北部来水,经安徽省境内浍塘沟注入濉河,流域面积在徐州市境内191平方公里,主要支流有申家沟、郭集沟和新源河,均于安徽省境内汇入运料河。其中,新源河亦称老运料河,上游在睢宁境内。20世纪70年代,在铜山境内,按3年一遇排涝标准治理运料河及其支流郭集沟和申家沟。

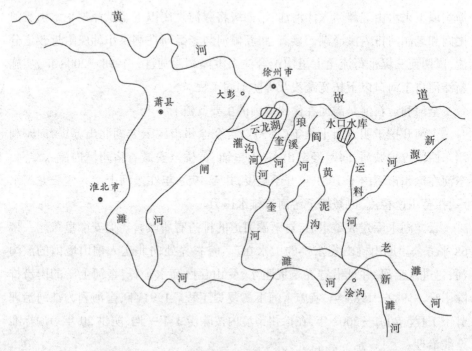

濉河地区排涝示意图

楚王山闸河是清康熙二十三年(1684)在楚王山东西天然闸创建之后形成的。楚王山东麓为十八里屯闸,西麓为王家山闸,均位于今徐州市区以西的黄河故道南岸。十八里屯闸和王家山闸分泄黄河洪水南流形成东、西闸河至虎山腰以下白山头会流入今安徽省境内注入潍河。新中国成立前,西闸河已淤为平地;东闸河宽浅不一,虎山腰以下河道断面狭窄,芦苇丛生。新中国成立后,东闸河及白山头以下闸河曾分段拓宽加深,以利用河道蓄水。1986年,疏浚虎山腰以下东闸河,新建马场节制闸,在十八里屯以南新建田巷闸,以消除丁塘湖地区内涝。

六、安河地区

安河地区处于黄河冲积平原坡水区,东到洪泽湖,西达峰山闸河,南至老潍河,北邻黄河故道,地跨苏、皖两省,在江苏省睢宁县境内流域面积约1350平方公里。

安河是清雍正三年黄河在睢宁朱家海决口冲刷出一条河道。新中国成立前,安河地区排涝由安河承纳龙河和潼河等干支流来水注入洪泽湖。因河道受黄河泛滥淤塞弯曲且高仰浅窄,排水系统交织紊乱,水流不畅。1956年疏浚安河七咀至大口子以下张渡口。鉴于大口子至凌城闸段安河直接关涉睢宁县大面积排涝,又于1965年疏浚安河凌城闸至泗洪庄潭段。1976年,利用安河兴建徐洪河,成为睢宁县沙集以下解决安河地区排涝出路的关键工程,并形成了以徐洪河为干流的新龙河、潼河以及徐沙河水系。

新龙河水系是1959年开挖新龙河后形成的。

龙河是安河的主要支流,自黄河故道南岸睢宁县龙集西北藕池,经龙集南流至七咀南入安河,经大口子(在今江苏省泗洪县归仁镇东)南流由顾勒河入洪泽湖。龙河于20世纪50年代初开始治理,并同时治理白塘河、小睢河、西渭河、中渭河等支流。

白塘河主要排泄睢宁境内魏集、梁集、庆安、睢城、朱楼、朱集等低洼地区内涝,自白浪浅(今庆安水库一带)向南经地下涵洞穿过徐沙河至南庙入龙河。小睢河为睢宁县中部地区主要排涝河道,自睢宁县梁集西向南流经睢城西关,穿过徐沙河至汤集东注入龙河。西渭河旧称沈家河,自魏工南流经沈家湖,至邱集东南注入龙河。中渭河由沈家河至沈集分出,位于西渭河东侧,自沈集向东南至找沟集北入龙河。

新龙河自汤集向东南,至七咀与龙河汇合南流入安河,承泄新龙河以北原龙河支流小睢河、西渭河、中渭河来水;并接通1958年所开的东西向跃进河,串通潼河与新龙河水系将白马河、田河来水调入新龙河,减轻了潼河排水压力。20世纪60年代,在新龙河七咀以上建凌城闸(原名找沟闸);疏浚新龙河小睢河口至七咀段河道;在新、老龙河交汇处建汤集闸。70年代开始,继续疏浚新龙河;在新龙河与潼河水系之间建龙山闸,以调度潼河水系100立方米每秒来水入新龙河。

龙河在新龙河开挖后上游仍有白塘河等支流,并接纳汤集闸以上龙河上游70立方米每秒来水经汤集闸下泄。

龙河、新龙河在睢宁东南隅七咀注入徐洪河,南流经宿迁、泗县边界,至泗洪县大口子与潼河相会。

潼河水系是以田河和白马河为支流的排涝体系。

潼河源自安徽省灵璧县张庙北的闸河东堰下,承泄老睢河以北原孟山湖一带来水,左岸为虹泥沟、右岸有洪灵沟汇入,向东南流入江苏省睢宁县李集,再东流经黄圩进入安徽省泗县汕头集,至江苏省泗洪归仁集大口子注入安河。

潼河于1952年疏浚二郎庙以下段。1957年,睢宁、泗县和泗洪县共同治理中下游段。1966年,在睢宁县境内治理八里张至二朗庙段,八里张以上由安徽省开挖。1998年,在睢宁县境内按5年一遇排涝,20年一遇防洪标准,扩挖河道,利用弃土修筑堤防。

田河原为黄河泛滥冲积形成的河道,亦称田家河和范家河。清道光二年(1822),田河在睢宁官山集以下淤为平陆后,便向张山东南与白马河汇流。20世纪五六十年代,田河上游按5年一遇、下游10年一遇排涝标准疏浚。70年代,田河从高集向西改道,将上游来水通过双洋河、王西大沟、王东大沟直接排入徐沙河。90年代末,疏浚田河下游段。白马河上接峰山闸河,东南流至张山东南与田河相会,于黄圩二郎庙注入潼河。白马河作为睢宁县西南部的主要排涝河道,从20世纪50年代开始疏浚复堤。

徐沙河水系是在徐埕河基础上形成的。

徐埕河是1958年江苏省统一规划的省级航道,从徐州市经铜山、睢宁、宿迁、沭阳至灌云县埕子口入海。当时,徐埕运河工程只在睢宁县境内实施。20世纪60年代,疏浚龙河以东至胡桥口段,既减轻了徐埕河以南白塘河、龙河排涝压力,消除了朱集、朱楼、官山等地内涝威胁,又解决了庆安一带排水出路。疏浚田河口至沙集段,并在龙河至睢城段南岸小睢河、白塘河和龙河三处口门分别兴建节制闸。当排涝3年一遇时,徐埕河以北来水全部由小睢河下泄新龙

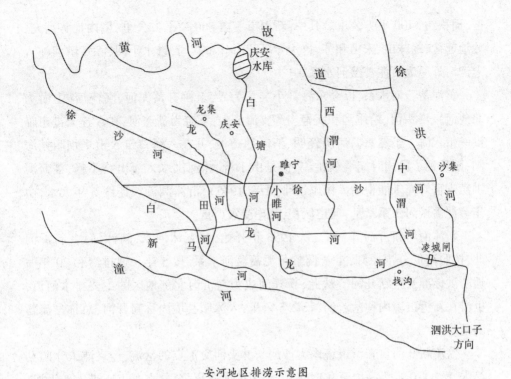

安河地区排涝示意图

河;5年一遇时,由龙河分水50立方米每秒,白塘河分水30立方米每秒,其余流量经小睢河纳入新龙河。睢城至沙集段,在徐圩河与中渭河交叉口南侧建中渭河节制闸,控制经中渭河下泄流量,以利于徐圩河以南中渭河两侧洼地排涝,特大暴雨时最大泄量不超过30立方米每秒。

　　徐洪河规划将徐圩河作为徐洪河西支,更名为徐沙河,向西送水直达今铜山区境内。20世纪70年代开始,在睢宁县境内实施徐沙河工程:在白塘河与徐沙河交汇处兴建地下涵洞,使白塘河不再向徐沙河排水,仍由白塘河故道排水入龙河;平地开挖白塘河地涵至桃园北散卓村徐沙河;按5年一遇排涝标准疏浚沙集至高集段河道;疏浚徐沙河中段白塘河地涵至高集桥;开挖疏浚徐沙河上段庞庙闸至双洋河口及徐沙河支线,继续开挖至睢宁县境内双沟。从此,作为横贯睢宁县中部的徐沙河,直接将其北部来水注入徐洪河,既扩大了睢宁北部的排涝面积,又减轻了南部新龙河的排涝压力。

七、沂北地区

　　沂北地区即新沂河北部地区,泛指新沂河以北,新沭河以南,老沭河以东地区,面积约 5400 平方公里。其中,新沂市境内 800 余平方公里,境内地势高亢,岭地起伏,踢球山、宋山和苏、鲁边界马陵山分布其间,排水干河,除黄墩河注入老沭河外原为黄泥蔷薇河水系。

黄泥蔷薇河水系,以今东海县小吴场为界,上游有黄泥河、高流河(上游为北沙河)、淋头河、蛤蜊沟和虞姬沟等支流汇入;下游为蔷薇河,在今连云港市临洪一带入海。虽然蔷薇河历经明、清时期疏浚,并在入海口筑 5 道堤坝阻挡海潮,而且到了民国时期继续挑浚,但是由于沂、沭河洪水入海出路不畅,蔷薇河洪涝灾害终究未能根治。民国三十四年(1945),沂沭泗流域连续 5 年大水,由于黄泥蔷薇河水系紊乱,河道淤积,两岸受灾严重。

新沭河与新沂河开辟后,从 1956 年开始,在老沭河东、新沭河南、新沂河北,按照高低分治原则,重新调整黄泥蔷薇河水系,按 5 年一遇排涝和 20 年一遇防洪标准开挖新开河。从此,新开河成为新沂河北部地区的主要排水河道,上游在新沂市境内称岔流河,长 2.5 公里,入沭阳县境内称新开河,总称岔流新开河。

岔流新开河自新沂市境内大沙河与淋头河交汇点的岔流,经袁滩入沭阳县境内,沿 11.0 米等高线至龙堰西北,利用沭河故道,至分水龙王庙进入新沂河,长 31.9 公里;拦截高水面积 896 平方公里,其中新沂市境内约 500 平方公里;上游有淋头河、大沙河汇入,下游右岸有虞姬沟和泥墩沟等支流。

淋头河原自东海县石湖马圩一带至新沂市阿湖南流至小官庄处与大沙河合流,向东经伍河入蔷薇河。1956 年,将淋头河由东流改向南流入岔流新开河。1958 年,在淋头河上游兴建阿湖和贺庄两座中型水库,以减轻下游排水负担。

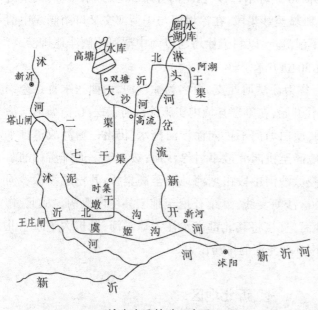

沂北地区排涝示意图

淋头河自阿湖水库泄洪闸至新开河,其间有芦湖河、大雁河、古木河等支流,均源于东海县境内马陵山,地面高程在60.0米以上,干河东岸费岭地面高程34.0米,西岸桃岭地面高程28.0米。1973年,在新沂市境内整修加固淋头河阿湖水库至新开河。1993年,淋头河按5年一遇排涝、20年一遇防洪、50年一遇校核疏浚河道、加固堤防。

大沙河原自东海县桃林乡北芹口、皇城一带,南流会淋头河,东流经伍河入蔷薇河。岔流新开河开挖后,大沙河经新开河入新沂河。1958年,在大沙河上游东海县境内建皇城、铁西、大石埠、芦窝等4座水库,新沂境内建高塘水库,以控制其上游流域面积142平方公里来水。

虞姬沟自老沭河东岸,踢球山与宋山西麓,与老沭河平行流至舒窑附近折向东流入老黄泥河。1955年,为减轻下游排涝负担,将虞姬沟改道近1700米,使其上游37平方公里来水入老沭河。第二年,将虞姬沟于桐槐树截入新开河。20世纪60年代开始,虞姬沟在新沂市境内疏浚筑堤。

泥墩沟开挖于1956年,截踢球山区来水汇入新开河。1985年开始,在新沂市境内实施泥墩沟治理工程。

参考文献:

[1]治淮委员会《复新河流域除涝规划》,1955年

[2]江苏省治淮指挥部《沂北排涝规划》,1956年

[3]治淮委员会《沂沭泗区流域规划》,1957年

[4]徐州专区《不牢河流域规划大纲》,1958年

[5]江苏省水利厅《黄墩湖地区民便河治理规划》,1963年

[6]江苏省水利厅《安河流域除涝规划》,1964年

[7]水电部上海设计院《邳苍郯新地区治理规划》,1965年

[8]淮河水利委员会《邳苍郯新地区水利规划报告》,1997年

405

第九章 运河沿岸的灌区

一、洪泽湖灌区

洪泽湖灌区是以洪泽湖为灌溉水源而形成的灌区。

洪泽湖于 1953 年建成三河闸控制工程,具备了蓄水条件。1954 年 1 月,治淮委员会召集苏、皖两省协商,形成"洪泽湖蓄水位问题研究会议纪要",经华东局、水利部转报政务院,暂定蓄水位 12.5 米。为便于洪泽湖的治理和管理,同年 12 月,江苏省政府报请政务院批准,将安徽省泗洪、盱眙两县划归江苏,江苏省萧县、砀山两县划归安徽。从此,洪泽湖正式蓄水。

洪泽湖灌区从洪泽湖引水,在睢宁县境内分别形成凌城、徐沙河和袁圩灌区。

凌城灌区位于睢宁县徐沙河以南,由凌城抽水站直接抽引洪泽湖水至凌城闸上,以新龙河作为主要送水河道,通过徐沙河以南的中渭河、西渭河、小睢河、白塘河、龙河、田河、白马河、潼河等支河及多条大沟作为梯级河网调蓄,再由田头小型抽水站二级抽水入田灌溉。

徐沙河灌区位于睢宁县徐沙河以北、黄河故道以南、姚龙干渠以东为睢北片,灌溉分南、北水源。南半部依靠沙集西抽水站供水,北半部由古邳抽水站抽引骆马湖水和袁圩抽水站抽引徐洪河水。南、北两水源形成的灌区互相交叉,互为补充。

徐沙河灌区又分为沙集西抽水站和高集抽水站灌区。

沙集西抽水站灌区位于徐沙河下段,由沙集西抽水站通过徐洪河直接抽引洪泽湖水,以徐沙河作为输水干渠,利用徐沙河以北的中渭河、西渭河、小睢河等支河及大沟作为梯级河网调蓄,再由沿河小型抽水站抽水入田。高集抽水站灌区是通过沙集西抽水站抽水进入沙集闸上徐沙河后,再向西送水经高集抽水站向高集闸上送水,即向睢宁县西北片徐沙河中段送水,通过姚龙干渠西沟、王东、王西、汪陈等大沟调蓄,沿沟建小型泵站提水灌溉。

袁圩灌区,在1991年之前是袁圩水库灌区。1991年废除水库建袁圩抽水站,从沙集闸上徐洪河取水,通过2条干渠,直接输水入田。

二、骆马湖灌区

骆马湖控制性工程建成后,于1959年开始蓄水。20世纪60年代,骆马湖蓄水位抬高至22.5米,骆马湖以上地区开始沿中运河、沂河发展灌溉。80年代,南水北调工程在淮阴以北相继兴建淮阴、泗阳、刘老涧、井儿头、皂河、民便河、刘山、解台等抽水站,扩大了江水北调能力,原由徐州和淮阴两地区各引一半骆马湖水源改为全部供徐州市使用。从此,骆马湖成为徐州市工、农业生产用水的最大水源地,并形成了骆马湖一、二级灌区。

一级灌区指沿骆马湖、中运河、沂河通过一级抽引骆马湖水进田的灌区,范围:骆马湖以上,京杭运河不牢河刘山闸、房亭河单集闸以东地区。灌区内又分睢宁古邳抽水站补水灌区、沂北灌区以及沂运、邳北高地、新沂马陵山提水灌区。

睢宁古邳抽水站补水灌区,是将骆马湖水由古邳抽水站通过民便河船闸经民便河、古邳引河,非灌溉季节向庆安水库补水,灌溉季节沿黄河故道中泓向西输送至姚龙灌区、睢宁县西北部高亢地区。姚龙灌区位于睢宁县西北黄河故道南侧的姚集和龙集,由古邳抽水站抽水经黄河故道中泓,西送至房弯涵洞后引入灌区。西北部高亢地区位于黄河故道南侧。

沂北灌区位于新沂市境内,自嶂山闸上北坝涵洞,引骆马湖水由沂北干渠顺马陵山麓沿20米地面高程向东北方向延伸,经新店、王庄、邵店、时集、高流、黑埠等地至淋头河东方红闸,长52.7公里。

沂运提水灌区范围为沂河和新沂河(草桥段)、中运河两侧地面高程26.5米以下及黄墩湖地区。灌区地势低洼,可以从骆马湖或沂、运河一级抽水到田。

邳北高地提水灌区,位于邳州市城河闸站、岔河闸站以北,沂河与中运河之间,建有邳城和岔河抽水站,形成邳城灌区和岔河灌区。

邳城灌区范围为沂河以西,分洪道以东,310国道以南,陇海铁路以北,由邳城抽水站通过城河下段引水向邳城闸上抽水补充水源。岔河灌区范围为邳苍分洪道及汶河以西,陶沟河及中运河以东,310国道以北,由岔河抽水站抽水通过西洳河地下涵洞和杨家沟、宋家沟向上送水,再由沟河小站抽水入田。

新沂马陵山提水灌区分布于沭河两岸马陵山丘陵地区,西与沂、运提水灌区接壤,东、南与沂北灌区相连,灌溉水源通过新戴河南、北抽水站抽引骆马湖水源经新戴运河补给。沭河以西为西马陵山区,马陵山西麓建有大墩抽水站,抽引骆马湖水源灌溉马陵山西麓农田。

骆马湖二级灌区范围为京杭运河不牢河刘山抽水站和房亭河单集抽水站以上,微山湖蔺家坝以下,分不牢河提水灌区和黄河故道提水灌区。

不牢河提水灌区,南以黄河故道为界,东与骆马湖一级提水灌区相邻,西至丁万河,以京杭运河不牢河和房亭河为输水骨干河道,提水灌溉。

不牢河上刘山、解台2座抽水站抽引骆马湖水源经不牢河,通过灌区内部输水河道,向灌区送水。1991年徐洪河全线开通,房亭河作为徐洪河之一段相应扩大标准,通过邳州刘集、铜山单集和大庙3座抽水站,抽引洪泽湖水送往灌区。

黄河故道提水灌区,是从不牢河(或房亭河)引水经铜山区境内的王山抽水站提水到黄河故道中泓,利用黄河故道中泓及沿线水库调蓄,灌溉铜山区境内黄河故道滩地和两侧农田。

王山抽水站位于房亭河南支,铜山吴邵境内的黄河故道北堤下,通过荆山引河抽引不牢河解台闸上水源,送入黄河故道程头闸上,再通过黄河故道中泓两岸小站灌溉故道滩地农田;并向黄河故道沿线大龙湖、六堡、杨洼、水口、下洪、吴湾、大坝湖、崔贺庄等水库补水,灌溉潘塘、棠张、张集、房村等地农田。

天齐庙和大孤山抽水站位于徐州市区丁万河上,通过丁万河抽引不牢河水,送至黄河故道丁楼闸上后,既能通过闸河、玉带河向云龙湖补水,又能通过黄河故道丁楼、李庄两控制向大龙湖补水,还可以向汉王、夹河、三堡等地送水灌溉。

三、南四湖灌区

南四湖以二级坝为界,分下级湖与上级湖。南四湖灌区供水,上级湖以山东省为主,蓄水位34.5米时,江苏用水1亿5000万立方米;下级湖以江苏省为主,蓄水位32.5米时,山东用水1亿5000万立方米。南四湖灌区,包括下级湖一级灌区、二级灌区和上级湖灌区。

下级湖一级灌区,直接取用下级湖水,由湖东滨湖灌区、伊家河灌区和湖西滨湖灌区组成。

湖东滨湖灌区,范围为铜山区利国、柳泉及茅村部分地区。利国由珍珠泉抽水站通过4条干渠从微山湖引水。柳泉通过向阳一干渠、二干渠和向阳一、二级抽水站抽引微山湖水送向山区灌溉。

伊家河灌区,范围为徐州市贾汪区江庄和邳州市燕子埠及车幅山部分地区,分别由贾汪江庄抽水站提水和邳州花山涵洞从伊家河引水。

湖西滨湖灌区,北起沛县沿河,南到丁万河,西以徐沛河为界,通过沿河、鹿口河、五段河、郑集河、八段河、代海河等引水河道引用下级湖水,在河道两侧兴建电力抽水站,一级抽水进田。

下级湖二级灌区,包括徐沛河以西和丰县境内37.0米地面高程以上地区,主要依靠郑集和沛城、苗洼等抽水站抽引下级湖水补给。在徐沛河沿线建有草庙、沛城西关、苗洼、冯集、冯庄、郑集等抽水站,向37.0米高程以上地区送水。在沛县龙口河沿线建有邹庄和李庙抽水站。郑集河北支有侯阁抽水站。丰县复新河建有丰城、赵庄、韩庄、苗城等抽水站;郑集河南支建有范楼抽水站,梯级抽调水源向39.0米高程以上地区送水。在郑集河南支还建有梁寨抽水站,复新河建有王岗集抽水站,大沙河建有夹河闸抽水站,还能向41.0米以上地区送水。

上级湖灌区位于上级湖西侧的丰、沛县北部,丰县复新河李楼及沛县沿河以北37.0米高程以下地区。灌区用水主要通过复新河、姚楼河、大沙河、杨屯河等引用上级湖水,通过机电排灌站提水灌溉。

参考文献:

[1]水利部《关于处理苏鲁南四湖地区边界水利问题的报告》,1980年

[2]淮河水利委员会《淮河流域水资源利用规划》,1985年

[3]徐州市水利局《徐州市水资源供需平衡分析及规划》,1993年

第十章　南水北调的大通道

一、江、淮水北调

江、淮水北调,是在江苏省境内实施的跨流域调水工程。

江苏地处长江、太湖、淮河和沂沭泗等江河湖泊的下游,年平均降水量在800~1200毫米之间。由于空间分布不均,大致东南多,向西北减少,且年际变率大,南丰北枯的自然形势,使地区间水资源分配极不平衡。淮北地区大部分为平原坡地,蓄水能力低下,水资源紧缺制约着农业生产,粮食产量低而不稳。

20世纪50年代,为解决淮北地区水资源紧缺状况,江苏省开始规划"江水北调"即从长江调水,以京杭运河为输水干渠,引江水北上,使江、淮、沂、沭、泗各流域互相沟通,形成灌、排、通航综合利用的新水系。

京杭运河自北而南分为五段,北京至天津为通惠河、北运河;天津至黄河为南运河、卫河、位临运河;黄河以南至山东省台儿庄为鲁南运河;苏、鲁交界至扬州六圩口为苏北运河;长江以南为江南运河。其中,苏北运河作为江苏省内的江水北调路线。

苏北运河包括里运河、中运河、不牢河和湖西航道,输水线主要利用原为蓄水通航设置的梯级控制工程,兴建抽水站,逐级调水北上。从江都至骆马湖计有:江都、淮安、淮阴、泗阳、刘老涧、皂河6个梯级枢纽;骆马湖以上徐州境内主要有京杭运河不牢河沿线的刘山(位于邳州市宿羊山)、解台(位于铜山县大吴乡)、沿湖(位于蔺家坝北郑集河)3个梯级,分别建有节制闸、船闸、抽水站。

苏北运河输水线,由江都站抽引江水经里运河北送,由淮安、淮阴站抽水入中运河,再由泗阳、刘老涧、皂河站抽水入骆马湖。皂河站抽水入骆马湖后,经中运河至大王庙折向西进入京杭运河不牢河,由刘山、解台站翻水西送,经沿湖

410

站抽水入微山湖。

江都抽水站于20世纪60至70年代相继建成四站,形成了473立方米每秒的抽引江水规模,抽江水北送后,又于淮安、淮阴、泗阳、刘老涧、皂河兴建梯级抽水站,形成从长江至骆马湖6级抽水、输水里程300余公里的调水骨干工程。从长江边水位1.2~1.7米,提升至骆马湖23米。1983年,为进一步解决徐州市工农业生产及航运用水,在续建京杭运河不牢河的同时,兴建京杭运河不牢河刘山和解台两座抽水站。1986年,徐州市境内兴建沿湖抽水站,从而使江苏省内江水北调贯通到徐州市区和微山湖。

江水北调抽水站一览表(2000年以前)

序号	站名	建成年月	装机流量(立方米每秒)	电动机		柴油机		设计扬程(米)
				台数	千瓦	台数	千瓦	
京杭运河输水线								
1	江都站	1964.8—1977.3	473	33	49800			7.0
2	淮安站	1974.3—1994	330	12	19800			3.0
3	越闸站	1979.6	130			180	14412	3.5
	淮阴站	1986.9	120	4	8000			5.0
4	泗阳站	1983.4—1995	166	22	15600			7.0
5	刘老涧站	1995.6	150	4	8800			3.1
6	井儿头站	1983.5	80			80	7941	2.0
7	皂河站	1985.7	195	2	14000			5.95
8	刘山站	1984.2	50	22	6160			6.7
	刘山南站	1978.9	30	60	3300			7.0
9	解台站	1984.1	50	22	6160			6.8
	解台东站	1983.4	10.3	30	1110			6.0
10	沿湖站	1986.5	30	20	2100			3.69

淮水北调始于 1969 年,全国掀起"农业学大寨"高潮,淮北地区大搞旱改水,睢宁县为开辟南引洪泽湖水源,赴泗洪、宿迁境内,按引水 25～35 立方米每秒标准浚深安河,并于 1973 年 4 月建成凌城抽水站,设计抽水流量 25 立方米每秒,抽引洪泽湖

坐落在房亭河上的单集闸站

水补给其境内的新龙河灌区。从此,为淮水北调开辟了先河。

1975 年 8 月,江苏省治淮指挥部在《江水北调江苏段规划报告》中提出:除利用中运河送水外,还必须增辟徐洪河,以向北送水为主,结合地区排涝、排洪、航运,必要时还可以结合分泄沂沭泗洪水入洪泽湖,建成一条综合利用的河道。

1976 年冬,在泗洪、宿迁境内,从七咀以下至顾勒河口,拓宽浚深安河 56 公里。1977 年 11 月,在睢宁县境内,从凌城七咀到沙集南 17 公里,拓疏凌沙河。在泗洪境内,疏浚洪泽湖农场以下至成子湖 11.25 公里河道。

1978 年冬,徐洪河作为南水北调(东线)干线工程,自房亭河南 2000 米处到黄河故道北堤,平地开河 18 公里。

此时,睢宁县沙集以下徐洪河全线贯通,在洪泽湖正常水位情况下,可以引水 40～50 立方米每秒,除供睢宁县凌城抽水站抽水 32 立方米每秒外,还可以向徐沙河沙集闸上送水 10 立方米每秒,为睢宁县东中部地区的灌溉提供了水源。

1990 年,徐洪河工程列入南水北调工程项目,确定徐洪河开挖至邳州刘集后,折向西沿房亭河入解台闸上京杭运河不牢河,与京杭运河输水线汇合。

同年 11 月,在邳州市境内房亭河以南开挖徐洪河 2.36 公里;在睢宁县境内开挖沙集以北徐洪河,实施 4.21 公里黄河故道切滩工程;在邳州和铜山境内拓宽疏浚房亭河 67 公里。按徐洪河引水 200 立方米每秒,房亭河引水 100 立方米每秒,兴建沙集、单集、大庙三级枢纽以及刘集地下涵洞、黄河故道北闸、黄河故道魏工分洪道、白马河分洪道等配套建筑物。

淮水北调通过徐洪河输水,自洪泽湖顾勒河口,沿安河旧道经金锁镇、大口子、七咀、沙集,在袁圩处穿过黄河故道,至邳州境内刘集接通房亭河,再循房亭河向西北经单集、大庙至徐州市区荆山桥入京杭运河不牢河,长 187 公里。

淮水北调抽水站工程一览表（2000年以前）

序号	站名	建成年月	装机流量（立方米每秒）	电动机		设计扬程（米）
				台数	千瓦	
1	沙集站	1993.5	50	5	8000	10.5
2	刘集站	1983.1	33	66	3300	4.5
3	单集站	1991.5	20	8	2240	7.41
4	大庙站	1991.4	20	8	2240	6.5

二、东水西送

徐州降水"东多西少"，地表水资源"东丰西歉"。地处徐州西北部的南四湖以西地区耕田面积近300余万亩，约占全市总耕地面积的1/3，是重要的商品粮和果品生产基地。由于水资源缺乏，严重制约了该地区的工农业发展。每遇干旱年份，部分地区人畜饮水困难。

1984年开始，在江、淮水北调徐州境内基础上，以南四湖以西郑集河为骨干、南北支河为分支，实施向西部送水工程，即东水西送工程。1996年开始扩建郑集河，按送水要求浚深郑集河及南、北支河，并在铜山、丰县和沛县境内，分别扩建郑集、范楼、梁寨、侯阁4座抽水站。

郑集河自微山湖口至铜山黄集松林村长13.8公里，按入微山湖口水位31.5米，引水流量60立方米每秒设计。沿线设置沿湖橡胶坝、郑集闸2座梯级

郑集抽水站

控制和沿湖、郑集抽水站。

郑集南支河自松林至丰(县)黄(口)公路长 42.3 公里,按送水流量 25~40 立方米每秒设计。在沿线丰县范楼、梁寨境内,设置 2 座梯级控制和范楼、梁寨抽水站。

郑集北支河自松林至丰县陆座楼长 42 公里,按送水流量 12~15 立方米每秒设计。在沛县敬安镇侯阁村,设置梯级控制和抽水站。

东水西送是利用湖西地区骨干排涝河道郑集河反向输水,再由梁西河送入河川水库大沙河。然后,开挖大沙河以西输水河道至丰县西部地区。

1989 年开始,丰县在大沙河以西,开挖子沙沟、子复调度沟、七号沟、费楼沟及苗城河上段,实现了第一步把江、淮水送到苗城河上游及地势高亢的丰县王沟镇南部。1990 年,拓浚苗白调度沟,实现了第二步把水送到白衣河上游及王沟镇腹地。1991 年,开挖白太调度沟,实现了第三步把水送到太行堤河上游。1997 年,开挖刘王楼大沟和李黄庄大沟,进一步扩大了送水规模。至此,丰县西南部最干旱地区得到江、淮水补给,为农村经济发展和生态环境的改善创造了条件。

徐州东水西送抽水站工程一览表(2000 年以前)

序号	站名	建成年月	装机流量 (立方米每秒)	电动机		设计扬程 (米)
				台数	千瓦	
1	郑集站	1996.5	50	20	4300	5.0
2	范楼站	1997.4	25	9	2250	5.0
3	梁寨站	1997.5	20	9	1900	4.5
4	侯阁站	1998.3	13	4	1000	5.0

三、南水北调东线调水

长江流域面积 180 万平方公里,下游控制站大通站的多年平均年径流量 9150 亿立方米;最大年径流量 13590 亿立方米。长江口多年平均入海水量达 9192 亿立方米,居世界第四位。淮河流域面积 27 万平方公里,多年平均年径流深 221 毫米,多年平均年地表水资源量 595 亿立方米,最大为 1160 亿立方米。黄河流域面积 75.2 万多平方公里,多年平均年输水量在汶河以下约 500 亿立方米。海河流域面积 31.9 万平方公里,多年平均年径流量 283 亿立方米。

综观南北四大流域的水资源分布,长江最为丰富,海河极为贫乏。1952年,毛泽东主席了解到长江、淮河、黄河、海河四大流域水资源极不平衡的情况后,提出"南方水多,北方水少,如有可能,借点水来也是可以的"。

根据这一宏伟设想,从20世纪50年代开始,国家对南水北调线路进行初步调查研究。70年代,为引长江和汉水北调华北地区考察了多条线路,开展了"南水北调及其对自然环境影响"的科研规划。80年代,中国科学院和联合国大学共同组织中外专家,就南水北调东、中线对自然环境的影响进行实地考察,认为南水北调东、中线在工程技术上可行。接着,国务院治淮会议提出:江苏省境内应使南水北调与发展南北运河的航运结合;安徽省境内应使引江济淮与发展江淮运河的航运结合;河南省境内应研究从丹江口水库引水的可能性;并在"十年规划设想"中提出,在江苏省江水北调和扩建京杭运河的基础上,增做必要工程,抽引江水入南四湖。

1995年6月,国务院决定成立南水北调工程论证委员会,由淮河水利委员会、长江水利委员会和黄河水利委员会分别负责南水北调东、中、西线的论证。

东线调水是南水北调在江苏"引江济淮,江水北调"的基础上,以京杭运河为输水干线,从长江下游引水北送天津,输水线路长1150公里,其中黄河以南651公里,以北490公里,穿黄河段9公里。东线供水区,以黄河为脊背,向南北倾斜。调水起点地面高程3.0~4.0米,天津附近为2.0~5.0米,穿黄河处高出长江水位约40米。黄河以南设13级梯级泵站,总扬程约65米,穿过黄河后,自流到天津。

2002年12月,国务院正式批复国家《南水北调工程总体规划》,决定开工兴建南水北调东线工程。

四、双线输水

在江苏省境内,南水北调东线工程从扬州附近的长江干流引水,利用京杭运河连通洪泽湖、骆马湖、南四湖,沿途设梯级抽水站,逐级提水送往南四湖。

按照调蓄湖泊,输水线路分为长江至洪泽湖、洪泽湖至骆马湖和骆马湖至南四湖三段:长江至洪泽湖段,水源在扬州江都附近的长江干流与江苏东引灌区共用三江营和高港2个引水口门,抽引江水分运东和运西两线,分别利用运河、三阳河、苏北灌溉总渠和淮河入江水道送水。洪泽湖至骆马湖段,采用中运河和徐洪河双线输水,新开成子新河和利用二河从洪泽湖引水送入中运河。骆马湖至南四湖段,利用 3 条输水线,即:中运河至韩庄运河、中运河至不牢河和中运河至房亭河。

南四湖内除利用湖西输水外,在部分湖段开挖深槽,并在二级坝内建抽水站抽水入上级湖。

2008 年南水北调输水河道情况表

区段	河道名称	起迄地点	管理单位	河道长度（公里）
长江—洪泽湖	夹江、芒稻河	三江营—江都站西闸上	扬州	22.40
	新通扬运河	江都站西闸下—东闸上		1.46
		江都东闸上—宜陵		11.30
	三阳河	宜陵—樊川		20.90
		樊川—三垛		15.65
		三垛—杜巷		29.95
	潼河	杜巷—宝应站		15.50
	里运河	江都站—南运西闸	扬州、淮安	75.00
		南运西闸—北运西闸		33.15
		北运西闸—淮安闸		18.70
	淮安四站输水河道	运西河	扬州、淮安	7.47
		白马湖穿湖段		2.30
		新河段		20.03
	灌溉总渠	淮安闸—淮阴一、三站	淮安	28.47
	京杭运河	淮安闸—淮阴二站		26.94
	金宝航道	南运西闸—金湖站		30.88
	入江水道	金湖站—洪泽站		39.96
洪泽湖—骆马湖	二河	二河闸—淮阴闸	淮安	30.00
	骆马湖以南中运河	淮阴闸—泗阳站	淮安、宿迁	32.80
		泗阳站—刘老涧站	宿迁	32.40
		刘老涧站—皂河站	宿迁	48.40
	徐洪河	顾勒河口—泗洪站	宿迁	16.00
		泗洪站—睢宁站	宿迁	57.00
		睢宁站—邳州站	宿迁、徐州	47.00
	房亭河	邳州东站—中运河	徐州	6.00

骆马湖—山东	骆马湖以北运河	皂河站—大王庙	徐州	46.20
	不牢河	大王庙—刘山站	徐州	5.30
		刘山站—解台站	徐州	39.90
		解台站—蔺家坝船闸	徐州	26.02
	顺堤河	蔺家坝船闸—蔺家坝站	徐州	8.50
	中运河、韩庄运河	大王庙—骆马湖水资源控制	徐州	7.80
合　　计				803.38

在徐州境内，南水北调东线工程的线路布置，采用双线输水，即利用原江水北调的京杭运河和淮水北调的徐洪河，作为国家南水北调东线调水的输水线。

京杭运河输水线建有刘山、解台和蔺家坝3座大型抽水站。

刘山抽水站是南水北调东线工程的第七级抽水泵站，位于邳州市宿羊山镇境内的不牢河，2005年3月开工建设，装机5台（套），设计流量125立方米每秒，与解台和蔺家坝两抽水站联合运行，从骆马湖引水，经不牢河，通过解台和蔺家坝抽水站，向南四湖送水75立方米每秒。

解台抽水站是南水北调东线工程的第八级抽水泵站，位于徐州市贾汪区境内的不牢河，2004年10月开工建设，装机5台（套），设计流量125立方米每秒，接力刘山抽水站送水，再经不牢河送水至蔺家坝抽水站，

南水北调东线徐州境内双线输水示意图

实现向南四湖送水 75 立方米每秒。

刘山和解台抽水站的主要功能是改善徐州用水和不牢河航运条件，并向山东提供城市生活和工业用水。

蔺家坝抽水站位于徐州市铜山区境内，是南水北调东线工程的第九级抽

刘山抽水站

水泵站，布置在郑集河口以南 1.5 公里处，该站于 2006 年 1 月开工建设，装机 4 台(套)，设计流量 75 立方米每秒，主要任务是接力解台抽水站送水，通过不牢河向南四湖送水 75 立方米每秒，同时改善湖西排涝条件。

解台抽水站

徐洪河输水线建有睢宁和邳州 2 座抽水站。

睢宁抽水站由一站和二站组成，位于睢宁县沙集镇境内的徐洪河输水线

睢宁抽水站

上,与京杭运河输水线上的刘老涧抽水站,共同组成南水北调东线工程第五个梯级。睢宁抽水站的主要任务是通过徐洪河向骆马湖调水100立方米每秒,与中运河共同满足向骆马湖调水275立方米每秒。抽水一站于1992年1月开工建设,装机5台(套),设计抽水流量50立方米每秒。抽水二站于2011年4月开工建设,装机4台(套),总装机流量为80立方米每秒。

邳州抽水站是南水北调东线一期工程的第六个梯级抽水泵站,位于邳州市八路镇徐洪河与房亭河交界处,建于2011年3月,装机4台(套),设计流量100立方米每秒,主要任务是与泗洪、睢宁抽水站联合运行,通过徐洪河输水线向骆马湖调水100立方米每秒,实现与中运河共同向骆马湖调水275立方米每秒。

邳州抽水站

五、骆马湖水资源控制工程

骆马湖水资源控制,是在满足泄洪和通航功能条件下,加强对骆马湖水资源的控制与管理,充分发挥骆马湖在东线输水干线上的调蓄作用,确保东线输水廊道畅通。

1988年7月24日,山东省境内的台儿庄闸开闸放水,因船只在下游河床搁浅,导致98条船在中运河邳县泇口乡段发生沉船事故。事后,山东省征得国家计委、交通部同意,按三级航道标准开挖台儿庄至大王庙段运河,并按二级航道标准兴建台儿庄船闸。

工程的实施,不仅使上游洪水下泄流量加大,而且导致下游骆马湖水资源失去控制。1991年10月,淮河水利委员会在《沂沭泗河洪水东调南下近期工程复工报告》中提出:兴建中运河临时水资源控制设施。1993年12月23日,江苏与水利部在南京签订《关于江苏省治淮治太工程有关问题的会商纪要》,同意建设中运河临时控制工程,对骆马湖水资源进行必要控制。1994年3月25日,水利部及淮河水利委员会与江苏在北京再次会商,签订《关于韩庄运河台儿庄至大王庙和中运河临时水资源控制工程实施问题的会商纪要》。

中运河临时水资源控制工程,位于江苏邳州市境内中运河310公路桥北200米处,由淮河水利委员设计,挡水水位21.5米。

2006年12月,在苏鲁交界处的邳州市境内,兴建骆马湖水资源控制工程,包括加固改造原中运河临时水资源控制设施,并结合沂沭泗洪水东调南下续建工程,在中运河主河槽东侧开挖支河、新建四孔控制闸。控制闸单孔净宽8.0米,设计输水流量125立方米每秒。

六、截污导流

在国家南水北调东线调水线路中,徐州市处于江苏省向苏、鲁边界送水的末端。为确保向山东省送水达到合格的水质,徐州市除在调水沿线地区兴建污水处理厂外,并于2008年10月开工建设截污导流工程。

截污导流工程是在徐州市境内充分利用现状河渠并新开部分渠道,在尾水向东输送过程中,合理资源化利用,多余尾水通过新沂市境内的大马庄涵洞进入新沂河北偏泓,自流入海。

截污导流工程途经徐州市铜山区、贾汪区、经济开发区、云龙区、邳州、新沂等6县(市)、区,长170.28公里,其中新开渠道25.7公里,利用现状河道144.58公里,疏浚95.83公里;建设沿线干渠建筑物44座,配套建筑物112座。

截污导流工程按2010水平年设计,将房亭河、不牢河、中运河邳州段3个控制单元内的8个污水处理厂处理过的49.23万吨每日尾水集中收集,经工业回用8.14万吨每日,多余尾水导入新沂河。设计尾水导流规模41.09万吨每日,按1:1导流系数,设计导流规模为80.91万吨每日。农业灌溉高峰期可全部用于农业灌溉,年尾水利用率可达 52.1%。

徐州市的截污导流工程,是打造南水北调江苏清水廊道的重要工程之一,通过科学调度南水北调东线徐州段不牢河、房亭河、中运河邳州段 3 个控制单元内的水利工程设施,建立运河沿线区域尾水"蓄存、回用、导流"的专用体系,使徐州段区域尾水系统与南水北调东线输水干线分离,防止尾水进入南水北调输水干线,保证南水北调水质。同时,增加徐州市工业化、城市化发展的环境容量,改变了徐州市扩展和新增工业项目的尾水没有出路的局面。

参考文献:

[1]水利部治淮委员会《淮河流域规划报告(初稿)》,1956 年

[2]水利部治淮委员会《沂沭泗流域规划报告(初稿)》,1957 年

[3]水利部淮河水利委员会《南水北调东线第一期工程可行性研究报告》,1982 年

[4]中国科学院地理研究所《远距离调水——中国南水北调和国际调水经验》,1983 年

[5]水利部淮河、海河水利委员会《南水北调工程东线论证报告》,1996 年

[6]徐州市水利局《徐州市水利志》,2004 年

[7]江苏省发展改革委和环保、水利厅等《南水北调东线工程江苏段控制单元治污实施方案》,2005 年

第十一章　徐州城区的水生态建设

一、防　洪

　　自宋、金之际,徐州城内的汴、泗河道变成了黄河,600余年的泥沙淤积,使地下河成为地上悬河,堤防临河陡立,堤距仅100余米,形成了河高于地,水高凌空之势。虽然黄河于1855年改道北徙,但自丰县二坝下泄徐州市区的洪水仍然威胁着市区的防洪安全。

　　新中国成立后,开始对城区段黄河故道进行清淤和堤防护砌。20世纪70年代,拓宽故道老茅桥至崔庄村1.5公里和老茅桥至津浦铁路桥2.3公里;80年代疏浚故道上河头段;按百年一遇、流量70立方米每秒,开挖丁万河分泄黄河故道丁楼节制闸以上洪水入京杭运河。21世纪初,开挖郑集分洪道,按50年一遇、流量150立方米每秒,分泄黄河故道周庄节制闸以上洪水经郑集河入微山湖。

　　黄河故道上游来水先启用郑集分洪道分洪150立方米每秒后,打开周庄闸控制泄量150立方米每秒,再利用丁万河分洪道分洪50~80立方米每秒,控制丁楼闸下泄流量不超过100~150立方米每秒和合群桥水位不超过38.53米,遇超标准洪水时,在周庄闸以上采取应急措施。

城区黄河故道大堤

　　为确保黄河故道城区

段行洪能力,本世纪初按百年一遇防洪,实施黄河故道三环西路至和平桥 7.85 公里堤防加固及河道疏浚;改建丁楼闸和李庄闸以及丁万河分洪道整治;同时,加固京杭运河市区段堤防和郑集河南堤。

2020 年以后,黄河故道城区铜(山)泉(山)界至铜(山)云(龙)界 38.5 公里大堤,实现了设计防洪标准百年一遇。

二、排　涝

徐州城区排涝,早在明代以前均注入汴、泗以及后来的黄河。明代后期,由于黄河河床及水位抬高,两岸排水无法注入,因此,被迫在南岸开奎河入睢河,在北岸开荆山河入泇运河。

新中国成立后,将城区排涝以黄河故道为界划分为京杭运河和奎濉河排水区;通过兴建泵站将内涝积水强行排入黄河故道。

京杭运河排水区,以荆马河、徐运新河、三八河为主要排涝河道,分别排水入京杭运河不牢河和中运河。

荆马河是城区东北部和徐州市经济技术开发区主要排水河道,自马场湖至荆山引河与京杭运河不牢河交汇处长 11 公里。徐运新河开挖后,荆马河上段排水经徐运新河入京杭运河不牢河。排水范围:津浦铁路以东,京杭运河不牢河以南,杨山、蔡山等分水岭以北,流域面积 29.1 平方公里。荆马河经治理排涝达 20 年一遇、防洪达 50 年一遇。

徐运新河是城区北部九里山以东至津浦铁路之间排引水河道,1984 年开挖,21 世纪初全线清淤。河道自九龙湖向北过琵琶山经丁万河入京杭运河不牢河,长 6.2 公里。排水范围:九里山以南、陇海铁路以北、津浦铁路以西,流域面积 21.82 平方公里。

三八河自城区狮子山向东北至东贺村附近入房亭河,长 9.12 公里,排水范围:黄河故道以东以北、杨山和蔡山以南,流域面积 34 平方公里。1974 年,实施乔湖桥至备战路 4 公里河道清淤;20 世纪 80 年代疏浚;90 年代开发黄山垄小区,清淤局部河道,护砌部分河段河坡;2004 年,实施三八河上游清淤护坡。

奎濉河排水区主要以奎河排水注入安徽省境内濉河。

奎河自云龙湖至苏、皖省界长 25.88 公里,流域面积 123 平方公里,主要支流有琅河和闫河。奎河开凿于明万历年间,新中国成立后于 1951 年开始治理。1982 年,实施奎河下游复堤工程。1984 年在袁桥节制闸以西奎河西岸建成袁桥西泵站,设计流量20立方米每秒,当奎河水位超过30.5米而自排不足时,关闭袁桥节制闸,开机将奎河来水排至节制闸下游。1992年在云龙湖大堤北建成黄茅岗泵站,排涝面积3.89平方公里,设计抽排水流量15立方米每秒,以后增加3台机组,总排涝能力达20立方米每秒,汛期强降雨时,抽排中山路以西、淮海路以南、湖滨新村、段南、湖北路等一带9平方公里降雨积水,经云龙山溢洪道至奎河袁桥闸下入奎河。1998年,按排涝3年一遇、防洪20年一遇标准,治理奎河袁桥至姚庄闸段。1999年,在袁桥节制闸北奎河东岸建成袁桥东泵站,设计流量20立方米每秒。当城区降雨,奎河自排不足或袁桥西站开机强排仍不能降低奎河上游水位时,开机将奎河来水排入黄河故道。2002年,治理奎河十里铺闸至杨山头闸段。2005年,按3年一遇排涝和20年一遇防洪标准,治理奎河杨山头闸至苏、皖省界段。

琅河自徐州市新城区大龙湖向南至安徽省宿县伊桥村附近入奎河。在新城区境内琅河长4.5公里,流域面积21.2平方公里。1951年,按5年一遇标准疏浚。1983年,加固局部堤防和河道清淤。2007年,疏浚河道,两侧河坡,结合新城区建设,堤线按自然坡堆放,混凝土护坡采用预制混凝土护砌。新建刘桥闸,设计流量19.6立方米每秒。

闫河自潘塘黄河故道堰下,向南经铜山区棠张境内魏河、刘塘至官庄南在安徽省宿州境内汇入奎河,主要承泄徐州市新城区来水,河长5.6公里,流域面积25.5平方公里,流至铜山区境内长13.8公里,流域面积82平方公里。闫河于1953年开挖。1971年和1977年疏浚。2007年疏浚徐淮公路至苏、皖省界段。

徐州城区黄河故道以南3.89平方公里内涝积水,由黄河新村泵站和段庄西泵站抽排入黄河故道。

黄河新村泵站建于1992年,徐州城区强降雨时,抽排中山路以西、淮海路以北、夹河街、十八中学、和平新村等一带内涝积水,经地下压力水箱排入黄河故道,排涝面积1.94平方公里,排涝流量10立方米每秒。段庄西泵站建于1999年,抽排市区三环路以东、矿山路以南、黄河故道滩地以下低洼地区以及淮海西路以南部分地区内涝积水,排涝面积1.95平方公里,设计排涝流量10立方米每秒。

三、污水治理

徐州城区的污水治理,以黄河故道为界,南北两侧按河流水系分区实施。

黄河故道城区段污水治理,从雨污分流工程开始,21世纪初实施河道清淤工程;黄河新村泵站增设清污机;兴建丁楼、南望两座净水厂,实现清水进城。

奎河曾于20世纪七八十年代实施河道清淤。2004年建成黄茅岗排污站,设计安装排污泵5台(套),日抽排污水10万立方米,将城区污水经铺设在云龙山溢洪道内的管道输送至袁桥排污站,以防止污水溢流云龙湖堤下八一大沟和奎河。1994年为解决奎河污染,在泉山区姚庄兴建奎河污水处理厂。2016年开始实施奎河雨污分流工程,奎河污水处理厂雨污分流改造,新建泰奎大沟调蓄池,将初期雨污水统一输送到污水处理厂净化处理后排放入河;新建截污主干管,修复老截污管,截沿岸污水送至污水处理厂净化。

在新城区汉源大道与经16路交叉口东南侧兴建污水处理厂,2019年扩建同时改造一期工程。

在西三环黄河故道南侧兴建西区污水处理厂,收纳王窑大沟污水,以保护云龙湖水体安全,防止污水进入云龙湖。

三八河分属城区治涝工程的房亭河排水区,自狮子山向东北至东贺村附近入房亭河,长9.12公里,流域面积34平方公里。排水范围:黄河故道以东以北、杨山和蔡山以南地区。1974年实施乔家湖桥至备战路4公里段河道清淤。20世纪80年代疏浚,90年代开发黄山垄小区,曾对河道局部清淤以及部分河段的河坡护砌。2004年实施三八河上游清淤护坡。从2003年开始,在三八河下游乔家湖村兴建三八河污水处理厂。

京杭运河以南,蟠桃山以东,三八河和房亭河以北,大黄山以西,19.1平方公里区域污水,由2008年投入运行的徐州市经济技术开发区污水处理厂处理,尾水排入截污导流系统。

荆马河是徐州城区东北部和经济技术开发区的主要排水河道,自马场湖至荆山引河与京杭运河不牢河交汇处长11公里。徐运新河开挖后,荆马河上段排水经徐运新河入京杭运河不牢河。排水范围:津浦铁路以东,京杭大运河不牢河以南,杨山、蔡山等分水岭以北,流域面积29.1平方公里。为减轻荆马河水体污染,处理徐州市北区生活污水和工业废水,2003年在经济开发区兴建荆马河污水处理厂一期工程,2010 年启动二期扩建工程。

丁万河水环境综合治理工程,于 2013 年开工建设,疏浚 12.5 公里河道,两岸采用直立挡墙和斜坡式生态护坡,并施以 10 米宽绿化、河道沿线铺设排污管网、排污口直接接入主污水管网等工程措施,实现水环境改善。

荆马河污水处理厂

四、河流环绕　湖如星宿

徐州城的地理环境,早在历史上就有"山环水抱"之说。山静为阴,水动为阳,一静一动,阴阳平衡。然而,黄河侵夺汴、泗,改变了城区地貌,高高隆起的河床使两岸河流无法汇入古汴、泗河道,以致后来形成了互不相干、各自独流的黄河故道、运河和奎濉河水系,犹如人之血管,本应血液周身循环却因黄河故道阻隔而无法在城区循环畅通。

20 世纪 80 年代开始,在城区实施黄河故道、运河和奎濉河水系贯通工程。在黄河故道北侧开挖丁万河,引京杭运河水至黄河故道丁楼闸上,疏浚东闸河和玉带河,自黄河故道引水注入云龙湖。丁万河自黄河故道向东北,流经玉潭湖会徐运新河入京杭运河。云龙湖为奎河上源,闸河北接黄河故道中泓,南通云龙湖上游玉带河;云龙

环绕城区的黄河故道

云龙湖

湖以下奎河蜿蜒城区,然后南流入安徽省境内经濉河注入洪泽湖。

黄河故道在合群桥附近,采用涵管将黄河故道与徐运新河上源九龙湖沟通。徐运新河自九龙湖北流与荆马河相会,又继续北流与丁万河相会后注入京杭运河。荆马河自马场湖至荆山引河入京杭运河。徐运新河开挖后荆马河上段排水经徐运新河入京杭运河。

黄河故道在李庄闸以上,将三八河与黄河故道接通。三八河自黄河故道流经金龙湖,东经房亭河入中运河。

在新城区黄河故道南侧,开河引黄河故道来水注入大龙湖,其下游为琅河属奎河支流。

大龙湖

黄河故道、运河和奎濉河水系的贯通,使城区河流循环畅通。群山起伏,河流环绕,湖如星宿,山水与城市相间,构成了以水生态支撑人与自然和谐共存的空间。

五、古河流两岸的亲水景观

黄河故道、奎河和丁万河在徐州城区,不仅具有防洪、排涝和引水的重要功能,而且是城市与运河变迁的生态和人文之河。

黄河故道横穿城区,亲水景观建设始于2003年生态河堤构筑和护砌。沿黄河故道自西而东兴建古黄河公园、黄楼公园以及"百步洪"广场。

黄河公园位于黄河故道南岸,东起合群桥,西至二环路桥,以现代造园手

黄楼公园

法、公共艺术品为亮点,历史文化为内容,营造亲水、透水、造水、沐绿、透绿、造绿的景观效果,突出了开放、文脉、生态理念。

自黄河公园向东,在黄河故道南岸庆云桥东侧,是以黄楼为主体形成的黄楼公园。黄楼是北宋元丰元年(1078)徐州知州苏轼所筑。熙宁十年(1077)秋,黄河在澶州(今河南境内)曹村埽决口,徐州城下水深二丈八尺。苏轼率徐州军民抗洪抢险,决心"以身率之,与城存亡",历时3个月抢险,城得以保全。为纪念抗洪胜利,在府署之东、城东门北侧兴建黄楼,垩以黄土,名之曰黄楼,以土实胜水。黄楼下临泗水,楼高十丈,巍峨壮观,是苏轼领导徐州人民抗洪胜利的标志。金代以后,黄楼迁至城东北隅,历经清顺治、康熙、道光、同治年数次重修。民国年间,黄楼年久失修。新中国成立初期,因已破烂不堪而拆除。1988年于庆云桥东侧黄河故道南岸重建。黄楼双层飞檐,歇山抱厦,覆有黄色琉璃瓦,底层金色砖铺地,顶层有平台望远,可谓远眺四极,青山绿水。

仿清牌坊滨河而立,"大河前横、五省通衢"镌刻于阴阳两面,证明有史以来,汴、泗两河就是经纬徐州的运道。

公园内镇河铁牛,是古人寄希望于五行中的土克水。因为,牛在地支中定位于"丑","丑艮寅"为《周易》艮卦,属高山土,故以高山艮土来克制

镇河铁牛

428

坐落在百步洪广场的巨石题刻

水患。

水中问月舫,静中有动,若明月当空,水中倒映黄楼与现代高楼大厦,穿越时空的黄河故道仿佛述说千年的历史。

黄河故道蜿蜒东南,在古城东南、今和平桥南侧建有"百步洪"广场。这里是古泗水流经的地方,湍浅险恶,多坏舟楫。"百步洪"亦称"徐州洪",元代傅汝砺《徐州洪神庙碑记》载:"百步洪东岸旧有祠宇,下瞰洪涛高崖峭壁,无云而雷……"随着黄河夺泗,"一石截中流,两山束惊浪"的壮观景象已被泥沙埋没。而今,只有通过巨石题刻的"百步洪"来点名广场的主题和内涵,草地与巨石还原了百步洪的壮丽意境,巨石前放置刻有苏轼《百步洪》诗的浪卷石,以烘托景观氛围。

奎河是明万历十九年(1591)总河潘季驯主持并会同兵备陈文燧率军民开凿的魁山(又称"奎山")支河,首起今云龙湖,北出苏轼于宋熙宁十年(1077)率军民修筑的护城堤,经云龙山西麓,又北经外城,东经户部山、奎山东,又南至贾家桥入安徽省萧县境内,至符离集东注入濉河。由于这条河流经奎山东且东逼黄河大堤,故名奎山支河,主要用于分泄徐州城内积水。

2019年,奎河水环境综合整治,结合城市总体发展,将奎河打造为蓝色通道、两岸为绿色生态带。

丁万河开挖于1986年,大致沿清代在苏家山西闸下开挖的引河河形。原不牢河上游在今徐州城区北部,自蔺家山有南北

奎河

两条河流:南为水线河,北为茅村河,水线河与茅村河在荆山口汇合后称荆山河。清康熙十七至十八年(1678—1679),总河靳辅创建大谷山减水坝,减黄河水,出荆山口,由彭家河入中运河;二十三年(1684),又在大谷山东南苏家山西建石闸,闸下开

水利风景区丁万河

河,减黄河水东北流,合微山湖下注之水,利用水线河东流出荆山口,由荆山河经彭家河入中运河。

今天的丁万河,不仅是徐州城区排洪引水的河道,而且成为人水和谐的水利风景区:两岸绿化带内设置游步道,临水设置栈道和亲水平台;自东而西分布着两河口公园、防灾公园和楚园。

参考文献:

[1]徐州市城乡建设委员会《徐州市区防洪排涝规划》,1994年

[2]徐州市水利局《徐州市城市防洪规划报告》,2003年

第十二章 黄河故道的水生态修复

一、治理中泓

公元 1855 年,在徐州境内遗留下来的黄河故道,自苏、皖省界陈庄东入江苏丰县境内二坝至睢宁袁圩长 191.7 公里(包括安徽境内 18.7 公里),堤身单薄,堤坡陡若城垣,沿线险工林立。

20 世纪 50 年代初,以防洪为主题,开始实施中泓治理。在睢宁县境内,整修尚坝、可怜庄、马帮、洪代庙、石碑圩、铁牛、九堡、魏工等处险工;修筑马浅险工段防浪石墙和丁字坝。60 年代,在铜山县境内,修复六堡、水口、下洪、崔贺庄等处险工;整修马浅、石碑圩、铁牛、九堡、魏工等处险工。80 至 90 年代,在睢宁县境内,按 10 年一遇排涝、20 年一遇防洪标准,筑堤和开挖中泓。在铜山县境内,按行洪、排水和调水要求开挖中泓。在丰县境内,按照开挖中泓、填滩造田、引水归槽、排涝降渍、结合引水灌溉的综合治理原则,整治黄河故道李寨后常庄至丰铜边界段中泓。

2000 年,在睢宁县境内,按排涝 10 年一遇、防洪 50 年一遇标准,整治黄河故道闸至王塘段中泓。2010 年开始,在铜山县张集、伊庄、房村境内,按防洪 20 年一遇、除涝 10 年一遇标准,南岸单侧扩挖中泓程头橡胶坝至马集桥;治理六堡至程头橡胶坝段中泓;在铜山县何桥、刘集、大彭镇境内,疏浚丰铜界至周庄闸段中泓。2011 年,在睢宁县境内疏浚双沟段中泓。

在铜山和睢宁县境内,黄河故道中泓历经治理,提高了防洪排涝标准;保障了黄河故道沿线地区的防洪安全,使低洼农田不再受淹;河道蓄水量增加,沿线农田灌溉保证率大幅度提高;河道沿线水环境明显改善。

2013 年,黄河故道综合开发以中泓贯通先行,全线拓浚。

在丰县境内,二坝至丰铜边界 26.5 公里黄河故道中泓,断面狭窄,淤积严重,排水不畅。尤其,位于安徽省境内插花地段的中泓基本淤平。此次中泓治理:范楼镇十姓庄西至丰铜边界6.5公里,沿安徽侧老河口单侧开挖丰县侧河道,十姓庄西至十姓庄东段,沿原河道中心线适当切角抹弯,开挖河道和

治理后的黄河故道中泓

左、右岸复堤,使河道达到10年一遇排涝和20年一遇防洪标准。二坝至十姓庄西19.98公里,按10年一遇排涝和20年一遇防洪标准,平地开河和拓浚河道。

在徐州市铜山区境内,黄河故道长46.55公里,流经何桥、黄集、刘集、大彭、张集、伊庄、房村、单集等地。按10年一遇排涝、20年一遇防洪标准疏浚中泓、修筑子堤。新黄大沟,按10年一遇排涝、80%灌溉保证率标准,拓浚新黄闸至赵台闸21.4公里,以连通黄河故道上下游中泓。新黄大沟位于铜山区何桥、黄集、刘集三镇境内,西起丰铜交界处付庄闸,在郑集分洪道上游新黄闸入黄河故道中泓。

在睢宁县境内,黄河故道横穿睢宁县北部,西接铜山区温庄,东至宿迁市宿豫区,经双沟、王集、姚集、古邳、魏集长69.5公里。其中,古黄河二号桥至峰山闸段中泓在睢宁境内长3.24公里,按排涝10年一遇标准疏浚;峰山闸至徐洪河段中泓41.63公里,按排涝10年一遇、防洪20年一遇、灌溉保证率80%标准治理。

黄河故道中泓的畅通,为防洪、排涝和引水灌溉提供了可靠保证。

二、分泄洪水

为了从根本上解决黄河故道的洪水出路,在黄河故道沿线利用和开辟大沙河、郑集、丁万河、白马河和魏工分洪道。

大沙河是1851年黄河在蟠龙集决口向东北冲刷形成的河道,自丰、砀边界二坝流经丰县至沛县龙固镇前程子庙东注入昭阳湖,长61公里。新中国成立后,利用大沙河分泄黄河故道洪水。在丰县境内,华山节制闸下至丰沛边界河道筑堤防洪。在沛县境内,扩挖河道和整修加固堤防。2014—2015年在丰、沛

两县境内,为提高大沙河蓄水、防洪、排涝能力和改善水环境,按排涝 10 年一遇、防洪 20 年一遇标准,扩挖大沙河和堤防复堤。

郑集分洪道开挖于 2003 年,位于徐州市铜山区西北部刘集、黄集和郑集境内,自孙楼村黄河故道中泓至郑集河口长 12.6 公里,按 50 年一遇,流量 150 立方米每秒,分泄黄河故道周庄节制闸以上洪水经郑集河入微山湖,还可以引微山湖水在周庄节制闸以下入黄河故道中泓,向徐州市区提供生态用水。

丁万河分洪道是利用丁万河分洪,位于徐州城区,开挖于 1984 年,自丁楼黄河故道中泓向东平地开河 2.5 公里,经大孤山至万寨东入京杭运河,长 12.5 公里。1986 年建成大孤山和天齐庙梯级控制,形成三级水面。丁万河除分泄黄河故道洪水外,还排除九里山以北约 27.5 平方公里内涝;并且,向云龙湖补水和冲刷市区黄河故道。

白马河分洪道位于徐州市铜山区单集境内,设计行洪流量 140 立方米每秒,开挖于 1990 年,自庙山东南黄河故道中泓,经进洪闸入拐山塘,沿拐山塘西转向东进入白马湖水库,长 4.21 公里。1991 年建成白马河分洪道进洪闸,设计流量 140 立方米每秒。

魏工分洪道位于睢宁县魏集黄河故道南岸,开挖于 1991 年,自魏工至徐洪河长 8.5 公里。其中,魏工至姜庄 4 公里利用西渭河;姜庄以东至徐洪河 4.5 公里利用原荣苗排水沟。分洪道按 20 年一遇标准设计,分洪流量 50~130 立方米每秒。1992 年建成魏工分洪闸,设计分洪流量 50 立方米每秒。

三、控制水位

水势,以深聚缓和为吉,以激湍冲割为凶。在黄河故道中泓建闸(坝)控制水位,以减缓河道比降。

腰里王闸为黄河故道中泓最上一级梯级控制。由于黄河故道上下游落差,其下付庄闸上正常蓄水位 42.5 米,而腰里王至二坝段黄河故道地面高程则在 44.0~46.50 米以上,付庄闸上的蓄水无法满足腰里王以上黄河故道高滩地的灌溉要求。因此,于 2014 年在丰县梁寨腰里王村境内黄河故道中泓兴建拦河节制闸,抬高腰里王闸以上水位,以利于灌溉。

付庄闸位于黄河故道中泓丰铜边界,建于 2012 年,具有排涝、蓄水灌溉功能;同时,用于新黄大沟内水位、水量调节,设计 10 年一遇排涝流量 16.62 立方米每秒。

李庄闸

周庄闸位于徐州市铜山区大彭镇周庄村北约1.5公里的徐沛铁路与黄河故道交叉处。1970年兴建,设计排涝面积380平方公里。2002年,为提高徐州市城市防洪排涝标准,按设计50年一遇改建,流量156立方米每秒。

丁楼闸位于徐州市铜山区拾屯丁楼村南,建于1979年,设计防洪流量100立方米每秒,以配合丁万河分洪,确保徐州市区防洪安全。

李庄闸又称长山控制,位于徐州城区三环路以东,建于1986年,2006年拆除重建,其功能为控制上游水位,改善徐州市区水环境。设计防洪流量150立方米每秒。

程头闸位于徐州市铜山区张集东北,建于1986年,为沿线大坝湖、大龙湖、六堡等水库以及铜山区黄河故道以南三堡、棠张等补充灌溉水源。该闸20年一遇洪水时泄量179立方米每秒;100年一遇洪水时泄量223立方米每秒。

温庄闸位于徐州市铜山区房村镇周庙村,2013年重建,拦蓄黄河故道中泓径流,控制来水下泄,并向崔贺庄、杨洼、水口等中小水库调水,以减轻黄河故道洪水压力和发展灌溉。该闸20年一遇设计洪水流量190立方米每秒。

峰山闸位于睢宁县苏塘境内,建于1988年,1997年改建,20年一遇设计下泄流量90立方米每秒,其余水量经白马河分洪入房亭河。

古邳黄河故道闸包括东闸和西闸,位于睢宁县庆安水库北,既是黄河故道中段梯级控制闸,又为庆安水库溢洪闸,承担黄河故道上游来水,控制古邳抽水站抽水进入庆安水库。东闸建于1959年,2014年拆除重建,设计排涝标准20年一遇,排涝流量177立方米每秒,防洪标准100年一遇。西闸建于1994年,按20年一遇排涝设计,流量185立方米每秒。当冬春季节古邳抽水站抽水补给庆安水库时,防止水量向西扩散,减少黄河故道中泓沿程水源消耗。

张庄滚水坝于2015年在睢宁县境内黄河故道中泓建成,距徐洪河2公里,控制古邳黄河故道东闸下游水位,具有蓄水灌溉、交通等综合性功能。

黄河故道中泓梯级控制的形成,为黄河故道沿线分段调洪、分洪、拦蓄地表径流、调水以及蓄水灌溉起到了关键性作用。

四、建库蓄水

为调蓄黄河故道洪水，蓄水兴利，发展滩地灌溉，利用古黄河溃堤决口由横向环流冲成的深塘、洼地或堰湾处，从 20 世纪 50 年代开始，先后兴建 2 座中型水库和 12 座小型水库。

崔贺庄水库位于徐州市铜山区伊庄马集村西黄河故道北侧堤下。明朝时

崔贺庄水库

期，黄河在这里形成弯弓状，弓背向北，为一险工地段。清乾隆四十九年（1784），在茅家山根石底凿槽，砌石裹头，筑钳口坝，开挖茅家山引河，引黄河水由房亭河济运，以致逐渐形成盐碱化沼泽地。为了消除该段黄河故道险工，调蓄上游洪水，改造盐碱地，发展农田灌溉，1972 年在此兴建中型水库，集水面积 25.41 平方公里，淹没面积 6.8 平方公里，死水位 29 米，死库容 100 万立方米，兴利水位 33.5 米，兴利库容 2386 万立方米，50 年一遇设计洪水位 34.34 米，1000 年一遇校核洪水位 34.82 米，总库容 3364 万立方米。如遇黄河故道较大洪水时，调度一部分洪水经水库调蓄后泄入帮房亭河，以减轻黄河故道温庄闸上洪水压力。

庆安水库位于睢宁县城北黄河故道南侧堤下，明隆庆四年（1570）黄河决口形成白塘湖洼地，古称白浪浅，即今古邳、魏集、姚集、庆安等地交界处。1958 年，在这片平原洼地以防洪为主，结合蓄水灌溉兴建中型水库，规划拦蓄水库以上黄河故道滩地 280 平方公里来水，以调蓄黄河故道洪水，减轻黄河故道防洪压力。水库上游为黄河故道中泓，汛期洪水经庆安水库进水闸入库调蓄，库区总面积 10.7 平方公里，水面积 14600 亩；总库容 6293 万立方米。其中，调洪库容 2453 万立方米，兴利库容 4800 万立方米，50 年一遇设计洪水位 29.31 米，300 年一遇设计洪水位 29.81 米，兴利水位 28.5 米，汛限水位 27.5 米，死水位 23.0 米。水库大坝保护着下游宁宿徐高速公路和睢宁县庆安、魏集、梁集、睢城四镇以及县城的安全，保护范围 227 平方公里。2006—2010 年，水库除险加固

后,汛期调蓄黄河故道洪水160立方米每秒,确保水库下游地区防洪安全,保证工农业生产用水,发展养殖和旅游业。

梁寨水库位于丰县东南部梁寨镇黄河故道北堤下、郑集南支河梁寨闸上游南侧。清乾隆七年(1742)黄河北堤决口,洪水直冲石家茔被堆筑的茔基阻挡,漩涡夹裹泥沙冲入石家林,有"石林口"之称。当时被黄水冲成的水坑,民间传说"四两青丝达不到底",因而又称"淹子",俗称梁寨渊子。由于黄河故道滩地洪水下泄,淹子淤浅至高程36.0米,杂草丛生,郑集南支河穿淹子而过,洪涝灾害频繁发生。20世纪50年代,在这里修建堤坝和进、出水节制闸等建筑物,形成了防洪兼顾灌溉的小型(一)平原水库,调蓄15平方公里来水和灌溉梁寨镇农田。水库面积约1平方公里,兴利库容335万立方米,兴利水位42.5米,汛限水位41.0米,安全行洪水位42.0米。在汛限水位41.0米以下时,开启进水闸调水入库;水位超过汛限水位时,开启泄洪闸,外泄库水;水位超过20年一遇标准时,减少进水闸进水量,适量控制泄洪闸开启高度;水位超过100年一遇标准时,开启下游梁寨闸,预降郑集南支河上游水位。

王月铺水库位于徐州市铜山区黄集镇黄河故道北侧堰下,因靠近王月铺村而得名。1977—1979年建成水库大坝、进水闸和灌溉涵洞,形成灌溉兼顾防洪的平原小(一)型水库,调蓄王月铺以上黄河故道滩地60平方公里来水和引蓄新黄大沟部分水源灌溉农田。水库设计防洪水位39.31米、汛限水位39米、兴利水位41米,兴利库容454万立方米、总库容490万立方米。

胡集水库位于铜山区大彭镇黄河故道南侧堰下胡集村东,地处苏皖边界,周边有义安、张井、权寨、杨楼等4个村,面积13.2平方公里,地势低洼,土地盐碱与沼泽化。为消除这一地区洪涝并结合蓄水灌溉,1978年兴建包括水库大坝、进出水涵洞以及排涝补水站,形成排除汛期涝水结合蓄水灌溉的小(一)型平原水库,设计洪水位36.83米、兴利水位37.0米、汛限水位36.5米,兴利库容144万立方米、总库容148万立方米。

大龙湖位于徐州市新城区境内,原为大龙口水库。明天启三年(1623)黄河于南堤青田决口,形成浅水洼地,故名青田浅,决口处称大龙口。青田浅常年积水面积约500余亩,水深达2米。1958年在此兴建水库,水面1.2平方公里。2004年,以大龙口水库为主体,将其改建为水深3米,水面面积达2平方公里的人工湖,连同周边景观绿化,占地4.5平方公里,成为新城区的生态核心。

大坝湖水库位于徐州市区大湖村与后坝村之间,大湖原名大汪湖,后坝因黄河大堤取名。明嘉靖三十年(1551)黄河曾在左岸北长山、大湖一带决溢,从东长山、狼山、凤凰山之间向东漫流。这里西临黄河故道左堤,西北、东南是山丘,地势低洼,常年积水。1982—1985年兴建大坝、引水和灌溉涵洞,形成引蓄黄河故道来水发展灌溉的小(一)型平原水库,兴利水位34.5米、兴利库容387万立方米、总库容407万立方米,以灌溉沈店、后坝、大湖、前坝、李井、河套等村农田。

六堡水库位于徐州市新城区潘塘六堡村东的黄河故道南堤下。当时黄河在此呈南向弓背之势,明万历三十九年至天启三年(1611—1623),黄河在今新城区以下沿线弯弓处频繁决口,形成六堡一带洼地。1970年在此兴建小(一)型平原水库,以引蓄黄河故道来水灌溉农田。库区面积1.002平方公里,总库容390.6万立方米,兴利库容344万立方米。

杨洼水库位于徐州市铜山区张集镇杨洼村与孟庄村之间的黄河故道南侧堰下,原为黄河决口冲成的深潭洼地,称杨洼潭,常年集水面积0.35平方公里。1958年为发展灌溉在杨洼潭筑坝蓄水。1968年建成水库大坝、进水和灌溉涵洞,形成小(一)型平原水库,2007年除险加固,兴利水位34.31米、设计洪水位34.31米、兴利库容375万立方米、总库容392万立方米。

水口水库位于徐州市铜山区张集镇黄河故道南侧堰下水口村东,因黄河曾在此决口,故名水口。1970年和1984年先后建成南北水库,成为张集镇引蓄黄河故道来水发展灌溉的小(一)型平原水库,设计兴利水位34米,总库容638万立方米,兴利库容586万立方米。

下洪水库位于徐州市铜山区房村镇黄河故道南侧堰下下洪村,因唐代在此处设有码头,故取名下洪。明嘉靖三十一年(1552),黄河在这里决溢而冲成洼地。1971年在此兴建下洪水库北库,库区面积0.78平方公里;1978年,在北库南坝外扩建南库,库区面积1.12平方公里。南、北两水库由原北库灌溉涵洞串通,统称下洪水库,是房村镇引蓄黄河故道来水发展灌溉的小(一)型平原水库,设计兴利水位33米,总库容700万立方米,兴利库容684万立方米。

吴湾水库位于徐州市铜山区房村镇黄河故道南侧堰下吴湾村东,原为黄河堤湾,又因吴姓在此居住,故取名吴湾。明万历元年(1573),黄河决房村,将这里冲成洼地。1970—1972年,在此兴建水库,为房村镇引蓄黄河故道来水发展灌溉的小(一)型平原水库。2005年除险加固工程,鉴于该水库是滞蓄黄河故道洪水的平原水库,按防洪30年一遇洪水标准设计,最高滞蓄洪水位34.5米,总库容430万立方米,正常蓄水位34米,库容395万立方米,汛限水位33米,库容325万立方米,死水位29.5米,库容75万立方米。

清水畔水库位于睢宁县姚集北黄河故道北堤下,南毗马山、魏山、天井山,北邻花山和蛟龙山,西滨黄河故道。清康熙七年(1668),黄河向北在花山坝决口向东冲成仲山湖,致使仲山湖地区 2 万余亩耕地变成了十种九不收的不毛之地。为拦蓄黄河故道来水和众山之水,1956 年,睢宁县在清水畔村一带利用地理条件兴建小(一)型水库,设计洪水位 28.09 米,相应库容 582.71 万立方米,总库容 627.28 万立方米,汛限水位 27.5 米,相应库容 511 万立方米,兴利水位 28.00 米,兴利库容 474.0 万立方米。20 世纪 60 至 90 年代,先后翻修、加固、维修大坝及护坡。2010 年,按防洪 30 年一遇设计标准,实施除险加固工程。

二堡水库位于睢宁县姚集二堡村南。为引蓄黄河故道来水发展灌溉,1979 年在黄河故道南侧堰下兴建以防洪、灌溉为主的小(二)型水库,兴利和汛限水位 25.5 米,设计洪水位 25.79 米。2010 年,按洪水 20 年一遇设计标准,实施除险加固工程。二堡水库经除险加固总库容可达 64.8 万立方米。

五、建站引水

在徐州市境内,黄河故道可用水资源,不仅依靠降水、沿线梯级控制和水库拦蓄地表水,而且兴建抽水站分别从郑集河、丁万河、房亭河、民便河,从微山湖、骆马湖、洪泽湖和大运河引水。

秦庄抽水站位于丰县境内陈腾河南岸,2014 年拆建为补水泵站,总装机容量 300 千瓦,设计抽水能力 2.5 立方米每秒,抽引郑集南支河,通过秦庄灌溉大沟送至黄河故道付庄闸上。

腰里王站于 2014 年建在丰县梁寨水库岸边,具有自排和补水功能,设计流量 2.5 立方米每秒,总装机容量 150 千瓦,通过腰里王大沟从梁寨水库提水向腰里王闸上黄河故道补水。

刘集抽水站通过郑集河向黄河故道丁楼闸上中泓补水。1998 年郑集抽

古邳抽水站

水站增容后,在徐州市铜山区刘集境内黄河故道北堤下建站,总装机功率 520 千瓦,流量 6 立方米每秒。

　　大孤山和天齐庙抽水站于 1985 年分别建在城区丁万河大孤山及天齐庙节制闸处,各装机 1080 千瓦,设计流量 12 立方米每秒,两级抽引京杭运河水源至丁楼闸上补给黄河故道中泓及城区云龙湖水库;还可以向汉王、三堡供水灌溉农田。

　　王山抽水站位于徐州市铜山区吴邵王山村黄河故道堰下,通过荆山引河、房亭河引京杭运河水源,由送水渠输入黄河故道中泓,补给铜山区境内沿线各水库水源,并供水灌溉潘塘、棠张、张集、房村等地农田。王山抽水站由南、北抽水站组成。南站建于 1970 年,改建于 1987 年,装机 180 千瓦电机,设计流量 15 立方米每秒。北站建于 1973 年,装机 660 千瓦,流量 6 立方米每秒;1980 年增容安装 480 千瓦电机,增加抽水量 3 立方米每秒;又于 1995 年改建。

　　古邳抽水站位于睢宁县古邳镇境内,建于 1969 年,由古邳东、西两站组成,从民便河抽水通过黄河故道向庆安水库补水并沿黄河故道中泓向西送水,主要承担睢宁县古邳灌区防洪排涝和农田灌溉。1986 年和 1995 年分别改建东、西站,总装机 2620 千瓦,抽水流量 19 立方米每秒。2013 年,按防洪 20 年一遇标准,实施古邳泵站更新改造工程,设计流量 29.0 立方米每秒,总装机 3550 千瓦。改造工程完成后,提高了睢宁古邳灌区防洪排涝标准,保证了农田灌溉。

参考文献:

[1]江苏省水利厅《废黄河(徐州段)治理规划》,1991 年

[2]徐州市水利局《徐州市近期防洪排涝工程可行性报告》,1998 年

[3]徐州市水务局《徐州水务现代化规划》,2012 年

[4]徐州市水务局《徐州市黄河故道水利规划报告》,2013 年

结 束 语

徐州的运河,饱经了数千年的沧桑,经过中华人民共和国成立后的全面治理,已经具有航运、防洪、排涝、引水、灌溉、城市供水、南水北调等平衡生态的综合性功能。但是,我们应当清醒地认识到:徐州的运河是利用天然河流开发出来的,其自然属性是永恒不变的。

随着经济社会的发展,为坚持顺应自然,保持人与自然和谐,还应当进一步提升运河的综合性功能:

加强运河及两岸防洪除涝体系建设,提高沂沭泗流域防洪工程标准;加强南四湖湖西洼地和黄墩湖滞洪区洼地治理;加强邳苍郯新洼地省际边界骨干河道、中运河以西洼地以及区域河道治理。

加强城、镇排水管网和排涝泵站建设,处理好城区排水管网和排水河道的衔接;畅通城区河湖水系,保持活水循环;加强污水处理设施建设,扩大污水处理规模。

提高江水北调在区域水资源的供给能力,完善南四湖湖西地区供水工程体系;完善灌区水利基础设施,增强沟渠灌排能力,改善沟渠生态环境,提高用水计量水平与用水效率,实行灌溉用水总量控制和定额管理。

南水北调,应立足流域整体和水资源空间均衡配置,提高水资源集约利用水平。在南水北调沿线继续推进调水通道支河环境综合整治,完善城镇污水处理厂及配套管网建设,完善徐州市截污导流工程尾水收集系统,加强骆马湖、南四湖的水环境治理和保护,建立长效管理机制,保障南水北调水质稳定达标。

河水清,天下平。历史和今天提醒我们:承载人类历史发展过程的徐州运河,不仅是运输航道,她还以其综合性功能支撑着自然环境的生态平衡。让我们以全息的"天人合一"理念顺应与保护她的自然属性,实现人与运河的长期共存!

后　记

　　2006 年 12 月,当大运河被列入国家文物局公布的《中国世界文化遗产预备名单》时,我即萌发了撰写一部反映徐州运河在历史与当代具有重要地位的书籍。

　　当时,因忙于徐州水利政策法规和水利科技工作,加之编写《徐州市志·水利篇》及修改《徐州市水利水务现代化规划》,2014 年 8 月又承担《江苏省江河湖泊志》中江河部分的编写;接着又于 2016 年参与撰写徐州市政协主编的《徐州黄河》一书,所以直到 2019 年春天,我才得以抽出时间撰写《时空中的徐州运河》。2022 年春天完成书稿,选题交由中国文史出版社上会讨论通过,后几经审校,终于付梓成书。

　　曾为我师的文史专家田秉锷教授为本书作序,并指出增加清乾隆皇帝四临彭城有关水利的内容。在此,向良师致以衷心的感谢和敬意!

　　同时,向为本书第五编提供部分照片的徐州市水利部门及友人致谢!

　　中国文史出版社对本书内容的史料意义和出版价值表示认可;排版同志不厌其烦地将我手绘的六十余张古今示意图一一反复修改,制作成清晰可辨的电子示意图;责编同志在编校过程中耐心细致地与我反复沟通核对图文表格,对此,借本书出版之际向他们一并表示感谢!

图书在版编目(CIP)数据

时空中的徐州运河 / 赵凯著. -- 北京：中国文史
出版社, 2023.2

ISBN 978-7-5205-3764-3

Ⅰ. ①时… Ⅱ. ①赵… Ⅲ. ①运河-历史-徐州
Ⅳ. ①K928.42

中国版本图书馆 CIP 数据核字(2022)第 180020 号

责任编辑：薛媛媛

出版发行　**中国文史出版社**

社　　址：北京市海淀区西八里庄路 69 号院　邮编：100142

电　　话：010-81136606　81136602　81136603（发行部）

传　　真：010-81136655

印　　装：北京新华印刷有限公司

经　　销：全国新华书店

开　　本：720×1020　1/16

印　　张：28.75　　字数：463 千字

版　　次：2023 年 2 月第 1 版

印　　次：2023 年 2 月第 1 次印刷

定　　价：99.60 元